AID TO FINDING ADDRESSES IN THE 1890 NEW YORK CITY POLICE CENSUS

An Index of
All Street Addresses in
Manhattan and the West Bronx
Found in the 894 Extant Books of the
1890 New York City Police Census

Compiled by
Howard M. Jensen

HERITAGE BOOKS
2007

HERITAGE BOOKS
AN IMPRINT OF HERITAGE BOOKS, INC.

Books, CDs, and more—Worldwide

For our listing of thousands of titles see our website
at
www.HeritageBooks.com

Published 2007 by
HERITAGE BOOKS, INC.
Publishing Division
65 East Main Street
Westminster, Maryland 21157-5026

Copyright © 2003 Howard M. Jensen

All rights reserved. No part of this book may be reproduced or transmitted in any form or by any means, electronic or mechanical, including photocopying, recording or by any information storage and retrieval system without written permission from the author, except for the inclusion of brief quotations in a review.

International Standard Book Number: 978-1-58549-880-2

TABLE OF CONTENTS

Introduction	v
How to Search	vii
Life in the City of New York in 1890	viii
Asylums & Children's Homes	1
Estates, Homes, & Miscellaneous	3
Hospitals	9
Hotels	11
Jails, Prisons etc	13
Manhattan Addresses	15
Bronx Addresses	227
Conversion of Book #s to Family History Center Microfilm #s	267
Surnames	281

INTRODUCTION

WHAT WAS THE 1890 NEW YORK CITY POLICE CENSUS?

It was an every name census of New York City taken by the Police department.

WHY?

The New York City Authorities did not feel the 1890 Federal Census gave an accurate count of the city population. This meant the city did not get a correct representation in Congress or get the proper State and Federal aid.

WHEN?

The census was taken starting Monday September 29, 1890 and was about two thirds done the first week and the original 947 books were completed October 14. Very few of the census books are dated or the pages numbered.

HOW?

There were 24 Assembly Districts (AD) and each AD had from 22 to 81 Election Districts (ED). The enumeration for each of the 947 EDs was recorded in a separate book. A policeman was assigned one ED and given a book that had 20 lines to the page with columns for: Street, No., Name, Sex, Age Adult and Age Minor.

AREA COVERED.

New York City and New York county in 1890 consisted of the island of Manhattan and the West Bronx area and this was the area covered by this census.

FINAL COUNT.

The 1890 Federal Census had a count of 1,513,501 people in New York county. As soon as each book was completed it was rushed to city hall where it was checked against the Federal census. Additional names were found but it was also noted that the police had missed some people so they were sent back with 61 new books to find those missed. The total number of books were 1008 and the total count was 1,710,715 this amounted to a 13 percent increase.

AVAILABILITY.

Of the 1008 books, 114 are missing. The remainder of the books have been microfilmed and can be searched in New York City Archives, New York City libraries and at the Church of Jesus Christ of Latter-Day Saints Library in Salt Lake City, Utah. The Church has Family History Centers [FHC] around the world and for a small fee you can order any of the 59 rolls of film to search at one of these FHC.

PECULIARITIES.

Some street numbers had rear or rear house added to the number. Some had ½ added to the number. Others had more than one number as 42 & 44, or 42/44, or 42-44 & 46. I recorded these as 42, 42 rear, 42½, 42-44, 42-44-46.

Some addresses recorded were not within the boundaries of the Enumeration District. When a building number is repeated in another book it is <u>underlined</u>.

Some street names I can not find on any of the maps I have checked. In these cases I used the spelling as found in the census.

A street address may appear in two or more places within a book. Always check the entire book.

Some addresses had only one person listed and others had over 200 people listed. Some had no address recorded, only the street was recorded, or the address was illegible.

HOW TO SEARCH

As there is no name index [except for some 25,000 on Ancestry.com[1]], searches are done by street address. From a city directory or a document [birth, marriage, death certificate, etc.] determine the ancestor's address. Check the street name in this index and then look for the building number under that street name. If found note the book number. Then check the conversion list to obtain the FHC number of the microfilm and the item number on that film. You will only have to check through one item on the film to find that street address. If you do not find your ancestor at the address, check the remainder of the book as very often the policeman had to return later to find someone home and not all of one street address are together. Also check the index to see if that address is in two or more books.

Another reason for not finding someone at an address is that in 1890 people moved very often. Landlords offered a free months rent to a new tenant, or they would paint an empty apartment to attract new tenants. Most of them did not move very far so look up the block, across the street or around the corner. Apartment numbers in multi-family buildings are not shown, so more than one family is shown for each address. Some addresses had over 200 people listed.

Book numbers 948 through 1008 were used to re-canvass an Election District so be sure to check for your address in these books also. An <u>underlined</u> street address indicates it appears in more than one book.

As odd and even numbers are on opposite sides of a street, the index lists all the odd numbers first and then the even numbers.

Some election districts consisted of only one side of one block on a street and one side of one block on the adjacent avenue. Other election districts consisted of many blocks and many avenues.

---

[1] Ancestry.com is a pay to use internet site and a registered trade mark.

LIFE IN NEW YORK CITY IN 1890
REF: "GOTHAM" A HISTORY OF NEW YORK CITY TO 1898

The elevated railroads were driven by steam engines, though soon they would be converted to electric motor driven. The ninth Avenue El continued up to 110th Street then eastward to 8th Avenue and up to 155th Street and the Harlem River. The 3rd Avenue El went from South Ferry to 129th Street. The 2nd Avenue line went north from Chatham Square. By 1891 you could cross the Harlem River and proceed up Bronx's 3rd Avenue through Mott Haven, Melrose, and Morrisania to 177th street. The Brooklyn Bridge was completed in 1883 and cable cars ran from Park Row to Sands Street. The 6th Avenue El transported predominantly middle-class riders in palace-style cars manned by conductors in braided blue flannel uniforms.

In 1879 there were only 252 telephone subscribers. By 1890 service had increased but 90% or more of all telephones were business phones and only the very rich had home phones. You could use a phone at the local bank or drugstore. Connections could be made to Boston & Philadelphia but Chicago was not connected for another two years.

Electric street lights were slowly replacing the gas lights. In August 1890 the first convicted murderer was "electrocuted". Working people couldn't afford electricity in their houses — a bulb alone cost a dollar, half a days laborer's wages — or gas either so kerosene lamps remained their mainstay for illumination, and kerosene or coal stoves served for cooking and heating.

The first electric elevators were installed in the "skyscrapers" of downtown. The world's tallest building [309 feet tall] was opened in December 1890. The word skyscraper had been used for the previous 200 years to describe the triangular sails which were set above the royals for they were so high up, but now it took on a new meaning, the high rise buildings of New York City.

To learn about the "Lower East Side Tenement Museum" on the internet, go to <http://www.fieldtrip.com/ny/24310233.htm> To visit the museum, it is located at 66 Allen Street, New York, NY 10002 (212) 431 0233.

Aid to Finding Addresses in 1890 NYC Police Census

Asylums & Children's Homes

Name	Book	Location
Berachah Orphanage	684	12th Avenue and West 162nd Street [44 children and staff]
Catholic home or school	478	West 39th Street
Children's Fold	653	8th Avenue & West 92nd Street
Colored Orphan Asylum	680	West 144th Street and 10th Avenue [324 children and staff]
Deaf & Dumb Institute	684	12th Avenue and West 163rd Street [398 inmates and staff - many are children]
Furniss Cottage	677	524 West 129th Street [44 children and staff]
Good Shepherd House	769	Avenue A and East 89th Street [over 640 children & adults]
Hebrew Orphan Asylum	770	East 87th Street and Avenue A [over 150 children]
Hebrew Sheltering Guardian Society	682	West 151st Street and Grand Boulevard [608 children and staff]
Home for Destitute Children	988	329 East 63rd Street [324 children age 2 to 15, plus 46 staff] Dominican Convent of Our Lady of the Rosary, Rev P. Perrillo
House of Refuge	872	Randall's Island [593 inmates & staff, many are children]
Juvenile Asylum	685	Amsterdam Avenue at 176th Street [Over 1050 children and staff]
Leaka and Watts Orphan House	672	West 110th Street [125 children and staff]
Lunatic Asylum Dimatic Asylum	949	Blackwell's Island
Lunatic Asylum	950	Blackwell's Island
Lunatic Asylum	672	West 115th Street and Boulevard [215 Staff and patients]
Lunatic Asylum	1008	West 115th Street and Boulevard [323 Staff and patients]
May Cottage	677	520 West 129th Street [23 children and staff]
New York Foundling Asylum	752	175 East 68th Street between 3rd Avenue and Lexington Avenue [over 400 children]
New York Foundling Asylum	990	175 East 68th Street between 3rd Avenue and Lexington Avenue [105 children plus 20 staff]
New York Infant Asylum	641	10th Avenue and West 61st Street
New York Orphan Asylum	647	West End Avenue between West 73rd & West 74th Streets
Protestant Episcopal Orphans' Home & Asylum	734	Lexington Avenue & East 49th Street [over 120 children]
Roman Catholic Boys Orphan Asylum,	734	5th Avenue & East 51st Street [over 400 children]
Roman Catholic Girls Orphan Asylum	734	Madison Avenue at East 51st Street [over 360 children]

Name	Book	Location
Sacred Heart Convent	678	301 children and staff
Saint Christopher Home	672	West 112th Street and Riverside Drive [48 children and staff]
Saint Joseph's Home	748	1075 Madison Avenue [over 500 children]
Saint Joseph's Orphan Asylum	769	Avenue A and East 89th Street [over 600 children]
Saint Vincent de Paul Orphan Asylum	478	211 West 39th Street between [Ages 4 to 20]
Sheltering Arms	677	504 West 129th Street [96 children and staff]
Shephard's Fold	653	8th Avenue & West 92nd Street

Aid to Finding Addresses in 1890 NYC Police Census

Estates, Homes, & Miscellaneous

Name	Book	Location
22nd Regiment Armory	645	
Allen House	572	1501 Broadway
Alms House	704	Blackwell's Island [over 80 people]
Alms House & Bakery	950	Blackwell's Island
Astor House	13	Broadway [112 people]
Bancroft House	78	15 East 21st Street
Baptist Home [Bronx]	939	2020 Vyse Avenue [7 people]
Baptist Home for the Aged	744	East 68th Street near Park Avenue
Barge [NYC RR]	992	West 65th Street at North River [32 people]
Battery Park	5	Castle Garden
Bedford Park [Bronx]	944	
Belvedere House	76	East 18th Street at 4th Avenue
The Berkley	194	16-20 5th Avenue
Berkshire Flat	665	8th Avenue between West 124th Street and West 125th Street [124 people]
Bible House	73	Cooper Union
Blind Institute	684	
Bloomingdale Church	645	Boulevard & West 68th Street
Boat	535	NR [North River] at West 46th Street
Boat	588	ER [East River] at East 40th Street
Boat	492	Foot of East 19th Street Captain Holland Arcn, male, age 55
Boat "A E Williams"	468	Foot of West 40th Street
Boat "Chrystenah"	16	Pier 32
Boat "Islanders"	16	Pier 33
Boat "John White"	16	Pier 33
Boat "Mary Elizabeth"	16	Pier 33
Boat "Raleigh"	16	Pier 32
Boat house	872	Randall's Island
Breevort House	194	9-17 5th Avenue
Brower House	329	Broadway at West 28th Street
Cable RR Depot	675	10th Avenue between West 128th and West 129th Streets
Castle Garden	5	Battery Park

Name	Book	Location
Central Park	745	No house numbers in Central Park in Book 745
Chapin Home for aged and Infirm	752	151 East 66th Street
Chelsea Flats	396	222 West 23rd Street
Church	557	418 West 41st Street
Church	731	137-143 West 48th Street
City Hall	41	New Court House
Club House [Bronx]	943	Jerome Park
Coleman House	329	Broadway at West 27th Street
Cole's Shop [Bronx]	943	Kingsbridge Road
Colored Home	816	Over 240 people
Columbia College	734	Madison Avenue & East 49th Street
Cooper Union	73	Bible House
Corpus Christie Monastery [Bronx]	925	Hunt's Point Road [27 residents]
Cottage	734	Park Avenue & East 50th Street
Crotona Park [Bronx]	937	
Dakota [Flat]	644	8th Avenue between West 72nd & West 73rd Streets
Deaf & Dumb Institute	684	12th Avenue and West 163rd Street [398 inmates and staff - many are children]
Deaf & Dumb Institute [Bronx]	941	St. Joseph's at Lorillard & East 187th Streets [125 people]
Dole's Shop [Bronx]	943	Kingsbridge Road
East River Park	778	No house numbers in East River Park in book 778
Essex Market Place	219	No house numbers at Essex Market Place in book 219
Fairview Flats	682	West 152nd Street [20 people]
Five Points House of Industry	49	Worth Street
Fox Den [Bronx] Foxes Corners [Bronx]	930	
Fox Estate [Bronx]	929	On East 167th Street
Gedney House	724	Broadway and West 40th Street
General Stores	950	Blackwell's Island
Grammar School # 61 [Bronx]	932	On 3rd Avenue ?
Grammar School # 72	843	
Grammar School # 76	752	Lexington Avenue & East 68th Street
Grodona Park [Bronx]	938	

Aid to Finding Addresses in 1890 NYC Police Census

Name	Book	Location
Hamilton Grange	680	At West 144th Street
Home for the Aged Little Sisters of the Poor	662	135 West 106th Street
Home for the Aged Little Sisters of the Poor	813	213 East 70th Street [over 275 people]
Home for the Destitute Blind	659	Amsterdam Avenue and West 104th Street
Home for the Incurables [Bronx]	940	3rd Avenue & Kingsbridge Road [214 people]
Home for Old Men & Aged Couples	253	487-491 Hudson Street
Houses A to E	33	38 Cherry Street
Houses F to L, House O	33	36 Cherry Street
Houses M, N, P	33	36 rear Cherry Street
House 1, 2, 3, 4, 5	349	119½ Willett Street
House of the Good Shepherd	769	Avenue A and East 89th Street
House of the Good Shepherd	964	East 89th Street and Avenue A
House of Refuge	872	Randall's Island [593 inmates & staff, many are children]
Institute for Instruction and Improvement of Deaf Mutes	744	Lexington Avenue between East 67th & East 68th Streets
Jerome Park [Bronx]	943	Club House & Superintendent's house, Stables
Knickerbocker House	895	East 128th Street
Ladies Home	185	27 North Washington Square
Light House [Bronx]	909	North Brother Island
Methodist Home	653	10th Avenue between West 92nd & West 93rd Streets
Morris Dock [Bronx]	942	Buckley Oval
Nelson Hall	75	128-134 East 15th Street
Normal College	744	Park Avenue Between East 68th & East 69th Streets
Northern Dispensary	187	Christopher Street at Waverley Place
Old Ladies Home	660	10th Avenue at West 104th Street
Peck Estate [Bronx]	925	Eagle Avenue
Pier 32	16	"Chrystenah", "Raleigh"
Pier 33	16	"Islanders", "John White", "Mary Elizabeth"
The Pines [Bronx]	943	Williams Bridge Road
Poe Cottage [Bronx] Poe Villas # 1 & # 2 [Bronx]	943	Kingsbridge Road
Presbyterian Home for Aged	746	49 East 73rd Street

Name	Book	Location
Prospect House	682	West 155th Street and Amsterdam Avenue [36 people]
Rail Road Depot [Bronx]	944	
Randall's Island	872	Boat house, Branch Penitentiary [43 inmates], Hospital [293 patients], House of Refuge [593 inmates & staff, many are children], Infant Hospital [305 patients, mothers & staff]
Randall's Island	966	Hospital [908 Staff & patients]
River House	682	West 152nd Street [44 people]
Saint George Crescent [Bronx]	944	
Saint John's College [Bronx]	944	217 students & staff
Saint Joseph's School	675	Convent Avenue and West 127th Street [10 people]
School	255	274 West 10th Street
School	433	536-538-540-542 East 12th Street
School, Grammar #61 [Bronx]	932	3rd Avenue ?
School House [Bronx]	938	Fordham Avenue
School House # 60 [Bronx]	919	Courtland Avenue [9 people]
Sedgwick Park	942	
Shaft #21 [Bronx]	943	Croton Aqueduct [42 people]
Shanties	810	430 East 71st Street 522 East 72nd Street
Simpson's Estate [Bronx]	925	
Sisters of St. Dominic Convent	492	526 East 18th Street
Stables in Jerome Park [Bronx]	943	Highland's Stable McElnee's Stable Miller's Stable Pinhus' Stable Rollen's Stable
Steinway Hall	75	107 East 14th Street
Superintendent's House [Bronx]	943	Jerome Park
Swift's Beef House	895	East 128th Street
Teabody Home [Bronx]	939	2064 Main Street [29 people]
Training Department of Normal College	744	Lexington Avenue between East 68th & East 69th Streets
Union Theological Seminary	745	
University Building	184	East Washington Square
Ursnline Convent [Bronx]	925	Westchester Avenue & East 150th Street [82 residents]

Aid to Finding Addresses in 1890 NYC Police Census

Name	Book	Location
Washington Flats	664	7th Avenue and West 122nd Street
West Washington Market	271	123 13th Avenue

Aid to Finding Addresses in 1890 NYC Police Census

Hospitals

Name	Book	Location
Hospital	872	Randall's Island [293 patients]
Hospital	966	Randall's Island [908 staff & patients]
Assn. Hospital *	320	66 Saint Mark's Place
Bellevue Hospital	613	
Cancer Hospital	660	West 106th Street and 8th Avenue
Chambers Street Hospital * [House of Relief]	14	160 Chambers Street
Charity Hospital	704	Blackwell's Island [over 1000 people]
German Hospital	747	Park Avenue and East 77th Street
Gouverneur Hospital	115	Gouverneur Street
Hahnemann Hospital	744	Park Avenue near East 67th Street
Home for the Incurables [Bronx]	940	3rd Avenue & Kingsbridge Road [214 people]
Hospital for Women *	617	213 West 54th Street
Incurable Hospital	950	Blackwell's Island
Infant Hospital	872	Randall's Island [305 patients, mothers & staff]
Harlem Hospital *	893	533 East 120th Street
Manhattan State Hospital	849 948	Ward's Island [over 1000 people] Ward's Island [over 1500 people]
Metropolitan Throat Hospital *	477	351 West 34th Street
Mt. Sinai Hospital	752	885 Lexington Avenue
New Amsterdam Eye & Ear Hospital *	479	212 West 38th Street
Northern Dispensary	187	Waverley Place at Christopher Street
Nursery & Child's Hospital	689	571 Lexington Avenue
Orthopaedic Dispensary *	741	126 East 59th Street
Post Graduate Medical School & Hospital	519	236 East 20th Street
Presbyterian Hospital	745	East 70th Street
Randall's Island Hospital	966	908 Staff & patients
Riverside Hospital [Bronx]	909	North Brother Island [68 patients & staff]
Roosevelt Hospital	634	West 59th Street
Ruptured & Crippled Hospital	727	400 Lexington Avenue
Saint Bartholomew's Hospital *	243	84 Carmine Street

Name	Book	Location
Saint Frances' Hospital *	734	609 5th Avenue
Saint Joseph Hospital [Bronx]	915	East 143rd Street [228 people]
Saint Joseph's Institution for Deaf & Dumb [Bronx]	941	Lorillard & East 187th Streets [125 people]
Saint Luke's Hospital	737	17 West 54th Street
Saint Mary's Free Hospital for Children *	456	405 West 34th Street
Saint Vincent's Hospital	193	153 West 11th Street
Skin & Cancer Hospital [Bronx]	942	Fordham Heights
Trinity Hospital *	20	50 Varick Street
Woman's Hospital	734	Lexington Avenue & East 50th Street

* Denotes the Hospital was not mentioned in the census but the address was indexed.

Aid to Finding Addresses in 1890 NYC Police Census

Hotels

Name	Book	Location
Hotels	46	28 Bowery 30 Bowery
Bartholdi Hotel	78	956 Broadway
Clarendon Hotel	76	East 18th Street at 4th Avenue
Continental Hotel	78	902-910 Broadway
Dam Hotel	75	104 East 15th Street
Gerlach Hotel	329	49-55 West 27th Street
Harlem Hotel	862	2100 3rd Avenue [58 residents]
Lodging Houses	46	20 Bowery 26 Bowery 34 Bowery 36 Bowery 18 Pell Street
Metropole Hotel	724	Broadway & West 42nd Street
Nolaus Hotel [Bronx]	943	Jerome Avenue [18 people]
Park Ave. Hotel	332	482 4th Avenue
St. Clare Hotel	39	120 Park Row
St Cloud Hotel	724	Broadway & West 42nd Street
Vendome Hotel	724	Broadway & West 41st Street
Wellington Hotel	727	316 Madison Ave
Winthrop Hotel	665	7th Avenue between West 124th and West 125th Streets [114 guests]

Aid to Finding Addresses in 1890 NYC Police Census

Jails, Prisons etc

Name	Book	Location
Branch Penitentiary	872	Randall's Island [43 inmates]
Jail	219	70 Ludlow Street
Jefferson Market Prison	187	Greenwich Avenue, West 10th Street and 6th Avenue
Penitentiary	951	Blackwell's Island
Prison	219	69 Essex Street
Tombs	52	City Prison [348 inmates, 2 employees]
Work House	704	Blackwell's Island
Work House	951	Blackwell's Island

Aid to Finding Addresses in 1890 NYC Police Census 15

Manhattan Addresses

Street Name	Book	House Numbers
1st Avenue	288	1, 3, 5, 7, 9
1st Avenue	289	15, 17, 19, 21, 23, 25, 27, 29
1st Avenue	293	33, 35, 37, 39, 41, 43, 45, 47, 49
1st Avenue	294	51, 53, 55, 57, 59
1st Avenue	305	69, 71, 73, 77
1st Avenue	309	85, 87, 89, 91, 93, 95, 97
1st Avenue	317	101, 103, 105, 107, 109, 111
1st Avenue	320	117, 119, 121, 123, 125, 127, 129
1st Avenue	422	137, 139, 141, 143
1st Avenue	421	149, 151, 153, 155, 157, 159, 161
1st Avenue	420	163, 165, 167, 169, 173, 175
1st Avenue	419	181, 183, 189, 191, 193
1st Avenue	418	199, 201, 203, 205, 207, 209, 213
1st Avenue	417	221, 223, 225, 227, 229, 231, 233, 235
1st Avenue	522	241, 243, 245, 247, 249, 251, 253, 255, <u>261</u>, 263, 265, 271, 273, 275, 277
1st Avenue	521	283, 285, 287, 289, 291, 293, 299, 301, 303, 305, 307, 309
1st Avenue	520	315, 317, 319, 321, 323, 325
1st Avenue	519	331, 333, 335, 337, 339, 341
1st Avenue	506	347, 349, 351, 353, 355, 357
1st Avenue	522	361 [could be <u>261</u>]
1st Avenue	507	363, 365, 365 rear, 367, 369, 371, 373
1st Avenue	516	379, 381, 383, 385, 387, 389
1st Avenue	515	395, 397, 399, 399 rear, 401, 401 rear, 403, 405, 407, 409
1st Avenue	510	429, 431, 433, 435, 437, 439, 441, 443
1st Avenue	614	455
1st Avenue	608	517, 519, 521, <u>523</u>, 525, 527, 530 [should be <u>523</u>]
1st Avenue	604	537, 539, 541, 543, 545, 547, 549, 551, 553
1st Avenue	603	559, 561, 563, 565, 567, 569, 571, 573
1st Avenue	600	579, 581, 583, 585, 587, 589, 591
1st Avenue	595	615, 617, 619, 621, 623, 625

Street Name	Book	House Numbers
1st Avenue	593	631, 633, 635, 637, 639, 641
1st Avenue	591	647, 649, 659, 661
1st Avenue	587	687, 689, 691, 693, 695, 697
1st Avenue	583	<u>725</u>
1st Avenue	584	<u>725</u>
1st Avenue	722	741, 743, 745, 747, 749, 751, 753, 755, 757, 759, 761, 765, 767, 773
1st Avenue	719	793, 795, 797, 799, 801
1st Avenue	715	825, 827, 829, 831, 833, 835, 837, 839
1st Avenue	714	845, 847, 849, 851, 853, 855, 857, 859
1st Avenue	713	863, 865, 867, 869, 871, 873
1st Avenue	710	887, 889, 891, 893, 895, 897, 899, 901, 903
1st Avenue	708	937, 939, 941, 943
1st Avenue	706	947, 949, 951, 953, 957, 959, 961, 963
1st Avenue	703	967, 969, 971, 973, 975, 977
1st Avenue	702	985, 987, 989, 991, 993, 995, 997, 999, 1001
1st Avenue	699	1015
1st Avenue	697	1023, 1025, 1027, 1029, 1031, 1033, 1035, 1037
1st Avenue	695	1049, 1051, 1053, 1055, 1059, 1061, 1063
1st Avenue	692	?, 1069, 1071, 1073, 1075, 1077, 1079, 1081
1st Avenue	823	1099, 1101, 1103, 1105, 1107, 1109
1st Avenue	822	1115, 1117, 1121, 1123, 1127, 1129, 1131
1st Avenue	988	1133, 1135, 1137, 1143, 1145, 1147, 1149, 1157
1st Avenue	817	1189, 1191, 1193, 1195, 1197, 1207, 1209, 1211, 1213, 1215, 1219, 1275, 1277
1st Avenue	815	1287, 2189, 1291, 1293, 1295, 1297
1st Avenue	812	1315, 1317, 1319, 1321
1st Avenue	811	1325, 1327, 1329, 1331, 1335, 1339, 1341
1st Avenue	808	1349, 1351, 1353, 1355, 1357, 1359
1st Avenue	804	1363, 1365, 1367, 1369, 1371, 1373, 1375
1st Avenue	1007	1419, 1427, 1429
1st Avenue	804	1431, 1433, 1435, 1437, 1439, 1441, 1443
1st Avenue	802	1447, 1449, 1451, 1453, 1455, 1457
1st Avenue	798	1463, 1465, 1467, 1469, 1471, 1473, 1475
1st Avenue	797	1479, 1481, 1483, 1485, 1487, 1489, 1491

Aid to Finding Addresses in 1890 NYC Police Census 17

Street Name	Book	House Numbers
1st Avenue	794	1499, 1501, 1503, 1505-1507
1st Avenue	792	1515, 1517, 1519, 1521, 1523, 1525, 1527
1st Avenue	789	1535, 1537, 1539, 1541, 1543, 1545, 1547
1st Avenue	787	1561, 1563, 1565, 1567, 1569, 1571, 1573
1st Avenue	783	1581, 1583, 1585, 1587, 1589, 1591, 1593
1st Avenue	780	1603, 1605, 1607, 1609, 1611, 1613
1st Avenue	776	1617, 1619, 1621, 1623, 1625, 1627, 1629
1st Avenue	773	1639, 1641, 1643, 1645, 1647, 1649
1st Avenue	767	?, 1655, 1657, 1659, 1661, 1663, 1665, 1683, 1685, 1687, 1689, 1693, 1695, 1697
1st Avenue	766	1705, 1711, 1713, 1715, 1723, 1725, 1727, 1729, 1731, 1733, 1735, <u>1751</u>, 1753
1st Avenue	830	<u>1751</u>, <u>1753</u>, 1757, <u>1759</u>, 1761, 1763, 1765, 1773, 1777, 1783, 1785, 1787, 1789 [Some marked 2nd Avenue] [Old # <u>1759</u>], 1791
1st Avenue	831	1883, 1885, 1887, 1889, 1891, 1893 Some houses on 1st Avenue have no numbers in book 831
1st Avenue	839	2021, 2023, 2025
1st Avenue	840	2043, 2045, 2047
1st Avenue	848	2053, 2055, 2057, 2091, 2095, 2095 rear, 2119
1st Avenue	849	2123, 2125, 2127, 2129, 2131, 2133
1st Avenue	859	2157, 2161, 2163, 2165, 2183
1st Avenue	860	2207, 2209, 2211, 2213, 2215, 2217
1st Avenue	869	2223, 2225, 2229, 2231, 2233, 2235, 2237
1st Avenue	870	2239, 2241, 2243, 2245, 2247, 2249, 2251, 2253, 2255, 2263, 2265, 2267, 2269, 2273, 2275
1st Avenue	875	2281, 2283, 2285, 2287, 2289, 2291, 2297, 2317, 2319, 2321
1st Avenue	876	2325, 2327, 2329, 2331, 2337
1st Avenue	892	2347, 2349, 2351, 2353, 2355, 2357, 2359, 2361, 2363, 2383, 2385
1st Avenue	891	2389, 2391, 2393, 2395, 2397, 2399, 2401
1st Avenue	890	2407, 2409, 2411, 2421, 2423, 2425, 2427, 2429, 2431, 2433, 2435
1st Avenue	286	2, 4, 6, 8, 10
1st Avenue	287	14, 16, 18, 20, 22, 24, 26
1st Avenue	296	34, 36, 38, 40, 42, 44, 46
1st Avenue	295	52, 54, 56, 58, 60, 62
1st Avenue	304	68, 70, 72, 74, 76, 78, 80

Street Name	Book	House Numbers
1st Avenue	310	86, 88, 90, 92, 94, 96
1st Avenue	316	102, 104, 106, 108, 110, 112, 114
1st Avenue	321	120, 122, 124, 126, 128, 130
1st Avenue	423	136, 138, 140, 142, 144, 146
1st Avenue	424	154, 156, 158, 160
1st Avenue	426	166, 168, 170, 172, 174, 176, 178, 184, 186, 188, 190, 192, 194
1st Avenue	427	198, 200, 202, 204, 206, 208, 210
1st Avenue	428	220, 222, 224, 226, 228, 230
1st Avenue	499	240, 242, 244, 246, 248, 250, 252
1st Avenue	501	260, 262, 264, 266, 268, 270, 272
1st Avenue	502	274, 276, 276 rear, 278, 280, 282, 284, 286
1st Avenue	503	292, 294, 296, 298, 300, 302
1st Avenue	505	330, 332, 334, 336, 338
1st Avenue	506	344, 346, 348, 350, 352, 354, 356
1st Avenue	508	380, 382, 384, 386, 388, 390
1st Avenue	509a	400
1st Avenue	509b	400, 402, 404, 406, 414, 416, 418, 420, 422, 424, 426, 428, 442, 444
1st Avenue	609	400 [should be East 31st Street], 502, 504, 506, 508, 516, 522, 524, 526
1st Avenue	608	530 [should be 523]
1st Avenue	604	546, 548, 550, 552, 558, 560, 562, 564, 566, 568
1st Avenue	600	590
1st Avenue	595	610, 612, 622
1st Avenue	593	630
1st Avenue	591	646, 650
1st Avenue	588	672
1st Avenue	722	756, 768
1st Avenue	719	802
1st Avenue	715	826, 828, 830, 832, 834, 836, 838, 840, 842
1st Avenue	714	844, 846, 848, 854, 856, 858, 860, 862, 864, 866, 868, 870, 872, 874
1st Avenue	704	984, 986, 994, 996, 998
1st Avenue	698	1008, 1010, 1012, 1014, 1016, 1018, 1028, 1030, 1032, 1034, 1036, 1038, 1040, 1042
1st Avenue	694	1046, 1052, 1054, 1056, 1058, 1060, 1062, 1064
1st Avenue	693	1068, 1070, 1072, 1074, 1076, 1078, 1080

Aid to Finding Addresses in 1890 NYC Police Census

Street Name	Book	House Numbers
1st Avenue	821	1084, 1086, 1088, 1090, 1092, 1098, 1100, 1102, 1104, 1112, 1114, 1116, 1118, 1120, 1122, 1126
1st Avenue	988	1132, 1134, 1136, 1138, 1140, 1142, 1154, 1156, 1158, 1160, 1162, 1164
1st Avenue	816	1208, 1210, 1212, 1214, 1216, 1218, 1260, 1286, 1288, 1290, 1292, 1294, 1296 Some houses on 1st Avenue have no numbers in book 816
1st Avenue	810	1306, 1308, 1310, 1312, 1314, 1316, 1318, 1328, 1330, 1332, 1334, 1336, 1338
1st Avenue	809	1346, 1348, 1350, 1352, 1354, 1356, 1360, 1370, 1372, 1374, 1376, 1378, 1380
1st Avenue	803	1428, 1430, 1432, 1434, 1436, 1438, 1440, 1446, <u>1448</u>, <u>1450</u>, 1452, <u>1454</u>, 1456, 1458
1st Avenue	1007	<u>1448</u>, <u>1450</u>, <u>1454</u>
1st Avenue	796	1462, 1464, 1466, 1468, 1470, 1472, 1474, 1476, 1482, 1484, 1486, 1488, 1490, 1492
1st Avenue	795	1498, 1500, 1502, 1504, 1506, 1508, 1510
1st Avenue	791	1516, 1518, 1520, 1522, 1524, 1526
1st Avenue	790	?, 1540, 1542, 1546, 1548, 1550, 1552, 1554, 1556
1st Avenue	786	1564, 1566, 1568, 1570, 1572, 1574
1st Avenue	784	1578, 1580, 1582, 1584, 1586, 1588, 1590
1st Avenue	1005	1604, 1606, 1608, 1610, 1612, 1614
1st Avenue	777	1618, 1620, 1622, 1624, 1626, 1628, 1630, 1632
1st Avenue	770	1654, 1656, 1658, 1660, 1662, 1664
1st Avenue	768	?, 1670, 1672, 1674, 1676, 1678, 1680
1st Avenue	769	1702, 1704, 1706, 1708, 1710, 1712, 1714, 1720, 1752
1st Avenue	830	1810
1st Avenue	839	2020, 2024, 2026, 2028, 2030, 2032, 2034
1st Avenue	840	2036, 2038, 2040, 2044
1st Avenue	848	2054, 2056, 2058, 2060, 2062, 2064, 2064 rear, 2066, 2104
1st Avenue	859	2162, 2164
1st Avenue	995	2184, 2186, 2188, 2190, 2192, 2194, 2196, 2198
1st Avenue	859	2202, 2204, 2206, 2208, 2210, 2212, 2214, 2216, 2218
1st Avenue	871	2222, 2224, 2226, 2228, 2230, 2232, 2234
1st Avenue	873	2240, 2242, 2244, 2246, 2248, 2260, 2262, 2264, 2266, 2268, 2270, 2272, 2274, 2276, 2280, 2282, 2284, 2286, 2288, 2290, 2292
1st Avenue	874	2298, 2306, 2308, 2310, 2312, 2314, 2330, 2334

Street Name	Book	House Numbers
1st Avenue	893	2342, 2344, 2346, 2348, 2350, 2352, 2354, 2356, 2358, 2362, 2364, 2366, 2368, 2370
1st Avenue	894	2382, 2384, 2386, 2388, 2390, 2392, 2394, 2396, 2406, 2408, 2408½, 2410, 2410½, 2412, 2414, 2416, 2418
1st Avenue	895	2428, 2430, 2432, 2452
2nd Avenue	290	1½, 3, 5, 11, 13, 15, <u>17-23</u>
2nd Avenue	291	<u>17</u>, <u>19</u>, <u>21</u>, <u>23</u>, 25, 27, 29, 31, 35, 37
2nd Avenue	292	41, 43, 45, 47, 55, 57, 59, 61, 63, 65, 67
2nd Avenue	306	71, 73, 75, 77, 79, 81, 83, 85
2nd Avenue	307	87, 89, 91, 93, 95, 97, 99, 101
2nd Avenue	318	103, 105, 107, 109, 111, 113, 115, 117
2nd Avenue	319	121, 123, 125, 127, 129
2nd Avenue	415	137, 139, 141, 143, 145, 147, 149, 151, 153, 155, 157
2nd Avenue	416	175, 177, 181, 183, 185, 187, 189, 193, 197, 199, 201, 203, 205, 207
2nd Avenue	417	213, 215, 217, 219, 221
2nd Avenue	523	231
2nd Avenue	520	313, 315, 317, 319, 321, 323, 325, 327
2nd Avenue	519	331, 333, 335, 337, 339, 343
2nd Avenue	518	347, 349, 351, 353, 355, 357, 359, 361, 371, 377, 379
2nd Avenue	517	381, 383, 385, 387, 389, 391, 393
2nd Avenue	511	443, 445, 447, 449, 451, 453, 455, 457, 459?
2nd Avenue	616	465, 467, 469, 471, 471 rear, 473, 475, 477
2nd Avenue	615	483, 485, 487, 489, 491, 493
2nd Avenue	606	545, 547, 549, 551, 553, 555, 557, 559
2nd Avenue	605	565, 567, 569, 571, 573, 575, 577, 579, 581
2nd Avenue	602	587, 589, 591, 593, 595
2nd Avenue	601	603, 607, 609, 611, 613, 615, 617, 619, 621
2nd Avenue	597	625, 627, 629, 631, 633, 635, 637, 639
2nd Avenue	592	665, 669, 671, 673, 675, 677, 679
2nd Avenue	590	687, 689, 691, 693, 695, 697, 699, 701, 703, 705
2nd Avenue	585	749, 751, 753, 755, 757, 759, 761, 763
2nd Avenue	723	787, 789, 791, 793, 795, 797, 799
2nd Avenue	721	805, 811, 813, 815, 817, 819, 821, 823

Aid to Finding Addresses in 1890 NYC Police Census

Street Name	Book	House Numbers
2nd Avenue	720	829, 831, 833, 835, 837, 839
2nd Avenue	717	845, 847, 849, 851, 853, 855, 857
2nd Avenue	716	865, 867, 869, 871, 873, 875
2nd Avenue	712	885, 891, 893, 895, 897, 911, 913, 915, 917, 919
2nd Avenue	711	925, 927, 929, 931, 933, 935, 937, 939, 941, 943, 945, 947, 949, 951, 953, 955, 957, 959
2nd Avenue	707	963, 965, 967, 969, 971, 973, 975, 977, 979, 987, 989, 991, 993, 995, 997, 999
2nd Avenue	701	1003, 1005, 1007, 1009, 1019, 1021, 1023, 1025, 1031, 1033, 1035, 1037, 1039, 1041
2nd Avenue	700	1045, 1047, 1049, 1051, 1053, 1055, 1057, 1059, 1061
2nd Avenue	696	?, 1065, 1067, 1069, 1071, 1073, 1075, 1077, 1079, 1085, 1087, 1089, 1091, 1093, 1095, 1097, 1099
2nd Avenue	692	?, 1103, 1105, 1107, 1109, 1111, 1113, 1115, 1117, 1119, 1121
2nd Avenue	825	1125, 1127, 1129, 1133, 1135, 1137, 1139, 1145, 1147, 1149, 1151, 1153, 1155, 1157
2nd Avenue	822	1161, 1163, 1165, 1167, 1169, 1171, 1173
2nd Avenue	819	1179, 1181, 1189, 1201, 1225, 1237
2nd Avenue	814	1315, 1317, 1319, 1321, 1323, 1325
2nd Avenue	813	1331, 1333, 1335, 1341, 1343, 1345, 1351, 1353, 1355
2nd Avenue	807	1389, 1391, 1393, 1395
2nd Avenue	806	1405, 1407, 1409, 1411, 1413, 1415
2nd Avenue	805	1423, 1425, 1427, 1429, 1431, 1433, 1435, 1437, 1439
2nd Avenue	801	1443, 1445, 1447, 1449, 1451, 1453
2nd Avenue	800	1465, 1467, 1469
2nd Avenue	799	1483, 1485, 1487, 1489
2nd Avenue	793	1501, 1509, 1511, 1513, 1515, 1525, 1527, 1529, 1531, 1533, 1535
2nd Avenue	788	1545, 1547, 1549, 1551, 1553, 1555, 1557
2nd Avenue	782	1563, 1565, 1567, 1569, 1571, 1573, 1575, 1577, 1583, 1585, 1587, 1589, 1591, 1593, 1595
2nd Avenue	781	1601, 1603, 1605, 1609, 1611, 1613
2nd Avenue	775	1619, 1621, 1623, 1625, 1627, 1629, 1631, 1633
2nd Avenue	774	1643, 1645, 1647
2nd Avenue	763	1663, 1665, 1667, 1669, 1671, 1673, 1675, 1677, 1683, 1685, 1687
2nd Avenue	764	1701, 1703, 1705, 1707, 1709, 1711, 1713
2nd Avenue	765	1727, 1729, 1731, 1733, 1735, 1737

Street Name	Book	House Numbers
2nd Avenue	829	1801, 1803, 1805, 1807, 1809, 1811, 1813, 1819, 1821, 1823, 1825, 1827, <u>1829</u>
2nd Avenue	989	<u>1829</u>
2nd Avenue	832	1865 [some marked East 96th Street], 1867, 1869, 1871, 1873, 1875, 1877, 1883, 1885, 1887, 1889, 1891, 1893, 1895
2nd Avenue	831	1901, 1903, 1905, 1907, 1909, 1911, 1913, 1919, 1921, 1923, 1925 Some houses on 2nd Avenue have no numbers in book 831
2nd Avenue	982	1919, 1925, 1927
2nd Avenue	836	1945, 1953, 1955, 1957, 1959, 1967, 1977, 1979, 1981
2nd Avenue	837	1987, 1989, 1991, 1993, 1995, 1997
2nd Avenue	841	2027, 2029, 2031, 2033, 2035, 2037
2nd Avenue	840	251 [should be <u>2051</u>], 259 [should be <u>2059</u>], 2049, <u>2051</u>, 2053, 2055, 2057, <u>2059</u>
2nd Avenue	846	2065, 2067, 2069, 2071, 2073, 2075
2nd Avenue	847	2079, 2081, 2083, 2085, 2087, 2089, 2091, 2093
2nd Avenue	850	2095, 2097, 2099, 2101, 2103, 2105, 2107, 2109, 2123, 2125, 2127, 2129, 2131, 2133, 2135
2nd Avenue	858	2141, 2147, 2149, 2151, 2153, 2163, 2165, 2167, 2169, 2171, 2177
2nd Avenue	861	2185, 2187, 2189, 2191, 2193, 2195, 2197, 2199, 2203, 2207, 2209, 2211, 2213, 2215, 2217
2nd Avenue	868	2229, 2231, 2233, 2235, 2237, 2239, 2245, 2247, 2249, 2251, 2253, 2255, 2257
2nd Avenue	867	2263, 2265, 2267, 2269, 2271, 2273, 2287, 2291, 2293, 2295
2nd Avenue	877	2303, 2305, 2307, 2309, 2311, 2313, 2315, 2321, 2323, 2325, 2327, 2329, 2331, 2333, 2335
2nd Avenue	888	2343, 2345, 2347, 2363, 2365, 2367
2nd Avenue	892	351 [should be <u>2351</u>], 355 [should be <u>2355</u>], <u>2351</u>, <u>2355</u>
2nd Avenue	891	2387, 2389, 2391, 2393
2nd Avenue	889	2403, 2405, 2407, 2409, 2411, 2413, 2419, 2421, 2423, 2433
2nd Avenue	896	2449, 2451, 2453, 2455, 2459
2nd Avenue	895	2479
2nd Avenue	897	2487, 2489, 2491, 2493, 2495, 2497, 2499, 2501, 2505
2nd Avenue	288	6, 8, 14½, 16
2nd Avenue	289	20-24, 26, 26 rear, 28, 28 rear, 30, 30 rear, 32
2nd Avenue	293	40, 42, 44
2nd Avenue	294	56, 58, 60, 62, 64, 66, 68, 70
2nd Avenue	305	72, 76, 78, 80, 82, 84, 86

Aid to Finding Addresses in 1890 NYC Police Census

Street Name	Book	House Numbers
2nd Avenue	308	88, 90, 92, 94, 96, 98, 100, 102
2nd Avenue	317	104, 106, 108, 110
2nd Avenue	320	118, 120, 122, 124, 126, 130
2nd Avenue	422	134, 136, 138, 142, 144
2nd Avenue	421	146, 148, 150, 152, 154, 156, 158
2nd Avenue	420	160, 162
2nd Avenue	419	174, 176, 178, 180, 182, 184, 186, 188
2nd Avenue	418	192, 194, 196, 198, 200, 202, 204, 206, 208, 210, 212, 214
2nd Avenue	417	220, 222, 224, 226
2nd Avenue	521	302, 304, 306, 308
2nd Avenue	520	310, 312, 314, 316, 318, 320, 322, 324, 326
2nd Avenue	519	<u>330</u>, 332, 334, 336, 338, 340, 342
2nd Avenue	522	230 [should be <u>330</u>], 332, 334, 336
2nd Avenue	506	344, 346, 348, 350 352, 354
2nd Avenue	507	374, 376, 378, 380
2nd Avenue	516	392, 394, 396
2nd Avenue	515	402, 404, 406, 408, 408 rear, 410, 410 rear, 414, 416
2nd Avenue	513	422, 424, 426, 428, 430, 432, 434, 436, 438
2nd Avenue	510	444, 444 rear, 446, 448, 450, 452, 454, 456
2nd Avenue	614	464, 466, <u>468</u>, 470, 472, 474, 476, <u>668</u> [should be <u>468</u>]
2nd Avenue	613	486, 488, 490, 492, 494, 496, 498
2nd Avenue	609	526, 528, 530, 532, 534, 536, 538
2nd Avenue	607	544, 546, 548, 550, 552, 554, 556, 558, 560, 562
2nd Avenue	604	566, 568, 570, 572, 574, 576
2nd Avenue	603	586, 588, 590, 592, 594, 596
2nd Avenue	599	606, 608, 610, 612, 614, 616
2nd Avenue	594	644, 646, 648, 650, 652, 654, 656, 658
2nd Avenue	592	666, <u>668</u>, 670, 672, 674, 676, 678, 680
2nd Avenue	591	688, 690, 692, 694, 696, 698, 700
2nd Avenue	588	712, 714, 716, 718, 720, 722
2nd Avenue	587	730, 732, 734, 736, 738, 740, 744
2nd Avenue	584	750, 752, 754, 756, 758, 760, 762, 764, 766
2nd Avenue	583	770, 772, 774, 776, 778, 780
2nd Avenue	723	788, 790, 792, 794, 796, 798, 800, 802

Street Name	Book	House Numbers
2nd Avenue	722	808, 810, 812, 814, 816, 818, 820
2nd Avenue	719	826, 828, 830, 832, 834, 836, 838, 840, 842
2nd Avenue	715	862, 864, 866, 868, 870, 872
2nd Avenue	714	884, 886, 890, 894, 896, 898, 900
2nd Avenue	713	906, 908, 910, 912, 914, 920
2nd Avenue	710	926, 928, 930, 932, 934, 940, 944, 946, 948, 950, 952, 954, 956, 958, 960, 962
2nd Avenue	708	964, 966, 968, 972, 974, 976, 978, 980
2nd Avenue	706	986, 988, 990, 992, 994, 996, 998, 1000
2nd Avenue	703	1006, 1008, 1010, 1012, 1014, 1016, 1018
2nd Avenue	702	1026, 1028, 1030, 1032, 1034, 1036, 1038, 1040
2nd Avenue	699	1046, 1048, 1050, 1052, 1054, 1056, 1058, 1060, 1062
2nd Avenue	697	1068, 1070, 1072, 1074, 1076, 1078, 1080
2nd Avenue	695	1086, 1088, 1090, 1092, 1094, 1096, 1098, 1100, 1102
2nd Avenue	692	?, 1106, 1108, 1110, 1112, 1114
2nd Avenue	823	1142, 1144, 1146, 1148, 1150, 1152, 1154, 1156
2nd Avenue	822	1146, 1164, 1166, 1168, 1170, 1174, 1176
2nd Avenue	988	1182, 1184, 1186, 1188, 1190, 1192, 1194, 1196, 1204, 1206, 1208, 1216
2nd Avenue	819	<u>1226</u>
2nd Avenue	817	1222, 1224, <u>1226</u>, 1234, 1236, 1244, 1246, 1248, 1250, 1252, 1254, 1256, 1260, 1262, 1264, 1266, 1268, 1270, 1272, 1274, 1300, 1302, 1304, 1306, 1308
2nd Avenue	815	1314, 1316, 1318, 1320, 1322, 1324
2nd Avenue	812	1330, 1332, 1334, 1336, 1338, 1340
2nd Avenue	811	1384, 1386, 1388, 1390, 1390½
2nd Avenue	808	1392, 1394, 1396, 1398, 1400
2nd Avenue	804	1404, 1406, 1408, 1410, 1412, 1414, 1414½, 1416
2nd Avenue	802	1442, 1444, 1446, 1448, 1450, 1452
2nd Avenue	798	1458, 1460, 1462, 1464, 1466, 1468
2nd Avenue	797	1480, 1482, 1484, 1486, 1488, 1490, 1492, 1494, 1496
2nd Avenue	794	1498, 1500, 1502, 1504, 1506, 1508, 1510
2nd Avenue	792	1524, 1526, 1528, 1530, 1532, 1534, 1536
2nd Avenue	789	1540, 1542, 1556, 1558
2nd Avenue	787	1562, 1564, 1566, 1568, 1570, 1572, 1574
2nd Avenue	783	1584, 1586, 1588, 1590, 1592, 1594, 1596

Aid to Finding Addresses in 1890 NYC Police Census

Street Name	Book	House Numbers
2nd Avenue	780	1602, 1604, 1606, 1608, 1610, 1612, 1614, 1616
2nd Avenue	776	1624, 1626, 1628, 1630, 1632, 1634, 1636, 1638
2nd Avenue	773	1640, 1642, 1644, 1646, 1648, 1652, 1654
2nd Avenue	767	?, 1660, 1662, 1664, 1666, 1668, 1684, 1686, 1688, 1692, 1694, 1696
2nd Avenue	766	1702, 1704, 1706, 1708, 1710 [Some marked East 89th Street], 1712, 1716-1718, 1718, 1720, 1720-1722, 1722 Some houses on 2nd Avenue have no numbers in book 766
2nd Avenue	830	1758, 1760, 1762, 1764, 1766, 1768, 1774, 1776, 1778, 1826, 1828, 1830, 1832, 1834, 1836, 1842, 1844, 1846, 1848, 1850, 1852
2nd Avenue	831	1880, 1882, 1884, 1886, 1888, 1890 Some houses on 2nd Avenue have no numbers in book 831
2nd Avenue	837	1970, 1972, <u>1974</u>, 1976, 1978, 1980, 1982, 1986, 1988, 1990, 1992, 1994 [Some marked East 102nd Street], 1996
2nd Avenue	984	<u>1974</u>, 1984
2nd Avenue	839	2026, 2028, 2030, 2032, 2034, 2036, 2038
2nd Avenue	840	2042, 2044, 2046, 2056, 2058, 2060
2nd Avenue	848	2064, 2066, 2068, 2070, 2072, 2074, 2076, 2080, 2082, 2084, 2104, 2106, 2108, 2110, 2112, 2114, 2116, 2118
2nd Avenue	849	2124, 2126, 2128, 2130, 2132, 2134, 2148, 2150, 2152, 2154, 2156, 2158
2nd Avenue	859	2164, 2166, 2168, 2170, 2172, 2174, 2178, 2180, 2182, 2184, 2186, 2190, 2192, 2194, 2196, 2198
2nd Avenue	860	2202, 2204, 2206, 2208, 2210, 2212, 2214, 2216
2nd Avenue	869	2224, 2226, 2228, 2230, 2232, 2234, 2236
2nd Avenue	870	2240, 2242, 2244, 2246, 2248, 2250, 2252, 2254, 2256, 2264, 2266, 2268, 2270, 2272, 2274
2nd Avenue	875	2284, 2286, 2288, 2290, 2292, 2294, 2302, 2304, 2306, 2308, 2312
2nd Avenue	876	2324, 2326, 2328, 2330, 2332, 2334, 2336, 2338
2nd Avenue	892	2342, 2344, 2346, 2348, 2350, 2352, 2354, 2356, 2358, 2366, 2368, 2372, 2374, 2376, 2378
2nd Avenue	891	2382, 2384, 2386, 2388, 2390, 2392, 2394, 2396
2nd Avenue	890	2402, 2410, 2412, 2414, 2416, 2422, 2424, 2426, 2428, 2430, 2432, 2434, 2436, 2438
2nd Avenue	895	2450, 2452, 2454, 2456, 2480, 2482, 2484, 2486, 2488, 2490, 2492, 2494, 2496, 2498
3rd Avenue	319	5, 7, 9, 11, 13, 15, 17
3rd Avenue	415	25, 29, 33, 35, 37, 39, 41, 45, 47, 49, 51, 53, 55, 57, 59, 61
3rd Avenue	416	69, 71, 73, 75, 77, 79, 81, 83, 89, 91, 93, 95, 97, 99, 101, 103
3rd Avenue	417	107, 109, 111, 113, 115, 117, 119, 121, 123, 125

Street Name	Book	House Numbers
3rd Avenue	689	151 ?
3rd Avenue	523	127, 129, 131, 133, 135, 137, 139-141, 143, 151, 153, 155, 157, 159, 161, 163, 165, 171, 173, 175, 177, 179, 181, 183, 189, 191, 193, 195, 197, 199, 201
3rd Avenue	520	213, 215, 217, 219, 221
3rd Avenue	519	229, 231, 233, 235, 237, 239, 241
3rd Avenue	518	253, 255, 257, 259, 265, 267, 269, 271, 273, 275, 277, 279
3rd Avenue	517	285, 287, 289, 291, 293, 295, 297, 299
3rd Avenue	511	343, 345, 347, 349, 351, 353
3rd Avenue	616	361, 363, 365, 367, 371
3rd Avenue	615	377, 379, 381, 383
3rd Avenue	606	433, 437, 439, 441
3rd Avenue	605	453, 455, 457, 459, 461, 463, 465
3rd Avenue	602	471, 473, 475, 477, 479, 481, 483, 485
3rd Avenue	601	491, 493, 495, 497, 499
3rd Avenue	597	509, 511, 513, 515, 517, 519, 521
3rd Avenue	592	545, 547, 549, 551, 553, 555
3rd Avenue	590	563, 565, 567, 571, 573, 575, 577
3rd Avenue	585	623, 625, 627, 629, 631, 633
3rd Avenue	723	667, 669, 671, 673, 675, 677
3rd Avenue	721	683, 685, 687, 689, 691, 693, 695, 697, 699
3rd Avenue	720	709, 711, 713, 715, 717, 719
3rd Avenue	717	723, 725, 727, 729, 731, 733, 735, 737, 739
3rd Avenue	716	743, 745, 747, 749, 751, 753
3rd Avenue	712	759, 761, 763, 765, 767, 769, 771, 781, 783, 787
3rd Avenue	711	801, 803, 805, 807, 809, 811, 817, 819, 821, 823, 825, 827, 829, 831, 833, 835
3rd Avenue	707	841, 843, 845, 847, 849, 851, 853, 855, 861, 863, 865, 867, 869, 871
3rd Avenue	701	879, 881, 883, 885, 889, 893, 895, 899, 901, 905, 907, 909, 911, 913
3rd Avenue	700	915, 917, 919, 921, 923, 925, 927, 929, 931
3rd Avenue	696	?, 937, 939, 941, 943, 945, 947, 949, 955, 957, 959, 961, 963, 965, 967
3rd Avenue	692	?, 973, 975, 977, 979, 981, 983, 985, 987
3rd Avenue	825	997, 999, 1001, 1003, 1005, 1007, 1013, 1015, 1017, 1019, 1023, 1025, 1027
3rd Avenue	822	1033, 1035, 1037, 1039, 1041, 1043, 1045

Aid to Finding Addresses in 1890 NYC Police Census

Street Name	Book	House Numbers
3rd Avenue	819	1053, 1055, 1057, 1065, 1067, 1071, 1073, 1075, 1077, 1079, 1081, 1093, 1095, 1097, 1099, 1101, 1103, 1107
3rd Avenue	818	1131, 1153, 1155, 1157, 1177, 1179, 1181, 1183, 1185
3rd Avenue	814	1189, 1191, 1193, 1195, 1197, 1199
3rd Avenue	813	1215, 1217, 1219, 1221, 1223, 1225, 1227, 1233, 1237, 1239, 1241
3rd Avenue	807	1253, 1255, 1257, 1259, 1261, 1263
3rd Avenue	806	1271, 1273, 1275, 1277, 1281, 1283, 1287
3rd Avenue	805	1293, 1295, 1297, 1299, 1301, 1303, 1305, 1307, 1309
3rd Avenue	801	1313, 1315, 1319, 1321, 1323, 1325, 1327
3rd Avenue	800	1331, 1333, 1335, 1337, 1339, 1341, 1343, 1345, 1347, 1349
3rd Avenue	799	1355, 1357, 1361, 1363, 1365, 1367, 1369, 1371
3rd Avenue	793	1373, 1375, 1377, 1379, 1381, 1383, 1385, 1387, 1393, 1395, 1397, 1403, 1405, 1407
3rd Avenue	788	1411, 1413, 1415, 1417, 1419, 1421, 1423, 1425, 1427, 1429, 1431, 1433
3rd Avenue	782	1437, 1439, 1441, 1443, 1445, 1447, 1449, 1453, 1457, 1459, 1461, 1463, 1465, 1467
3rd Avenue	781	1473, 1475, 1477, 1479, 1485
3rd Avenue	775	1491, 1493, 1495, 1497, 1499, 1501, 1503, 1505
3rd Avenue	774	1513, 1515, 1517, 1519, 1521, 1523
3rd Avenue	763	1527, 1535, 1537, 1539, 1541, 1543, 1555, 1557, 1559, 1561, 1563
3rd Avenue	764	1569, 1571, 1573, 1575, 1577, 1579, 1581, 1583
3rd Avenue	765	1589, 1599, 1601, 1603
3rd Avenue	989	1639, 1641, 1647, 1655, 1659, 1661, 1663, 1665, 1667, 1669, 1671, 1673, 1675
3rd Avenue	829	1677, 1681, 1683, 1685, 1687, 1689, 1691, 1697, 1699, 1701, 1703, 1705, 1707
3rd Avenue	832	1753, 1755, 1757, 1759, 1761, 1763
3rd Avenue	831	1775, <u>1777</u>, 1779, 1787, <u>1789</u>, <u>1791</u>, <u>1793</u>, <u>1795</u>, 1797
3rd Avenue	982	<u>1777</u>, <u>1789</u>, <u>1791</u>, <u>1793</u>, <u>1795</u>
3rd Avenue	836	1803, 1805, 1807, 1809, 1811, 1813, 1831, 1833, 1835, 1837, 1839, 1841
3rd Avenue	837	1845, 1847, 1849, 1851, 1853, 1855, 1857, 1859
3rd Avenue	841	1885, 1887, 1889, 1891, 1893, 1895, 1897
3rd Avenue	840	1907, 1909, 1911, 1913, 1915, 1917, 1919, 1921, 1923
3rd Avenue	846	1927, 1929, 1931, 1933, 1935, 1937
3rd Avenue	847	1945, 1947, 1949, 1951, 1953, 1955, 1957, 1959, 1961, 1963, 1965

Street Name	Book	House Numbers
3rd Avenue	850	1969, 1971, 1973, 1975, 1977, 1979, 1987, 1989, 1991, 1995, 1997, 1999
3rd Avenue	858	2007, 2009, 2011, 2015, 2017, 2023, 2027, 2029, 2031, 2033, 2035, 2037, 2039
3rd Avenue	861	2049, 2051, 2053, 2055, 2057, 2059, 2061, 2063, 2065, 2067, 2069, 2071, 2073, 2075, 2077
3rd Avenue	868	2091, 2093, 2095, 2097, 2099, 2101, 2107, 2109, 2111, 2113, 2115, 2117, 2119, 2121
3rd Avenue	867	2127, 2129, 2131, 2133, 2135, 2137, 2139, 2147, 2149, 2151, 2153, 2155, 2157, 2159
3rd Avenue	877	2165, 2167, 2175, 2177, 2179, 2187, 2189, 2193, 2195, 2197
3rd Avenue	888	2205, 2207, 2211, 2215, 2229, 2233, 2239
3rd Avenue	891	2245, 2247, 2249, 2251, 2253, 2255, 2257, 2259
3rd Avenue	889	2271, 2273, 2275, 2283, 2285, 2289, 2291, 2293
3rd Avenue	896	2307, 2309, 2317, 2323, 2325, 2327, 2329, 2331, 2333½, 2335, 2337
3rd Avenue	897	2343, 2345, 2347, 2349, 2351, 2353, 2355, 2357, 2363, 2365, 2367, 2369, 2371, 2373, 2383, 2385, 2387, 2391, 2393, 2395, 2397, 2399
3rd Avenue	73	28, 30, 32, 34, 36, 38, 40, 42, 44, 46, 50, 52, 54, 56, 58, 60, 62, 66, 74, 76, 78, 80, 82
3rd Avenue	74	90, 92, 94, 96, 98, 100, 102, 104, 108, 110, 112, 114, 116, 120, 122
3rd Avenue	75	130, 134, 136, 138, 140, 148, 150, 152, 154, 156, 168, 170, 172, 172, 176, 178, 180, 182, 184
3rd Avenue	76	186, 190, 192, 194, 196, 198, 208, 210, 212, 214, 216, 218, 220, 230, 232, 234, 236, 238, 240
3rd Avenue	77	246, 248, 252, 254, 256, 262, 264, 266, 268, 270, 272, 274, 276, 278, 280, 284, 286, 288, 290, 292, 294
3rd Avenue	575	304, 306, 308, 310, 316, 322, 328, 330, 332, 334, 336, 342, 344, 346, 348, 350, 352
3rd Avenue	576	?, 360, 362, 364, 366, 368, 370, 380, 382, 386, 388, 390
3rd Avenue	577	394, 396, 398, 400, 402, 404, 408, 410, 412, 416, 418, 420, 422, 424, 426, 428, 430
3rd Avenue	578	434, 436, 438, 440, 442, 444, 446, 452, 454, 456, 458, 460, 462, 464, 466, 468, 472, 474, 476, 478, 480
3rd Avenue	579	490, 492, 494, 496, 500, 502, 504, 508, 510, 512, 514, 516, 518, 520, 524, 526, 528, 530, 532, 534, 536, 538
3rd Avenue	581	624, 626, 628, 630, 632, 634, 636, 642, 644, 646, 650, 652, 656, 656-658
3rd Avenue	686	?, 660, 662, 664, 668, 670, 672, 674, 690, 692, 694, 696, 698, 704, 706, 708, 710, 712, 714, 718
3rd Avenue	687	?, 720, 722, 724, 726, 728, 730, 732, 736, 740, 742, 744, 746, 748, 750, 752, 762, 764, 766, 768, 770, 772

Aid to Finding Addresses in 1890 NYC Police Census

Street Name	Book	House Numbers
3rd Avenue	688	778, 780, 782, 784, 786, 788, 792, 794, 808, 810, 812, 814
3rd Avenue	689	?, 820, 822, 824, 826, 828, 834, 838, 840, 842, 844, 846, 848, 850, 858, 860, 862, 864, 866, 868, 870, 872, 874
3rd Avenue	691	936, 938, 940, 942, 944, 954, 956, 958, 960, 962, 964, 966, 972, 974, 976, 978, 980, 982, 984, 986
3rd Avenue	812	<u>1096</u>
3rd Avenue	752	1066, 1068, 1070, 1072, 1074, 1076, 1078, 1092, 1094, <u>1096</u>, 1098, 1100, 1102, 1104, 1106, 1110, 1112, 1114, 1116, 1118, 1120, 1122, 1124, 1126, 1128, 1138, 1148, 1152, 1154, 1156, 1158, 1160, 1162, 1164
3rd Avenue	753	1188, 1190, 1192, 1194, 1196, 1198, 1200, 1202, 1204, 1206, 1212, 1214, 1216, 1218, 1220, 1222, 1224, 1226, 1232, 1236, 1238, 1240, 1242, 1244, 1252, 1256, 1258, 1260, 1262, 1264, 1266
3rd Avenue	754	?, 1270, 1272, 1274, 1276, 1278, 1280, 1290, 1292, 1294, 1296, 1298, 1300, 1302, 1310, 1312, 1314, 1318, 1320, 1322, 1324, 1326
3rd Avenue	755	1332, 1334, 1336, 1338, 1340, 1342, 1358, 1360, 1364, 1366, 1368, 1370, 1374, 1376, 1378, 1380, 1384, 1386
3rd Avenue	756	1392, 1394, 1396, 1398, 1400, 1402, 1404, 1412, 1414, 1416, 1418, 1420, 1422, 1430, 1432, 1434, 1436, 1438, 1440, 1442, 1444
3rd Avenue	758	1490, 1492, 1498, 1500, 1504, 1518, 1520, 1522, 1524
3rd Avenue	763	1530, 1532, 1534, 1536, 1538, 1540, 1542, 1544
3rd Avenue	762	1550, 1552, 1556, 1558, 1560, 1562, 1564
3rd Avenue	764	1568, 1570, 1572, 1574, 1576, 1578, 1580
3rd Avenue	765	1588, 1590, 1592, 1594, 1596, 1598, 1600
3rd Avenue	760	1606, 1608, 1612, 1614, 1616, 1618
3rd Avenue	827	1624, 1626, 1628, 1636, 1638, 1640, 1642, 1644, 1646, 1648, 1650, 1652, 1654, 1656, 1658, 1660
3rd Avenue	972	1662, 1664, 1666, 6168, 1670, 1672, 1680, 1682, 1684, 1686, 1688, 1690, 1696, 1698, 1700, 1702, 1704, 1706 Book 972 was copied from water damaged book 828. Book 828 is available to check for copying errors.
3rd Avenue	833	1712, 1714-1716, 1718, 1720, 1722, 1724, 1754, 1756, 1758, 1760, 1762, 1764, 1766, 1788, 1790, 1792, 1794, 1796, 1798, 1800
3rd Avenue	836	1804, 1806, 1808, 1810, 1812, 1814
3rd Avenue	835	1828, 1830, 1832, 1834, 1836, 1838, 1840, 1842, 1844, 1846, 1848, 1850, 1854, 1856, 1858, 1860, 1862, 1864, 1866, 1870, 1872, 1874, 1876, 1878, 1880, 1882
3rd Avenue	842	1886, 1888, 1888 rear, 1890, 1892, 1894, 1896, 1896½, 1898, 1904, 1906, 1908, 1910, 1912, 1914, 1916, 1920 Some houses on 3rd Avenue have no numbers in book 842
3rd Avenue	844	1926, 1928, 1930, 1932, 1934, 1936

Street Name	Book	House Numbers
3rd Avenue	857	2004, 2006, 2008, 2010, 2012, 2014, 2016, 2018, 2020, 2022, 2024, 2026, 2028,
3rd Avenue	862	2054, 2056, 2058, 2060, 2062, 2064, 2066, 2068, 2070, 2076, 2082, 2086, 2088, 2094, 2096, 2098, 2100
3rd Avenue	866	2106, 2110, 2112, 2114, 2116, 2118, 2128, 2130, 2132, 2134, 2136, 2138, 2140, 2146, 2148, 2150, 2152, 2154, 2156
3rd Avenue	878	2162, 2164, 2166, 2168, 2170, 2172, 2174, 2176, 2182, 2184, 2186, 2192, 2194, 2196, 2198, 2204, 2206, 2208, 2236, 2238, 2240, 2250, 2252, 2254, 2256, 2258
3rd Avenue	887	2262, 2264, 2266, 2268, 2272, 2274, 2276, 2278, 2280, 2288, 2292, 2296, 2310, 2314, 2316, 2318, 2320
3rd Avenue	898	2324, 2326, 2328, 2330, 2332, 2334, 2352, 2354, 2358, 2360, 2374, 2382, 2384, 2386, 2388, 2396
4th Avenue	72	1
4th Avenue	73	57, 63, 65, 67, 69, 71, 73, 75, 77, 79, 81, 83, 85, 87, 89, 93, 95, 97, 107, 109, 111
4th Avenue	74	115, 117, 119, 123, 125, 127, 129, 131, 133, 135, 139, 141, 143, 145, 147, 149, 151, 153
4th Avenue	76	237, 239
4th Avenue	77	253, 255, 257, 259, 261, 263, 265, 279, 289
4th Avenue	322	309, 311-321, 325, 327, 329, 331, 337, 339, 341, 345, 347, 349, 351, 353, 355, 357, 359, 363-369, 373, 377, 379, 381
4th Avenue	332	445, 447, 449, 453, 455, 457, 463, 465, 467, 469, 471, 473, 475, 477
4th Avenue	742	547
4th Avenue	994	901, 907, 909, 911, 921, 927, 929, 931, 933, 941, 943, 945, 947, 949, 959
4th Avenue	760	1123, 1125, 1127, 1129, 1131, 1133, 1135
4th Avenue	906	No house numbers on 4th Avenue in book 906 [From West 134th Street North to Harlem River]
4th Avenue	72	2, 6, 10, 12, 20, 22, 24, 26, 48, 50, 54, 56, 58, 78, 80, 82, 84, 86, 88, 90, 92, 94, 98, 100, 102, 108, 110, 114, 116, 120, 124, 126, 132, 152
4th Avenue	78	234, 236, 238, 240, 242, 244, 246, 248, 254, 256, 260, 264, 270, 272, 274, 276, 278, 280, 282, 284, 300
4th Avenue	323	318, 320, 330, 334, 336, 338, 340, 346, 348, 350, 352, 356, 356½, 386, 388, 390, 392, 394, 396, 398, 400, 402
4th Avenue	332	446, 448, 450, 452, 454, 456, 458, 462, 464, 466, 468, 470, 472, 482, 486
4th Avenue	742	550, 560, 562, 564, 566, 568, 570, 572
4th Avenue	994	904, 930
4th Avenue	760	1108, 1110, 1112, 1120, 1122, 1124, 1126, 1128, 1130, 1132

Aid to Finding Addresses in 1890 NYC Police Census

Street Name	Book	House Numbers
5th Avenue	194	9-17, 19, 21
5th Avenue	196	23, 25, 27, 33, 39, 41
5th Avenue	197	43, 45, 47, 49, 51, 57, 59, 61, 63
5th Avenue	204	109, 111 [see refusal note in book 204], 121, 123, 125, 127, 129, 131
5th Avenue	323	223, 235, 237, 239, 241, 247
5th Avenue	330	253, 259, 267, 271, 273, 275, 277, 279, 281
5th Avenue	333	285, 289, 291, 293, 295, 297, 305, 307, 309, 311, 313, 315
5th Avenue	337	319, 323, 325, 327, 329, 331, 341, 349, 351, 353
5th Avenue	339	335, 357, 359, 361, 363, 365, 373, 375, 377, 379, 381, 383, 385, 387, 389, 391, 403, 405, 407
5th Avenue	727	461, 463, 465, 467, 469, 471, 473, 475, 477, 479, 481, 495, 497, 499, 501, 503, 505, 507, 509, 511, 525, 527
5th Avenue	734	597, 599, 601, 603, 605, 607, 609, 611, 613, 615, 621
5th Avenue	735	657, 665, 667, 669, 671, 673, 675, 677, 681, 683, 685
5th Avenue	740	689, 693, 695, 697, 705, 707, 709, 711, 715, 717, 719, 741, 743, 745, 749, 751
5th Avenue	741	771, 777, 787, 789
5th Avenue	742	811, 813, 815, 817
5th Avenue	743	835
5th Avenue	744	845, 853, 855, 857, 871
5th Avenue	745	881, 883
5th Avenue	746	931, 933
5th Avenue	748	989
5th Avenue	749	1031, 1033, 1037-1038, 1041, 1045
5th Avenue	760	1085
5th Avenue	826	1145, 1147 [both marked East 96th Street], 1149
5th Avenue	854	1323, 1335
5th Avenue	864	1395, 1397 Some missing house numbers on 5th Avenue in book 864
5th Avenue	881	2001, 2003, 2005, 2007, 2009, 2011, 2013, 2015, 2017, 2019, 2021
5th Avenue	884	2025, 2027, 2041
5th Avenue	900	2069, 2077, 2079, 2081, 2083, 2085, 2087, 2099, 2101, 2103, 2105, 2107, 2109, 2111, 2113, 2115, 2117, 2119
5th Avenue	905	2121, 2123, 2125, 2127, 2129, 2131, 2133, 2135, 2137, 2139, 2141, 2143, 2147, 2149, 2151, 2153, 2155, 2157, 2163, 2193, 2195, 2197

Street Name	Book	House Numbers
5th Avenue	906	2203, 2205, 2207, 2233, 2235 Some missing house numbers on 5th Avenue in book 906
5th Avenue	843	No house numbers on 5th Avenue in book 843 [Between East 105th Street annd East 106th Street]
5th Avenue	853	No house numbers on 5th Avenue in book 853 [Corner of East 109th Street]
5th Avenue	185	2, 4, 6, 8
5th Avenue	194	10, 12, 14, 16-20
5th Avenue	198	62, 64, 66, 68, 70, 74, 76, 78
5th Avenue	204	134, 136, 138, 140, 146
5th Avenue	324	196 [Some marked West 25th Street]
5th Avenue	323	202, 206, 208, 210, 212
5th Avenue	330	222, 224, 226, 234, 236, 238, 240, 244, 246, 250, 252, 254, 256, 260, 264
5th Avenue	333	286, 288, 290, 292, 294, 296, 298, 302, 304, 306, 308, 310, 312, 314, 316
5th Avenue	337	322, 324, 326, 334, 338, 350
5th Avenue	339	372, 374, 382, 384, 386, 392, 396, 398, 400, 404
5th Avenue	342	412, 414, <u>420</u>, <u>424</u>, <u>426</u>, 428, 430, 434, 436, 438, 442, 448, 450, 452 [<u>420</u>, <u>424</u>, <u>426</u> on page 13 marked West 37th St. but should be 5th Avenue]
5th Avenue	733	604, 608, 610, 612, 614, 618, 620, 622, 626, 628, 630, 632, 634, 642
5th Avenue	737	660, 666, 668, 670, 680, 684, 712, 714, 716, 718
5th Avenue	740	720, 724, 726, 728, 746, 752, 754, 756
5th Avenue	741	784
5th Avenue	742	800, 810, 812, 814
5th Avenue	743	830, 836
5th Avenue	744	846, 856, 860
5th Avenue	745	890
5th Avenue	746	930
5th Avenue	994	988, 996
5th Avenue	749	1020, 1030, 1032, 1034, 1037-1038, 1042, 1044, 1046, 1048
5th Avenue	760	1080
5th Avenue	826	1116, 1140
5th Avenue	854	1338, 1340, 1342
5th Avenue	881	2002, 2004, 2006, 2008, 2010, 2012, 2014, 2016, 2018, 2020
5th Avenue	884	2032, 2034, 2036, 2038, 2040, 2054, 2056
5th Avenue	901	2064, 2066, 2068, 2070, 2074, 2076, 2078, 2080, 2084, 2086, 2098

Aid to Finding Addresses in 1890 NYC Police Census

Street Name	Book	House Numbers
5th Avenue	904	2122, 2138, 2144, 2150, 2152, 2154, 2162, 2164, 2166, 2168, 2182, 2184
5th Avenue	906	2220, 2222, 2224, 2226, 2228, 2230, 2232, 2236 Some missing house numbers on 5th Avenue in book 906
6th Avenue	246	½, 1, 3, 5, 7, 9, 11, 13, 15, 17, 19, 21, 23, 25, 29, 31, 33, 33½, 35, 43, 45, 47, 51, 53, 55
6th Avenue	186	69, 79, 81, 83, 85, 87, 89, 89½, 91, 93, 99, 101, 105
6th Avenue	187	113, 117
6th Avenue	188	137, 139, 143, 145, 147
6th Avenue	193	153, 155, 157, 159, 171, 173, 175, 177, 179, 181, 183
6th Avenue	199	193, 195, 197, 199
6th Avenue	200	215, 217, 219, 221, 223, 225-227
6th Avenue	202	229, 247, 249, 255, 259, 261, 265
6th Avenue	205	273, 277, 279, 283, 287
6th Avenue	207	359
6th Avenue	325	413, 415, 417, 419, 419½, 421, 423, 425
6th Avenue	326	431, 435, 437, 439, 441, 443
6th Avenue	327	449, 451, 453, 455, 457, 459, 461, 463
6th Avenue	328	471, 473, 475, 477, 479, 481, 485, 487, 489, 491, 191½, 495, 497
6th Avenue	334	501, 503, 505, 507, 509, 511, 515, 517, 519
6th Avenue	335	525, 525½, 527, 529, 531
6th Avenue	340	617, 619, 621, 623, 629
6th Avenue	724	701, 703, 705, 709, 715, 717, 721, 723, 741, 743, 745, 749, 753
6th Avenue	725	759, 761, 763, 765, 767, 769, 777, 779, 781, 783, 785, 787, 789, 799, 801, 803, 805, 807, 809, 811
6th Avenue	730	815, 817, 819, 823, 825, 827, 837, 839, 841, 843, 845
6th Avenue	731	859, 861, 863, 865, 873, 875, 877, 879, 881, 883
6th Avenue	732	903, 909, 911, 913, 915
6th Avenue	739	977, 979, 981, 983, 985, 987, 989, 993, 995, 997, 999, 1001, 1003, 1005, 1007, 1009, 1015, 1017, 1019, 1021, 1023, 1025, 1051
6th Avenue	183	20, 22, 24, 26, 28, 30, 32, 34, 36, 40, 42, 44, 44½, 46, 48, 50, 52, 60, 62, 64, 66, 68
6th Avenue	185	76, 78, 80, 82, 84, 86, 88, 90, 92
6th Avenue	194	96, 100, 102, 104, 106, 108, 110, 112
6th Avenue	198	150, 152, 154, 156, 158, 160, 162, 164, 166, 172, 174, 176, 178, 180, 182, 184, 186
6th Avenue	204	290, 292, 294, 296

Street Name	Book	House Numbers
6th Avenue	324	382, 384, 388, 390, 396, 398, 400, 402, 406, 408, 418, 422, 424, 424½, 426, 428
6th Avenue	329	436, 438, 440, 444, 448, 450, 454, 460, 464, 466, 468, 470, 472, 474, 476, 478, 482, 484, 488, 490, 496
6th Avenue	333	502, 504, 506, 508, 510, 514, 522, 524, 528
6th Avenue	339	598, 600, 602, 604, 606, 608, 610, 618, 620, 622, 626, 628, 630
6th Avenue	342	638, 640, 642, 644, 646, 648, 652, 660, 662, 664, 666, 668, 670, 682, 684, 686, 688, 690, 696
6th Avenue	733	852, 854, 856, 858, 860, 862, 864, 872, 874, 876, 878, 880, 882, 884, 894½, 896, 900, 904, 906, 908, 910, 912, 914, 916
6th Avenue	737	922, 924, 926, 928, 940, 942, 944, 946, 948, 950, 952, 960, 962, 964, 966, 968, 970, 972, 974, 980, 982, 984, 986, 988, 990
6th Avenue	740	1046
7th Avenue	193	1, 3, 5, 7, 9, 11, 13, 15, 23, 25, 29, 35, 37, 39
7th Avenue	199	43, 45, 47, 49, 51
7th Avenue	200	65, 67, 69, 71, 73, 75, 77
7th Avenue	202	81, 83, 85, 87, 89, 91, 93, 95, 97, 103, 105, 107, 109, 111, 113
7th Avenue	205	137, 139, 147, 149, 151
7th Avenue	207	179, 197, 199½, 201, 203, 205, 211, 213, 215, 217, 219
7th Avenue	325	265, 267, 269, 271, 273, 275, 277, 279
7th Avenue	326	287, 289, 291, 293, 295, 297, 299
7th Avenue	327	303, 305, 307, 307 rear, 309, 309 rear, 311, 313
7th Avenue	328	323, 325, 327, 329, 331, 333, 343, 345, 347, 351, 353, 355
7th Avenue	334	363, 365, 367, 369, 371, 373, 375, 377
7th Avenue	335	387, 389, 391, 391 rear, 393, 393 rear, 395, 395 rear, 397, 397 rear, 403, 405, 407, 409, 411, 415
7th Avenue	340	469, 471, 473, 475, 477, 481, 483, 485, 489, 491, 493, 495, 497
7th Avenue	724	563, 565, 567, 569, 585, 587
7th Avenue	730	707, 709, 711, 713, 715, 717
7th Avenue	731	723, 725, 727, 729, 731, 733, 751, 753, 755, 757, 759
7th Avenue	732	783, 785, 787, 789, 791, 793, 795, 797
7th Avenue	739	877, 879, 911, 913, 915, 917
7th Avenue	864	1959, 1963, 1965, 1967, 1969, 1971, 1973, 1975, 1977
7th Avenue	882	1985, 1987, 1989, 1991, 1993, 1995, 1997, 2001, 2003, 2005, 2009, 2011, 2023, 2027, 2043, 2045, 2047, 2049, 2051, 2053, 2055
7th Avenue	883	2071, 2073, 2075, 2077, 2107, 2109, 2135, 2137, 2139

Aid to Finding Addresses in 1890 NYC Police Census

Street Name	Book	House Numbers
7th Avenue	903	<u>2001</u>, 2155, 2181, 2183, 2185, 2187, 2189, 2191, 2193, 2195, 2247, 2249, 2251, 2253, 2255, 2257, 2263, 2265, 2267, 2269, 2271, 2273
7th Avenue	906	2283, 2285, 2287, 2289, 2291, 2293, 2295, 2297, 2299, 2301, 2303, 2305, 2307, 2309, 2311, 2313, 2315, 2323, 2325, 2327, 2331, 2333, 2335, 2337 Some missing house numbers on 7th Avenue in book 906
7th Avenue	671	No house numbers on 7th Avenue in book 671
7th Avenue	199	44, 46, 60
7th Avenue	200	<u>68</u>, 70, 72, 74, 76
7th Avenue	201	<u>68</u>, 82, 84, 90, 92, 94, 98
7th Avenue	383	102, 104, 104 rear, 110, 112, 114
7th Avenue	390	136, 138, 140, 142, 144, 146
7th Avenue	391	152, 154, 156, 156½, 158½, 160, 162, 164, 166
7th Avenue	392	172, 174, 176, 178, 180, 182
7th Avenue	396	190, 192, 194, 214, 216
7th Avenue	397	226, 228, 230, 232, 234, 236, 238, 240
7th Avenue	399	246, 248, 250, 252, 254, 256, 258, 260
7th Avenue	411	302, <u>304</u>, <u>306</u>, 316, [Some <u>304</u> & <u>306</u> are marked West 27th Street]
7th Avenue	487	344, 346, 348, 350, 352, 354, 356, 358, 360
7th Avenue	483	422, 424, 426, 428, 430, 432, 434
7th Avenue	482	444, 446, 448, 450, 452, 454, 456, 458, 460, <u>554</u>
7th Avenue	479	528
7th Avenue	478	552, <u>554</u>, 556, 558
7th Avenue	574	560, 562, 564, 566, 568, 570
7th Avenue	573	582, 586, 588, 590, 592, 594, 596, 598, 612
7th Avenue	570	710, 712, 714, 716, 718, 734, 736, 738
7th Avenue	617	802, 804, 806, 808, 812, 832, 834, 836, 840, 844, 844 rear, 846, 848, 854
7th Avenue	663	1962, 1964, 1966, 1968, 1970, 1972, 1974, 2000, 2014, 2016, 2020 Some missing house numbers on 7th Avenue in book 663
7th Avenue	664	2044, 2048, 2052, 2054, 2056
7th Avenue	665	2064, 2066, 2068, 2070, 2072, 2074, 2076, 2078
7th Avenue	667	2142, 2144, 2146, 2148, 2150, 2152, 2162, 2166
7th Avenue	668	2190, 2192, 2194, 2202, 2204, 2206, 2208, 2210, 2226, 2232, 2234, 2236, 2238
7th Avenue	669	2252, 2254, 2256, 2262, 2264, 2266, 2268, 2270, 2272, 2274, 2276, 2278, 2282, 2284, 2286, 2288, 2290, 2292, 2294, 2296

Street Name	Book	House Numbers
7th Avenue	670	2300, 2302, 2304, 2306 Some missing house numbers on 7th Avenue in book 670
8th Avenue	268	13, 15, 17, 19, 21, 23, 25, 27, 31, 33, 39, 41, 45
8th Avenue	269	51, 53, 55, 61
8th Avenue	273	67, 69, 73, 75
8th Avenue	274	83, 85, 87, 89, 91-93, 95, 97, 99
8th Avenue	275	103, 105, 107, 109, 113, 119, 121, 123
8th Avenue	382	127, 129, 131, 133, 135, 137, 139, 141
8th Avenue	385	145, 147, 149, 151, 153, 155, 157, 159
8th Avenue	389	165, 167, 169, 179, 181, 183, 189, 191, 193
8th Avenue	393	199, 201, 203, 205, 207, 207½, 209
8th Avenue	395	221, 223, 227, 229
8th Avenue	396	231 [should be West 22nd Street]
8th Avenue	400	239, 243, 245, 249, 255, 273, 275
8th Avenue	405	281, 283
8th Avenue	406	303, 305, 307, 309, 311, 313, 315, 317, 319
8th Avenue	410	345, 347, 355, 361
8th Avenue	414	405, 407, 409, 411, 413, 415, 417, 423, 425, 427, 429, 431, 433, 435, 437
8th Avenue	477	443, 449, 451, 453, 455, 483, 485, 489, 491, 493, 495 [Some marked West 35th Street]
8th Avenue	476	501, 503, 505, 507, 509, 511, 513, 515
8th Avenue	475	523, 525, 527, 529, 531, 533, 535
8th Avenue	474	543, 545, 549, 551, 553
8th Avenue	473	573, 575, 577, 579, 581, 583, 585, 587, 589
8th Avenue	472	603, 605, 607, 609, 611, 613, 615
8th Avenue	558	623, 625, 627, 631, 633, 635
8th Avenue	559	645, 647
8th Avenue	562	703, 705, 707, 709, 711, 713
8th Avenue	563	719, 721, 723, 725, 727, 729
8th Avenue	565	773, 773 rear, 775, 777, 779, 781, 783, 785, 787
8th Avenue	566	793, 797, 805
8th Avenue	567	833, 835, 837, 839, 841, 843, 845
8th Avenue	568	855, 857, 859, 861, 863, 865
8th Avenue	619	873, 875, 877, 879, 881, 883, 885, 893, 895, 897, 899, 901, 903, 905

Aid to Finding Addresses in 1890 NYC Police Census 37

Street Name	Book	House Numbers
8th Avenue	624	913, 921, 923, 925
8th Avenue	625	933, 935, 937, 949
8th Avenue	631	975, 977, 979, 981, 983, 987, 995
8th Avenue	672	2119, 2121, 2123, 2125, 2143, 2145, 2147, 2153, 2155, 2157, 2159, 2161, 2213, 2215, 2217, 2219, 2221, 2231, 2233, 2235, 2239 Some missing house numbers on 8th Avenue in book 672
8th Avenue	673	2277, 2279, 2281, 2283, 2287, 2289, 2297, 2299, 2301, 2303, 2305, 2307 Some missing house numbers on 8th Avenue in book 673
8th Avenue	674	2331, 2333, 2335, 2337, 2339, 2341, 2343, 2345, 2349, 2353, 2355, 2357, 2359, 2361, 2365, 2369, 2371, <u>2373</u>, 2375, 2377, 2379
8th Avenue	667	<u>2373</u> [should be <u>2372</u>]
8th Avenue	678	2391, 2393, 2399, 2401, 2403, 2405, 2407, 2411, 2413, 2415, 2417, 2419, 2421, 2423, 2425, 2427, 2429, 2431, 2433, 2435, 2437, 2439, 2441, 2443, 2451, 2453, 2455, 2457, 2459, 2461, 2463, 2465, 2467, 2469, 2471, 2475, 2477, 2479, 2481, 2491, 2493, 2495, 2497, 2499, 2501, 2503, 2507, 2509
8th Avenue	680	2627, 2629, 2631, 2633, 2635, 2637, 2639, 2647, 2649, 2651, 2653, 2655, 2657, 2671, 2673, 2675, 2677, 2679, 2681, 2687, 2689, 2697, 2699, 2701, 2703, 2707, 2713, 2715, 2717
8th Avenue	681	2729, 2731, 2733, <u>2735</u> [some marked 2736], 2743, 2771, 2773, 2775, 2777, 2779, 2781, 2783
8th Avenue	635	No house numbers on 8th Avenue in book 635 [Between West 62nd Street and West 65th Street]
8th Avenue	644	No house numbers on 8th Avenue in book 644 [Between West 66th Street and West 73rd Street]
8th Avenue	654	No house numbers on 8th Avenue in book 654 [Between West 93rd Street and West 94th Street]
8th Avenue	657	No house numbers on 8th Avenue in book 657 [Between West 100th Street and West 102nd Street]
8th Avenue	682	No house numbers on 8th Avenue in book 682 [Between West 150th Street and West 155th Street]
8th Avenue	267	24, 26, 28, 30, 32, 34, 36, 38
8th Avenue	192	42, 44, 46, 48, 50, 52, 54, 56, 58, 60
8th Avenue	199	68-70, 72, 74, 76
8th Avenue	200	84, 86, 88, 90, 92, 94, 96, 98, 100
8th Avenue	201	104, 106, 108, 110, 112, 114, 116, 118, 120,
8th Avenue	383	128, 130, 132, 134, 136, 138
8th Avenue	390	164, 166, 168, 170, 172, 174
8th Avenue	391	184, 186, 190, 192
8th Avenue	392	200, 202, 204, 206, 208, 210

Street Name	Book	House Numbers
8th Avenue	396	216, 218, 220, 224, 226, 230, 232, 234, 238, 240, 242, 244, 248, 250, 252
8th Avenue	397	258½, 260, 262, 264, 266, 268, 270, 272, 274, 276
8th Avenue	399	282, 284, 286, 288, 290, 292
8th Avenue	411	342, 344, 346, 350, 352, 354 marked West 28th Street
8th Avenue	487	384, 386, 388, 390, 392, 394, 396, 398
8th Avenue	483	462, 464, 466, 468, 470, 472
8th Avenue	482	484, 486, 488, 490, 492, 494, 496, 498
8th Avenue	479	540, 544, 546, 548, 550, 552, 554, 558, 560, 562, 564, 566, 568, 570, 572, 576, 578, 580, 582, 584, 586, 588, 590, 592, 594, 596, 598
8th Avenue	478	600, 602, 604, 606, 608, 610, 612, 614, 616
8th Avenue	574	622, 624, 626, 628, 630, 632, 634
8th Avenue	573	642, 648, 652, 654, 662, 666, 668, 670, 672, 674, 676, 678
8th Avenue	572	680, 682, 684, 686, 686 rear, 688, 690, 706½, 708, 710, 712, 714, 716
8th Avenue	571	724, 726, 728, 730, 732, 734, 736, 738, 740, 754, 756, 758, 760, 762, 764
8th Avenue	570	772, 774, 778, 780, 782, 784, 792, 794, 796, 798, 800, 802, 804
8th Avenue	617	872, 874, 876, 878, 880, 882, 884, 886, 892, 894, 896, 898, 902, 904, 906, 912, 914, 916, 918, 920, 996
8th Avenue	663	2110, 2112, 2114, 2116, 2118, 2120, 2122, 2124, 2126, 2128, 2132, 2134, 2136, 2138, 2140, 2142, 2154, 2162, 2164, 2166, 2168, 2178, 2180, 2182, 2184
8th Avenue	664	2072 [some marked West 122nd Street], 2262, 2264, 2266, 2268, 2270, 2272, 2274, 2276, 2278, 2280, 2282, 2284, 2286, <u>2474</u> [marked West 122nd Street]
8th Avenue	665	2292, 2294, 2306, 2308, 2318
8th Avenue	667	2368, 2370, <u>2372</u> [some marked 2373], 2382, 2384, 2386, 2392, 2394, 2396, 2398
8th Avenue	668	2410, 2412, 2414, 2420, 2422, 2424, 2426, 2428, 2430, 2432, 2434, 2440, 2442, 2444, 2462, 2464, 2466
8th Avenue	669	2276 ?, 2472, 2474, 2476, 2478, 2480, 2482, 2510, 2512, 2514, 2516, 2518, 2520, 2522, 2524, 2526, 2528, 2530, 2532, 2534 Some missing house numbers on 8th Avenue in book 669
8th Avenue	670	2536, 2538, 2540, 2542, 2544, 2546, 2548, 2554, 2556, 2558, 2560, 2562, 2564, 2572, 2574, 2576, 2578, 2580, 2582, 2654, 2658, 2660, 2662, 2664, 2666
8th Avenue	671	2670, 2672, 2676, 2678, 2682, 2684, 2686, 2688, 2690, 2696, 2698, 2700, 2702, 2704, 2706, 2750 [some marked West 146th Street], 2752, 2754, 2756, 2758, 2760, 2762, 2764, 2772 Some missing house numbers on 8th Avenue in book 671
8th Avenue	681	2736 [should be <u>2735</u>]

Aid to Finding Addresses in 1890 NYC Police Census

Street Name	Book	House Numbers
9th Avenue	271	3, 5, 7
9th Avenue	272	13, 15, 21, 23, 25, 27, 29, 35
9th Avenue	276	59, 69, 73, 75, 81, 83, 85, 91
9th Avenue	386	111, 113, 115, 117, 119, 121, 123, 125
9th Avenue	387	133, 135, 137, 139, 141, 143
9th Avenue	388	153, 155, 157, 159, 161, 163, 165, 167
9th Avenue	394	187, 189, 193
9th Avenue	401	213, 215, 217, 219, 221, 223
9th Avenue	403	229½, 231, 233, 235, 237, 239
9th Avenue	449	355, 357, 359, 361, 365, 367
9th Avenue	451	383, 387
9th Avenue	453	391, 393, 395, 397, 399, 401, 403, 405, 407, 409
9th Avenue	455	413, 415, 417, 419, 421, 423, 425, 427
9th Avenue	456	435, 437, 439, 441, 443, 445
9th Avenue	459	457, 459, 461, 463, 465, 467
9th Avenue	460	469, 471, 473, 475, 477, 479, 481
9th Avenue	464	487, 489, 491, 493, 495, 497, 501, 503
9th Avenue	465	509, 511, 513, 515, 517, 519
9th Avenue	470	523, 525, 257, 529, 531, 533, 535, 537
9th Avenue	557	541, 543, 545, 547, 549, 551, 553, 555, 557
9th Avenue	556	563, 565, 567, 569, 571, 573, 575, 577, 579
9th Avenue	554	?, 609, 611, 613, 615, 617, 619, 621
9th Avenue	551	645, 649, 651, 653, 657, 659, 661
9th Avenue	549	667, 669, 671, 673, 675, 677, 679
9th Avenue	548	685, 687, 689, 691, 693, 695
9th Avenue	544	721, 723, 725, 727, 729, 731, 733, 735, 737
9th Avenue	543	741, 743, 743 rear, 745, 747, 749, 751, 753, 755
9th Avenue	542	763, 765, 767, 769, 771, 773
9th Avenue	620	783, 785, 787, 787 rear, 789, 791, 791 rear
9th Avenue	623	803, 805, 807, 809, 811, 813, 815
9th Avenue	626	819, 821, 829, 831, 833, 835, 837, 843, 845, 849, 851, 853, 855, 857, 859

For house numbers above 900, 9th Avenue was renamed Columbus Avenue, but not all enumerators seemed to know this.

9th Avenue	636	943, 945, 947

Street Name	Book	House Numbers
9th Avenue	642	981, 983, 985, 987, 989, 991, 993
9th Avenue	643	1073, 1075, 1077
9th Avenue	645	1107, 1109, 1111, 1113, 1141, 1151, 1153, 1163, 1167 Some missing house numbers on 9th Avenue in book 645
9th Avenue	649	1207, 1219, 1221, 1245, 1287, 1289, 1291, 1331, 1355
Columbus Avenue	651	1385, 1393, 1395, 1409, 1411, 1413
9th Avenue	652	1487, 1489, 1503, 1505, 1525, 1527, 1543, 1545, 1547, 1549, 1551, 1553, 1555, 1557
9th Avenue	653	1565, 1567, 1569
9th Avenue	654	1623, 1625, 1627, 1629, 1631, 1633, 1635, 1637
Columbus Avenue	655	<u>1643</u>, 1645, 1647, <u>1653</u>, <u>1659</u>, 1661, <u>1663</u>, <u>1665</u>, 1667, <u>1669</u>, 1675, <u>1677</u>
Columbus Avenue	993	<u>1643</u>, <u>1653</u>, <u>1659</u>, <u>1663</u>, <u>1665</u>, <u>1669</u>, <u>1677</u>, 1681, 1683, 1685, 1691, 1693, 1707, 1709, 1711, 1713
9th Avenue	658	1725, 1727, 1729, 1731, 1735, 1743, 1745, 1747, 1749, 1751, 1753, 1755, 1757, 1759
Columbus Avenue	659	1763, 1765, 1767, 1769, 1771, 1773, 1775, 1791, 1793, 1795, 1797, 1799, 1801
9th Avenue [Columbus Avenue]	662	1843, 1845, 1847, 1849, 1851, 1853, 1859, 1861, 1863, 1865, 1867, 1869, 1871, 1873, 1875 Some missing house numbers on 9th Avenue in book 662
Columbus Avenue	672	No house numbers on Columbus Avenue in book 672
9th Avenue	270	6, 8, 10
9th Avenue	274	56, 58, 60, 66
9th Avenue	275	70, 72, 74, 76, 78
9th Avenue	382	90, 92, 96, 98, 100
9th Avenue	385	110, 112, 114, 116, 118, 120, 122
9th Avenue	389	130, 132, 134, 136, 138, 140, 142, 144, 148, 150, 152, 154, 156, 158, 160, 162
9th Avenue	393	170
9th Avenue	395	182, 184, 186, 188, 190, 192, 194
9th Avenue	400	200, 202, 204, 206, 214, 216, 218, 220, 222, 224
9th Avenue	405	232, 234, 236, 238, 240, 242
9th Avenue	406	248, 254, 256, 258, 260, 262, 264, 266 All are marked 8th Avenue but should be 9th Avenue
9th Avenue	410	292, 294, 296
9th Avenue	414	352, 354, 356, 358, 360, 362, 364, 366, 368, 382, 384, 386
9th Avenue	477	392, 394, 396, 398, 412, 436, 438, 440, 442, 444, 446

Aid to Finding Addresses in 1890 NYC Police Census

Street Name	Book	House Numbers
9th Avenue	476	452, 454, 456, 458, 460, 462
9th Avenue	475	470, 472, <u>474</u>, 476, 478, 480, <u>494</u> [should be <u>474</u>]
9th Avenue	474	486, 488, 492, <u>494</u>, 496, 498
9th Avenue	473	502, 504, 510, 514, 516, 518, 520
9th Avenue	558	546, 548, 550, 552, 554, 556
9th Avenue	559	564, 566, 568, 570, 572, 574, 576, 578
9th Avenue	562	624, 626, 630, 636
9th Avenue	563	644, 646, 648, 650, 652, 656
9th Avenue	565	682, 684, 686, 688, 690, 692, 694
9th Avenue	566	704, 706, 708, 710, 712, 714
9th Avenue	567	726, 728, 728 rear, 730, 730 rear, 732, 734, 736, 738, 740, 742, 744, 746, 746 rear, 748, 750, 752, 754
9th Avenue	568	764, 766, 768, 772, 774, 776
9th Avenue	619	786, 788, 790, 792, 794, 796, 798, 802, 804
9th Avenue	624	828, 830, 832, 834, 836, 838
9th Avenue	625	842, 844, 848, 850, 852, 856, 858, 860

For house numbers above 900, 9th Avenue was renamed Columbus Avenue, but not all enumerators seemed to know this.

Street Name	Book	House Numbers
9th Avenue	635	946, 948, 950, 952, 954, 956, 958, 966, 968, 974, 980, 982
9th Avenue	644	1090, 1122, 1124, 1128, 1132, 1136, Some missing house numbers on 9th Avenue in book 644
Columbus Avenue	650	1384, 1386, 1388, 1390, 1392, 1394, 1404, 1406, 1424, <u>1426</u>, <u>1530</u>, 1532, 1534, 1536
Columbus Avenue	1006	<u>1426</u>, <u>1530</u>
9th Avenue	653	1544, 1546, 1548, 1550, 1552, 1554, 1558, 1560, 1562, 1564, 1568, 1594
9th Avenue	654	1606, 1624, 1626, 1628, 1630, 1632, 1634
Columbus Avenue	656	1644, 1646, 1648, 1650, 1652, 1654, 1660, 1664, 1674, 1676, 1678, 1684, 1686, 1688, 1690, 1692, 1694, 1700, 1702, 1704, 1706, 1708, 1710
Columbus Avenue	657	1724, 1726, 1728, 1730, 1732, 1734, 1744, 1746, 1748, 1750, 1752, 1754, 1756, 1764, 1766, 1768, 1770, 1772, 1774, 1790, 1792, 1794, 1796, 1798, 1800
9th Avenue [Columbus Avenue]	660	1806, 1808, 1810, 1812, 1822, 1840, 1842, 1844, 1846, 1848, 1850
9th Avenue [Columbus Avenue]	662	1862, 1864, 1866, 1868, 1870, 1872, 1874, 1876, 1880 Some missing house numbers on 9th Avenue in book 662
Columbus Avenue	673	1988, 1990

Street Name	Book	House Numbers
Columbus Avenue [9th Avenue]	674	2000, 2004, 2006, 2008
10th Avenue	272	21, 49
10th Avenue	276	81, 83, 85, 87, 89, 91, 93, 95
10th Avenue	379	155, 157, 159, 161, 163, 165, 171, 173, 175, 177, 179, 181, 187, <u>189</u>, 191, 193, 195, 197, 199
10th Avenue	463	<u>189</u> [should be <u>489</u>]
10th Avenue	443	281, 283, 285, 287, 289, 291, 293
10th Avenue	447	297, 299, 301, 303, 305, 307, 315, 317, 319, 321, 321½, 323, 325
10th Avenue	448	331, 333, 335, 337, 339, 341
10th Avenue	452	363, 365, 367, 369, 375, 385, 387, 399, 401, 403, 405, 407, 409, 415, 417, 419, 421, 423, 425
10th Avenue	458	437, 439, 441, 443, 445, 447, 453, 455, 465, 465½
10th Avenue	468	467
10th Avenue	462	471, 473, 475
10th Avenue	463	<u>189</u> [should be <u>489</u>], 487, <u>489</u>, 491, 493, 495, 497
10th Avenue	467	505, 507, 509, 513, 515, 517
10th Avenue	524	539, 541, 543, 545, 547, 549, 551, 557, 559, 561, 563, 565
10th Avenue	525	575, 581, 583, 585, 587, 589, 591
10th Avenue	526	595, 597, 599
10th Avenue	527	619, 621, 623, 625, 627, 629
10th Avenue	530	639, 641, 643, 645, 647, 649
10th Avenue	531	655, 657, 659, 661, 663, 665
10th Avenue	532	?, 673, 675, 677, 691, 697, 699, 701
10th Avenue	533	707, 709, 711, 713, 715, 717
10th Avenue	538	723, 725, 727, 729, 731, 733
10th Avenue	539	737, 739, 741, 743, 745, 747, 749, 751
10th Avenue	543	783
10th Avenue	628	817, 819, 821, 823, 825, 827
10th Avenue	629	833, 835, 837, 839, 841, 843, 845, 847, 853, 855, 857, 859, 861
10th Avenue	633	877, 879, 881, 883, 885, 887, 893, 897

For House numbers above 900, 10th Avenue was renamed Amsterdam Avenue, but not all of the enumerators seemed to know this.

10th Avenue	634	923, 925, 927

Some missing house numbers on 10th Avenue in book 634

Aid to Finding Addresses in 1890 NYC Police Census

Street Name	Book	House Numbers
Amsterdam Avenue	637	931, 933, 935, 937, 939, 941, 943, 945, 947
10th Avenue	639	953
10th Avenue	979	953, 955, 957, 959, 961, 963
10th Avenue	992	969, 971, 973, 975, 977, 979, 993, 995, 997, 999, 1001, 1003, 1013, 1015, 1017, 1019, 1021, 1023, 1053, 1055, 1057, 1059, 1061, 1063
10th Avenue	646	1073, 1075, 1077, 1079, 1081, 1083, 1085, 1101, 1103, 1113, 1115, 1117, 1119, 1133, 1135, 1141, 1143
10th Avenue	652	1403, 1405, 1411, 1413, 1415 Some missing house numbers on 10th Avenue in book 652
10th Avenue	654	1649, 1651, 1653, 1655, 1695, 1697, 1699
10th Avenue	658	1705, 1707, 1709, 1711, 1713, 1715, 1739, 1757, 1759, 1761, 1763
Amsterdam Avenue	659	1775, 1777, 1779, 1803, 1805, 1807, 1809, 1811, 1815, 1829, 1833
Amsterdam Avenue	977	1807
Amsterdam Avenue	677	2275, 2279, 2335, 2337, 2339, 2341, 2345, 2347, 2349, 2351
10th Avenue	680	2565, 2567 Some missing house numbers on 10th Avenue in book 680
Amsterdam Avenue	680	2627, 2629, 2631, 2633 [some marked 2630], 2635, 2637, 2639
10th Avenue	681	2643, 2645, 2647, 2649, 2651, 2653, 2655, 2687, 2689, 2691 Some missing house numbers on 10th Avenue in book 681
Amsterdam Avenue	682	471 [should be West 153rd Street], 2761, 2763, 2765, 2767, 2767 rear Some missing house numbers on Amsterdam Avenue in book 682
10th Avenue	653	No house numbers on 10th Avenue in book 653 [Between West 92nd Street and West 93rd Street]
10th Avenue	672	No house numbers on 10th Avenue in book 672 [Between West 110th Street and West 121st Street]
10th Avenue	673	No house numbers on 10th Avenue in book 673 [Between West 121st Street and West 125th Street]
10th Avenue	684	No house numbers on 10th Avenue in book 684
10th Avenue	685	No house numbers on 10th Avenue in book 685
10th Avenue	271	18
10th Avenue	272	48, 50, 52, 54, 56
10th Avenue	380	96, 98, 100, 102, 104, 106, 108, 110
10th Avenue	386	116, 118, 120, 122, 124, 126, 128
10th Avenue	387	130, 132, 134, 136, 138, 140, 142
10th Avenue	388	148, 150, 152, 158
10th Avenue	394	194, 198
10th Avenue	401	214

Street Name	Book	House Numbers
10th Avenue	403	244, 246, 248, 250, 252, 254, 256
10th Avenue	450	352, 354, 356, 358, 360, 362, 364
10th Avenue	451	370, 372, 374, 376, 378, 382
10th Avenue	454	390, 392, 394, 396, 398, 400
10th Avenue	455	410, 412, 414
10th Avenue	457	438, 440, 442, 444
10th Avenue	461	468, 470, 472, 474, 476, 478, 480
10th Avenue	464	486, 492, 494, 496
10th Avenue	466	504, 506, 508, 510, 512, 514
10th Avenue	469	518, 520, 522, 524, 526, 528, 530, 532, 534
10th Avenue	557	538, 540, 542, 544, 546, 548, 550, 552
10th Avenue	556	556, 558, 560, 562, 564, 566, 568, 570, 572
10th Avenue	554	604, 606, 608, 610, 612
10th Avenue	553	622, 624, 628, 630
10th Avenue	551	640, 642, 644, 646, 648
10th Avenue	547	672, 674, 676, 678, 680, 682
10th Avenue	546	688, 690, 692, 694, 696, 698
10th Avenue	544	716, 718, 720, 722, 724, 726, 728, 730
10th Avenue	543	734, 736, 738, 740, 742, 744, 746
10th Avenue	542	?, 750, 752, 754, 756, 758, 760, 762
10th Avenue	621	768, 770, 772, 774, 776, 778
10th Avenue	623	798, 800, 810
10th Avenue	627	814, 814 rear, 816, 818, 820, 822, 824, 826
10th Avenue	629	854, 856, 858, 860, 862
10th Avenue	634	926 Some missing house numbers on 10th Avenue in book 634
10th Avenue	636	934, 936, 938, 940, 942, 944
10th Avenue	641	964, 966, 968, 970, 972, 974
10th Avenue	642	986, 988, 990, 992
10th Avenue	643	1012, 1014, 1016, 1018, 1020, 1022, 1030, 1032, 1034, 1036, 1038, 1044, 1050, 1052, 1054, 1056, 1058, 1060, 1062
10th Avenue	645	1072, 1074, 1076, 1078, 1080, 1088, 1090, 1102, 1104, 1108
10th Avenue	649	1196, 1198, 1200, 1202, 1204, 1206, 1212, 1214, 1216, 1218, 1282, 1306, 1310, 1312, 1314, 1316, 1318, 1320, 1322, 1328, 1330, 1332
Amsterdam Avenue	651	1388

Aid to Finding Addresses in 1890 NYC Police Census

Street Name	Book	House Numbers
10th Avenue	652	1478, 1480, 1482, 1486, 1492, 1494, 1496, 1512, 1514, 1516, 1518, 1520, 1522 Some missing house numbers on 10th Avenue in book 652
10th Avenue	654	1610, 1612, 1614, 1626, 1628, 1630, 1632, 1634, 1636
Amsterdam Avenue	993	<u>1690</u>
Amsterdam Avenue	655	1640, 1648, 1650, 1686, 1688, <u>1690</u>, 1692, 1694, 1696, 1706, 1708, 1710, 1712, 1714, 1716
10th Avenue	658	1722, 1738, 1740, 1742, 1744, 1750, 1752, 1754, 1756, 1758, 1760
Amsterdam Avenue	659	1766, 1768, 1770, 1772, 1774, 1776, 1782, 1784, 1786, 1788
10th Avenue	660	1860
10th Avenue	662	1910 Some missing house numbers on 10th Avenue in book 662
Amsterdam Avenue	673	2230, 2232, 2234, 2236, 2238, <u>2330</u> Some missing house numbers on Amsterdam Avenue in book 673
10th Avenue	675	2250, 2252, 2254, 2266, 2268, 2270, 2272, 2274, 2324, 2326, 2328, <u>2330</u>, 2332, 2334, 2336, 2338, 2340, 2340 rear
10th Avenue	678	2342, 2344, 2346, 2348
Amsterdam Avenue	680	2630 [should be <u>2633</u>]
10th Avenue	681	2708, 2710, 2722, 2734, 2736, 2738 Some missing house numbers on 10th Avenue in book 681
Amsterdam Avenue	682	2744, 2746, 2748, 2750, 2752, 2754, 2756, 2806, 2808, 2810, 2812, 2814, 2816, 2824 Some missing house numbers on Amsterdam Avenue in book 682
11th Avenue	448	313
11th Avenue	458	421, 423
11th Avenue	462	439, 441, 443, 445, 447, 449, 451, 453, 457, 463, 465, 471
11th Avenue	468	477, 479, 491, 493, 497, 501, 503, 505, 507, 509, 511
11th Avenue	524	531
11th Avenue	535	625, 627, 627½, 629, 631, 635, 637, 639, 641, 645, 647, 653, 655, 657, 669, 671, 673, 675, 677, 679
11th Avenue	536	685, 691, 721, 723, 725, 727, 729, 731, 733, 735
11th Avenue	628	777, 777 rear, 779, 781, 783, 785, 787, 791, 793
11th Avenue	629	829, 831, 833, 835, 837
11th Avenue	633	855, 855 rear, 857, 859, 861
11th Avenue	681	No house numbers on 11th Avenue in book 681 [Between West 145th Street and West 150th Street]
11th Avenue	684	No house numbers on 11th Avenue in book 684
11th Avenue	685	No house numbers on 11th Avenue in book 685

Street Name	Book	House Numbers
11th Avenue	276	40
11th Avenue	379	82, 160
11th Avenue	646	98
11th Avenue	448	304
11th Avenue	452	318, 392
11th Avenue	458	420, 422, 424, 426, 428, 434
11th Avenue	462	444, 446, 448, 450, 452
11th Avenue	463	456, 464, 466, 468
11th Avenue	467	484, 486, 488
11th Avenue	468	498, 500, 502, 504, 506, 508, 510
11th Avenue	524	516, 518, 520, 522, 530, 536, 538, 540, 542, 544, 546, 548
11th Avenue	525	556, 558, 560, 562, 564, 566, 568
11th Avenue	526	574, 576, 578, 580, 582, 584, 586
11th Avenue	530	612, 614, 616, 618, 620, 622, 624
11th Avenue	531	638, 640, 642
11th Avenue	532	646, 656, 658, 660, 662
11th Avenue	537	?, 686, 688, 692, 702, 704
11th Avenue	540	706, 708, 710, 712, 714, 718
11th Avenue	623	760, 762, 764, 766, 768, 770, 772, 774
11th Avenue	628	778, 780, 782, 784, 786, 786½, 788, 788 rear, 790, 792
11th Avenue	629	798, 800
11th Avenue	633	700, 840, 842, 844, 846, 848, 850
11th Avenue	634	866, 868, 870
11th Avenue	638	<u>678</u> [may be <u>876 ?</u>], 874, <u>876</u>, 878, 880, 882, 884, Some missing house numbers on 11th Avenue in book 638
11th Avenue	639	890, 892, 894, <u>896</u>, 902
11th Avenue	979	<u>896</u>, 898, 900
12th Avenue	677	No house numbers on 12th Avenue in book 677 [Between West 129th Street and West 131st Street]
12th Avenue	681	No house numbers on 12th Avenue in book 681 [Between West 145th Street and West 150th Street]
13th Avenue	271	47, 49, 51, 123
13th Avenue	272	No house numbers on 13th Avenue in book 272 [Corner of West 13th Street]

Aid to Finding Addresses in 1890 NYC Police Census

Street Name	Book	House Numbers
13th Avenue	379	No house numbers on 13th Avenue in book 379 [Between West 20th Street and West 22nd Street]
13th Avenue	264	6, 14
Abingdon Square	267	1, 3, 5, 11, 13, 15, 17, 19, 21, 23, 25
Abingdon Square	267	12, 14, 16, 20
Albany Street	11	5, 7, 9, 11, 17, 19, 21, 23
Albany Street	11	2, 2½, 4, 6, 8
Albany Street	9	22, 24, 26
Allen Street	212	1½, 3, 5, 7, 9, 11, 13
Allen Street	215	17, 19, 21, 23, 25, 27, 29, 31, 33, 35, 37, 37½
Allen Street	217	39, 43, 45, 47, 49, 51, 53, 55, 57
Allen Street	220	75, 77, 79, 81, 83, 85
Allen Street	226	91, 93, 95, 97, 99, 101, 103, 105, 107, 109, 111, 113, 115, 117, 119, 121, 123, 125, 127, 129, 131, 133, 135, 135½, 137, 139, 141, 143, 145
Allen Street	236	147, 149, 151, 153, 155, 157, 159, 161, 163, 165, 167, 169, 171, 173, 175, 177
Allen Street	278	183, 185, 187, 189, 191, 195, 197, 199, 201, 203, 205
Allen Street	212	2, 4, 6, 8
Allen Street	214	14, 16, 18, <u>20</u>, 22, <u>24</u>
Allen Street	953	<u>20</u>, <u>24</u>, 26, 30, 36-36½
Allen Street	217	42, 44, 46, 48, 50, 52, 54
Allen Street	220	72, 74, 76, 78, 80, 82, 84, 86
Allen Street	227	90, 92, 94, 96, 98, 100, 102, 104, 106, 108, 114, 114½, <u>116</u>
Allen Street	228	<u>116</u>, 118, 120, 122, 124, 128, 130, 132, 134, 136, 138, <u>140</u>
Allen Street	226	<u>140</u>
Allen Street	236	150, 152, 154, 156, 158, 160, 162, 164, 166, 168, 168½, 172
Amsterdam Avenue		See 10th Avenue
Astor Place	72	6
Attorney Street	161	5, 7, 9, 11, 13, 15, 17, 17½, 19
Attorney Street	165	31, 33, 35, 37, 39, 41, 43, 47, 51, 53, 55, 57, 59, 61, 63, 65, 67, 69, 71
Attorney Street	171	85, 87, 91, 93, 95, 97, 99, 101, 103, 105, 107, 109, 119, 121, <u>137</u>, <u>139</u>, 141
Attorney Street	980	<u>137, 139</u>
Attorney Street	352	145, 145½, 147, 149, 151, 153, 155, 157, 159, 161, 163, 165, 171, 173, 175

Street Name	Book	House Numbers
Attorney Street	161	2, 4, 6, 8, 10, 12, 14, 16
Attorney Street	162	22, 24, 28, 32, 34, 36, 38, 40, 42, 44
Attorney Street	163	46, 48, <u>50</u>, 52, <u>60</u>, 62, 64, 66, 68, 72 [<u>50</u> & <u>60</u> are marked Broome Street, should be Attorney Street]
Attorney Street	164	80½, 82, 86, 88, 90, 92, <u>94</u>, <u>96</u>, 98, <u>100</u>
Attorney Street	962	<u>94</u>, <u>96</u>, <u>100</u>
Attorney Street	172	122, 124, 130, 132, 134, 136, 138
Attorney Street	351	146, 148, 150, 152, 154, 156, 160, 162, 162 rear, 164, 164 rear, 166, 168½, 172, 174
Audubon Avenue	684	No house numbers on Audubon Avenue in book 684
Audubon Avenue	685	No house numbers on Audubon Avenue in book 685
Avenue A	287	5, 7, 9, 11, 13, 15, 17, 19-21, 23
Avenue A	297	27, 29, 31, 33, 35, 37, 39
Avenue A	295	45, 47, 49, 51, 53, 55
Avenue A	303	61, 63, 65, 65 rear, 67, 69, 69 rear, 71, 73
Avenue A	311	79, 81, 83, 85, 87, 87 rear, 89, 91, 93
Avenue A	316	97, 99, 101, 103, 105, 107, 109
Avenue A	321	113, 115, 117, 119, 121, 123, 125
Avenue A	423	133, 135, 137, 139
Avenue A	424	147, 149, 151, 153
Avenue A	425	161, 163, 165, 167, 169, 171
Avenue A	426	177, 179, 181, 183, 185, 187, 189, 191
Avenue A	427	197, 199, 201, 203, 205, 207, 209
Avenue A	428	213, 215, 217, 219, 221, 223
Avenue A	498	229, 231, 233, 235, 237, 239
Avenue A	500	243, 245, 247, 249, 251, 253, 255
Avenue A	502	259, 261, 263, 265, 265 rear, 267, 267 rear, 269, 271, 273
Avenue A	503	277, 279, 281, 283, 285, 287
Avenue A	505	311, 313, 315, 317, 319, 321, 323
Avenue A	506	333, 335, 337, 339
Avenue A	508	365
Avenue A	509a	383, 389, <u>391</u>
Avenue A	509b	<u>391</u>
Avenue A	698	1021, 1023, 1025, 1033

Aid to Finding Addresses in 1890 NYC Police Census

Street Name	Book	House Numbers
Avenue A	694	1063
Avenue A	820	1081, 1171
Avenue A	810	1313, 1317, 1319, 1321, 1323, 1325, 1327, 1335, 1337, <u>1339, 1341</u>
Avenue A	1003	<u>1339, 1341</u>
Avenue A	996	1353, 1355, 1357, 1359, 1361, 1363, 1365, 1367, 1377, 1379, 1381, 1383, 1385, 1387, 1389, 1391
Avenue A	803	1397, 1401, 1403, 1405
Avenue A	1007	1409, 1411
Avenue A	796	1435, 1437, 1439, 1441, 1453, 1455, 1457, 1459, 1461, 1463, 1465, 1467
Avenue A	795	1479, 1481, 1483, 1485, 1487, 1489
Avenue A	791	1495, 1497, 1499, 1501, 1503, 1505, 1507
Avenue A	790	1513, 1515, 1517, 1521, 1523, 1525, 1527, 1529, 1531
Avenue A	786	1535, 1537, 1539, 1541, 1543, 1545
Avenue A	784	1551, 1553, 1555, 1557, 1559, 1561
Avenue A	779	<u>1567</u>, 1569, 1571, 1573, 1575, 1577
Avenue A	1005	<u>1567</u>
Avenue A	777	1595, 1597, 1599, 1601, 1603, 1605
Avenue A	772	1625, 1627, 1629
Avenue A	770	1637, 1639, 1641, 1643, 1645
Avenue A	768	?, 1659, 1661, 1663, 1665, 1667, 1669
Avenue A	769	1675, 1677, 1679, 1681, 1683, 1685, 1731, 1733, 1735
Avenue A	830	1749, 1751, 1753, 1761, 1763, 1765 Some houses on Avenue A have no numbers in book 830
Avenue A	285	10, 12, 14, 16½, 18, 20
Avenue A	299	24, 26, 28-30, 32, 34, 36
Avenue A	300	44, 44 rear, 46, 48, 50, 52, 54
Avenue A	302	60, 62, 64, 66, 68, 70, 72
Avenue A	313	74, 76, 78, 80, 82, 84, 86, 88, 90, 92
Avenue A	315	94, 96, 98, 100, 102, 104, 106, 108, 110, 112
Avenue A	435	158, 160-162, 166, 168, 170, 172
Avenue A	433	176, 178, 180, 182, 184, 186, 188
Avenue A	431	196, 198, 200, 202, 204, 206
Avenue A	429	210, 212, 214, 216, 218, 220, 222
Avenue A	497	228, 230, 232, 234, 236, 238, 240

Street Name	Book	House Numbers
Avenue A	496	244, 246, 248, 250, 252, 254, 256, 258
Avenue A	493	262, 264, 266, 268, 270, 272
Avenue A	492	288. 290, 292, 294, 296, 298, 300, 302, 304, 306, 312, 314, 328, 330, 332, 336, 360, 372
Avenue A	704	1000, 1002, 1004, 1006, 1008, 1010
Avenue A	698	1016, 1018, 1020, 1024, 1026
Avenue A	694	1054, 1056, 1058, 1060, 1062, 1064, 1066, 1068, 1070, 1074
Avenue A	810	1322, <u>1358</u>
Avenue A	1003	<u>1358</u>, 1360, 1362, 1364, 1366, 1370, 1372, 1374, 1376, 1396, 1400, 1402, 1404, 1406
Avenue A	803	1414, <u>1416</u>, 1418, 1420, 1422, 1424, 1426
Avenue A	1007	<u>1416</u>
Avenue A	795	1436, 1438, 1440, 1442, 1444, 1446
Avenue A	791	1498, 1500, 1502, 1504, 1506, 1508, 1510, 1516, 1518 [some marked East 80th Street], 1520, 1524, 1526, 1528, 1530
Avenue A	785	1556, 1558, 1560, 1562, 1564, 1566, 1568
Avenue A	779	1580, 1582, 1584, 1586, 1588, 1590
Avenue A	778	1596, 1598, 1600, 1602, 1604, 1606
Avenue A	770	1634, 1636, 1638, 1640, 1642, 1644, 1646, 1648, 1650, 1652, 1654
Avenue A	769	1676, 1678, 1680, 1682, 1684, 1686, 1688, 1690
Avenue B	353	3, 5, 7, 9, 11, 13, 15
Avenue B	356	17, 21, 23, 25, 27, 29, 31, 33, 35
Avenue B	357	39, 41, 43, 45, 45 rear, 47, 49, 51, 53
Avenue B	361	57, 59, 61, 63, 65, 65 rear, 67
Avenue B	362	75, 77, 79, 81, 83, 85, 87, 89
Avenue B	366	93, 95, 97, 101, 103, 105, 107, 109
Avenue B	373	131, 131 rear, 133, 135, 137
Avenue B	374	145, 147, 149, 151, 153, 155, 157
Avenue B	378	159, 161, 163, 165, 167, 169, 171, 173
Avenue B	436	177, 179, 181, 183, 185, 187, 189, 191, 193
Avenue B	439	195, 197, 199, 201, 203, 203 rear, 205, 205 rear, 207, 207 rear
Avenue B	488	235, 237, 239, 241, 243, 245, 247, 249
Avenue B	489	255, 257, 259, 261, 263, 265, 271
Avenue B	490	275, 277, 279, 281, 283, 285, 287, 289
Avenue B	785	1609, 1611

Aid to Finding Addresses in 1890 NYC Police Census

Street Name	Book	House Numbers
Avenue B	778	1617, 1619, 1621, 1623, 1625, 1627, 1629
Avenue B	770	1703
Avenue B	791	No house numbers on Avenue B in book 791 [Between East 79th & East 80th Streets]
Avenue B	284	2, 2-4, 6, 8, 10, 12, 14, 16
Avenue B	298	18, 20, 22, 24, 26, 28, 30, 32
Avenue B	300	40, 42, 44, 46, 48, 50, 52
Avenue B	301	56, 58, 60, 62, 64, 66, 68, 70, 72
Avenue B	312	76, 78, 80, 82, 84, 86-88, 90, 92
Avenue B	770	88 ? [looks like an error]
Avenue B	314	96, 98, 100, 102, 104, 106
Avenue B	435	162, 166, 168, 170, 172, 174
Avenue B	434	178, 180, 182, 186, 188, 190, 192
Avenue B	432	198, 200, 202, 204, 206, 208, 210, 212
Avenue B	430	218, 220, 222, 224, 226, 228, 230
Avenue B	497	246, 248, 250
Avenue B	495	256, 258, 260, 262, 264, 266-268
Avenue B	494	274, 276, 278, 280, 282, 284
Avenue B	492	316
Avenue B	785	1586, 1588, 1590, 1602, 1604, 1606, 1608, 1610, 1612
Avenue B	779	1618, 1620, 1622, 1624, 1626, 1628
Avenue B	1005	1624
Avenue B	778	1634, 1636, 1638, 1642, 1644, 1646, 1648, 1650
Avenue B	770	1678, 1680, 1682, 1684
Avenue C	353	1, 3, 5, 7, 9, 11
Avenue C	356	15, 17, 19, 21, 23, 25, 27, 29
Avenue C	357	35, 37, 39
Avenue C	361	57, 59, 61, 63, 65, 67
Avenue C	362	71, 73, 75, 77, 79, 81, 83, 85, 87
Avenue C	367	91, 93, 95, 97, 99, 101, 103
Avenue C	372	129, 131, 133, 135, 137, 139, 141, 143
Avenue C	374	147, 149, 151, 153, 157, 159
Avenue C	377	163, 165, 167, 169, 171, 173, 175
Avenue C	437	179, 181, 183, 185, 187, 189, 191, 193

Street Name	Book	House Numbers
Avenue C	438	197, 199, 201, 203, 205, 207, 209, 211
Avenue C	489	255, 257, 265, 267, 269
Avenue C	492	295, 297, 299, 301, 303, 305, 307
Avenue C	354	6, 8, 10
Avenue C	355	16, 18, 20, 22, 24, 26, 30-32
Avenue C	358	40, 40 rear, 42, 44, 46, 48, 50
Avenue C	360	54, 56, 58, 60, 62, 64, 66
Avenue C	363	72, 74, 76, 84, 86
Avenue C	365	90, 92, 94, 96, 98, 100, 102
Avenue C	369	106, 110, 112, 114, 116, 118, 122
Avenue C	371	126, 128, 130, 132, 134, 136, 138, 140
Avenue C	375	146, 148, 150, 152, 154, 156
Avenue C	376	164, 166, 168, 170, 172, 174,
Avenue C	442	180, 192, 194
Avenue C	441	200, 202, 204, 206, 208, 210, 222, 224, 226
Avenue D	355	5, 5 rear, 9, 9 rear, 11, 11 rear, 13, 15, 17, 19
Avenue D	358	23, 23 rear, 25, 27, 29, 31, 33, 39
Avenue D	360	43, 45, 47, 49, 51, 53, 55
Avenue D	363	61, 63, 65, 67, 69, 71, 73, 75
Avenue D	365	81, 83, 85
Avenue D	369	93, 95, 97, 99, 101, 101 rear, 103, 103 rear, 105, 107, 109
Avenue D	370	113, 115, 117, 123, 125
Avenue D	375	133, 135, 137, 139, 141
Avenue D	442	169
Avenue D	346	2, 4, 6, 8, 10, 12, 14
Avenue D	359	22, 24, 26, 28, 30, 32, 34, 36, 42, 44, 46, 48, 52, 54
Avenue D	376	112, 114, 116, 124, 126, 130, 132, 134, 136, 138, 144
Bank Street	267	55, 57, 59, 61, 63, 65, 67, 69, 71, 73, 75, 77, 79, 93
Bank Street	264	139, 141, 151
Bank Street	190	16, 18, 20, 24, 26, 28, 30, 32, 34, 36, 38, 40, 42, 44, 46, 50
Bank Street	261	54, 56, 58, 60, 62, 64, 66, 68, 70, 72, 74, 76, 78, 82, 90, 92, 94, 96
Bank Street	264	170, 174, 184
Barclay Street	14	15, 19, 65

Aid to Finding Addresses in 1890 NYC Police Census

Street Name	Book	House Numbers
Barclay Street	13	8, 16, 36, 58, 78, 90
Barrow Street	248	5, 7, 9, 11, 13, 15, 17, 19, 21, 23, 25, 27, 29, 31, 33
Barrow Street	250	37, 39, 41, 43, 45, 47, 49, 51, 53, 55, 57, 59, 61, 63, 65
Barrow Street	252	69, 71
Barrow Street	251	75, 77, 79, 81, 83, 83½, 85, 87, 89
Barrow Street	253	93, 95, 97, 99, 101, 103, 107, 109
Barrow Street	254	111, 121, 131
Barrow Street	248	4, 6, 8, 10, 12, 14, 16, 18, 20, 22, 24, 26, 28
Barrow Street	249	30, 34, 36, 38, 40, 42, 44, 46, 48, 50, 52, 54, 56, 58
Barrow Street	252	62, 64, 66, 70, 72, 76, 78, 80, 82, 84
Barrow Street	253	86, 88, 92, 94, 96, 100
Barrow Street	254	102, 104, 106, 108, 112, 114
Batonia Street	31	1, 3, 5, 7, 21
Batonia Street	31	16, 18, 20, 22
Battery Place	6	5
Battery Place	8	7, 9
Battery Place	8	6, 8, 10
Baxter Street	43	3, 5, 7, 15, 17
Baxter Street	49	27, 29, 31, 33, 35, 37, 39, 39½, 41, 43, 45, 47, 47 rear, 49, 49 rear, 51, 53, 55, 57, 57 rear, 59, 61, 63, 65, 67, 69
Baxter Street	50	75, 79, 81, 83, 85, 87, 89, 91, 93, 95, 97, 97½, 99
Baxter Street	54	113, 115, 117, 119, 121, 123
Baxter Street	53	133, 135, 137, 141, 145, 153
Baxter Street	42	6, 8, 10, 12½, 14, 14 rear, 16, 16 rear, 18, 18 rear, 20, 20 rear, 22, 22 rear, 24, 24 rear, 36
Baxter Street	49	34, 36, 36½, 38, 38 rear, 40, 42, 42 rear, 44, 44 rear, 46
Baxter Street	51	52, 60, 62, 64, 68, 68½, 70, 72, 74, 76, 78, 80, 82, 86, 88, 88½, 90, 92, 94, 98, 100
Baxter Street	54	126, 128, 130
Baxter Street	53	142, 144
Bayard Street	209	3, 5, 7, 9, 11, 13, 19, 19½, 21, 23, 25, 27, 29, 33, 35, 37
Bayard Street	46	45, 47, 49, 51, 53, 55, 57, 59, 61, 63, 69, 71, 73
Bayard Street	48	79, 81, 83, 85, 87, 89
Bayard Street	49	95, 97, 97 rear, 99, 105, 107

Street Name	Book	House Numbers
Bayard Street	211	4, 6, 8, 10, 12, 14, 16
Bayard Street	46	46, 50
Bayard Street	47	?, 62, 64, 66, 70, 72, 74, 76, 78, 80, 82, 84, 86, 88, 90, 92
Bayard Street	50	96, 98, 100, 102, 104, 106, 108
Beach Street	20	5, 7, 11, 13, 15, 17, 19
Beach Street	18	51, 57, 59, 73
Beach Street	20	2, 4, 6, 8, 10, 12, 14
Beach Street	19	16, 18, 20, 22, 24, 26, 28, 30, 32, 34, 36, 38, 40, 42
Beach Street	18	44, 46, 48, 50, 52, 54, 56, 58, 60, 72, 74, 82
Beaver Street	2	23, 25, 29, 37, 41, 45, 55, 81, 83, 85, 87
Beaver Street	2	32, 34, 46, 64, 68, 72
Bedford Street	243	11, 13, 15, 17, 19, 21, 23, 25, 27, 35, 37
Bedford Street	242	39, 41-43, 45
Bedford Street	251	47, 49, 51, 53, 55, 57, 59, 61, 65, 67, 69, 71, 73, 75, 75½, 77
Bedford Street	252	79, 81, 83, 85, 87, 91, 93, 95, 99, 103, 105, 107, 109, 111, 113, 115
Bedford Street	244	2, 4, 6, 8, 10, 12, 14, 16, 18, 20, 26, 28, 30
Bedford Street	245	42, 44, 46, <u>48</u>
Bedford Street	250	<u>48</u>, 50, 52, 62, 64, 66, 68, 70, 70 rear, 72, 74, 76, 78
Bedford Street	249	84, 86, 88, 90, 92, 100, 102, 106, 110
Bethune Street	264	51, 53, 55, 61, 63
Bethune Street	266	8-10, 12, 14, 16, 18, 20, 22, 24, 28, 30, 32, 34, 36
Bethune Street	264	38
Birmingham Street	90	3, 5, 7, 9
Birmingham Street	90	2-4, 6-8
Bleecker Street	71	1, 3, 5, 7, 11, 13, 15, 17, 19, 21-23, 41, 43, 47-49, 49, 51, 53, 55, 57, 59, 61, 63, 65
Bleecker Street	179	81, 87, 93, 103, 105, 115, 117, 119, 121, 123, 131, 135, 137, 139
Bleecker Street	180	145, 147, 149, 151, 155, 157, 159, 161, 163, 165, 167
Bleecker Street	246	235, 237, 239, 241, 243, 245, 247, 249, 251, 253, 255
Bleecker Street	247	259, 261, 263, 265, 267, 269, 271, 273, 275
Bleecker Street	248	283, 285, 287, 289, 291, 299, 301, 303, 305, 307, 309, 311, 313
Bleecker Street	258	321, 323, 325, 331, 333, 335, 341, 343, 345, 347
Bleecker Street	259	353, 355, 357, 359, 361, 363

Aid to Finding Addresses in 1890 NYC Police Census

Street Name	Book	House Numbers
Bleecker Street	260	367, 369, 371, 373, 375, 377, 379, 381, 383
Bleecker Street	261	387, 387½, 389, 391, 393, 395, 397, 405, 407, 409, 411, 413, 415
Bleecker Street	70	2, 4, 6, 10, 12, 14, 18, 20, 22, 24, 26, 28, 30, 38, 40, 42, 48, 50, 52, 56
Bleecker Street	140	102, 108, 110, 112, 114, 116, 118, 120, 122, 132, 134, 136, 138
Bleecker Street	141	144, 146, 148, 150, 152, 154, 158, 160, 162, 164, 166, 168
Bleecker Street	142	170, 172, 174, 176, 178, 180, 182, 184, 186, 188, 190, 192, 196, 198, 200, 202
Bleecker Street	244	208, 210, 216, 218, 220, 222, 224, 226, 232
Bleecker Street	245	238, 240, 242, 242½, 244, 246
Bleecker Street	250	252, 252½, 254, 256, 258, 260, 262, 264, 266, 268, 270, 272, 724, 276, 278, 280, 282, 284, 290, 292
Bleecker Street	249	298, 300, 302, 304, 306, 308, 310, 312, 316, 318, 320, 322, 324, 326
Bleecker Street	257	332, 334, 336, 338, 340, 342, 344, 346, 348
Bleecker Street	259	352, 354, 356, 358, 360, 362, 364, 366
Bleecker Street	260	370, 372, 374, 376, 378, 380, 382, 384, 388, 390, 392, 394, 396, 398, 400, 402
Bloomfield Street	271	17, 19, 21, 23, 25 Some missing house numbers on Bloomfield Street in book 271
Bloomfield Street	271	18 Some missing house numbers on Bloomfield Street in book 271
Bond Street	71	11, 13, 15, 21, 23, 27, 29, 31, 33, 37, 39, 41, 43, 45, 49, 53, 55, 57, 61
Bond Street	71	2, 4, 8, 10, 12, 22, 24, 26, 34, 36, 40, 46, 50, 52, 54
Bolton Road	685	No house numbers on Bolton Road in book 685

Boulevard, now Broadway from 59th to 155th Streets. It was opened in 1868 & changed to Broadway on January 1, 1899.

Street Name	Book	House Numbers
Boulevard	631	1, 3
Boulevard	635	11, 13, 15, 17
Boulevard	643	125
Boulevard	645	147, 161, 163, 165, 167, 171, 173, 175, 185, 187, 189, 191, 193
Boulevard	648	291, 307, 323, 353, 355, 357, 405, 413, 415, 417, 419, 421, 423 Some missing house numbers on Boulevard in book 648
Boulevard	652	431, 435, 437, 441, 445, 575, 577 Some missing house numbers on Boulevard in book 652
Boulevard	653	653, 655, 657, 659, 1653, 1655, 1657, 1659 Some missing house numbers on Boulevard in book 653
Boulevard	672	1021, 1029 Some missing house numbers on Boulevard in book 672

Street Name	Book	House Numbers
Boulevard	658	No house numbers on Boulevard in book 658 [Between West 100th and West 101st Streets]
Boulevard	673	No house numbers on Boulevard in book 673 [Between West 121st and West 124th Streets]
Boulevard	680	No house numbers on Boulevard in book 680 [Between West 140th and West 145th Streets]
Boulevard	681	No house numbers on Boulevard in book 681 [Between West 145th and West 150th Streets]
Boulevard	684	No house numbers on Boulevard in book 684
Boulevard	635	68, 70, 72
Boulevard	648	270, 272, 274, 286, 296, 298, 300, 354, 356, 358, 360, 362 Some missing house numbers on Boulevard in book 648
Boulevard	652	436, 438, 440, 442 Some missing house numbers on Boulevard in book 652
Boulevard	654	700, 702, 764 Some missing house numbers on Boulevard in book 654
Boulevard	659	840, 890 Some missing house numbers on Boulevard in book 659
Boulevard	672	1020, 1026, 1028, 1030 Some missing house numbers on Boulevard in book 672
Boulevard	677	2100, 2108, 2110, 2112, 2118
Bowery	209	1-7, 9, 11-13, 15, 19, 21, 23, 27, 29
Bowery	216	69, 81, 85, 91½, 93, 115, 117, 119
Bowery	221	133, 135, 137, 139, 143, 151
Bowery	222	153, 155, 157½, 169, 171, 173, 177, 179, 181, 183, 185, 191, 193, 195, 205, 211, 213
Bowery	239	217, 219-221, 223, 225, 227, 229, 239, 241, 243, 245
Bowery	277	249, 251, 255, 261, 263, 265, 273
Bowery	290	283, 285, 287, 289, 297, 299, 301
Bowery	291	307, 313, 315, 317, 319
Bowery	292	327, 329, 339, 349, 351, 351½, 353, 355, 355½, 357
Bowery	306	363, 367, 369, 371, 373, 373½, 377
Bowery	307	381, 383, 385, 387, 389, 391, 393, 395
Bowery	45	4, 6, 8, 10, 12, 14, 16
Bowery	46	20, 24, 26, 28, 30, 32, 32½, 34, 36, 38, 40, 42, 44, 52½
Bowery	56	64, 66, 68, 68½, 70, 74, 76, 86

Aid to Finding Addresses in 1890 NYC Police Census

Street Name	Book	House Numbers
Bowery	63	156, 158, 160, 164, 166, 166½, 168, 170, 170½, 172, 174, 174½, 178, 178½, 180, 180½, 182, 194, 198, 200, 200½, 202, 204, 206, 208, 210, 212, 214, 216½, 218, 220, 222, 226, 228, 230
Bowery	69	236, 238, 240, 242, 244, 248, 248½, 250, 252, 254, 260, 262, 264, 266, 268, 272, 274, 280, 282
Bowery	70	294, 296, 298, 300, 306, 308, 310
Bowery	71	322, 324, 326, 326½, 332, 334, 338, 340, 342, 350, 354, 356, 358, 360, 362
Bowery	72	366½, 368, 370, 372, 374, 376, 376½, 378, 380, 384, 386, 388, 390, 392, 394, 394½
Bowling Green	5	3, 5, 7
Bowling Green	5	2, 4, 6
Bradhurst Avenue	680	29, 31, 33, 35, 37, 39, 41, 43, 45, 47, 49, 51 Some missing house numbers on Bradhurst Avenue in book 680
Bradhurst Avenue	680	28 Some missing house numbers on Bradhurst Avenue in book 680
Bridge Street	5	12
Broad Street	2	3, 15, 25, 29, 31, 35, 41, 43, 47, 87
Broad Street	2	8, 20, 24, 26, 40, 50, 54, 60, 62, 64
Broadway	5	1, 5, 7, 11, 13, 15, 27, 35, 45, 47, 49, 53, 55, 57, 61, 63, 65
Broadway	10	115, 135, 141, 145, 149, 155, 161, 171, 179, 181, 189, 191
Broadway	13	195, 205
Broadway	14	229, 231, 233, 237, 241, 243, 245, 247, 257, 261, 265, 271, 273, 285, 287
Broadway	15	291, 293, 335, 401, 407
Broadway	137	419
Broadway	139	531, 549-553, 599
Broadway	140	619
Broadway	179	663-665, 667-669, 681
Broadway	184	701, 705, 709, 713, 721, 733
Broadway	196	757, 767, 779, 795, 797-799
Broadway	197	813, 821, 823, 825, 835, 841, 853
Broadway	204	889
Broadway	324	1105, 1113, 1121, 1127, 1129, 1135
Broadway	329	1145, 1147, 1153, 1155, 1179, 1193, 1205, 1215, 1227
Broadway	333	1235, 1245, 1257, 1261, 1263, 1267, 1271
Broadway	335	1277, 1279, 1281, 1283, 1283½, 1291

Street Name	Book	House Numbers
Broadway	340	1343, 1353-1369
Broadway	724	1449, 1453
Broadway	573	1483½ or 1485½, 1487
Broadway	572	1495, 1499, 1501, 1503, 1505, 1507, 511 [1511?], 1511, 1513, 1515, 1517, 1519, 1521, 1531?,
Broadway	571	1539, 1541, 1543, 1545, 1555
Broadway	617	?, 1613 ?, 1673, 1693, 1695, 1697, 1707
Broadway	2	12, 18, 26, 30, 34, 42, 46, 50, 52, 60, 66, 68, 70, 74, 84
Broadway	14	234, 240, 252
Broadway	41	294, 318, 322
Broadway	52	338
Broadway	59	518
Broadway	60	564
Broadway	67	584, 606
Broadway	71	644, 658, 680, 682, 686
Broadway	72	704, 706, 710, 712, 726, 744, 754, 756, 760, 788, 802, 804, 816, 818, 820, 822, 826, 832, 834, 838, 840, 842, 850
Broadway	76	862, 866, 870, 872
Broadway	78	890, 902-910, 918, 942, 948, 956
Broadway	323	1132
Broadway	330	1152, 1160, 1162, 1166, 1168, 1174, 1180, 1186, 1212, 1214
Broadway	333	1234, 1244, 1252
Broadway	337	1270, 1272, 1274, 1276, 1288, 1298
Broadway	339	1322, 1324, 1326, 1328
Broadway	340	1352, 1354
Broadway	724	1440, 1444, 1446, 1490
Broadway	725	1492, 1494, 1512, 1530, 1544, 1548
Broadway	730	1552, 1554, 1556, 1558, 1560, 1562, 1566, 1568, 1570
Broadway	570	1578, 1580, 1582
Broadway	617	?, 1672, 1674, 1678, 1700, 1702 ?, 1706, 1708, 1724, 1726, 1728, 1788 ?
Broadway [Manhattanville]	677	53, 55, 57, 63, 65, 67, 71, 73 Some missing house numbers on Broadway [Manhattanville] in book 677
Broadway [Manhattanville]	677	48, 50, 52, 54, 56, 58, 66, 68, 70, 72 Some missing house numbers on Broadway [Manhattanville] in book 677
Broome Street	145	15, 17

Aid to Finding Addresses in 1890 NYC Police Census 59

Street Name	Book	House Numbers
Broome Street	146	21, 23, 25, 27, 29, 31
Broome Street	150	49, 53, 55, 57, 59, 61,
Broome Street	155	65, 67, 71, 73, 75, 77, 79
Broome Street	160	95, 97, 99, 101, 103, 105, 109, 111, 113, 115, 117, 119, 121
Broome Street	162	127, 129, 131, 133, 135, 137, 139, 141, 145, 147, 149, 151, 153, 155, 157
Broome Street	165	161, 163, 165, 167, 169, 171, 173, 175
Broome Street	167	181, 183, 187, 189, 191, 193
Broome Street	169	197, 199, 201, 203, 205, 207
Broome Street	219	<u>213</u>
Broome Street	998	<u>213</u>, 215, 217, 219, 221, 223, 229, 231, 233, 235, 237, 239, 241
Broome Street	218	245, 247, 249, 251, 251 rear, 257
Broome Street	220	259, 261, 263, 265, 267, 267-269-271, 271, 273, 275, 277, 279, 281, 283, 285, 287
Broome Street	221	291, 293, 295, 297, 299, 303, 305, 307, 309, 311, 313, 315, 317, 319, 325, 327, 329, 331, 333, 335
Broome Street	58	371, 373, 375, 377, 379, 381, 383, 387, 395
Broome Street	59	407, 409, 411, 415
Broome Street	137	457, 479, 495, 497, 507, 509, 511, 513
Broome Street	136	517, 521, 523, 525, 527, 529, 531
Broome Street	121	533, 533½, 537, 539, 541, 543, 545, 547, 549, 551, 553, 555, 559, 561
Broome Street	120	563, 567, 569, 571, 573, 575, 577, 579, 581, 583, 585, 587, 589
Broome Street	145	2, 12, 14
Broome Street	146	20, 22, 24, 26, 28, 30
Broome Street	149	38, 40, 42, 44, 44½, 46, 48
Broome Street	151	54, 56, 58, <u>60</u>, 62, 64
Broome Street	154	68, 70, 72, 74, 76, 78, 80, 82
Broome Street	155	86, 88, 90, 92
Broome Street	159	102, 108, 112, 116, 118, 120, 122, 124, <u>126</u>, <u>128</u>
Broome Street	163	50, <u>60</u> [50 & 60 marked Broome should be Attorney] ?, <u>126</u>, <u>128</u>, 130, 132, 134, 148, 150, 150½, 154, 156, 158, 160
Broome Street	165	164, 166, 168, 170, 172, 174, 176
Broome Street	166	180, 186, 188, 190, 192, 194
Broome Street	169	196, 200, 202, 202 rear, 204, 204 rear, 206, 206 rear, 208, 208½
Broome Street	999	218, 220, 220½, 222, 224
Broome Street	229	232, 234, 236, 238, 240, 242

Street Name	Book	House Numbers
Broome Street	227	244, 246, 248, 250, 252, 256, 258, 260, 262, 264, 266, 268, 270, 272
Broome Street	226	280, 282, 284, 286, 288, 290
Broome Street	223	294, 298, 300, 306, 308, 310, 312, 314, 316, 318, 320
Broome Street	222	324, 326, 328, 330, 334, 336
Broome Street	63	346
Broome Street	62	356, 362, 366, 382, 384, 386, 388
Broome Street	61	390½, 392, 394, 402, 404
Broome Street	60	?, 414, 420, 422
Broome Street	59	432
Broome Street	139	476, 492, 494
Broome Street	138	506, 508, 510, 512, 514, 516 Some 512 & 514 marked Thompson Street, should be Broome Street
Broome Street	135	522, 524, 526, 526½, 528, 530, 530 rear, 532, 532½, 534, 534 rear, 536
Canal Street	93	1, 3, 5, 9, 11, 15, 17, 23
Canal Street	213	27, 29, 31, 33, 35, 37
Canal Street	953	41, 43, 45, 47, 49, 51, 51-53, 59, 61, 63, 65, 67, 69
Canal Street	215	73, 75, 77, 79, 83, 85, 89, 91, 93, 95, 97, 101, 103, 103-105
Canal Street	216	109, 111, 113, 115, 117, 119, 121, 123, 125, 127, 129, 131, 133, 135, 137, 139, 141, 143
Canal Street	56	159-161, 163, 163-165
Canal Street	54	217, 219
Canal Street	53	241, 251
Canal Street	137	345, 349, 369, 373, 381, 385, 387, 389, 393
Canal Street	136	401, 405, 407, 409, 411, 413
Canal Street	121	419, 421, 423, 425, 427
Canal Street	120	435, 437, 439, 443, 445, 447, 449, 451, 453, 455, 457, 459, 461, 463, 467, 469, 471, 473, 475, 477, 479, 481
Canal Street	119	491, 493, 495, 497, 499, 501
Canal Street	118	507, 509, 511, 513, 515, 517, 519, 527, 535, 537, 539, 541
Canal Street	93	28, 30, 34
Canal Street	953	38, 42, 44, 48, 50, 52
Canal Street	212	60, 62, 66, 72, 74, 76, 78, 82, 84, 96, 98, 100, 102
Canal Street	997	66
Canal Street	211	106, 108, 110, 112, 114, 116, 120

Aid to Finding Addresses in 1890 NYC Police Census 61

Street Name	Book	House Numbers
Canal Street	46	150, 152, 154, 156, 158
Canal Street	47	170, 172, 172½, 174, 176, 178, 182, 196
Canal Street	50	214, 216, 218
Canal Street	15	308, 336, 342, 356, 360, 362, 370, 372, 374, 382, 384
Canal Street	20	388, 392, 394, 396
Canal Street	21	406, 416, 418, 420, 422, 426, 432, 446, 448, 450, 454, 456, 458, 460, 462, 464, 466, 468
Canal Street	22	472, 474, 478, 480, 482, 484, 496, 500
Canal Street	24	502, 504, 506, 508, 510, 512, 514, 516, 526, 540
Cannon Street	155	1, 5, 7, 9, 11, 15, 17
Cannon Street	154	27, 29, 31, 33, 35, 37, 39, 41, 43
Cannon Street	153	47, 49, 51, 53, 55, 57, 59, 61, 65, 67, 69, 71, 73
Cannon Street	176	79, 81, 83, 85, 87, 89, 91, 93, 95, 95½, 97, 99, 101, 103, 105
Cannon Street	346	111, 113, 115, 117, 119, 121, 123, 125, 127, 129, 131, 133, 135, 137
Cannon Street	150	2, 4, 8, 12, 14, 16, 18
Cannon Street	151	24, 28, 40, 42, 44, 46
Cannon Street	152	48, 50, 52, 54, 56, 58, 60, 62, 64, 66, 68, 70, 72
Cannon Street	177	76, 78, 80, 82, 82½, 84, 86, 88, 90, 92, 94, 96, 98, 100, 102, 104
Cannon Street	176	98
Cannon Street	345	112, 114, 114 rear, 116, 118, 120, 120 rear, 122, 124, 124½, 128, 130, 132, 134
Carlisle Street	11	1, 3, 5, 5½
Carlisle Street	9	7, 9, 11, 13
Carlisle Street	9	2, 4, 6, 8, 10, 14
Carmen Row	682	3, 5, 7, 9
Carmen Row	682	2, 4, 6, 8
Carmine Street	246	5, 7, 9, 11, 13
Carmine Street	245	19, 21, 23, 25, 27, 29, 31, 31½, 33, 35, 37, 39, 41, 43, 45, 47, 49
Carmine Street	242	51, 53, 55, 57, 59, 61, 63, 65, 67, 69, 73, 75, 77, 79, 81, 83, 85
Carmine Street	244	24, 26, 26½, 28, 28½, 30, 32, 36, 40, 42, 44, 46, 48, 50, 52½, 54, 56
Carmine Street	243	60, 62, 62½, 64, 64½, 66, 68, 70, 72, 74, 74½, 76, 78, 80, 82, 84, 86
Caroline Street	16	8, 10
Catharine Slip	25	4, 6, 16, 20, 22, 24, 26

Street Name	Book	House Numbers
Catharine Street	79	7
Catharine Street	80	13, 15, 17, 19, 21
Catharine Street	81	25½, 27, 31, 35, 37, 37½, 39
Catharine Street	84	45, 47, 49, 51, 53, 57
Catharine Street	85	61, 63, 65, 67, 69, 71, 77, 79, 81
Catharine Street	27	20, 20½, 22, 22½, 28, 28½, 32, 36, 38, 42, 46, 52, 54, 56, 58, 60, 62, 64, 66
Catharine Street	26	72, 74, 78, 80, 82, 84, 86, 88, 90, 92, 94
Cedar Street	10	97-99, 101, 113, 115, 117, 123, 127
Cedar Street	11	129, 131, 133, 137, 139, 149, 155, 159
Cedar Street	10	98, 102, 112, 114, 116, 118
Cedar Street	11	120, 122, 124, 126
Central Park West	650	No house numbers on Central Park West in Book 650 [West 87th Street]
Central Park West	656	No house numbers on Central Park West in Book 656 [Between West 95th and West 99th Streets]
Central Park West	635	19
Central Park West	1006	223, 224, 225, 226, 239, 242, 244, 245, 249 Odd and Even numbers are on the same side of street
Central Park West	662	468
Centre Market Place	58	1, 3, 5, 7
Centre Market Place	58	2, 4, 6, 8
Centre Street	41	17, 19, 21, 29, 61, 67, 69
Centre Street	52	91, 97, 137
Centre Street	53	223
Centre Street	59	231, 237, 253, 255
Centre Street	40	4, 6, 12, 20, 22, 38, 50
Centre Street	42	56, 60, 64, 64 rear
Centre Street	49	82, 84, 86, 88
Centre Street	51	100, 104, 112, 116, 118, 120, 132, 134, 136
Centre Street	53	196, 200, 208, 210, 212
Centre Street	58	242
Chambers Street	40	1, 3, 7, 9, 11, 13
Chambers Street	41	25, 27, 49-51

Aid to Finding Addresses in 1890 NYC Police Census

Street Name	Book	House Numbers
Chambers Street	14	129, 149, 169, 189, 195, 201, 203
Chambers Street	40	2
Chambers Street	14	148, 160, 162, 174
Charles Lane	255	8, 10
Charles Street	190	3, 5, 7, 9, 11, 13, 15, 17, 19, 21
Charles Street	189	23, 25, 27, 29, 31, 33, 35, 37, 41, 43, 45, 47, 49, 51, 53, 55, 57, 59
Charles Street	260	75, 93, 95, 97, 99, 101, 109
Charles Street	256	117, 119, 119½, 121, 123, 125, 125½, 127, 129, 131, 133, 135, 137, 143
Charles Street	255	147, 149, 151, 153, 159, 161, 163, 165, 169, 171
Charles Street	188	2, 2½, 4, 6, 8, 10, 12, 14, 16, 18, 22, 24, 26
Charles Street	189	28, 34, 36, 38, 40, 42, 44, 46, 48, 50, 52, 54, 56, 58
Charles Street	259	66, 68, 70, 72, 74, 76, 78, 80, 86, 88, 90, 92, 94, 98, 100, 106, 108, 110, 112, 114
Charles Street	256	116, 120, 126, 128, 130, 132, 134, 136, 140, 142, 144, 146
Charles Street	255	148, 150, 152, 154, 156
Charlton Street	128	59, 61, 63, 65, 67, 69, 69 rear, 71, 73, 75, 77, 79, 81, 83, 85, 87
Charlton Street	127	97, 99, 101, 103, 107, 109, 111, 111½
Charlton Street	125	4, 6, 8, 10, 12, 14, 16, 18, 20, 22, 24, 26, 28, 30, 32, 34, 36, 38, 40, 42, 44, 46, 48, 54
Charlton Street	126	60, 62, 64, 64 rear, 66, 66 rear, 68, 72, 74, 76, 78, 80, 80 rear, 82, 84, 86, 94, 96, 98, 98 rear, 100, 102, 108, 110, 112
Charlton Street	117	116, 118, 120, 122, 126
Chatham Square	45	1 to 4, 5, 7, 9
Chatham Square	27	21, 23
Chatham Square	45	1 to 4, 6, 10, 12, 14
Chatham Square	27	20, 22
Chelsea Square	394	1, 5
Chelsea Square	394	2, 4, 6
Cherry Street	32	15, 17, 19, 19 rear, 21, 21 rear, 23, 23 rear, 25, 25 rear, 27, 29, 31, 33, 33 rear, 35, 37, 37 rear, 39, 41, 43, 45
Cherry Street	31	51-53, 55, 55-57, 59, 61, 63, 65, 67, 69
Cherry Street	25	83, 85, 87, 89, 91, 93, 95, 97, 103, 103½, 105, 107, 109, 111, 113

Street Name	Book	House Numbers
Cherry Street	87	121, 123, 125, 127, 129, 131, 133, 135, 137, 139, 141, 145, 147, 147½, 149, 151, 153, 155, 157, 159, 173, 175, 177, 179, 181, 183, 183½, 185, 191, 205
Cherry Street	98	217, 219, 219½, 221, 223, 227, 237, 243, 245, 247
Cherry Street	99	281
Cherry Street	105	317, 327, 329, 331, 333, 337, 339, 341, 343, 345, 347
Cherry Street	106	355, 359, 361, 363, 365, 367, 369, 375, 379, 383
Cherry Street	114	385, 387, 389, 391, 395, 407, 409, 411, 413, 415, 417, 421, 423, 425, 427, 429, 437
Cherry Street	143	443, 445, 449, 477, 479, 481
Cherry Street	33	14, 14 rear, 16, 18, 20, 22, 24, 26, 28, 30, 32, 34, 36, 36 rear, 38
Cherry Street	31	48½, 50, 54, 56, 58, 60, 62, 64, 66, 72
Cherry Street	26	82, 84, 86, 88, 90, 92, 94, 96, 102, 104, 106, 106½, 108, 110, 112
Cherry Street	86	120, 122, 124, 126, 128, 130, 132, 134, 136, 138, 138½, 140, 142, 144, 146, 148, 150, 152, 154, 156, 158, 158½, 160, 162
Cherry Street	88	168, 170, 172, 172½, 174, 180, 186, 190, 196, 198, 200, 204, 212, 214, 216, 218, 220, 222, 228
Cherry Street	98	230, 234, 238, 240, 240 rear, 242 rear, 244, 244 rear
Cherry Street	99	256, 270, 272, 274, 290, 292, 294, 296, 298, 300, 302, 304, 306, 308, 314
Cherry Street	105	318, 320, 322, 324, 326, 330, 332, 334, 336, 338, 340, 342, 344, 346
Cherry Street	107	354, 356, 358, 360, 362, 366, 370, 372
Cherry Street	106	378, 380, 380½, 382, 384
Cherry Street	113	386, 388, 402, 404, 406, 408, 410, 412, 414, 416, 418, 420, 422, 424, 426, 436, 438½
Cherry Street	144	444, 446, 450, 466, 476, 478, 480, 482, 484
Chestnut Street	35	4
Christie Street		See Chrystie Street
Christopher Street	187	3, 5, 7, 9, 11, 13, 15, 17, 19, 21, 23, 25, 27, 29, 35, 37, 39, 41, 43, 45, 47, 47½, 49. 53, 55, 57, 59
Christopher Street	258	75, 77, 79, 83, 85, 87, 89, 91
Christopher Street	257	95, 97, 99, 101, 103, 105, 107, 109, 111, 113, 117, 119, 121, 123, 127, 129, 131, 133, 135, 137
Christopher Street	255	147, 157, 159, 159½, 161, 161½, 163, 165, 169, 177, 181
Christopher Street	186	2
Christopher Street	187	14, 16, 18, 20, 24, 24½, 26
Christopher Street	258	80, 82, 84, 86, 88

Aid to Finding Addresses in 1890 NYC Police Census

Street Name	Book	House Numbers
Christopher Street	249	92, 94, 96, 98, 100, 102, 104, 106, 108, 110, 112, 114, 116, 118, 120, 120½
Christopher Street	252	128, 130
Christopher Street	253	132, 132½, 134, 136, 138, 140, 142, <u>144</u>, <u>146</u>
Christopher Street	254	<u>144</u>, <u>146</u>, 148, 154, 156, 158, 160, 162, 164, 166, 176, 178
Chrystie Street	209	3, 5, 7, 9
Chrystie Street	955	45, 47, 61, 63, 67, 69, 75, 77, 79, 81, 83, 85, 87, 89, 91, 93, 95, 97, 99
Chrystie Street	221	107, 111, 113, 115, 117, 119, 121, 123, 123½
Chrystie Street	222	127, 129, 139, 143, 145, 147, 149, 153, 155, 157, 159, 161, 165, 167, 173, 175, 177
Chrystie Street	239	181, 183, 185, 187, 189, 201, 203
Chrystie Street	277	209, 211, 213, 215, 217, 219, 221, 223, 225, 227, 229
Chrystie Street	209	6, 8
Chrystie Street	211	14, 16, 18, 20, 22, 22 rear, 24, 26, 28, 28 rear, 30, 32, 34, 36, 38, 38 rear, 40
Chrystie Street	216	<u>48</u>, 50, 52, 54, 56, 58, 64, 66, 70, 72, 74, 76, 78, 80, 82, 84, 86, <u>88</u>
Chrystie Street	955	<u>48</u>, <u>88</u>, 90, 92, 94, 96
Chrystie Street	221	108, 110, 112, 114, 116, 118, 120
Chrystie Street	223	124, 126, 128, 132, 134, 136, 138, 140, 142, 144, 146
Chrystie Street	224	156, 158, 160, 168, 170, 172, 174, 176, 178, 178½
Chrystie Street	238	182, 184, 186, 188, 190, 190½, 192, 194, 196, 196½, 198, 200
Chrystie Street	277	214, 216, 218, 220, 222, 224, 226, 228, 230, 232
Church Street	10	1-3-5
Church Street	13	61
Church Street	14	149
Church Street	10	26
Church Street	13	48
City Hall Place	40	1, 9
City Hall Place	39	15, 17, 19, 19 rear, 21, 23, 25, 27, 29, 31, 33, 35, 37, 39, 41
City Hall Place	40	4, 6, 20, 22, 24, 34, 38, 40
Claremont Avenue	672	No house numbers on Claremont Avenue in book 672
Claremont Avenue	673	No house numbers on Claremont Avenue in book 673
Clarke Street	124	23, 23½, 25, 25 rear, 27, 31

Street Name	Book	House Numbers
Clarke Street	135	2, 6 rear, 8, 16, 16 rear, 18, 26, 28
Clarkson Street	242	15, 17
Clarkson Street	240	29, 31, 33, 35, 37, 39, 41, 69, 71, 73, 75, 77
Clarkson Street	241	2, 4, 6, 8, 10, 10 rear, 12, 12 rear, 14, 16, 18, 20, 20 rear, 22, 24, 30. 32. 34. 36. 38. 40, 40 rear, 42, 42 rear, 44, 44 rear, 46, 48, 50, 52
Clarkson Street	240	56, 60, 64
Cliff Street	34	97
Cliffside	685	No house numbers on Cliffside in book 685
Clinton Court	185	1, 3, 5, 7
Clinton Court	185	2, 4, 6
Clinton Place	196	?, 5, 7, 11, 13, 15, 17, 19, 21
Clinton Place	194	45, 47, 49, 51, 53, 55, 57, 59, 63, 77, 79, 81, 83, 85, 87, 89, 91, 93, 95, 97, 99, 101, 103, 105, 107, 109, 111, 113, 115, 117, 119, 121, 123, 125, 129, 131, 133
Clinton Place	184	4, 6, 8, 10, 12, 14, 16, 18, 22, 24, 26, 30, 32, 34, 36, 38, 40, 42
Clinton Place	185	44, 46, 48, 50, 52, 54, 56, 58, 60, 62, 64, 72, 74, 76, 78, 80, 82, 84, 88, 90, 94, 96, 108, 110, 112, 116, 118, 120, 122, 126, 126 rear, 128, 128 rear, 130, 138
Clinton Street	283	1-3-7, 9, 11, 13, 15, 17, 19, 21, 23, 25, 27, 29, 31
Clinton Street	231	37, 43, 45, 47, 49, 55, 57, 61, 63, 67, 69, 71
Clinton Street	170	79, 83, 85, 87, 89, 91, 93, 95, 97, 99, 101, 103, 105, 107
Clinton Street	166	111, 113, 115, 117, 119, 121, 123, 125, 127, 129, 131, 133, 135
Clinton Street	167	141, 143, 145, 151, 153, 155, 157, 159, 161, 165, 167, 169, 171, 173, 175, 177, 179, 181, 183, 185, 187, 189
Clinton Street	102	199, 201
Clinton Street	101	211, 213, 215, 217
Clinton Street	99	241, 243, 245, 247, 249
Clinton Street	105	253, 255
Clinton Street	352	2, 4, 6, 8, 14, 16, 18, 20, 22, 24, 26, 28, 30
Clinton Street	171	36, 38, 40, 42, 48, 50, 68, 70, 72, 76, 78, 80, 82, 84, 86, 98, 100, 102, 104
Clinton Street	165	108, 114, 116, 118, 120, 122, 124, 126, 132, 142, 144, 146, 148, 150, 152, 156, 158
Clinton Street	161	164, 168, 170, 172, 174, 176, 178, 182, 184, 186, 188, 188½, 190
Clinton Street	103	196, 198, 200, 202, 204, 206
Clinton Street	104	212, 214, 216, 218, 220, 222, 224, 226, 228, 230, 232

Aid to Finding Addresses in 1890 NYC Police Census

Street Name	Book	House Numbers
Clinton Street	105	234, 236, 238, 240, 242, 244, 246, 248, 250, 252
Coenties Alley	2	2
Coenties Slip	2	2, 4, 6, 18, 20, 22, 24, 26
College Place	14	6, 30
Collister Street	18	5, 7
Columbia Place on 8th Street	369	1, 3, 5, 7, 9
Columbia Place on 8th Street	369	2, 4, 6, 8
Columbia Street	155	1, 3, 21, 23, 25, 27, 29, 31, 33, 35, 37, 39, 41, 43
Columbia Street	156	51, 53, 55, 57, 59, 61, 63, 65, 67, 69, 71
Columbia Street	175	73½, 75, 75½, 77, 79, 81, 83, 85, 87, 89, 91, 93, 95, 99
Columbia Street	347	103, 109, 111, 113, 115, 117, 119, 121, 123, 125, 127, 129
Columbia Street	155	2, 4, 6, 10, 12, 14, 16, 18, 20
Columbia Street	154	28, 30, 32, 34, 36, 38, 40, 42, 42½, 44, 44½
Columbia Street	153	46, 48, 50, 52, 56, 58, 60, 62, 62½, 64, 66, 68, 70, 72, 74
Columbia Street	176	78, 80, 82, 84, 86, 88, 90, 92, 94, 96, 98, 100, 102
Columbia Street	346	116, 118, 120, 122, 124, 126, 128, 130, 132, 134, 136, 138, 140, 142, 144, 146, 148
Columbus Avenue	662	See 9th Avenue
Columbus Circle	631	1
Commerce Street	250	1, 5, 7, 9, 11, 13, 15, 17, 19, 21, 23, 25, 27
Commerce Street	252	33, 35, 39, 41
Commerce Street	250	2, 4, 6, 6 rear, 8, 10, 12, 14, 16, 18, 20, 24, 26, 28
Commerce Street	251	36, 42, 44, 46, 48, 50, 52
Congress Place	130	1, 3, 5, 7
Congress Place	130	2, 2½, 4, 6
Convent Avenue	680	43, 45, 47, 49, 55, 57, 63, 65, 71 73, 81 Some missing house numbers on Convent Avenue in book 680
Convent Avenue	675	2011, 2013, 2015, 2017 Some missing house numbers on Convent Avenue in book 675
Cooper Street	685	No house numbers on Cooper Street in book 685
Corlears Street	144	1, 23

Street Name	Book	House Numbers
Corlears Street	143	27, 29, 31
Corlears Street	143	10, 52
Cornelia Street	247	7, 9, 11, 13, 15, 17, 19, 21, 23, 25, 27, 29, 29½, 31, 33, 37
Cornelia Street	246	4, 6, 6½, 8, 10, 14, 16, 18, 20, 22, 24, 26, 28, 30, 32, 32½, 34
Cortlandt Street	10	13-15, 21, 41, 49
Cortlandt Street	12	67, 73, 85, 87
Cortlandt Street	10	40, 46
Cortlandt Street	12	62, 74, 80, 84, 92
Crosby Street	53	9, 11, 13
Crosby Street	59	31, 33, 35, 37
Crosby Street	60	45, 47, 49, 51, 55, 57, 59, 71, 85, 91, 93, 95, 97, 99, 101, 103, 105
Crosby Street	67	113, 115, 117, 119, 121, 123, 135
Crosby Street	70	167
Crosby Street	59	42, 54, 68, 70
Crosby Street	67	126, 140
Delancey Street	222	5, 7, 9, 11, 13, 15, 17½, <u>19</u>
Delancey Street	223	17, <u>19</u>, 21, 23, 25, 27, 29, 31, 33, 39, 41, 43, 45, 47, 49, 51
Delancey Street	226	61, 63, 65, 67, 69
Delancey Street	227	73, <u>75</u>, 77, 79, 81, 83, 85, 87, <u>89</u>, 91, 93, 95
Delancey Street	952	<u>75</u>, <u>89</u>
Delancey Street	229	101, 103, 105, 107, 109, 111
Delancey Street	999	115, 119, 121, 123, 125, 127, 129
Delancey Street	169	135, 137, 139, 141, 143, 145,
Delancey Street	166	149, 153, 155, 157, 159, 163
Delancey Street	165	165, 167, 169, 171, 173, 175, 177, 179
Delancey Street	163	183, 185, 187, 189, 195, 199, 201, 203, 205, 209, 211, 213
Delancey Street	159	217, 219, 221, 223, 225, 227, 233, 235, 237, 239, 241, 243
Delancey Street	155	249, 251, 255, 257, 259, 261, 263
Delancey Street	154	267, 271, 273, 275, 277, 279, 281, 283, 285
Delancey Street	151	289, 291, 293, 293½, 295, 297, 299
Delancey Street	149	307, 309, 311, 313, 315
Delancey Street	146	319, 323
Delancey Street	145	327, 329, 333

Aid to Finding Addresses in 1890 NYC Police Census

Street Name	Book	House Numbers
Delancey Street	222	6, 8, 10, 12, 14, 16, 18
Delancey Street	224	22, 24, 26, 28, 30, 32, 34
Delancey Street	225	38, 40, 42, 44, 46, 48
Delancey Street	226	60, 62, 64, 66
Delancey Street	228	74, 78, 78½, 80, 82, 84, 86, 88, 90
Delancey Street	229	102, 104, 106, 108, 110, 112
Delancey Street	999	118, 120, 122, 124, 126, 128
Delancey Street	170	134, 136, 138, 140, 142, 144, 146, 148, 150, 152, 154, 156, 158, 160, 162, 164
Delancey Street	171	168, 168½, 170, 172, 174, 176, 178
Delancey Street	164	182, 184, 186, 188, 190, 192, 192 rear, 192½, 194, 196, 198, 200, 202, 204, 206, 208, 210, 212
Delancey Street	962	204
Delancey Street	158	214, 216, 218, 220, 222, 224, 226
Delancey Street	156	248, 252, 254, 256, 258, 260, 262, 264
Delancey Street	153	268, 270, 272, 276, 278, 280
Delancey Street	152	288, 290, 292, 294, 296, 298, 300
Delancey Street	148	306, 308, 310, 312, 314, 316, 318
Delancey Street	147	324, 326, 328, 330, 334
Delancey Street	145	330, 332
Depeyster Street	2	31
Depot Lane	684	No house numbers on Depot Lane in book 684
Depot Road	685	No house numbers on Depot Road in book 685
Desbrosses Street	22	3, 5
Desbrosses Street	23	21, 29, 37
Desbrosses Street	23	22, 24, 26, 30
Desbrosses Street	24	32, 32½, 34, 38
Dey Street	10	5-7, 23, 57
Dey Street	12	69, 87
Dey Street	13	20, 52, 58
Dey Street	12	60, 74, 88
Division Street	79	5, 7, 9, 11-11½, 13-13½, 15, 15½, 17, 19, 21, 25, 25½, 27, 27½, 29, 31, 33, 33½, 35, 35½, 37, 39, 39½, 43, 43½, 45, 45½, 47, 47½, 49, 49½, 51, 53, 55, 59

Street Name	Book	House Numbers
Division Street	92	63, 65, 67, 69, 71, 73, 75, 77, 79, 81, 83½, 85, 87, 89, 91, 93, 95, 97, 99, 101, 103, 105, 107
Division Street	93	111, 113, 115, 117, 119, 121, 121½, 123, 125, 127, 127½, 129, 131, 133, 135, 137, 139, 141, 143, 155, 159, 161, 163, 163½, 165, 165½, 167, 169, 171, 173½, 175, 175½, 177, 177½, 179
Division Street	102	183, 183½, 185, 185½, 187, 189, 191, 193, 197, 199, 201, 203, 205, 207
Division Street	103	211, 215, 217, 219, 221, 223, 225, 227, 233, 235, 237, 239, 241, 243, 245, 247
Division Street	109	249, 251, 253, 255, 257, 259, 261, 265, 267, 269, 271, 273, 273½, 275, 279, 281
Division Street	209	12, 18-20, 24, 26, 28, 30, 32, 36, 38, 40, 42, 44, 46, 50, 52, 54, 58, 60, 62, 64
Division Street	212	72, 74, 78, 80, 82, 84, 88, 90, 92, 94, 98, 106, 108, 110, 112, 114, 116, 118
Division Street	953	128, 132, 134, 136, 136-138, 142
Division Street	213	162, 164, 166, 170, 172, 174, 176
Division Street	168	184, 186, <u>192</u>, <u>194</u>, 196, 198, 200, 210, 212
Division Street	974	<u>192</u>, <u>194</u>
Division Street	161	220, 222, 224, 226, 228, 230, 232, 234, 240, 242, 244, 246, 248, 250, 252, 260, 262, 264, 266, 268, 270
Division Street	109	242, 278
Dominick Street	124	1, 3, 5, 5½ rear, 9, 11, 13, 13 rear, 15, 17, 17½, 19
Dominick Street	123	21, 23, 25, 27, 29, 31, 33, 35, 37, 39, 43, 45, 47, 49, 49½ rear, 51
Dover Street	34	6, 8, 10, 12
Dover Street	32	16, 16½, 18, 22
Downing Street	244	9, 13, 17, 19, 21, 23, 25, 27, 29, 31
Downing Street	243	41, 45, 47, 49, 51, 55, 55½, 57, 59, 61, 69, 71
Downing Street	244	8, 10, 12, 14, 16, 16 rear, 16½, 16½ rear, 18, 20, 22, 22 rear, 24, 26, 28, 30, 32
Downing Street	243	34, 38, 40, 42, 44, 46, 48, 50, 52, 54, 56, 58, 64, 66, 68
Doyers Street	45	1, 3, 11, 13, 17
Doyers Street	45	4, 6, 8, 10, 14, 16, 18
Dry Dock Street	376	1, 1½
Dry Dock Street	442	13, 15, 17, 19
Dry Dock Street	376	2
Dry Dock Street	442	16, 18, 20, 22

Aid to Finding Addresses in 1890 NYC Police Census

Street Name	Book	House Numbers
Duane Street	37	1, 3, 9
Duane Street	39	21, 23
Duane Street	40	29
Duane Street	41	41
Duane Street	15	99, 153, 163
Duane Street	36	8, 10, 14
Duane Street	40	20
Duane Street	15	8, 58, 100, 154, 156, 162
Duane Street	16	166, 194, 198
East Street	145	15, 17
East 1st Street	290	1, 5, 9, 11, 13, 15, 17, 19, 21
East 1st Street	288	27, 29, 31, 33, 35, 37, 39, 41, 43, 45, 47, 47½, 49, 51, 53, 55, 61, 63, 63½, 65, 67, 69, 69½, 71, 73
East 1st Street	286	75, 77, 79, 81, 83, 85, 87, 89, 91, 93, 95, 97, 99, 101, 103, 105, 109, 111, 115, 117, 119, 121, 123, 125
East 1st Street	291	2, 4, 6, 8, 10, 14, 16, 18, 20, 22, 24
East 1st Street	289	30, 32, 34, 36, 38, 44, 44 rear, 46, 48, 50, 52, 54, 56, 58, 60, 62, 64, 66, 68, 70, 72
East 1st Street	287	76, 78, 80, 82, 84, 86, 88, 90, 92, 92 rear, 94, 96, 98, 98 rear, 98½, 100, 102, 104, 106, 108, 110, 112, 114, 116, 118, 120
East 2nd Street	291	1, 3, 5, 7, 9, 11, 13, 15, 17, 19, 21, 23, 25, 27, 29, 31, 33, 35
East 2nd Street	289	43, 45, 61, 63, 65, 67, 69, 71, 73, 75, 77, 81, 83, 85, 87
East 2nd Street	287	89, 91, 99, 101, 103, 105, 107, 109, 111, 113, 115, 117, 119, 121-123, 135, 137
East 2nd Street	285	153, 155, 157, 159, 161, 163, 165, 167, 169, 171, 171 rear, 173, 175, 177, 179, 181, 183, 185, 187, 189, 191, 193, 195, 197, 199, 203
East 2nd Street	353	209, 211, 213, 215, 217, 219, 221, 223, 225, 227, 229, 231, 233, 235, 237, 239, 241, 243, 245, 247, 249, 251, 253, 255
East 2nd Street	354	263, 265, 267, 269, 271, 273, 275, 277, 279, 281, 283, 285, 287, 289, 291, 293
East 2nd Street	292	4, 6, 10, 12, 14, 16, 18, 20, 22, 24, 26, 28, 30, 32, 34, 36
East 2nd Street	293	38, 42, 46, 50, 78, 80, 82, 84, 86
East 2nd Street	297	100, 102, 104, 106, 108, 110, 112, 114, 116, 118, 120, 122, 124, 126, 128, 130, 132, 134, 136, 138, 140, 142
East 2nd Street	298	150, 152, 154, 156, 158, 160, 162, 164, 166, 168, 170, 172, 174, 176, 178, 180, 182, 184, 186, 188, 190, 192, 194, 196, 198, 200, 202

Street Name	Book	House Numbers
East 2nd Street	356	212, 214, 216, 218, 220, 222, 224, 226, 228, 230, 232, 234, 236, 238, 240, 242, 244, 246, 248, 250, 252, 254, 256, 258
East 2nd Street	355	260, 262, 264, 266, 266 rear, 268, 270, 278 rear, 280, 282, 282 rear, 284, 284 rear, 286, 288, 290, 292, 296, 298, 300, 302, 304, 304 rear, 306, 306 rear, 308, 310, 312, 314
East 3rd Street	292	1, 3, 5, 7, 9, 11, 13, 15-17, 19, 21, 25-27, 31, 33
East 3rd Street	294	43, 45, 47, 49, 51, 53, 55, 57, 59, 61, 63, 65, 67, 69, 71, 73, 75, 77, 79, 81, 83, 85, 87, 89, 91, 93, 95, 97, 99
East 3rd Street	295	103, 105, 107, 109, 111, 113, 115, 117, 119, 121, 123, 125, 127, 129, 131, 133, 135, 137, 139, 141, 143
East 3rd Street	300	151, 153, 155, 157, 159, 173, 175, 177, 179, 181, 183, 185, 187, 189, 191, 193, 195, 197, 199
East 3rd Street	357	207, 209, 211, 211 rear, 213, 215, 215 rear, 217, 217 rear, 219, 219 rear, 221, 223, 225, 227, 229, 231, 233, 235, 237, 239, 241, 243, 245, 247, 253, 255, 257, 259
East 3rd Street	358	273, 275, 277, 279, 281, 281 rear, 283, 285, 287, 289, 291, 293, 295, 297, 299, 301, 303, 305, 307, 309, 311, 313, 315, 317, 319, 321, 323, 325, 327, 329
East 3rd Street	359	341, 343, 345, 347, 349, 351, 353, 355, 357, 359, 361, 363
East 3rd Street	344	383, 401
East 3rd Street	292	6, 8, 10, 12, 14, 16, 18, 20, 22, 24, 26, 28, 30, 32, 34, 36, 38
East 3rd Street	293	40, 42, 44, 46, 48, 50, 52, 54, 56, 56½, 58, 60, 62, 64, 66, 70, 72, 74, 76, 78, 78 rear, 80, 82, 84, 86, 88
East 3rd Street	296	104, 106, 108, 110, 112, 114, 116, 118, 120, 122, 124, 126, 128, 130, 132, 134, 136, 138, 140, 142
East 3rd Street	299	150, 152, 154, 156, 158, 160, 162, 164, 166, 168, 170, 172, 174, 176, 178, 180, 182, 184, 186, 188, 190, 192, 194, 196, 198, 200
East 3rd Street	971	208, 210
East 3rd Street	356	212, 214, 216, 218, 220, 222, 224, 226, 228, 230, 232, 234, 236, 238, 240, 242, 244, 246, 248, 250, 252, 254, 256, 258, 260
East 3rd Street	355	272, 274, 276, 278, 278 rear, 280, 280 rear, 282. 282 rear, 284, 284 rear, 286, 286 rear, 288, 288 rear, 290, 292, 294, 296, 298, 300, 302, 304, 306, 308, 310, 312, 314, 316, 318, 318 rear, 320, 322, 324
East 3rd Street	346	342, 344, 346, 348, 350, 352, 354, 356, 360, 364, 366, 370
East 3rd Street	344	382, 384, 386, 388
East 4th Street	72	27, 31, 35, 37, 39, 41
East 4th Street	306	51, 53, 55, 57, 61, 65, 67, 69, 71, 73, 75, 77, 79, 81, 83, 85, 87, 89
East 4th Street	305	93, 95, 97, 99, 101, 103, 105, 107, 109, 111, 113, 115, 117, 119, 121, 123, 125, 127, 129, 133

Aid to Finding Addresses in 1890 NYC Police Census

Street Name	Book	House Numbers
East 4th Street	303	139, 139½, 141, 143, 145, 147, 149, 151, 153, 155, 157, 159, 161, 163, 165, 167, 169, 171, 173, 175, 177, 179
East 4th Street	301	185, 187, 189, 191, 193, 195, 197, 199, 201, 203, 205, 207, 209, 211, 213, 215, 217, 219, 223, 225, 227, 229, 231, 233, 235
East 4th Street	361	245, 247, 249, 251, 251 rear, 253, 255, 257, 259, 261, 263, 265, 269, 273, 275, 277, 279, 281, 283, 285, 285 rear, 287, 289, 291, 293, 295, 297
East 4th Street	359	365, 367, 369, 371, 375, 377, 379, 383, 385, 387, 389, 391
East 4th Street	344	397, 399
East 4th Street	71	20, 22, 24, 26, 28, 30, 32, 34, 36, 38, 40, 42, 44
East 4th Street	292	48, 50, 52, 54, 56, 58, 60, 62, 64, 66-68, 70, 72, 74, 76, 78, 80, 82
East 4th Street	294	86, 88, 90, 92, 94, 96, 98, 100, 102, 104, 106, 108, 110, 112, 114, 116, 118, 120, 122, 124, 126, 128, 130
East 4th Street	295	138, 140, 142, 144, 146, 148, 150, 152, 154, 156, 158, 160, 162, 164, 166, 168, 170, 172
East 4th Street	300	190, 192, 194, 196, 214, 216, 218, 220, 226, 230, 232, 234, 236, 238, 240, 242, 244
East 4th Street	357	246, 248, 250, 252, 254, 256, 256 rear, 258, 258 rear, 260, 262, 264, 266, 268, 270, 272, 274, 276, 278, 280, 282, 284, 286, 288, 290, 292, 294, 296, 298, 300
East 4th Street	358	304, 310, 312, 312 rear, 314, 316, 318, 320, 322, 324, 326, 328, 330, 332, 334, 336, 338, 340, 342, 350, 352, 354, 356, 358, 360
East 4th Street	359	364, 368, 370, 372, 374, 376, 378, 380, 382, 384, 386, 388, 390, 392
East 4th Street	344	410
East 5th Street	307	203, 205, 207, 207 rear, 209, 209 rear, 211, 213, 215, 217, 219, 219 rear, 221, 221 rear, 223, 225, 225 rear, 227, 229, 231, 231 rear, 233, 235, 237, 237 rear, 239
East 5th Street	309	303, 313, 315, 317, 319, 323, 325, 327, 329, 331, 333, 335, 335 rear, 337, 337 rear, 339, 339 rear, 341, 341 rear, 343, 345, 347
East 5th Street	311	401, 403, 405, 407, 409, 411, 413, 415, 417, 419, 421, 423, 425, 427, 429, 431, 433, 435, 437, 439, 441, 443
East 5th Street	312	505, 507, 509, 511, 513, 515, 517, 519, 521, 523, 525, 527, 529, 531, 533, 535, 537, 539, 541, 543
East 5th Street	314	543
East 5th Street	362	601, 603, 607, 609, 619, 621, 623, 625, 627, 629, 631, 633, 635, 637, 639, 641, 643, 645, 647, 649, 651, 655
East 5th Street	363	701, 703, 705, 707, 709, 711, 723, 725, 727, 729, 737, 739, 741, 743, 745, 747, 749, 751, 753, 755
East 5th Street	306	202, 204, 206, 208, 210-214, 216, 218, 220, 222, 224, 226, 228, 230, 232, 234, 236, 238, 240, 242, 244, 246

Street Name	Book	House Numbers
East 5th Street	305	300, 302, 304, 306, 308, 310, 312, 314, 316, 318, 320, 322, 330, 334, 336, 338, 340
East 5th Street	304	400, 402, 404, 406, 408, 410, 412, 414, 416, 418, 420, 422, 424, 426, 428, 430, 432, 434, 436, 438, 438½
East 5th Street	302	504, 506, 508, 510, 512, 514, 516, 518, 520, 522, 524, 526, 528, 530, 532, 534, 536, 538, 540, 542, 544, 546, 548, 550
East 5th Street	361	600, 602, 604, 606, 608, 610, 612, 614, 616, 618, 620, 622, 624, 626, 628, 630, 632, 634, 636, 638, 640, 642, 644, 648, 650
East 5th Street	360	700, 702, 704, 706, 708, 710, 712, 714, 716, 718, 720, 722, 728, 732, 734, 736, 738, 740, 744, 746, 748, 750, 752
East 5th Street	359	802, 804
East 5th Street	344	902
East 6th Street	318	213, 213½, 215, 217, 219, 221, 223, 225, 229, 231, 233, 235, 237, 239
East 6th Street	317	303, 305, 307, 309, 311, 313, 315, 317, 319, 321, 329, 331, 333, 335, 337, 339, 341, 343, 347
East 6th Street	316	401, 403, 405, 407, 409, 411, 413, 415, 417, 419, 421, 423, 425, 427, 429, 431, 433, 435, 437, 439, 441, 443, 445
East 6th Street	314	503, 505, 507, 509, 511, 513, 515, 517, 519, 521, 523, 525, 527, 529, 531, 533, 535, 537, 539, 541, 543, 543½, 545
East 6th Street	366	601, 603, 605, 607, 609, 611, 613, 615, 617, 619, 621, 623, 625, 627, 629, 631, 633, 635, 637, 639, 641, 643
East 6th Street	365	705, 707, 709, 711, 713, 715, 717, 719, 721, 723, 737, 739, 741, 743, 745, 747, 753
East 6th Street	307	202, 204, 204 rear, 206, 208, 210, 212, 214, 216, 218, 220, 222, 224, 230, 232, 234, 236, 238
East 6th Street	308	302, 304, 306, 308, 310, 312, 314, 316, 318, 320, 322, 324, 326, 328, 330, 332, 334, 336, 338, 340, 342, 344
East 6th Street	310	402, 404, 406, 408, 410, 412, 414, 416, 418, 420, 422, 424, 426, 428, 430, 432, 434, 436, 438, 440
East 6th Street	313	502, 504, 506, 508, 510, 512, 514, 516, 518, 520, 522, 524, 526, 528, 530, 532, 534, 536, 538, 540, 542, 544
East 6th Street	362	602, 604, 608, 610, 612, 618, 620, 622, 624, 626, 628, 632, 636, 640, 642, 650, 652
East 6th Street	363	702, 704, 706, 708, 710, 712, 714, 716, 718, 720, 722, 724, 726, 728, 730, 732, 734, 738, 740, 742, 744, 746, 748, 750, 752, 754
East 7th Street	319	11, 13, 15, 17, 19, 21, 23, 25, 27, 29, 31, 33, 35, 37, 39, 41, 43, 45
East 7th Street	320	47, 49, 51, 53, 55, 57, 59, 61, 63, 65, 67, 69, 71, 73, 75, 77, 79, 81, 83, 85, 87
East 7th Street	321	91, 93, 93½, 95, 95½, 97, 97½, 99, 101, 103, 105, 107, 109, 111, 113, 115, 117, 119, 121, 123, 125, 127, 129, 131, 133

Aid to Finding Addresses in 1890 NYC Police Census

Street Name	Book	House Numbers
East 7th Street	369	233, 235, 237, 239, 241, 243, 245, 247, 249, 249 rear, 251, 253, 255, 257, 259, 261, 263, 265, 267, 269, 271, 273, 275, 277, 279, 281
East 7th Street	318	30, 32, 34, 36, 38, 40, 42, 44, 46
East 7th Street	317	48, 48½, 52, 54, 56, 58, 60, 62, 64, 66, 68, 70, 72, 74, 76, 78, 80, 82, 84, 86
East 7th Street	316	90, 92, 94, 96, 98, 100, 102, 104, 106, 108, 110, 112, 114, 116, 118, 120, 122, 126, 128, 130
East 7th Street	315	132, 134, 136, 138, 140, 142, 144, 158, 160, 162, 164, 166, 168, 170, 172, 176, 178, 180, 182-<u>184</u>, 186, 188, 190, 192, <u>194</u>, <u>196</u>
East 7th Street	367	<u>184</u>, <u>194</u>, <u>196</u>, 198, 200, 202, 204, 206, 208, 210, 212, 214, 216, 218, 220, 222, 224, 228
East 7th Street	365	230, 232, 234, 236, 238, 240, 242, 244, 246, 248, 250, 252, 254, 256, 258, 260, 262, 264, 266, 268, 270, 272, 274, 276, 278, 280, 282, 282½
East 8th Street	415	1, 7, 9, 11, 13, 15, 17, 21, 23, 27, 29, 31, 33, 37
East 8th Street	422	39, 41, 43, 45, 47, 49, 51, 53, 55, 57, 59, 61, 63, 65, 67, 69, 71, 73, 75, 77, 79, 81, 83
East 8th Street	423	87, 89, 91, 93, 95, 97, 99, 99½, 101, 103, 103½, 105, 105½, 107, 107½, 109, 109½, 111, 113, 115, 117, 119, 125
East 8th Street	72	133, 137, 139, 141, 143, 145, 151
East 8th Street	372	295-297, 299, 301, 303, 305, 307, 309, 311, 313, 315, 317, 319, 321, 323, 325, 327, 329, 331. 333, 335, 337, 339, 341, 343
East 8th Street	370	355, 357, 359, 361, 363, 365, 367, 369, 371, 373, 375, 377, 379, 381, 383, 385, 387, 389, 391, 393, <u>395</u>, 397, 399, 401
East 8th Street	376	<u>395</u>
East 8th Street	319	4, 6, 8, 10, 12, 14, 16, 18, 20, 22, 26, 28, 30, 32, 34, 36
East 8th Street	320	38, 40, 40½, 42, 42½, 44, 46, 48, 50, 52, 54, 56, 58, 60, 62, 64, 66, 68, 70, 72, 74, 76, 78, 80, 82
East 8th Street	321	90, 92, 94, 100, 102, 104, 106, 108, 110, 112, 114, 116, 118, 120, 122, 124, 126, 128, 130, 132
East 8th Street	369	352, 354, 356, 358, 360, 362, 364, 364 rear, 366, 368, 370, 372, 374, 376, 376½, 378, 380, 382, 384, 386, 388, 392
East 9th Street	196	1, 3, 13, 15, 17, 19, 21, 23, 31, 33, 35, 37, 39, 41, 43, 45, 47, 49, 51, 53, 55, 57, 59, 61, 63, 65
East 9th Street	73	103, 109, 111, 113
East 9th Street	415	201, 203, 205, 207, 225, 227, 229, 231, 233
East 9th Street	421	303, 305, 307, 309, 311, 313, 315, 317, 319, 321, 323, 325, 327, 329, 331, 333, 335, 337, 339, 341, 343, 345, 347
East 9th Street	424	407, 411, 413, 415, 417, 419, 421, 423, 425, 427, 429, 431, 433, 435, 437, 439, 441, 443, 445, 447

Street Name	Book	House Numbers
East 9th Street	374	601, 603, 605, 607, 609, 611, 613, 615, 617, 619, 621, 623, 625, 627, 629, 631, 633, 635, 637, 639, 641, 643, 645, 647, 649, 651
East 9th Street	375	701, 703, 705, 707, 709, 711, 713, 715, 719, 721, 723, 725, 727, 729, 731, 733, 735, 737, 739, 745, 747, 749
East 9th Street	376	807, 809
East 9th Street	194	6, 8, 10, 12, 14, 16, 18, 20
East 9th Street	196	28, 30, 32, 34, 36, 38, 40, 42, 44, 46, 48, 50, 52, 54, 58, 60
East 9th Street	72	78, 80, 82, 84, 88, 92
East 9th Street	415	208, 210, 218, 222, 226, 228, 230, 232, 238
East 9th Street	422	300, 302, 304, 306, 308, 310, 312, 314, 316, 318, 320, 322, 324, 326, 328, 330, 332, 334, 336, 338, 340, 342, 344, 346, 348, 350, 352
East 9th Street	423	400, 402, 404, 406, 408, 410, 414, 416, 418, 418½, 420, 422, 424, 426, 428, 430, 432, 434, 436, 438, 440, 442
East 9th Street	373	602, 604, 606, 608, 610, 610 rear, 612, 614, 616, 618, 620, 624, 626, 628, 630, 632, 636, 638, 640, 642, 644, 646, 648
East 9th Street	371	702, 704, 710, 714, 716, 718, 720, 722, 724, 726, 728, 728 rear, 730, 732, 734, 736, 738, 740, 742, 744, 752
East 9th Street	376	802
East 10th Street	196	7, 9, 25, 27, 29, 31, 33, 35, 37, 39, 41, 43, 45
East 10th Street	72	67
East 10th Street	73	75, 77, 79, 81, 83, 85, 87, 89, 91, 95
East 10th Street	415	101, 103, 105, 107, 109, 111, 113, 115, 117, 119, 121, 123, 125, 127, 129
East 10th Street	420	207, 209, 211, 213, 215, 217, 219, 221, 223, 225, 227, 229, 231, 233, 235, 237, 239, 241
East 10th Street	425	245, 247, 249, 251, 253, 255, 257, 259, 261, 263, 265, 267, 269, 271, 273, 275, 277, 279, 281, 283, 285, 287, 289
East 10th Street	435	293, 295, 297, 299, 301, 303, 303 rear, 305, 307, 309, 311, 313-315, 317, 319, 321, 325, 325 rear, 327, 329, 331, 333, 335, 337, 339, 341, 343
East 10th Street	377	347, 349, 351, 353, 355, 357, 359, 361, 363, 365, 367, 369, 371, 373, 375, 377, 379, 381, 383, 385, 387, 389, 391, 393
East 10th Street	376	401, 415, 417, 419, 421, 423, 425, 435, 437, 443, 453, 455
East 10th Street	196	4, 8, 10, 12, 14, 18, 20, 22, 24, 26, 28, 30, 32, 34, 36, 38, 40, 42, 44, 46, 48, 50, 52, 56, 58, 60
East 10th Street	73	76½, 80, 82, 84, 86, 88, 90, 92, 94, 96
East 10th Street	415	102, 104, 106, 108, 110, 112, 114, 116, 118, 120, 122, 124, 126, 128
East 10th Street	421	196, 198, 200, 202, 204, 206, 208, 210, 212, 214, 216, 218, 220, 222, 224, 226, 228, 230, 232, 234, 236, 238, 240, 242

Aid to Finding Addresses in 1890 NYC Police Census

Street Name	Book	House Numbers
East 10th Street	424	246, 248, 250, 252, 254, 256, 258, 260, 262, 264, 266, 268, 270, 272, 274, 276, 278, 280, 282, 284, 286, 288
East 10th Street	374	346, 348, 350, 352, 354, 356, 358, 360, 362, 364, 366, 368, 370, 372, 374, 376, 378, 380, 382, 384, 386, 388, 390, 392
East 10th Street	375	396, 400, 402, 404, 406, 408, 410, 412, 414, 416, 418, 420, 422, 424, 426, 442, 444, 446
East 10th Street	376	454, 456
East 11th Street	197	17, 21, 23, 25, 27, 29, 47, 49, 51, 55, 57, 59, 61, 63
East 11th Street	73	101, 103, 105, 107, 109, 119-123, 125
East 11th Street	416	201, 203, 211, 213, 215, 217, 219, 221, 223, 225, 227, 229, 231, 233
East 11th Street	419	299, 301, 303, 305, 307, 309, 327, 329, 331, 333, 335, 337, 339, 343, 345
East 11th Street	426	401, 403, 439, 441, 443
East 11th Street	434	501, 503, 503 rear, 505, 507, 509, 511, 513, 515, 517, 519, 521, 525-527, 529, 529 rear, 531, 533, 535, 537, 539, 539 rear, 541, 541 rear, 543, 551
East 11th Street	436	601, 603, 605, 607, 609, 611, 613, 613 rear, 615, 617, 619, 621, 623, 625, 627, 629, 631, 633, 635, 637, 639, 639 rear, 641, 641 rear, 643, 643 rear, 645
East 11th Street	442	701, 707, 709, 719, 721, 723, 737, 739, 741
East 11th Street	196	?, 10, 14, 16, 18, 20, 22, 24, 26, 28, 42, 48-52, 54, 56, 58, 60, 62, 64, 66, 68, 70
East 11th Street	73	100, 104, 106, 108, 110, 112, 114, 116, 118, 120, 122
East 11th Street	415	200, 202, 204, 210, 212, 214, 216, 218, 220, 222, 224, 226, 228, 230, 232
East 11th Street	420	300, 302, 314, 316, 318, 320, 324, 326, 328, 330, 332, 334, 338, 340, 342, 344
East 11th Street	426	400, 402, 404, 406, 408, 410, 412, 414, 416, 418, 420, 422, 424, 426, 428, 430, 432, 434, 438, 440
East 11th Street	435	500, 502, 504, 508, 510, 512, 514, 516, 518, 518 rear, 520, 522, 522 rear, 524, 526, 528, 530, 532, 534, 536, 538, 540, 542, 544, 546
East 11th Street	378	602, 604, 606, 608, 610, 612, 614, 616, 618, 620, 622, 624, 626, 628, 630, 632, 634, 636, 638, 640, 642, 644, 646, 648
East 11th Street	377	650
East 11th Street	376	700, 702, 718, 720, 722, 724, 800, 818
East 12th Street	197	3, 5, 7, 9, 11, 13, 15, 17, 19, 25, 39, 41, 45
East 12th Street	72	63, 65, 67, 69
East 12th Street	74	103, 105, 107, 109, 111, 113, 115, 117, 119, 121, 131, 133, 135, 137, 141
East 12th Street	416	215, 217, 219, 221, 223, 225, 227, 229, 231, 233, 235, 237, 239
East 12th Street	418	301, 303, 305, 307, 309, 311, 313, 315, 317, 319, 321, 323, 325, 327, 329, 331, 333, 335, 337, 339, 341, 343, 345, 347, 349, 351

Street Name	Book	House Numbers
East 12th Street	427	401, 405, 407, 409, 411, 413, 415, 417, 419, 423, 425, 427, 429, 431, 435, 437, 439, 441, 443
East 12th Street	432	501, 503, 505, 507, 509, 511, 513, 515, 517, 519, 521, 523, 525, 527, 529, 531, 533, 535, 537, 539, 541, 543, 545, 547, 549
East 12th Street	438	605, 607, 609, 611, 615, 617, 619, 621, 623, 625, 627, 629, 631, 633, 635, 637, 639, 641, 643, 645, 647
East 12th Street	441	701, 703, 705, 707, 709, 711
East 12th Street	197	2, 4, 6, 8, 10, 12, 14, 16, 18, 20, 22, 24, 26, 30, 32, 34, 36, 38, 42, 44, 46
East 12th Street	72	62, 64, 66, 70
East 12th Street	73	104, 106, 108, 110, 126, 128, 130, 132, 134, 136
East 12th Street	416	208, 210, 212, 214, 216, 220, 224, 226, 228, 230, 232, 234, 236, 238, 240, 242
East 12th Street	419	300, 300½, 302, 304, 306, 308, 310, 312, 314, 316, 324, 326, 328, 330, 332, 334, 336, 338, 340, 342, 344, 346, 348, 352, 354
East 12th Street	426	400, 402, 440, 442
East 12th Street	433	500, 502, 504, 506, 508, 510, 512, 514, 516, 518, 520, 522, 524, 526, 528, 530, 532, 534, 536-538-540-542 [school], 544, 544½
East 12th Street	437	602, 604, 606, 608, 610, 612, 614, 616, 618, 622, 624, 626, 628, 630, 634, 636, 640, 642, 644, 646, 648, 650, 654, 656
East 12th Street	442	700, 712, 714, 716, 718, 722, 724, 726, 728
East 13th Street	197	?, 5, 13, 15, 27, 37
East 13th Street	74	101, 123, 125, 127, 129, 131, 133, 135, 139, 141, 143, 145
East 13th Street	417	107, 109, 111, 203, 207, 213, 215, 217, 221, 223, 231-233, 235, 237, 239, 243, 245, 247, 249, 251, 311, 313, 315, 317, 319, 321, 323, 325, 327, 329, 331, 333, 335, 337, 339, 341, 343, 345, 347, 349, 351
East 13th Street	428	401, 405, 415, 419, 421, 429, 431, 433, 435, 437, 439, 441, 443, 445, 447, 449, 451
East 13th Street	430	505, 507, 509, 511, 513, 515, 517, 519, 521, 523, 525, 527, 529, 531, 533, 535, 539, 541, 543, 545, 547
East 13th Street	441	703
East 13th Street	197	?, 2, 12, 14, 16, 18, 20, 22, 24, 26, 28, 30, 32, 36, 48, 50, 58
East 13th Street	74	112, 116, 118, 134, 138, 140, 142, 144
East 13th Street	416	202, 204, 206, 208, 210, 212, 214, 216, 218, 220, 222, 224, 226, 228, 230, 232, 234, 238, 242, 244, 248
East 13th Street	418	306, 308, 310, 312, 314, 318, 320, 322, 324, 326, 330, 332, 334, 336, 338, 340, 342, 346, 348, 350, 352, 354, 356
East 13th Street	427	408, 410, 412, 422, 424, 426, 428, 430, 432, 434, 436, 438, 440, 442, 444, 446, 448

Aid to Finding Addresses in 1890 NYC Police Census

Street Name	Book	House Numbers
East 13th Street	431	504, 506, 508, 510, 512, 514, 516, 518, 520, 522, 524, 526, 528, 530, 534, 536, 538, 540, 544, 546, 548, 550
East 13th Street	439	600, 604, 606, 608, 610, 612, 612 rear, 614, 616, 618, 618 rear, 620, 620 rear, 622, 622 rear, 626, 628, 630, 632, 632 rear, 634, 636, 638, 640, 642, 644, 644 rear, 646, 646 rear
East 13th Street	441	700, 702, 704, 706, 708, 710, 714
East 14th Street	75	101, 103, 105, 107, 109, 111, 113, 115
East 14th Street	523	201, 203, 205, 207, 209, 211, 223, 225, 227, 229, 231, 233, 235, 237, 239, 241, 243, 245
East 14th Street	522	307, 309, 311, 313, 315, 317, 319, 321, 323, 325, 327, 329, 331, 333, 335, 337, 339, 341, 347, 349, 349 rear, 351, 353
East 14th Street	498	401, 403, 405, 407, 409, 411, 413, 415, 417, 419, 421, 423, 425, 427, 429, 431, 433, 435, 437, 439, 441, 443
East 14th Street	497	501, 503, 515, 517, 519, 521
East 14th Street	488	601, 603, 605, 607, 609, 611, 613, 615
East 14th Street	197	4, 6, 10, 18, 20, 28, 32, 34, 36, 38, 42, 44
East 14th Street	72	64
East 14th Street	74	102, 104, 106, 110, 132, 136, 142, 144, 146, 148
East 14th Street	417	200, 204, 206, 208, 210, 212, 214, 216, 218, 220, 222, 224, 226, 236, 238, 300, 302, 304, 306, 308, 310-312, 314, 316, 318, 320, 322, 324, 326, 328, 330, 332, 334, 338, 344, 350
East 14th Street	428	400, 402, 406, 418, 422, 424, 426, 428, 430, 432, 434, 436, 438, 440, 442
East 14th Street	429	500, 502, 504, 506, 508, 510, 512, 514, 516, 518, 520, 522, 524, 526, 528, 530, 532, 534, 536, 538, 540
East 14th Street	441	700, 744, 800, 832
East 15th Street	75	103, 105-107, 109, 113-115, 117, 119, 125, 127, 129, 131, 133, 135, 137, 139, 141, 145, 147, 149, 151, 153
East 15th Street	523	201, 203, 205, 207, 209, 211, 213, 215
East 15th Street	522	327, 329, 331, 333, 335, 337, 339, 341, 343, 345, 347, 349, 351, 353
East 15th Street	500	401, 403, 405, 407, 407 rear, 409, 411, 413, 415, 417, 419, 421, 423, 425, 427, 429, 431, 433, 435, 437
East 15th Street	496	503, 505, 507, 509, 511, 513, 515, 517, 519, 521, 523, 533, 535, 537, 539, 541, 543, 547
East 15th Street	489	601, 605, 607, 609, 611 rear, 613, 615, 617, 619, 621, 623, 627
East 15th Street	75	104, 106, 122-124, 128-134, 138, 140, 142 rear, 144, 146
East 15th Street	523	200, 202, 204, 206, 208, 210, 218, 222, 224, 226, 230, 234, 236, 238, 240, 242, 244, 246
East 15th Street	522	300, 302, 304, 306, 308, 310, 312, 314, 316, 318, 320, 322, 324, 326, 328, 330, 332, 334, 336, 338, 340, 342, 344, 346, 348, 350, 352, 354

Street Name	Book	House Numbers
East 15th Street	499	400, 402, 402½, 404, 406, 408, 410, 412, 414, 416, 418, 420, 422, 424, 426, 428, 430, 432, 434, 436, 444
East 15th Street	497	500, 502, 512, 514, 516, 540, 542, 544, 546
East 15th Street	488	600, 602, 604, 606, 608
East 16th Street	75	103, 107, 109, 113, 115, 123, 125, 127, 129, 133, 135-137, 139, 141, 143, 145, 147, 149
East 16th Street	523	207, 209
East 16th Street	521	321, 323, 325, 327, 329, 331, 333, 335, 343, 345
East 16th Street	502	401, 403, 403 rear, 405, 405 rear, 407, 407 rear, 409, 409 rear, 413, 417, 419, 421, 423, 427, 427 rear, 429, 431, 433, 435, 439, 441
East 16th Street	494	501, 503, 505, 507, 509, 511, 513, 515, 517, 521, 523, 525, 527, 533, 541, 543, 545, 547, 549, 551, 553
East 16th Street	490	601, 605, 607, 609, 611, 613, 615, 621, 623, 625, 627, 645, 647, 649, 651, 653, 655, 657
East 16th Street	75	108, 110, 112, 116, 126, 130, 132, 134, 136, 138, 140, 142, 144, 146, 148
East 16th Street	523	200, 202, 204, 206, 208, 210, 214, 216, 218, 226
East 16th Street	522	320, 322, 324, 326, 328, 330, 332, 334, 336, 338, 340, 342, 344, 344½, 346
East 16th Street	501	402, 404, 406, 408, 410, 412, 414, 416, 418, 420, 422, 424, 426, 428, 430, 432, 434, 436, 440, 442, 450
East 16th Street	495	502, 504, 506, 508, 510, 512, 512 rear, 514, 516, 516 rear, 518, 520, 522, 524, 526, 528, 530, 532, 534, 536, 550, 552
East 16th Street	489	600, 600½, 602, 602 rear, 604, 604 rear, 606, 608, 610, 612, 614, 616, 618, 620, 634, 636, 638, 640, 642, 646, 648, 650, 652, 654, 656
East 17th Street	76	33, 41, 105, 107, 109, 111, 113, 115, 117, 125, 127, 129, 131, 133, 135, 137, 139, 141, 145
East 17th Street	523	199, 201, 203, 205, 207, 209, 211, 215, 217, 219, 221, 223-225, 237, 243, 245, 251
East 17th Street	521	301, 303, 305, 307, 309, 311, 313, 315, 317, 319, 321, 323, 325, 327, 329, 331, 333, 335, 343, 345, 347, 349, 351, 353
East 17th Street	503	401, 403, 405, 407, 409, 411, 413, 415, 417, 419, 421, 423, 425, 427, 429, 431, 433, 435, 437, 439, 441
East 17th Street	492	515, 533, 535, 537, 635, 643, 645
East 17th Street	75	100, 104, 106, 108, 110, 116, 118, 120, 122, 126, 128, 130, 132, 134, 136, 138, 140, 142, 144, 146
East 17th Street	523	200, 202, 204, 206, 208, 210, 214, 216, 218, 220, 222
East 17th Street	521	330, 332, 334, 336, 338, 340, 342, 344, 346, 348, 350, 352, 354
East 17th Street	502	400, 404, 404 rear, 406, 406 rear, 408 rear, 410, 410 rear, 412, 412 rear, 414, 414 rear, 416, 416 rear, 418, 418 rear, 420, 420 rear, 422, 424, 426, 428, 430, 430 rear, 432, 434, 436, 438

Aid to Finding Addresses in 1890 NYC Police Census

Street Name	Book	House Numbers
East 17th Street	493	500, 502, 504, 506, 508, 510, 512, 514, 530, 532, 534, 536, 538, 546
East 18th Street	204	5, 7
East 18th Street	76	?, 37, 43, 47, 101-105, 103, 105, 111, 113, 115, 117, 119, 121, 123, 129, 133, 135, 137, 139, 141, 143, 145, 147, 149, 151, 153, 155, 157
East 18th Street	520	201, 205, 207, 209, 211, 213, 215, 217, 219, 221, 223, 225, 227, 229, 231, 233, 235, 237, 239, 241, 243, 303, 305, 307, 309, 311, 313, 315, 317, 319, 321, 323, 325, 327, 329, 331, 333, 335, 337, 339, 341, 343, 345, 347, 349, 353
East 18th Street	492	503, 525
East 18th Street	76	?, 30, 50, 108, 110, 112, 114, 116, 118, 128, 130, 132, 134, 136, 142, 148
East 18th Street	523	200, 204, 206, 208, 210, 212, 214, 220, 222, 224, 226, 228, 230, 232, 234, 236, 238
East 18th Street	521	302, 304, 306, 308, 310, 312, 314, 316, 318, 320, 322, 324, 326, 328, 330, 332, 336, 338, 340, 342, 344, 346, 348, 350
East 18th Street	503	400, 402, 404, 406, 408, 410, 412, 414, 416, 418, 438, 440, 442
East 18th Street	492	500, 510, 512, 514, 516, 518, 520, 526, 650
East 19th Street	204	15
East 19th Street	78	29, 31, 33, 35, 37, 39, 41, 43, 45, 47, 49, 51
East 19th Street	76	99, 101, 103, 105, 107, 109, 111, 113, 115, 117, 129, 135, 137, 139, 141, 143, 145, 147, 149, 151,
East 19th Street	519	201, 203, 205, 207, 211, 215, 217, 219, 221, 223, 225, 227, 229, 231, 233, 235, 237, 239, 241, 243, 245, 301, 303, 305, 307, 309, 311, 313, 315, 317, 319, 321, 323, 325, 327, 329, 331, 333, 335, 337, 339, 341, 343, 345, 347, 349, 351, 353, 355, 357, 359
East 19th Street	505	401, 403, 405, 407, 409, 411, 413, 415, 417, 419, 421, 423, 425, 427, 429, 439, 441, 445, 447
East 19th Street	492	501, 503, 515, 545
East 19th Street	76	18 [should be 118], 38, 40, 42, 46, 100, 104, 106, 108, 110, 112, 114, 116, 118, 120, 122, 126, 128, 130, 132, 132½, 134, 136, 138, 140, 142, 148, 150
East 19th Street	520	202, 204, 206, 208, 210, 212, 214, 216, 218, 220, 222, 224, 226, 228, 230, 232, 234, 236, 238, 240, 242, 244, 246, 310, 312, 314, 316, 318, 320, 322, 324, 326, 328, 330, 332, 334, 336, 338, 340, 342, 344, 346, 348, 350, 352, 354, 356, 358
East 19th Street	492	500, 612, 614
East 20th Street	78	23, 25, 27, 29, 31, 35, 37, 43, 45, 47, 49, 51, 53, 55
East 20th Street	77	101, 151
East 20th Street	518	201, 205, 207, 209, 215, 223, 225, 231, 233, 235, 243, 245
East 20th Street	506	303, 305, 307, 309, 311, 313, 315, 317, 319, 321, 323, 325, 327, 329, 331, 333, 335, 337, 339, 341, 343, 345, 347, 349, 351, 357, 359, 401, 403, 405

Street Name	Book	House Numbers
East 20th Street	492	501
East 20th Street	204	4
East 20th Street	78	18, 20, 22, 24, 26, 28, 32, 34, 36, 38, 40, 42, 44, 46, 48, 52
East 20th Street	76	104, 150, 152
East 20th Street	519	200, 202, 204, 206, 208, 210, 212, 214, 216, 218, 220, 222-230, 232, 234, 234 rear, 236, 240-242, 244, 300, 300½, 302, 304, 306, 308, 310, 312, 314, 316, 318, 320, 322, 330, 332, 334, 336, 338, 340, 342, 344, 346, 348, 350, 352, 354
East 20th Street	505	400, 404, 406, 408, 410, 412, 414, 416, 418, 420, 422, 424, 426, 444
East 20th Street	492	524, 540, 600
East 21st Street	78	1, 5, 7, 15, 17, 19, 21, 23, 25, 29, 31, 33, 35, 37, 39, 41-43, 45, 47, 49, 53, 55, 57, 59, 61
East 21st Street	77	103, 105, 107, 109, 113, 115, 117, 119, 121, 123, 125, 127, 129, 131, 133, 135, 137-139, 141, 143, 145, 147, 149, 151, 153, 155, 157
East 21st Street	518	201, 203, 207, 209, 211, 215, 219, 221, 223, 225, 227, 237, 239, 241, 243, 245, 247, 249
East 21st Street	507	303, 305, 307, 309, 311, 313, 315, 317, 319, 321, 323, 323 rear, 325, 327, 329, 331, 333, 335, 337, 339, 341, 343
East 21st Street	78	20, 22, 24, 28, 30, 32, 34, 36, 38, 40, 42, 44, 46, 48, 50, 52, 54, 60
East 21st Street	77	150
East 21st Street	518	200, 202, 204, 206, 208, 210, 212, 214, 216, 218, 220, 222, 224, 228, 230, 232, 234, 236, 238, 240, 242, 244, 246, 248
East 21st Street	506	302, 304, 306, 308, 310, 312, 314, 316, 318, 320, 322, 324, 326, 328, 330, 332, 334, 336, 338, 340, 342, 344, 346, 348, 402, 404, 444?
East 22nd Street	78	9, 11, 13, 15, 17, 19, 21, 25, 27, 29, 31, 33, 35, 39, 41, 43, 45
East 22nd Street	77	111, 113, 115, 117, 119, 145, 147, 149, 155, 157, 161
East 22nd Street	517	201, 203, 205, 207, 213, 215, 217?, 219, 221, 223, 225, 231, 235, 237, 239, 241, 243
East 22nd Street	516	327, 329, 331, 333, 335, 337, 339, 341, 343
East 22nd Street	508	403, 405, 407, 409, 411, 413, 415, 417, 419, 421, 423, 429
East 22nd Street	78	10, 12, 14, 16, 18, 20, 24, 26, 28, 30, 32, 34, 36, 38, 40, 42, 44, 46, 48, 50
East 22nd Street	77	100, 102, 104, 108, 110, 112, 114, 116, 118, 120, 122, 124, 126, 128, 134, 138, 140, 142, 144, 146, 148, 150, 152, 154, 156, 158
East 22nd Street	518	202, 204, 206, 208, 210, 212, 226, 228, 230, 232, 240
East 22nd Street	507	302, 316, 318, 320, 320 rear, 322, 322 rear, 324, 324 rear, 326, 328, 330, 332, 334, 336, 344
East 23rd Street	323	35, 37, 39, 41, 43, 45, 47, 49, 51, 53
East 23rd Street	322	107, 109, 111 [vacant], 113, 115, 117, 119, 121, 123, 125, 127, 129

Aid to Finding Addresses in 1890 NYC Police Census

Street Name	Book	House Numbers
East 23rd Street	575	137, 141, 145, 147, 153, 161
East 23rd Street	515	303, 305, 307, 309, 311, 313, 315, 317, 319, 319 rear, 321, 323, 325, 327, 329, 331, 333, 335, 337, 339, 339 rear, 341, 343, 345, 347, 349, 353
East 23rd Street	509b	439, 441, 443
East 23rd Street	78	8, 10, 12, 14, 16, 20, 22, 24, 26, 28, 32, 34, 36, 38, 40, 42, 48-50, 52
East 23rd Street	77	100-102, 104, 106, 108, 110, 112, 114, 116, 118, 120, 122, 124, 126, 128, 130, 132, 150, 152, 158, 160, 162
East 23rd Street	517	210, 212, 222, 224, 226, 228, 230, 232, 234, 236, 238, 240, 242, 244, 246, 248
East 23rd Street	516	300, 302, 304, 306, 308, 310, 312, 314, 316, 318, 334, 336, 338, 342, 350
East 23rd Street	508	400, 402, 404, 406, 408, 410, 412, 414, 416, 418, 422, 426, 438, 442
East 23rd Street	492	502, 510, 520
East 24th Street	323	11, 13, 15, 17, 19, 21, 23, 25, 27, 29, 31, 33, 35
East 24th Street	322	103, 105, 107, 109, 111, 113, 115, 117, 119, 121, 123, 125-127, 129
East 24th Street	575	139, 141, 147, 159, 161
East 24th Street	509b	403, 409, 411, 413, 415, 417, 419
East 24th Street	323	8, 10, 12, 14, 16, 18, 20, 24, 26, 28
East 24th Street	322	106, 108, 110, 112, 114, 116, 118 [vacant], 120, 122, 124, 126, 128, 130, 132, 134
East 24th Street	575	142, 150, 154, 160, 168
East 24th Street	515	302, 304 rear, 306, 308, 310, 312, 314, 316, 318, 320, 322, 324, 326, 326 rear, 330, 330 rear, 332, 334, 336, 338, 340, 342, 344
East 24th Street	509b	400, 402, 404, 406
East 25th Street	323	43, 45, 47, 51, 53, 57, 59, 61
East 25th Street	322	101, 103, 105, 107, 109, 111, 113, 115, 117, 119, 121, 123, 125, 127
East 25th Street	575	137, 139, 161
East 25th Street	511	201, 205, 207, 209, 211, 213, 215, 217, 219, 221, 225, 227, 229, 231, 233, 235, 237, 241, 243, 245, 247
East 25th Street	510	301, 303, 305, 307, 309, 311, 313, 313 rear, 315, 317, 317 rear, 319, 321, 325, 327, 329, 331, 331 rear, 333, 335, 337, 339, 339 rear, 341, 343
East 25th Street	509b	409, 417, 419, 421
East 25th Street	323	40-42, 44, 46, 48, 50, 52, 54, 56, 58, 60
East 25th Street	322	102, 104, 106, 108, 110, 112, 114, 116, 118, 120, 122, 124, 126, 128, 130, 132
East 25th Street	575	136, 138, 154, 160, 162
East 25th Street	513	302, 304, 306, 308, 310-312, 314, 314 rear, 316, 318, 320, 322, 324, 326, 328, 330, 332, 334, 336, 338, 340, 344

Street Name	Book	House Numbers
East 25th Street	509b	400, 402, 404, 406, 408, 414
East 26th Street	323	5, 7, 9, 11, 13, 17, 19, 21, 23, 25, 27
East 26th Street	322	103, 105, 107, 109, 111, 113, 115, 117, 119, 121, 123, 125, 127, 129, 131, 133
East 26th Street	576	137, 139, 141, 143, 145, 147, 149, 151, 153, 155, 157, 159
East 26th Street	616	201, 203, 205, 207, 209, 211, 213, 215, 217, 217 rear, 219, 221, 225, 227, 229, 231, 233, 239, 243
East 26th Street	614	301, 303, 305, 307, 309, 311, 313, 315, 317, 319, 321, 323, 325, 327, 329, 341, 345
East 26th Street	323	32, 38, 40, 42, 44, 46, 48
East 26th Street	322	100, 102, 104, 106, 108, 110, 112, 114 [vacant], 116, 118, 120, 122, 124, 126, 128
East 26th Street	575	132, 134, 136, 138, 142, 146, 148, 150, 152, 154, 156, 158, 160
East 26th Street	511	202, 204, 206, 206 rear, 208, 210, 212, 216, 222, 224, 238, 240, 242, 244, 246
East 26th Street	510	300, 302, 304, 306, 308, 308 rear, 310, 312, 314, 320, 322, 324, 326, 332, 334, 336, 338, 342
East 26th Street	509b	402, 410, 416, 420, 426, 432, 440, 444
East 27th Street	323	3, 5, 7, 9, 11, 29, 31-33
East 27th Street	576	?, 135, 137, 139, 143, 145, 147, 149, 151, 153, 155, 157, 159, 161, 163, 165
East 27th Street	615	201, 203, 205, 207, 209, 211, 213, 215, 219, 225, 235, 235½, 237, 241
East 27th Street	613	301, 303, 307, 309, 311, 313, 315, 317, 319, 321, 323, 325, 327, 331, 333, 335
East 27th Street	323	8, 16, 18, 20
East 27th Street	322	102, 108, 110, 112, 114, 116, 118, 120, 122, 124, 126, 128, 130, 132
East 27th Street	576	?, 138, 140, 142, 144, 146, 150, 152, 154, 156
East 27th Street	616	200, 210, 212, 214, 216, 226, 228, 230, 232, 234, 236, 238, 240, 242, 244, 246
East 27th Street	614	302, 304, 306, 308, 310, 312, 314, 316, 318, 320, 322, 324, 326, 328, 330
East 28th Street	330	1, 7, 15
East 28th Street	577	137, 139, 141, 145, 157, 159
East 28th Street	323	6, 8, 10, 12, 14, 16, 18, 20, 26, 30, 32, 34, 36, 38, 40, 44
East 28th Street	576	?, 132, 134, 136, 138, 140, 142, 144, 146, 148, 150, 152, 154, 156, 160, 164, 166
East 28th Street	615	200, 202, 202½, 206, 208, 210, 212, 214, 216, 236, 238, 242, 244

Aid to Finding Addresses in 1890 NYC Police Census

Street Name	Book	House Numbers
East 28th Street	613	302, 304, 306, 308, 310, 318, 320, 322, 324, 326, 328, 330, 332
East 29th Street	330	1, 11, 15
East 29th Street	577	129, 131, 133, 135, 137, 139, 141, 143, 145, 147, 149, 151, 153, 155
East 29th Street	609	301, 303, 305, 307, 309, 311, 313, 315, 317, 319, 321, 323, 325, 327, 329, 331, 333, 339, 341, 401, 403, 405, 407, 409, 411
East 29th Street	330	2, 4, 6, 8, 10, 12, 14, 16, 18, 20
East 29th Street	577	132, 134, 136, 138, 140, 142, 154, 156
East 30th Street	333	1, 3, 5, 7, 9, 11, 13
East 30th Street	332	25, 27, 29, 31, 33, 35, 37, 39, 41, 43, 45, 47, 49, 51, 53, 101, 103, 105, 107, 109, 111, 113, 115, 117, 119, 121, 123, 125, 127, 129, 131
East 30th Street	578	133, 135, 137, 139, 141, 143, 145, 147, 151, 153, 155, 157, 159
East 30th Street	606	201, 203, 217, 219, 221, 223, 225, 227, 229, 231, 233, 235, 237, 239, 241, 243, 245, 247, 247 rear, 249, 251
East 30th Street	608	301, 303, 305, 307, 309, 311, 313, 315, 317, 319, 321, 323, 325, 327, 329, 331, 333, 337, 339, 341, 343, 345, 347, 349, 351
East 30th Street	609	423
East 30th Street	330	4, 6, 8, 10, 12-14, 16, 18, 20, 22
East 30th Street	577	132, 134, 136, 138, 140, 142, 144, 146, 148, 150, 152, 154, 156, 158
East 30th Street	609	300, 302, 304, 306, 308, 310, 312, 314, 316, 318, 320, 322, 324, 326, 328, 330, 332, 334, 336, 338, 340, 342
East 31st Street	333	1, 7, 11, 13, 15, 17, 19
East 31st Street	332	23, 25, 27, 29, 31, 33, 35, 37, 39, 41, 45, 47, 51, 101, 103, 105, 107, 109, 111, 113, 113½, 115, 117, 119, 121, 123, 125, 127, 129, 131
East 31st Street	578	135, 137, 139, 141, 147, 149, 151, 153, 155, 157, 159, 161, 163, 165
East 31st Street	605	201, 203, 205, 207, 209, 211, 213, 215, 217, 219, 221, 223, 225, 227, 229, 231, 235, 237, 239, 241, 243, 245, 247, 249, 251, 253
East 31st Street	604	301, 303, 305, 307, 309, 311, 313, 315, 317, 319, 321, 323, 325, 327, 329, 331, 333, 335, 337, 339, 341, 343, 345, 347, 349, 351, 353, 411, 419
East 31st Street	333	4, 12, 14, 16, 18, 20
East 31st Street	332	<u>44</u> & <u>46</u> on page 18 should be East 31st Street not Madison Avenue
East 31st Street	332	32, 34, 36, 38, 40, 42, <u>44</u>, <u>46</u>, 48, 50, 52, 54, 100, 102, 104, 106, 108, 110, 112, 114, 116, 118, 120, 122, 124, 126, 128
East 31st Street	578	134, 136, 138, 140, 142, 160, 162
East 31st Street	606	202, 204, 208, 210, 212, 214, 216, 218, 220, 222, 224, 226, 228, 230, 232, 234, 236, 238, 240, 248, 250
East 31st Street	607	300, 302, 304, 306, 308, 310, 312, 314, 316, 318, 320, 322, 324, 326, 328, 330, 332, 334, 336, 342, 344, 346

Street Name	Book	House Numbers
East 31st Street	609	400 [some 400 are marked 1st Avenue], 402
East 32nd Street	337	7, 9, 11, 13, 15, 17, 19
East 32nd Street	332	29, 31, 35, 131
East 32nd Street	578	141, 143, 145, 147, 149, 151, 161, 163, 165
East 32nd Street	602	203, 205, 207, 215, 227, 231, 233, 235, 237, 239, 241, 243, 245, 247, 249, 251, 253, 255
East 32nd Street	603	301, 305, 307, 309, 311, 313, 315, 317, 319, 321, 323, 325, 327, 329, 331, 335, 337, 339, 341, 343, 345, 347, 349, 351, 353
East 32nd Street	604	401
East 32nd Street	333	6, 8, 10, 12, 14, 16, 18, 20
East 32nd Street	332	28, 30, 32, 34, 36, 38, 40, 42, 42 rear, 50½ rear, 52, 100, 100-102, 112, 114, 116, 124, 126, 130, 132
East 32nd Street	578	138, 140, 142, 144, 146, 148, 150, 152, 154, 156, 158, 160, 162, 164, 166, 168, 170
East 32nd Street	605	200, 204, 206, 208, 210, 212, 214, 216, 218, 220, 222, 224, 228, 230, 232, 234, 236, 238, 240, 242, 244, 246, 248, 250
East 32nd Street	604	300, 304, 306, 308, 310, 312, 314, 316, 318, 320, 322, 324, 326, 328, 330, 332, 334, 336, 338, 340, 342, 344, 346, 348, 350, 352, 354, 402, 420
East 33rd Street	337	1, 3, 5, 7, 9, 11, 13, 15, 17, 19, 21
East 33rd Street	338	31, 33, 37, 39, 41, 43, 45, 49, 51, 53, 55, 57
East 33rd Street	579	141, 143, 145, 147, 149, 151, 153, 155, 157, 159, 161, 163, 165, 167, 169, 171, 173
East 33rd Street	601	201, 203, 205, 207, 209, 231, 233, 235, 237, 239, 241, 243, 245, 247, 249
East 33rd Street	600	301, 301½, 303, 303½, 305, 307, 309, 311, 313, 315, 317, 319, 321, 323, 325 [should be 329], 329, 331, 333, 335, 337, 339, 341, 343, 345, 347, 351
East 33rd Street	337	2, 8, 10, 12, 18, 20, 22, 24, 26
East 33rd Street	332	28, 32, 34, 36, 38
East 33rd Street	338	52
East 33rd Street	578	142, 144, 146, 148, 150, 152, 154, 156, 158, 162, 166
East 33rd Street	602	202, 204, 206, 208, 210, 212, 214, 216, 218, 220, 222, 224, 226, 228, 230, 240, 242, 244, 246, 248, 250, 252, 254, 256
East 33rd Street	603	300, 302, 304, 306, 308, 310, 312, 314, 316, 318, 320, 322, 324, 326, 328, 330, 332, 334, 336, 338, 340, 342, 344, 346, 348, 350, 352
East 33rd Street	604	404
East 34th Street	339	1, 3, 5, 7, 9, 11, 13, 17, 19
East 34th Street	338	45, 47, 49, 51, 53, 55, 57, 59, 105, 107, 109, 111, 113, 115, 117, 119, 121, 125, 129, 131, 133

Aid to Finding Addresses in 1890 NYC Police Census

Street Name	Book	House Numbers
East 34th Street	579	137, 139, 141, 143, 145, 147, 149, 151, 153, 155, 157, 159, 161, 163, 165, 167
East 34th Street	597	201, 207, 209, 211, 213, 215, 217, 219, 229, 231, 233, 235, 237, 239, 241, 243, 245
East 34th Street	595	401, 403, 405, 407, 413, 415, 417, 421
East 34th Street	337	2, 4, 6, 8, 10, 12, 14, 18, 22
East 34th Street	338	44, 46, 48, 50, 52, 54, 56, 58, 60, 64, 66, 68, 72, 120
East 34th Street	579	138, 144, 146, 148, 150, 152, 154, 156, 158, 160-164, 166
East 34th Street	601	204, 206, 208, 210, 212, 214, 218, 220, 222, 224, 226, 228, 230, 232, 234, 236, 238, 240, 242, 244, 246, 248, 250
East 34th Street	599	300, 302, 304, 306, 308, 310, 312, 314, 316, 318, 320, 322, 324, 326, 328, 330, 332, 334, 336, 338, 340, 342, 344
East 34th Street	600	402
East 35th Street	339	1, 5, 7, 9, 11, 13, 15, 17
East 35th Street	338	27, 37, 103, 105, 107, 109, 111, 113, 115, 117, 119, 121, 123, 125, 127, 129, 131, 133, 135, 137
East 35th Street	579	145, 147, 149, 151, 155, 157, 161, 163, 165, 167
East 35th Street	595	301, 303, 305, 307, 309, 311, 313, 315, 317, 319, 321, 323, 325, 327, 329, 331, 333, 335, 337, 339, 341, 343, 345, 347, 349, 351
East 35th Street	339	2, 4, 6, 8, 10, 12, 14, 16
East 35th Street	338	20, 22, 24, 26, 28, 30, 32, 34, 36, 38, 40, 42, 44, 46, 102, 104, 106, 108, 110, 112, 126, 128, 130, 132
East 35th Street	579	142, 144, 146, 148, 150, 158, 162, 166
East 35th Street	597	200, 202, 204, 206, 208, 210, 212, 214, 216, 218, 220, 222, 224, 226, 228, 230, 232, 234, 236, 238, 240, 242, 244, 246, 248, 252
East 36th Street	339	7, 9, 11, 15
East 36th Street	338	31, 35, 37, 107, 109, 111, 113, 115, 117, 119, 121, 123, 125, 127, 129, 131, 133, 135
East 36th Street	592	201, 203, 205, 207, 209, 211, 213, 215, 217, 219, 221, 223, 225, 231, 235, 237, 239, 241, 243, 245, 247
East 36th Street	593	301, 303, 305, 323, 325, 327, 329, 331, 333, 335, 337, 339, 341, 343, 345, 347
East 36th Street	339	4, 6, 8, 10, 12, 14, 16, 18
East 36th Street	338	26, 28, 30, 32, 36, 38, 40, 102, 104, 106, 108, 110, 112, 114, 116, 118, 120, 122, 124, 126, 128, 130, 132, 134
East 36th Street	579	140, 142, 144, 146, 148, 150, 152, 160, 162
East 36th Street	594	302, 304, 306, 308, 310, 312, 314, 316, 318, 320, 322, 324, 326, 328, 330, 332, 334, 336, 338, 340, 342, 344, 346, 348

Street Name	Book	House Numbers
East 37th Street	338	19, 23, 25, 27, 29, 31, 33, 35, 37, 103, 105, 107, 109, 111, 113, 115, 117, 119, 121, 127
East 37th Street	590	201, 203, 207, 213, 215, 217, 219, 229, 231, 233, 235, 237, 245, 247
East 37th Street	591	301, 303, 305, 305½, 307, 309, 311, 313, 315, 317, 319, 321, 323, 325, 327, 329, 331, 333, 335, 337, 339, 341, 343, 345
East 37th Street	339	2, 4, 6, 8, 10, 12, 14, 16, 18, 20
East 37th Street	338	26, 30, 32, 34, 36, 104, 106, 108, 110, 112, 114, 116, 118, 120, 122, 124, 126, 130, 132
East 37th Street	592	200, 202, 204, 206, 208, 210, 212, 232, 234, 236, 238, 240, 242, 244, 246, 300, 302, 304, 306, 308, 310, 312, 314, 316, 318, 320, 322, 324, 326, 328, 330, 332, 334, 336, 340
East 37th Street	593	402, 420, 424
East 38th Street	588	301, 305, 307, 307 rear, 309, 311, 313, 315, 317, 319, 321, 323, 325, 327, 331, 333, 335, 337, 339, 341, 401
East 38th Street	338	24, 26, 28, 30, 32, 34, 36, 38, 40, 102, 104, 106, 108, 110, 112, 114, 118, 120, 122, 124, 126, 128, 130, 132, 134, 136
East 38th Street	590	200, 202, 204, 206, 208, 210, 214, 218, 220, 222, 224, 226, 232, 234, 236, 238, 240, 242
East 38th Street	591	300, 302, 304, 304½, 306, 308, 310, 312, 314, 316, 318, 320, 322, 326, 328, 336, 338, 340, 344
East 39th Street	587	301, 303, 305, 307, 309, 311, 313, 315, 317, 319, 323, 325, 327, 329, 331, 333, 335, 337, 339, 341, 343, 345
East 39th Street	588	300, 302, 304, 306, 308, 310, 312, 314, 316, 322, 324, 326, 328, 330, 332, 334, 336, 338, 340, 342, 344
East 40th Street	727	1, 3, 5, 7, 9, 11, 13, 29, 61, 103, 107, 109, 109½, 115, 117, 119, 121, 123, 125, 127
East 40th Street	581	137, 139, 141, 143, 145, 147, 149, 151, 155
East 40th Street	585	201, 203, 205, 207, 209, 211, 213, 215, 217, 219, 221, 223, 227, 229, 231, 233, 235, 235½, 237, 243
East 40th Street	584	301, 309, 311, 313, 315, 317, 319
East 40th Street	727	40, 42, 46, 50 [all could be East 41st Street],
East 40th Street	581	128, 130, 132,
East 40th Street	587	300, 306, 312, 314, 316, 318, 320, 322, 324, 326, 328, 332, 334, 336, 338, 340, 342, 344
East 41st Street	727	3, 5, 7, 9, 11, 13, 15, 17, 19, 21, 23, 45, 53, 55, 57, 61, 117, 121
East 41st Street	581	145, 147, 149, 151, 155
East 41st Street	583	301, 305, 307, 309, 311, 313, 315, 317, 319, 321, 323, 325, 327, 329, 331, 333, 335, 337, 339, 341, 343, 345, 347, 349, 351

Aid to Finding Addresses in 1890 NYC Police Census

Street Name	Book	House Numbers
East 41st Street	727	40, 42, 46, <u>50</u> [all are marked East 40th Street could be East 41st Street],
East 41st Street	727	4, 6, 8, 10, 12, 14, 16, 18, 20, 22, 24, 26, <u>50</u>, 54, 56, 102, 104, 106, 110, 112, 114, 118, 120, 124
East 41st Street	581	128, 132, 150, 152, 154
East 41st Street	585	200, 202, 204, 206, 208, 214, 216, 218, 220, 222, 224, 226, 228, 230, 232, 234, 236, 238, 240, 242, 246
East 41st Street	584	300, 302, 304, 306, 308, 310, 312, 314, 316, 318, 320, 322, 324, 326, 328, 330, 334, 336, 338, 340, 344, 346, 348, 350, 352, 354
East 42nd Street	727	1, 3, 5, 7, 9, 35
East 42nd Street	686	?, 139, 141, 143, 149, 153, 157, 161
East 42nd Street	723	201, 221, 223, 225, 227, 229, 237, 239, 241, <u>301</u>, 303, 305, 307, 309, 311, 313, 315, 317, 319, 321, 323, 325, 327, 329, 331, 333, 335, 337, 339, 341, 343, 345
East 42nd Street	722	<u>301</u>, 411, 415
East 42nd Street	727	2, 4, 6, 8, 10, 12, 14, 16, 18, 20, 22, 24, 26, 30
East 42nd Street	581	140, 148, 148-150, 152, 156, 158, 160, 162
East 42nd Street	583	300, 302, 304, 310, 312, 314, 316, 318, 320, 322, 324, 326, 328, 330, 332, 334, 336, 338, 340, 342, 344, 346, 348, 350, 352
East 42nd Street	722	402
East 43rd Street	727	3, 7, 9, 11, 13, 15
East 43rd Street	686	?, 131, 133, 135, 137, 139, 141, 151, 153
East 43rd Street	721	201, 203, 205, 207, 209, 211, 213, 215, 225, 227, 229, 247, 249, 251
East 43rd Street	722	301, 303, 311, 313, 315, 317, 319, 321, 323, 325, 327, 329, 331, 333, 335, 337, 339, 341, 411
East 43rd Street	727	4, 6, 8, 10, 12, 14, 16, 18, 20, 22, 120
East 43rd Street	686	?, 128, 130, 132, 134, 136, 138, 140, 144, 146, 148, 152, 154, 154½, 156
East 43rd Street	723	200, 202, 228, 230, 250, 300, 304, 306, 308, 310, 312, 314, 316, 318, 320, 322, 324, 326, 328, 330, 332, 334, 336, 338, 340, 342, 344, 346
East 44th Street	686	?, 137, 139, 141, 143, 145, 147, 149, 151, 153, 163
East 44th Street	720	201, 203, 205, 207, 209, 219, 221, 223, 225, 235, 237, 239, 241, 243, 245, 247
East 44th Street	719	301, 305, 307, 309, 311, 313, 315, 317
East 44th Street	727	6, 8, 10, 12, 14
East 44th Street	686	?, 122, 124, 126, 128, 130, 134, 136, 140, 142, 144, 146, 148, 150, 152, 154, 156, 158, 160, 162
East 44th Street	721	200, 202, 204, 206, 208, 210, 212, 218, 224, 226, 236, 244

Street Name	Book	House Numbers
East 44th Street	722	300, 300½, 302, 304, 306, 308, 310, 312, 314, 316, 318, 320, 346
East 45th Street	687	?, 131, 135, 137, 139, 141, 143, 145, 147, 149, 151, 153, 155
East 45th Street	717	201, 203, 205, 207, 209, 211, 213, 215, 217, 219, 221, 223, 225, 227, 229, 231, 233, 235, 237, 241, 243, 245, 247, 249, 251
East 45th Street	686	?, 124, 126, 128, 130, 132, 134, 136, 138, 140, 142, 144, 146, 148, 150, 152, 154, 156, 158
East 45th Street	720	200, 204, 206, 208, 210, 212, 214, 216, 218, 220, 222, 224, 226, 228, 230, 234, 236, 238, 240, 242, 244, 246
East 45th Street	719	300, 304, 306, 308, 310, 312, 314, 316, 318, 320, 336, 338, 340, 342, 344, 400
East 46th Street	687	?, 127, 129, 131, 133, 135, 137, 139, 141, 143, 145, 147, 149, 151, 153, 155, 157, 159, 161, 161½, 163
East 46th Street	716	201, 203, 205, 207, 209, 219, 221, 223, 225, 227, 229, 231, 233, 235, 237, 239, 241, 243
East 46th Street	715	303, 305, 307, 309, 311, 313, 315, 317, 319, 321, 329, 331, 333, 337, 339, 341, 343, 345, 347, 349, 351, 401, 403, 405, 407, 409, 411, 413
East 46th Street	687	?, 146, 148, 150, 152, 154, 156, 158, 160, 162
East 46th Street	717	200, 204, 206, 208, 210, 212, 214, 216, 218, 220, 222, 224, 226, 228, 230, 232, 234, 236, 238, 240, 242, 244, 246, 248
East 47th Street	687	?, 119, 121, 123, 125, 127, 129, 131, 133, 135, 137, 139, 141, 143, 145, 147, 149, 151, 153, 155, 157
East 47th Street	712	201, 201½, 203, 207, 209, 213, 215, 217, 219, 221, 223, 225, 227, 229, 245
East 47th Street	714	303, 323, 325, 327, 329, 331, 333, 335, 337, 339, 341, 343, 409, 427, 431
East 47th Street	687	?, 130, 132, 134, 136, 138, 140, 142, 144, 146, 148, 150, 152, 154, 156, 158, 160
East 47th Street	716	200, 202, 204, 206, 212, 212½, 216, 218, 220, 222, 224, 226, 228, 230, 232, 234, 236, 238, 240, 242
East 47th Street	715	304, 314, 316, 318, 320, 328, 330, 332, 334, 336, 338, 340, 342, 344, 346, 402, 418, 422
East 48th Street	734	1, 3, 7, 9, 11, 13, 15, 17, 19, 21, 23, 25, 127
East 48th Street	688	137, 139, 141, 143, 145, 147, 149, 151, 153, 155, 157, 161
East 48th Street	712	201, 205, 207, 209, 211, 213, 215, 217, 221, 223, 225, 227, 229, 231, 233, 235, 237, 239, 241, 243, 245, 247, 249, 251, 253, 255, 257, 259
East 48th Street	713	301, 303, 307, 309, 311, 313, 315, 317, 319, 321, 323, 325, 327, 329, 331, 333, 335, 337, 341, 343
East 48th Street	714	403, 419, 421, 423
East 48th Street	687	?, 136, 138, 140, 142, 144, 146, 148, 150, 152, 154, 156, 158, 160, 162
East 48th Street	688	146 [not in this ED]

Aid to Finding Addresses in 1890 NYC Police Census

Street Name	Book	House Numbers
East 48th Street	712	200, 202, 204, 206, 208, 210, 212, 214, 216, 218, 220, 222, 224, 226, 228, 230, 232, 234, 236, 238, 240, 242, 244, 248, 250, 252, 254
East 48th Street	714	324, 326, 328, 330, 332, 334, 336, 338, 340, 342, 344, 402, 424, 434
East 49th Street	734	9, 11, 13, 19, 21
East 49th Street	688	131, 135, 137, 139, 141, 143, 145, 147, 149, 151, 153, 155, 157, 159, 161, 163, 165
East 49th Street	711	207, 209, 213, 215, 217, 219, 221, 223, 225, 227, 229, 231, 233, 235, 237, 239, 241, 243, 245, 247, 249, 251, 253, 255
East 49th Street	710	301, 303, 305, 307, 309, 311, 313, 315, 317, 319, 321, 323, 325, 327, 329, 331, 333, 335, 337, 339, 341, 343, 345, 347, 349, 351, 353, 355, 357, 359, 361
East 49th Street	734	2, 4, 6, 8, 10, 12, 14, 16, 18, 20, 22, 24, 26, 28, 36, 38, 40, 42, 44, 46, 48, 50, 52, 54, 56, 58, 60, 62, 64, 68, 70, 70 rear, 100
East 49th Street	688	136, 140, 142, 144, 146, 148, 150, 152, 154, 156, 158, 160
East 49th Street	712	200, 204, 208, 210, 212, 214, 216, 218, 220, 222, 224, 226, 228, 230, 232, 234, 236, 238, 240, 242, 244, 246, 248, 250, 252, 254, 256
East 49th Street	713	300, 302, 304, 306, 308, 310, 312, 314, 316, 318, 320, 322, 324, 326, 328, 330, 334, 336, 338, 340, 342, 344, 346, 348
East 50th Street	734	31, 37, 39, 41, 101, 111, 123, 125
East 50th Street	689	127, 129, 131, 133, 135, 137, 139, 141, 145, 147, 149, 151, 153, 155
East 50th Street	711	201, 203, 205, 211, 217, 219, 221, 223, 225, 227, 229, 231, 233, 235, 237, 239, 241, 243, 245, 247, 249, 251, 253
East 50th Street	710	305, 307, 309, 311, 313, <u>315</u>, 317, 321, 323, 325, 327, 329, 331, 333, 335, 337, 339, 341, 343, 345, 347, 349, 351, 353, 355, 357, 359, 361
East 50th Street	710	50 [should be <u>315</u>]
East 50th Street	734	12, 14, 16, 18, 20
East 50th Street	688	126, 128, 130, 132, 134, 136, 138, 140, 142, 144, 146, 150, 152, 154, 156, 158, 160
East 50th Street	711	200, 202, 204, 208, 210, 212, 214, 216, 218, 220, 222, 224, 226, 228, 230, 232, 236, 238, 240, 242, 244, 246, 248, 250
East 50th Street	710	300, 302, 304, 306, 308, 310, 312, 314, 316, 318, 320, 322, 322½, 324, 326, 328, 330, 332, 334, 336, 338, 340, 342, 344, 346, 348, 350, 352, 354, 356, 358, 360, 362, 364
East 51st Street	734	107, 109, 111, 113, 115, 117, 119, 121
East 51st Street	689	145 [Refused P. House] [Private house?], 147, 149, 153, 155, 157, 159, 165, 167
East 51st Street	707	203, 209, 211, 213, 215, 217, 225, 227, 229, 239, 241, 245, 247, 249, 251, 251½, 253

Street Name	Book	House Numbers
East 51st Street	708	303, 305, 307, 309, 311, 313, 315, 317, 319, 321, 323, 325, 327, 329, 331, 333, 335, 337, 339, 341, 343, 345, 347, 349, 351
East 51st Street	734	22, 24, 28, 36, 40, 42, 44, 112, 118, 120, 122, 124, 128, 130
East 51st Street	689	166, 168, 170, 172
East 51st Street	711	202, 204, 206, 208, 212, 214, 216, 218, 222, 224, 226, 228, 230, 232, 234, 236, 238, 240, 242, 244, 246, 248, 250, 252
East 51st Street	710	300, 302, 304, 306, 308, 310, 312, 314, 318, 320, 322, 324, 326, 328, 330, 332, 334, 336, 338, 340, 342, 344, 346, 348, 350, 352, 354, 398
East 52nd Street	735	3, 5, 11, 13, 19, 43, 47, 49, 55, 61, 63, 65, 67, 69, 71, 73, 75, 119, 121, 123, 125, 127, 129, 131
East 52nd Street	689	137, 139, 141, 143, 145, 147, 149, 151, 153, 155, 157, 159, 161, 163
East 52nd Street	707	201, 203, 207, 209, 211, 213, 215, 217, 219, 221, 223, 225, 227, 229, 231, 233, 235, 237, 239, 241, 243, 245, 247, 249
East 52nd Street	706	299, 301, 303, 305, 307, 309, 311, 313, 315, 317, 319, 321, 323, 325, 327, 329, 331, 333, 335, 337, 339, 341, 343, 345, 347, 349, 351, 353
East 52nd Street	734	100, 102, 104, 106, 108, 110, 112, 114, 116, 118, 120, 122, 124, 126
East 52nd Street	689	142, 144, 146, 148, 150, 152, 154, 156, 158
East 52nd Street	707	200, 202, 204, 208, 210, 212, 218, 220, 222, 224, 226, 228, 230, 232, 234, 238, 240, 242, 246, 248, 250, 252
East 52nd Street	708	?, 300, 302, 304, 306, 308, 310, 312, 314, 316, 318, 320, 322, 324, 326, 328, 330, 332, 334, 336, 338, 340, 342, 344, 346
East 53rd Street	735	1, 3, 7, 9, 11, 13, 15, 17, 19, 35, 39, 41, 43, 47, 49, 51, 53, 55, 59, 61, 63, 65, 101, 103, 105, 107, 109, 111, 117, 119, 119 rear, 121, 123, 125,
East 53rd Street	701	201, 205, 207, 209, 211, 215, 217, 219, 221, 223, 225, 227, 229, 231, 233, 235, 237, 239, 241, 243, 245, 247, 249, 251
East 53rd Street	703	301, 303, 305, 313, 315, 317, 319, 321, 323, 325, 327, 345, 347, 349, 351, 353, 355, 357
East 53rd Street	735	2, 6, 8, 10, 12, 14, 16, 30, 32, 36, 38, 40, 46, 48, 50, 52, 54, 56, 58, 60, 62, 64, 112, 114, 116, 118, 120
East 53rd Street	689	140, 142, 144, 146, 148, 150, 152, 158, 160, 164
East 53rd Street	707	200, 200½, 204, 206, 208, 210, 212, 214, 216, 218, 220, 222, 224, 226, 228, 230, 232, 234, 236, 238, 240, 242, 244, 246, 248, 250, 252, 254
East 53rd Street	706	300, 306, 308, 310, 312, 314, 316, 318, 320, 322, 324, 326, 328, 330, 332, 334, 336, 338, 340, 342, 344, 346
East 54th Street	740	3, 5, 7, 11, 13, 15, 17, 19, 21
East 54th Street	736	51, 55, 57, 59, 61, 63, 65, 67, 69, 71, 73, 75, 103, 105, 107, 111, 113, 115, 117, 119, 121, 123, 125, 129, 131, 133, 135, 137
East 54th Street	701	203, 205, 207, 209, 211, 231, 233, 235, 237, 239, 243

Aid to Finding Addresses in 1890 NYC Police Census

Street Name	Book	House Numbers
East 54th Street	702	301, 307, 315, 317, 319, 321, 321 rear, 323, 323 rear, 325, 327, 329, 331, 333, 335, 335 rear, 337, 339, 339 rear, 341, 341 rear, 343, 345, 347, 349, 351, 351½, 353
East 54th Street	704	401, 427, 501
East 54th Street	735	4, 6, 10, 12, 16, 20, 22, 24, 28, 30, 50, 52, 54, 58, 60, 62, 64, 66, 68, 70, 72, 74, 76, 78, 80, 100, 102, 104, 106, 108, 110, 112, 114, 118, 120, 122, 126, 128
East 54th Street	701	204, 208, 210, 212, 228, 230, 232, 234, 236, 238, 240, 242
East 54th Street	703	310, 312, 314, 316, 318, 320, 322, 324, 330, 332, 334, 336, 338, 340, 342, 346, 348, 350, 352, 354
East 55th Street	740	3, 7, 9, 11, 13, 15, 17, 19, 21, 23, 25, 29
East 55th Street	736	51, 53, 55, 57, 59, 61, 63, 65, 67, 69, 71, 75, 77, 79, 81, 83, 85, 105, 105½, 107, 109, 111, 113, 115, 117, 119, 121, 123, 125, 127, 129, 131, 133
East 55th Street	700	201, 203, 205, 207, 209, 211, 213, 215, 221, 223, 225, 231, 233, 235, 237, 239, 241, 243, 245, 247, 249
East 55th Street	699	301, 303, 305, 307, 309, 311, 313, 315, 317, 319, 321, 323, 325, 327, 329, 331, 333, 335, 337, 339, 341, 343, 345, 347, 349, 351
East 55th Street	698	401, 405, 501, 503, 505, 507, 511
East 55th Street	740	6, 8, 10, 12, 14, 16, 18, 20, 24, 26
East 55th Street	736	52, 58, 62, 64, 68, 70, 72, 74, 76, 78, 80, 82, 104, 106, 108, 110, 112, 114, 116, 118, 120, 124
East 55th Street	701	200, 202, 204, 234, 236, 238, 240, 242, 244, 246, 248
East 55th Street	702	300, 304, 306, 308, 310, 312, 314, 316, 318, 320, 322, 324, 326, 328, 334, 334 rear, 336, 338, 340, 342, 344, 348, 350, 352, 354
East 55th Street	704	400, 424, 500, 502, 504, 506
East 56th Street	740	5, 7, 9, 11, 13, 15, 17
East 56th Street	736	53, 55, 57, 61, 63, 65, 67, 69, 71, 73, 75, 81, 83, 85, 109, 111, 113, 115, 117, 119, 121, 123, 125, 127, 129, 131, 135
East 56th Street	691	139, 141, 143, 145, 147, 149, 151, 155, 157, 159, 161, 163, 165, 167
East 56th Street	696	201, 203, 209, 211, 213, 215, 231, 233, 235, 237, 247, 249, 251
East 56th Street	697	301, 303, 305, 307, 309, 311, 313, 315, 317, 319, 321, 323, 351, 353
East 56th Street	698	401, 403, 405, 407, 409, 411, 413, 415, 417, 419, 421, 423, 425, 427, 429, 431, 433, 435
East 56th Street	740	2, 6, 8, 14, 16, 20, 22, 26, 28
East 56th Street	736	52, 54, 56, 58, 60, 64, 66, 72, 74, 76, 80, 82, 86, 104, 106, 108, 110, 112, 114, 116, 118, 120, 122, 124, 126, 128, 130, 132, 134, 136
East 56th Street	700	200, 204, 206, 210, 212, 214, 216, 218, 220, 222, 224, 226, 228, 230, 232, 234, 236, 238, 240

Street Name	Book	House Numbers
East 56th Street	699	302, 304, 306, 308, 310, 312, 314, 316, 318, 320, 322, 324, 326, 328, 330, 332, 334, 336, 338, 340, 342, 344, 346, 348, 350, 352, 354
East 56th Street	698	402, 402½, 432, 434, 436, 438, 440, 442, 444
East 57th Street	740	1, 3, 7, 9, 11, 13, 15, 17, 19, 21, 23, 25
East 57th Street	741	31, 33, 35, 37, 39, 41, 43, 45, 49, 51, 101, 103, 105, 107, 109, 111, 115, 117, 119, 121, 123, 125, 131, 133, 135, 137, 139
East 57th Street	691	141, 143, 145, 147, 149, 151, 153, 155, 157, 159, 161
East 57th Street	696	203, 205, 207, 209, 211, 213, 215, 217, 219, 221, 223, 225, 227, 229, 231, 235, 239, 241, 243, 245, 247, 249, 251
East 57th Street	695	301, 303, 307, 309, 311, 313, 315, 317, 319, 325, 327, 329, 331, 333, 335, 337
East 57th Street	694	403, 405, 407, 411, 413, 415, 417, 419, 421, 423, 425, 427, 429, 431, 433, 435, 437, 439, 441, 443, 445, 447, 449, 451, 455, 457, 459, 463, 467
East 57th Street	740	8, 10, 12, 14, 16, 18, 20, 22, 24, 26
East 57th Street	736	32, 36, 38, 40, 42, 44, 46, 48, 50, 52, 54, 56, 58, 100, 102, 106, 108, 112, 114, 116, 118, 122, 124, 126, 128, 130, 132, 134
East 57th Street	691	138, 140, 142, 144, 146, 148, 150, 154, 156, 158, 160, 164
East 57th Street	696	?, 200, 202, 206, 208, 210, 212, 214, 216, 218, 220, 222, 224, 226, 228, 236, 246, 248, 250
East 57th Street	697	300, 302, 306, 308, 310, 312, 314, 316, 318, 320, 322, 324, 326, 328, 330, 332, 334, 336, 340, 342, 344, 346, 348, 350, 356, 358, 360
East 57th Street	698	402, 406, 408, 410, 412, 414, 416, 418, 422, 424, 426, 428, 430, 432, 434, 436, 438, 440, 442, 444, 446, 448, 460
East 58th Street	740	7, 15
East 58th Street	741	35, 111, 121, 123, 125, 129
East 58th Street	691	135, 141, 143, 147, 155, 199
East 58th Street	692	?, 201, 203, 205, 207, 209, 211, 213, 221, 223, 225, 227, 231, 231-233, 233, 235, 237, 239, 241, 243, 245, 247, 301, 303, 305, 307, 309, 311, 313, 315, 319, 321, 323, 325, 327, 329, 331, 333, 335, 337, 339, 341, 343, 345, 347, 349, 351, 357
East 58th Street	693	401, 403, 405, 407, 409, 411, 413, 415, 417, 419, 421, 423, 425, 427, 429, 431, 433, 435, 437, 439, 441, 443, 445, 447, 449
East 58th Street	740	2, 4, 8, 12, 16, 18, 20, 22, 24, 28
East 58th Street	741	32, 34, 36, 38, 40, 46, 48, 50, 54, 56, 60, 62, 66, 68, 100, 102, 104, 106, 108, 110, 112, 114, 116, 118, 120, 122, 124, 126, 128, 130, 132, 134
East 58th Street	691	140, 142, 144, 156, 198
East 58th Street	696	?, 202, 204, 206, 208, 210, 212, 214, 216, 218, 220, 222, 224, 226, 228, 230, 232, 234, 236, 238, 240, 242, 244, 246, 248, 250
East 59th Street	692	210 [2 pages marked East 58 Street should be East 59 Street]

Aid to Finding Addresses in 1890 NYC Police Census

Street Name	Book	House Numbers
East 58th Street	695	300, 302, 304, 306, 308, 310, 312, 314, 316, 318, 320, 322, 326, 328, 330, 332, 334, 338, 340, 342, 344, 346, 348, 350
East 58th Street	694	400, 400½, 402, 404, 406, 408, 410, 412, 414, 416, 418, 420, 422, 424, 426, 428, 430, 432, 434, 436, 440, 442, 444, 446, 448, 450, 452, 454, 502, 504, 510, 512, 514
East 59th Street	741	9, 11, 13, 15, 17, 19, 41, 45, 47, 49, 51, 53, 55, 59, 61, 65, 67, 69, 71, 73, 105, 107, 109, 111, 113, 115, 117, 119, 121, 123, 125, 127, 129, 131, 133
East 59th Street	825	203, 207, 211, 213, 215, 217, 219, 221, 223, 225, 227, 233, 235, 237, 239, 241, 243, 245
East 59th Street	821	403, 405, 407, 409, 411, 413, 415, 417, 421, 425, 427, 429, 431, 433, 435, 437, 439
East 59th Street	740	12
East 59th Street	741	50, 100, 112, 114, 116, 118, 120, 122, 124, 126, 130
East 59th Street	691	136, 138, 140, 142, 144, 162, 164
East 59th Street	692	?, 202, 204, 206, 208, 210 [2 pages marked East 58 Street], 214, 216, 218, 222, 224, 226, 230, 232, 234, 236, 240, 242, 244, 300, 302, 304, 306, 310, 316, 318, 320, 322, 324, 328, 332, 334, 336, 338, 342, 344, 346
East 59th Street	693	400, 402, 404, 406, 410, 412, 414, 416, 418, 420, 422, 424, 426, 428, 434, 436, 440
East 60th Street	741	19, 21, 23, 25, 31, 33, 35, 37, 39, 41, 43, 45, 47, 49, 51, 53, 55, 57, 59, 61, 101, 103, 105, 107, 109, 111, 113, 115, 117, 121, 123, 125, 127, 129, 131, 135, 137, 139
East 60th Street	825	201, 203, 205, 207, 209, 211, 213, 215, 217, 219, 221, 223, 225, 227, 229, 231, 233, 239, 243, 245, 247, 249
East 60th Street	823	301, 303, 305, 307, 309, 311, 313, 315, 317, 319, 321, 323, 325, 345, 349, 351
East 60th Street	821	401, 413 [could be East 61st Street], 421 Some missing house numbers on East 60th Street in book 821
East 60th Street	741	6, 8½, 10, 12, 14, 16, 18, 20, 22, 24, 26, 28, 30, 32, 34, 36, 38, 40, 42, 44, 48, 100, 102, 104, 106, 108, 110, 112, 114, 116, 118, 120, 122, 124, 126, 128, 130, 134, 136, 138
East 60th Street	825	200, 202, 204, 206, 208, 210, 212, 214, 216, 218, 220, 222, 224, 226, 234, 236, 238, 240, 242, 244, 246, 248, 250, 252, 254
East 60th Street	821	406, 408, 412, 440 Some missing house numbers on East 60th Street in book 821
East 61st Street	742	3, 7, 9, 15, 17, 19, 21, 23, 25, 27, 29, 47, 49, 51, 53, 55, 57, 59, 61, 63, 65, 67, 69, 71, 73, 75, 101, 103, 105, 107, 109, 113, 115, 117, 119, 121, 123, 125, 127, 129, 131, 133, 135
East 61st Street	822	201, 203, 205, 207, 209, 211, 213, 215, 217, 219, 221, 223, 235, 237, 239, 241, 243, 245, 247, 249, 251, 253, 255, 301, 303, 305-307, 309, 311, 313, 315, 317, 319, 321, 323, 345, 347, 349, 351-353, 355

Street Name	Book	House Numbers
East 61st Street	821	401, 405, 407, 409, 411, 413 [? marked East 60th Street], 415, 417, 419, 421
East 61st Street	741	20, 22, 24, 26, 28, 50, 52, 54, 56, 58, 60, 62, 64, 66, 68, 70, 72, 74, 76, 104, 106, 108, 110, 112, 114, 116, 118, 120, 122, 124, 126, 128, 130, 132, 134, 136, 140
East 61st Street	825	200, 202, 204, 206, 208, 210, 212, 214, 218, 220, 222, 228, 230, 232, 234, 236, 238, 240, 242, 244, 246, 248, 250, 252, 254
East 61st Street	823	300, 304, 318, 320, 322, 324, 326, 328, 342, 344, 346, 348, 350, 352, 354
East 61st Street	821	420
East 62nd Street	742	1, 3, 5, 7, 9, 11, 15, 17, 19, 21 [family out of the city], 25, 27 ?, 31, 33, 35, 37, 39, 41, 43, 45, 101, 103, 105, 107, 111, 115, 117, 119, 121, 123, 125, 127, 129, 131, 135
East 62nd Street	819	121 [should be 221], 201½, 203, 205, 207, 209, 211, 213, 215, 217, 219, 221, 223, 225, 227, 229, 231, 233, 235, 239, 249, 251, 253
East 62nd Street	820	301, 303, 305, 307, 309, 311, 313, 315, 317, 319, 321, 323, 325, 327, 329, 331, 333, 335, 337, 339, 341, 343, 345, 347, 349, 351, 353, 355, 357, 359, 361, 363, 365, 367, 369, 401
East 62nd Street	742	4, 6, 8, 10, 12, 14, 16, 18, 22, 24 ?, 26, 28, 30, 32, 34, 36, 38, 42, 46, 50, 52, 100, 102, 104, 106, 108, 112, 114, 116, 118, 120, 122, 124, 126, 128, 130, 132, 134
East 62nd Street	822	200, 202, 204, 206, 208, 210, 212, 214, 216, 218, 220, 222, 224, 226, 228, 230, 232, 234, 236, 238, 240, 242, 244, 246, 248, 250, 252, 302, 308, 314, 316, 318, 320, 322, 324, 326, 340, 342, 348, 350, 352, 354, 356, 358, 360
East 62nd Street	819	200 ?
East 62nd Street	821	410, 416, 424
East 63rd Street	743	?, 1, 3, 5, 9, 11, 13, 15, 17, 19, 21, 23, 25, 27, 29, 31, 33, 35, 37, 39, 41, 43, 45, 47, 101, 103, 105, 107, 121, 123, 125, 127, 129, 131, 133, 135
East 63rd Street	752	139, 141, 143, 145, 147, 149, 151, 153, 155, 157, 159, 161, 163, 165, 167, 169
East 63rd Street	819	203, 205
East 63rd Street	820	301, 303, 305, 307, 309, 311, 321, 325, 339, 343, 345, 401, 403, 405, 407, 409, 411, 413, 415, 417, 419, 421, 427, 429 Some missing house numbers on East 63rd Street in book 820
East 63rd Street	988	329
East 63rd Street	742	2, 4, 6, 10, 12, 14, 16, 18, 20, 22, 26, 28, 30, 32, 34, 36, 38, 40, 42, 44, 46, 48, 50, 52, 56, 116, 128
East 63rd Street	819	200, 202, 204, 206, 208, 210, 212, 214, 220
East 63rd Street	820	310, 312, 314, 316, 324, 326, 328, 330, 332, 334, 336, 338, 340, 342, 344, 346, 400, 404, 406, 408, 410, 500 Some missing house numbers on East 63rd Street in book 820

Aid to Finding Addresses in 1890 NYC Police Census

Street Name	Book	House Numbers
East 64th Street	743	9, 11, 13, 15, 19, 23, 25, 27, 33, 35, 37, 39, 41, 43, 47, 49, 51, 53, 55, 59, 61, 63, 103, 105, 107, 109, 111, 113, 115, 117, 119, 123, 125, 127, 129, 131, 133
East 64th Street	752	159, 161, 163, 165, 167, 169, 171, 173, 175, 177, 179, 183, 185, 187, 189
East 64th Street	819	201, 201½, 203, 209, 223, 225, 227
East 64th Street	817	301, 303, 317, 331, 333, 335, 337, 339, 341, 343, 353
East 64th Street	743	8, 10, 12, 14, 18, 20, 22, 30, 34, 38, 40, 42, 44, 48, 50, 52, 54, 58, 100, 102, 104, 106, 108, 110, 112, 114, 116, 118, 120, 124, 126, 128, 130, 132, 134
East 64th Street	752	154, 156, 160, 162, 164, 166, 168, 170, 172, 174, 176, 178, 180, 182, 184, 186, 188
East 64th Street	988	336, 400, 404, 406, 408, 410
East 64th Street	820	410, 412, 414, 416, 418
East 65th Street	744	3, 5, 7, 9, 13, 15, 17, 19, 21, 23, 27, 29, 31, 33, 35, 37, 39, 41, 43, 45, 47, 49, 53, 101, 103, 105, 107, 109, 111 ?, 113, 115, 117, 119, 121, 123, 125, 127, 129, 131, 133, 135
East 65th Street	752	157, 159, 161, 163, 165, 167, 169
East 65th Street	817	301, 303, 309, 311, 315, 317, 319, 321, 323, 325, 327, 329, 331, 333, 335, 337, 339, 341, 343, 345, 347, 349
East 65th Street	816	401, 403, 405, 407, 409, 411, 415 Some missing house numbers on East 65th Street in book 816
East 65th Street	743	2, 4, 6, 8, 10, 12, 14, 16, 18, 20, 32, 34, 36, 38, 40, 42, 44, 46, 48, 50, 52, 54, 56, 58, 62, 120, 122, 124, 126, 128, 130
East 65th Street	752	132, 134, 136, 138, 140, 142, 144, 146, 148, 150, 152, 154, 156, 158, 160
East 65th Street	819	200, 204, 210, 212, 214, 216, 218, 220, 222, 224, 244, 250, 252
East 65th Street	817	300, 302, 304, 306, 310, 312, 314, 316, 318, 320, 322, 324, 326, 328, 330, 332, 334, 336, 338, 340, 342, 344, 346, 348, 350, 352
East 66th Street	744	3, 9, 11, 13, 15, 17, 19, 49, 51, 53, 55, 57, 59, 61, 63, 65, 67, 69, 71, 73
East 66th Street	752	?, 151, 163, 165
East 66th Street	744	2, 4, 6, 10, 12, 14, 16, 18, 20, 22, 38, 40, 42, 46, 48, 50, 52, 54, 56, 58, 64, 108, 110, 112, 114, 116, 118, 120, 128, 130, 132, 134, 136
East 66th Street	752	152, 154, 156, 158, 160, 162, 164, 166
East 66th Street	817	300, 302, 304, 306, 308, 310, 312, 314, 316, 318, 320, 322, 324, 326, 328, 330, 332, 336
East 66th Street	816	404, 406, 414, 418, 420, 422, 424, 426, 428, 430, 432, 434, 436, 438, 440 Some missing house numbers on East 66th Street in book 816
East 67th Street	744	3, 5, 7, 9, 11, 15, 17, 19, 31, 33, 35, 37, 39, 41, 43, 45, 47, 49, 51, 53, 57, 59
East 67th Street	752	149, 153, 167

Street Name	Book	House Numbers
East 67th Street	818	205, 223, 225
East 67th Street	744	2, 4, 6, 8, 12, 14, 16, 18, 20, 22, 32, 34, 36, 38, 40, 42, 44, 46, 48, 50, 52, 56, 58, 60, 62
East 67th Street	752	166, 168
East 68th Street	744	11, 35, 37, 39, 41, 43, 45, 47, 49, 55, 69
East 68th Street	818	201, 215, 217, 219, 221, 223, 225, 227, 229, 231, 233, 235, 237, 239, 241, 243
East 68th Street	744	4, 6, 8, 10, 12, 14, 16, 18, 20, 24, 26, 28, 30, 32, 34, 36, 40, 42, 44, 48, 50, 52, 54, 56, 58, 60
East 68th Street	752	164, 166, 168
East 68th Street	818	200, 218, 220, 222, 224, 226, 228, 230, 232, 234, 236, 238, 240, 242, 244, 246, 248, 250, 252
East 68th Street	816	516, 522, 524, 526, 528
East 69th Street	745	1, 3, 5, 9, 11, 13, 15, 17, 19, 21, 23, 25, 29, 31, 35, 37, 41, 101, <u>107</u>, 109, 111, 113, 115, 117, 119, 121, 123, 125, 127, 129 107 [Family refused to give information]
East 69th Street	753	131, 133, 135, 137, 141, 159, 161, 163, 165, 167, 169, 171
East 69th Street	814	201, 203, 205, 207, 209, 211, 213, 215, 217, 219, 221, 223, 225, 227, 229, 231, 233, 235
East 69th Street	815	301, 303, 305, 307, 309, 311, 313, 315, 317, 319, 321, 323, 325, 327, 329, 331, 333, 335, 337, 339, 341, 343
East 69th Street	816	403, 405, 409, 411, 415, 417, 419, 421
East 69th Street	744	2, 4, 6, 12, 16, 18, 20, 30, 32, 34, 36, 38, 40, 42, 44, 46, 48, 50, 52, 54, 56
East 69th Street	818	200, 212, 214, 216, 218, 220, 222, 234, 236, 238, 240, 242
East 70th Street	745	105, 107, 109, 111, 113, 115, 117, 119, 121, 123, 125, 127, 129, 131
East 70th Street	753	155, 157, 159, 161, 163, 165, 167, 169, 171, 173, 175, 177, 179, 181, 183
East 70th Street	813	201, 203-215, 217, 219, 221, 223, 225, 227, 229, 231, 233
East 70th Street	812	301, 303, 305, 307, 309, 311, 313, 315, 329, 331, 333, 335, 337, 339, 341, 343, 345, 347, 349
East 70th Street	810	401, 401½, 403, 405, 411, 413, 415, 417, 423, 425, 427, 429, 431, 511
East 70th Street	745	4, 8, 10, 12, 14, 18, 20, 22, 24, 30, 34, 36, 38, 40, 42, 44, 46, 102, 106, 108, 110, 112, 114, 116, 118, 120, 122, 124, 126, 128, 130, 132, 134, 136
East 70th Street	753	?, 154, 156, 158, 160, 162, 164, 168, 170, 172, 174, 176, 178, 180, 182, 184
East 70th Street	814	?, 202, 204, 206, 208, 210, 212, 214, 216, 218, 220, 222, 224, 226, 228, 230, 232, 234, 250
East 70th Street	815	300, 302, 304, 306, 308, 310, 312, 314, 316, 318, 320, 322, 324, 326, 328, 330, 332, 334, 336, 338, 340

Aid to Finding Addresses in 1890 NYC Police Census

Street Name	Book	House Numbers
East 70th Street	816	404, 406, 432, 434, 436
East 71st Street	745	9, 101, 103, 105, 107, 109, 111, 113, 115, 117, 119, 121, 123, 125, 127, 129, 131, 133, 135, 137, 139, 141
East 71st Street	753	151, 153, 155, 157, 159, 161, 163, 165, 169, 171, 173, 177, 179, 181, 183, 185, 187, 189
East 71st Street	813	201, 203, 205, 207, 209, 211, 213, 215, 217, 219, 221, 241, 243, 245, 249, 251, 253, 255, 257, 259, 261
East 71st Street	811	301, 303, 305, 307, 309, 311, 313, 315, 317, 319, 321, 323, 325, 327, 329, 331, 357, 359, 361, 363
East 71st Street	810	401, 405, 407, 409, 411, 413, 415, 417, 421, 423, 425, 427, 429, 431, 433, 435, 437, 441, 443, 501
East 71st Street	745	100, 102, 104, 106, 108, 110, 112, 114, 116, 120, 122, 124, 126, 128, 130, 132, 134, 136
East 71st Street	753	146, 148, 150, 152, 154, 156, 158, 164, 166, 168, 170, 174, 178
East 71st Street	813	200, 222, 224, 226, 228, 230, 232, 234, 236, 238, 240, 242, 244
East 71st Street	812	300, 302, 310, 312, 314, 316, 318, 320, 322, 324, 326, 328, 330, 332, 334, 336, 338, 362, 364
East 71st Street	810	400, 402, 404, 406, 408, 410, 412, 414, 416, 418, 430, 434, 502, 504, 512, 514, 518
East 72nd Street	745	1, 7, 17, 19, 21, 23, 25, 27, 31, 33, 37, 39, 41, 43, 45, 47, 49, 51, 101, 103, 105, 107, 109, 111, 113, 115, 117, 119, 121, 123
East 72nd Street	753	145, 149, 151, 153-155, 157, 159, 161, 163
East 72nd Street	807	201, 203, 205, 207, 211, 213, 215, 217, 219, 221, 223, 225, 227, 233, 235, 237, 239, 241, 243, 245, 247, 249, 251, 253, 255, 257, 259
East 72nd Street	808	303, 305, 307, 309, 311, 313, 315, 317, 319, 321, 323, 325, 327, 329, 345, 347, 349, 351, 353, 355, 357
East 72nd Street	809	399, 401, 403, 405, 407, 409, 411, 413, 415, 417, 419, 421, 423, 425, 427, 429, 431
East 72nd Street	810	513, 531
East 72nd Street	745	22, 24, 26, 28, 30, 32, 34, 36, 38, 40, 102-112, 114, 116, 118, 120, 122, 126, 128, 130, 132, 134, 136, 138, 140
East 72nd Street	753	150, 152, 154, 156, 158, 160, 162, 164, 166, 168, 170, 172, 174, 176, 178, 180, 182, 184, 186, 188
East 72nd Street	813	200, 204, 206, 208, 210, 212, 214, 216, 220, 222, 224, 226, 228, 230, 232, 236, 238, 240, 242, 244, 246, 248, 250
East 72nd Street	811	300, 302, 304, 306, 308, 310, 312, 314, 316, 318, 320, 322, 324, 326, 328, 330, 332, 334 [vacant], 336, 338, 340, 342, 344, 346, 348, 350, 356, 358, 360, 362, 364

Street Name	Book	House Numbers
East 72nd Street	810	400, 402, 404, 406, 408, 410, 422, 424, 426, 428, 434, 438, 440, 442, 444, 448, 522, 550
East 73rd Street	746	3, 5, 7, 11, 13, 15, 17, 19, 23, 25, 27, 29, 49, 51, 53, 55, 57, 61, 105, 107, 109, 111, 113, 115, 117, 119, 121, 123, 125, 129, 131, 133, 135, 137
East 73rd Street	754	?, 147, 149, 151, 153, 155, 157, 159, 161, 163, 165, 167, 169, 171, 173, 175, 177, 179, 181, 183
East 73rd Street	806	201, 205, 207, 209, 211, 213, 215, 217, 219, 221, 223, 225, 227, 229, 231, 233, 235, 237, 239, 241
East 73rd Street	804	299, 301, 303, 305, 307, 309, 311, 313, 315, 317, 319, 341, 343, 345, 347, 349, 353, 355
East 73rd Street	809	401
East 73rd Street	996	403, 405, 421, 423, 425, 427, 429, 431, 433, 435, 4?7
East 73rd Street	1003	525
East 73rd Street	745	8, 10, 12, 16, 18, 20, 34, 36, 38, 40, 42, 44, 46, 48, 50, 52, 54, 56, 100, 102, 104, 106, 108, 110, 112, 114, 116, 118, 120, 122, 126, 130, 132, 134
East 73rd Street	753	160, 172, 178, 184, 186, 188
East 73rd Street	807	?, 200, 202, 204, 206, 208, 210, 212, 214, 216, 218, 220, 222, 224, 226, 228, 230
East 73rd Street	808	300, 302, 304, 306, 308, 310, 312, 314, 316, 318, 320, 322, 324, 326, 328, 330, 332, 334, 336, 338
East 73rd Street	809	400, 402, 404, 406, 408, 410, 412, 414, 416, 418, 420, 422, 424, 426, 428, 430, 432, <u>434</u>
East 73rd Street	996	<u>434</u>
East 73rd Street	1003	502,
East 73rd Street	810	506, 508, 510, 540, 548
East 74th Street	746	1, 11, 13, 15, 19, 21, 23, 25, 27, 29, 31, 33, 35, 37, 39, 121, 125, 127, 129, 131, 133, 135, 137, 139, <u>141</u>, 143
East 74th Street	754	?, <u>141</u>, 151, 153, 157, 159, 161, 163, 165, 167, 169, 171, 173, 175, 177, 179
East 74th Street	805	201, 203, 205, 207, 209, 213, 215, 217, 219, 221, 223, 225, 227, 229, 231, 233, 235, 237, 239, 253, 255, 257
East 74th Street	804	301, 303, 305, 307, 309, 311, 313, 315, 317, 319, 321, 323, 335, 337, 343, 345, 347, 353, 355
East 74th Street	803	401, 403, 405, 407, 409, 417, 419, 421, 423, 425, 427, 429, 431, 439, 441, 443, 445, 447
East 74th Street	1003	505, 507, 509, 511, 515, 517, 557
East 74th Street	746	2, 6, 8, 10, 12, 14, 16, 18, 20, 22, 24, 26, 28, 30, 32, 34, 36, 38, 40, 42, 44, 48, 100, 102, 104, 106, 108, 110, 112, 114, 116, 118, 120, 122, 124, 126, 128, 130, 132, 134, 136, 138, 140, 142

Aid to Finding Addresses in 1890 NYC Police Census

Street Name	Book	House Numbers
East 74th Street	754	?, 144, 146, 148, 150, 152, 154, 156, 158, 160, 162, 164, 166, 168, 170, 174, 176
East 74th Street	806	200, 204, 210, 212, 214, 216, 218, 220, 224, 226, 228, 232, 234, 236, 238, 240, 242, 244, 246, 248, 250, 252, 254, 258
East 74th Street	804	300, 302, 304, 306, 308, 320, 322, 324, 326, 328, 330, 332, 334, 336, 338, 340, 342, 344, 346, 348, 350, 352
East 74th Street	996	420, 480, 482, 484, 486, 492, 494
East 74th Street	1003	522, 528, 534, 536, 538, 550, 552, 556
East 74th Street	810	526
East 75th Street	746	9, 11, 19, 21, 23, 25, 27, 29, 31, 33, 35, 37, 39, 41, 43, 47, 49, 51, 53, 55, 57, 59, 61, 103, 105, 107, 109, 111, 113
East 75th Street	754	?, 157, 159, 161, 163, 165, 167, 169, 171, 173, 175, 177, 179
East 75th Street	801	201, 205, 207, 221, 223, 225, 227, 229, 231, 233, 235, 237, 239, 241, 243, 245
East 75th Street	802	301, 307, 309, 311, 313, 315, 317, 319, 323, 325, 327, 329, 331, 333, 335, 339, 341, 343
East 75th Street	803	401, 403, 405, 407, 409, 411, 413, 415, 417, 419, 423, 425, 427, 439, 441, 443, 505, 507, 509, 511, 513, 515 Some missing house numbers on East 75th Street in book 803
East 75th Street	1007	509
East 75th Street	1003	No house numbers on East 75th Street in book 1003
East 75th Street	746	8, 14, 16, 18, 20, 22, 24, 26, 28, 30, 32, 38, 42, 44, 46, 48, 50, 52, 54, 56, 58, 60, 62, 124
East 75th Street	754	?, 168, 172, 174, 176, 178, 182, 184, 186, 188, 190, 196
East 75th Street	805	200, 202, 204, 206, 208, 210, 212, 214, 216, 218, 222, 224, 226, 228, 230, 232, 234, 236, 238, 240, 242
East 75th Street	804	304, 306, 308, 312, 322, 328, 330
East 75th Street	803	400, 404, 406, 408, 416, 418, 420, 422, 426, 428, 430, 434, 434½, 436, 438, 444 Some missing house numbers on East 75th Street in book 803
East 76th Street	747	1, 3, 5, 19, 21, 23, 25, 27, 29, 37, 39, 41, 43, 45, 47, 55, 57, 109, 111, 113, 115, 117, 119, 121, 123, 125, 127, 129, 131
East 76th Street	755	157, 159, 185, 187, 191, 193, 195, 197, 199
East 76th Street	800	201, 207, 209, 211, 213, 215, 217, 219, 221, 223, 225, 227, 229, 241
East 76th Street	798	301, 303, 341, 343, 345, 347, 349, 349 rear, 351, 353, 355, 357, 359, 361, 363, 365, 367, 369, 371
East 76th Street	796	401, 403, 405, 407, 409, 411, 413, 419, 421, 423, 425, 431, 433, 435, 437, 439, 441
East 76th Street	795	501, 509, 511, 513

Street Name	Book	House Numbers
East 76th Street	746	10, 12, 14, 16, 18, 20, 22, 24, 26, 32, 34, 38, 40, 44, 46, 48, 50, 52, 56, 110, 112, 114, 116, 118, 120, 122, 124, 126, 128, 130, 132, 134, 136
East 76th Street	754	?, 174, 176, 178, 180, 182, 184, 186, 188, 190, 192, 194, 196
East 76th Street	801	200, 202, 204, 206, 208, 210, 212, 214, 216, 218, 220, 222, 224, 226, 228, 230, 232, 234, 236, 238, 240
East 76th Street	802	300, 330, 332, 334, 336, 338, 340, 342, 344, 346, 348, 362, 364, 366, 368, 370
East 76th Street	803	400, 402, 404, 406, 410, 416, 418, <u>420</u>, <u>422</u> 424, <u>426</u>, 430, 432, 434, 436, 500, 502, 504, 510
East 76th Street	1007	408, <u>420</u>, <u>422</u>, <u>426</u> Some missing house numbers on East 76th Street in book 1007
East 77th Street	747	3, 5, 7, 9, 11, 13, 15, 17, 19, 23, 25, 27, 57, 59, 61, 63, 65, 67, 69, 71, 103, 107, 109, 111, 113, 115, 117, 119, 121
East 77th Street	755	153, 155, 157, 159, 161, 163, 165, 167, 171, 173, 175, 177
East 77th Street	799	201, 203, 205, 207, 209, 211, 213, 215, 217, 219, 231, 231 rear, 233, 235, 237, 239, 241, 243, 247, 249, 251, 253
East 77th Street	797	307, 309, 311, 313, 315, 317, 319, 321, 323, 325, 329, 331, 333, 335, 337, 339, 341, 343, 345, 345 rear, 347, 347 rear, 349, 349 rear, 351-353, 355
East 77th Street	796	401, 403, 405, 407, 421, 423, 425, 427, 429, 435, 437, 439, 443, 445, 447
East 77th Street	747	50, 52, 54, 56, 58, 60, 62, 64, 76, 78, 80, 82
East 77th Street	755	164, 174, 176, 178
East 77th Street	800	204, 206, 210, 212, 214, 216, 232, 234, 236, 238, 240, 242, 246, 248, 250
East 77th Street	798	300, 302, 314, 316, 318, 320, 322, 324, 328, 328 rear, 330, 332, 334, 336, 340, 340 rear, 342, 342 rear, 344, 346, 348, 350, 352, 354, 386
East 77th Street	796	400, 402, 404, 406, 408, 438
East 77th Street	795	500 Some missing house numbers on East 77th Street in book 795
East 78th Street	747	1, 43, 45, 47, 49, 51, 55, 57, 59, 61, 63, 65, 67, 69, 103, 105, 107, 109, 111, 113, 115, 117, 119, 123, 125, 127, 129, 131, 135
East 78th Street	755	145, 147, 153, 155, 157, 159, 161, 163, 165, 167, 169, 171, 173, 175, 177, 179, 181
East 78th Street	793	205, 209, 211, 213, 215, 217, 219, 221, 223, 233, 235, 237, 239, 241, 243, 245, 247, 249, 251, 253, 255, 257, 259, 261, 263, 265, 267, 269, 271, 273
East 78th Street	794	301, 303, 305, 307-309, 311, 313, 315, 317, 319, 321, 323, 325, 341, 343, 345, 347, 349, 351, 357
East 78th Street	795	401, 403, 405, 407, 409, 411, 413, 415, 417, 419, 421, 423, 425, 427, 441, 443, 445, 447, 449, 453

Aid to Finding Addresses in 1890 NYC Police Census

Street Name	Book	House Numbers
East 78th Street	747	2, 4, 6, 10, 12, 14, 18, 20, 22, 26, 32, 44, 46, 48, 52, 54, 56, 58, 60, 62, 64, 66, 100, 102, 104, 106, 108, 110, 112, 114, 116, 118, 120, 122, 124, 126, 128, 130, 132, 134, 136, 138
East 78th Street	755	146, 148, 150, 152, 154, 158, 160, 162, 176, 180, 182
East 78th Street	799	200, 202, 204, 206, 208, 210, 212, 214, 216, 218, 220, 222, 224, 226, 228, 230, 232, 234, 236, 238, 240, 244, 246, 248, 250, 252, 258, 260, 262, 264, 266, 270, 272
East 78th Street	797	300, 304, 306, 308, 310, 312, 314, 316, 318, 320, 322, 324, 326, 328, 330, 332, 334, 336, 338, 342, 344, 346, 348, 350, 352, 354, 356, 358
East 78th Street	796	400, 408, 410, 412, 414, 416, 418, 420, 430, 432, 434, 436, 438, 440, 442, 444, 446, 448, 450, 452
East 78th Street	795	530
East 79th Street	748	1, 9, 11, 13, 15, 17, 19, 21, 25, 27, 51, 55, 57, 59, 61, 63, 65, 67, 71, 73, 75, 77, 79, 81, 83, 85, 87, 89, 101, 103, 105, 107, 109, 111, 113, 115, 117, 119, 121, 123, 125, 127, 129, 131, 133, 135, 137, 139
East 79th Street	994	31
East 79th Street	756	157, 161, 163, 167, 169, 171, 173, 175, 177, 179, 181, 183, 185
East 79th Street	793	207, 215, 217, 219, 221, 223, 225, 227, 229, 231, 233, 235, 237, 239, 241, 243, 245
East 79th Street	792	301, 301½, 303, 305, 307, 309, 311, 313, 315, 317, 319, 321, 323, 325, 327, 329, 331, 333, 335, 337, 339, 341
East 79th Street	791	401, 403, 413, 415, 417, 419, 421, 423, 425, 427, 429, 431, 433, 435, 437, 439, 501
East 79th Street	747	44, 46, 48, 50, 52, 56, 58, 60, 62, 64, 66, 68, 70, 72, 74, 76, 78, 80, 82, 100, 102, 104, 106, 108, 110, 112, 114, 116, 118, 120, 122, 124, 126, 128, 130, 132, 134, 136, 138, 140, 142
East 79th Street	755	150, 152, 154, 156, 158, 160, 162, 164, 168, 170, 172, 174, 176, 178, 180, 182, 184, 186
East 79th Street	793	200, 204, 206, 208, 210, 212, 214, 216, 218, 220, 222, 224, 226, 228, 230, 232, 234, 236, 238, 240, 242, 244
East 79th Street	794	300, 302, 304, 308, 310, 312, 314, 316, 318, 320, 322, 324, 326, 328, 330, 332, 334, 336, 338, 340, 342, 344, 346, 348, 350, 352, 354, 356, 358, 360
East 79th Street	795	402, 404, 406, 408, 410, 412, 414, 416, 418, 420, 422, 424, 426, 428, 430, 432, 434, 436, 446, 450
East 80th Street	748	13, 15, 17, 19, 21, 23, 29, 43, 45, 47, 49, 51, 53, 55, 57, 59, 61, 63, 65, 67, 69, 71, 73, 75, 77, 101, 103, 105, 107, 109, 111, 113, 115, 117, 119, 121, 123, 125, 127, 129, 131, 133
East 80th Street	756	153, 157, 159, 161, 163, 165, 167, 169, 171, 173, 175, 177, 179, 181, 183, 185, 189
East 80th Street	788	203, 205, 207, 209, 211, 213, 215, 221, 223, 225, 229, 231, 233, 235, 237, 239, 241, 245

Street Name	Book	House Numbers
East 80th Street	789	301, 311, 313, 315, 317, 319, 321, 323, 325, 327, 329, 331, 333, 335, 337, 339, 341, 343
East 80th Street	790	401, 403, 413, 415, 417, 419, 421, 423, 425, 427, 429, 431, 433, 435, 437, 439, 441, 443, 445, 447, 449, 451
East 80th Street	791	501, 503, 505, 511 Some missing house numbers on East 80th Street in book 791
East 80th Street	748	2, 4, 6, 8, 10, 12, 14, 16, 18, 20, 22, 36, 40, 42, 44, 48, 50, 52, 54, 56, 58, 60, 62, 64, 66, 68, 72, 74, 76, 100, 102, 104, 106, 108, 110, 112, 114, 116, 118, 120, 122, 124, 126, 128, 130, 132, 134, 136, 138, 140, 142
East 80th Street	994	24, 26, 70
East 80th Street	756	154, 156, 158, 160, 162, 164, 166, 168, 170, 172, 174, 176, 178, 188
East 80th Street	793	200, 202, 204, 206, 208, 210, 212, 214, 216, 218, 220, 224, 226, 228, 230, 232, 234, 236, 238, 240, 242, 244, 246, 248
East 80th Street	792	302, 304, 306, 308, 310, 312, 314, 316, 318, 320, 322, 324, 326, 328, 330, 332, 334, 336, 338, 340, 342
East 80th Street	791	400, 402, 418, 420, 422, 424, 426, 428, 430, 432, 434, 436, 438, 500½, 504, 1518 [518 ? or should be Avenue A] Some missing house numbers on East 80th Street in book 791
East 81st Street	748	13, 15, 17, 19, 21, 23, 25, 27, 29, 31, 33, 101, 103, 105, 107, 109, 111, 113, 117, 119, 121, 123, 125, 127, 129
East 81st Street	756	149, 151, 153, 155, 157, 159, 161, 163, 165, 167, 169
East 81st Street	782	201, 203, 209, 211, 213, 215, 217, 219, 221, 223, 225, 227, 229, 231, 233, 235, 237, 239, 241, 243, 245, 247, 249
East 81st Street	787	301, 303, 305, 307, 309, 311, 313, 315, 331, 333, 335, 337, 339, 341, 343, 345, 347, 349, 351, 353
East 81st Street	786	401, 405, 407, 409, 411, 413, 415, 417, 419, 421, 423, 425, 427, 429, 431, 433, 435, 441
East 81st Street	785	507, 509, <u>511</u>
East 81st Street	991	<u>511</u>, 513, 515, 517, 519, 521 [one page marked East 82nd Street], 523, 525, 527, 529 [one page marked East 18th Street], 531, 533, 535, 537
East 81st Street	748	2, 4, 14, 16, 18, 20, 22, 24, 26, 28, 50, 52, 54, 56, 58, 60, 62, 64, 66, 70, 72, 74, 76, 78, 80, 82, 100, 104, 106, 108, 110, 112, 114, 116, 124
East 81st Street	756	146, 148, 150, 152, 154, 156, 158, 160, 162, 164, 170, 176
East 81st Street	788	?, 204, 206, 210, 212, 214, 216, 218, 220, 222, 224, 226, 228, 230, 232, 234, <u>236</u>, 238, 240, 242, 244
East 81st Street	782	<u>236</u> [should be East 82nd Street]
East 81st Street	789	300, 302, 304, 308, 310, 312, 314, 316, 318, 320, 322, 324, 328, 330, 332, 334, 336, 338, 340, 342, 344, 346, 348, 350, 352, 354, 356, 358
East 81st Street	790	410, 412, 414, 416, 418, 420, 422, 436, 438, 440, 442, 444, 446, 448, 450, 452

Aid to Finding Addresses in 1890 NYC Police Census

Street Name	Book	House Numbers
East 81st Street	791	502, 542
East 82nd Street	749	67, 69, 71, 73, 77, 105, 107, 109, 111, 115, 117, 121, 123, 125, 129, 131
East 82nd Street	756	149 ?
East 82nd Street	782	199, 201, 203, 205, 207, 209, 211, 213, 215, 217, 219, 221, 223, 225, 227, 229, 231, 233, 235, 241, 243, 245, 247, 249, 253
East 82nd Street	783	301, 305, 307, 309, 311, 313, 315, 317, 319, 321, 325, 327, 329, 331, 333, 335, 337, 339, 341, 345, 347, 349, 351, 353
East 82nd Street	784	401, 403, 405, 407, 409, 411, 413, 415, 417, 419, 421, 423, 425, 427, 429, 431, 433, 435, 437, 439
East 82nd Street	785	501, 503, 507, 509, 511, 513, 515, 517, 519, 521, 523, 525, 527, 529, 531, 533, 535, 537
East 82nd Street	991	521 [Should be East 81st Street]
East 82nd Street	994	16
East 82nd Street	748	4, 6, 12, 14, 108, 110, 112, 114, 116, 118, 120, 122, 124, 126, 128, 130, 132, 134, 136
East 82nd Street	756	?, 150, 152, 154, 156, 158, 160, 162, 164, 166, 168, 172, 174
East 82nd Street	782	200, 202, 204, 206, 208, 210, 214, 216, 218, 220, 222, 224, 226, 228, 230, 232, 236 [marked East 81st Street], 238, 240, 242, 246, 248, 250
East 82nd Street	787	300, 302, 304, 306, 308, 310, 312, 314, 316, 318, 320, 322, 324, 326, 334, 336, 338, 340, 342, 344, 346, 348, 350, 352, 354
East 82nd Street	786	400, 402, 404, 406, 408, 410, 412, 414, 416, 418, 420, 422, 424, 426, 428, 430, 432, 434, 444
East 82nd Street	785	500, 502, 504, 508, 510, 512, 514, 516, 518, 520, 522, 524, 526, 528, 530, 532, 534, 536, 538, 540, 542, 544, 546, 548, 550, 552, 554, 556
East 83rd Street	749	7, 9, 11, 13, 15, 17, 19, 21, 23, 25, 27, 29, 35, 37, 39, 41, 43, 45, 47, 49, 51, 53, 55, 57, 59, 61, 63, 101, 103, 105, 107, 109, 111, 113, 115, 117, 119, 121, 123, 125, 127, 129, 131, 133
East 83rd Street	781	201, 203, 205, 207, 209, 211, 217, 219, 221, 223, 225, 227, 229, 243, 249, 251
East 83rd Street	780	301, 303, 305, 313, 315, 317, 319, 321, 323, 325, 329, 341, 343, 345, 349, 351, 353
East 83rd Street	1005	401, 403, 411, 413, 417, 423, 427, 429, 431, 449, 503, 507, 511, 519, 531, 537
East 83rd Street	779	433, 439, 441, 443, 445, 447, 449, 451, 501, 503, 505, 507, 509, 511, 513, 515, 517, 519, 521, 523, 525, 527, 529, 531, 533, 535, 537, 539, 541
East 83rd Street	778	601, 607
East 83rd Street	749	18, 20, 22, 24, 26, 46, 48, 50, 52, 54, 56, 58, 60, 62, 64, 66, 72, 100, 108, 110, 112, 114, 116, 118, 120, 122, 124, 126, 128, 130
East 83rd Street	782	200, 204, 206, 208, 210, 212, 214, 216, 218, 220, 222, 224, 226, 228, 230, 232, 234, 236, 238, 240, 242, 246, 248, 250

Street Name	Book	House Numbers
East 83rd Street	783	302, 304, 306, 308, 310, 312, 314, 316, 318, 320, 322, 324, 326, 328, 330, 332, 334, 336, 338, 340, 354
East 83rd Street	784	400, 402, 404, 406, 408, 410, 412, 414, 416, 418, 420, 422, 424, 426, 428, 430, 432, 434, 436, 438
East 83rd Street	785	500, 502, 506, 508, 510, 512, 514, 516, 518, 520, 522, 524, 526, 528, 530, 532, 534, 536, 538, 544, 600, 604, 606, 608, 610, 612
East 83rd Street	779	540
East 84th Street	749	1, 3, 5, 7, 9, 11
East 84th Street	758	147, 149, 153, 155, 157, 161, 171, 175
East 84th Street	775	207, 209, 211, 213, 215, 217, 219, 221, 223, 225, 227, 229, 231, 233, 235, 237, 239, 241, 243, 245, 247, 249, 251
East 84th Street	776	301, 303, 305, 307, 311, 313, 315, 317, 319, 321, 323, 325, 327, 329, 331, 337, 337½, 341, 343, 345, 347, 349, 351, 353, 355
East 84th Street	777	405, 407, 409, 411, 413, 415, 417, 419, 421, 423, 427, 429, 431, 433, 435, 437, 439, 441, 443, 445, 447, 449, 451, 453
East 84th Street	778	501, 505, 507, 509, 511, 513, 515, 517, 519, 521, 523, 525, 527, 529, 531, 533, 535, 537, 539, 541, 543, 545, 547
East 84th Street	749	2, 8, 10, 24, 34, 36, 42, 100, 102, 104, 106, 108, 110, 112, 114, 116, 118, 122, 124, 126, 128
East 84th Street	781	200, 202, 204, 206, 208, 210, 212, 214, 216, 218, 220, 222, 228, 230, 232, 234, 238, 242, 244
East 84th Street	780	?, 302, 306, 308, 310, 312, 314, 316, 318, 324, 326, 328, 330, 332, 334, 336, 338, 340, 342, 344, 350, 352, 354,
East 84th Street	779	400, 408, 410, 412, 414, 416, 418, 420, 422, 424, 426, 428, 430, 432, 434, 438, 440, 442, 444, 450, 452, 454, 500, 500½, 502, 504, 506, 508, 510, 512, 514, 516, 518, 520, 522, 524, 526, 528, 530, 532, 534, 536, 538, 540
East 84th Street	778	602, 604, 606, 608, 612
East 85th Street	749	9, 25, 27, 29
East 85th Street	758	147, 149, 151, 151½, 153, 155, 157, 159, 161, 163, 165, 167, 169, 173, 175, 177, 179
East 85th Street	774	201, 203, 205, 207, 209, 211, 217, 219, 221, 223, 225, 227, 229, 231, 233, 235, 237, 249, 251
East 85th Street	773	305, 307, 309, 311, 313, 315, 317, 319, 321, 323, 333, 335, 337, 339, 341, 343, 345, 347, 349, 351, 353, 355
East 85th Street	772	407, 409, 411, 413, 415, 417, 419, 421, 423, 425, 427, 429, 431, 433, 435, 437, 439, 441, 443, 451
East 85th Street	749	2, 4, 6, 8, 10, 12, 14, 22, 24, 26, 28
East 85th Street	758	148, 150, 152, 154, 156, 158, 162, 164, 166, 172, 174, 176, 178
East 85th Street	775	206, 208, 210, 214, 216, 218, 220, 222, 224, 232, 234, 236, 240, 242

Aid to Finding Addresses in 1890 NYC Police Census

Street Name	Book	House Numbers
East 85th Street	776	304, 306, 308, 310, 312, 318, 320, 322, 324, 326, 328, 330, 332, 340, 342, 344, 346, 348, 350, 352, 354
East 85th Street	777	402, 404, 406, 408, 410, 412, 414, 416, 418, 420, 422, 424, 426, 428, 430, 432, 436, 438, 440, 444, 446, 448, 450
East 85th Street	778	506, 508, 510, 514, 516, 518, 520, 522, 524, 526, 528, 530, 550, 552, 554, 556
East 86th Street	763	151, 153, 157, 159, 161, 163, 165, 167, 171, 173, 175, 203, 217, 219, 221, 223, 225, 227, 229, 231, 233, 235, 237, 241, 243, 245, 247, 249, 251, 253, 257
East 86th Street	767	?, 303, 305, 307, 309, 311, 313, 315, 317, 319, 321, 323, 327, 329, 331, 333, 335, 337, 339, 341, 345, 347, 349, 351, 353
East 86th Street	770	401, 403, 413, 415, 417, 419, 421, 423, 425, 427, 429, 431, 433, 435, 437, 439, 441, 443, 445, 447, 449, 451, 453, 455, 511, 513, 515, 517, 519, 531, 539, 541, 543, 551, 553, 605
East 86th Street	749	2, 4, 6, 8, 10
East 86th Street	758	140, 142, 144, 146, 148, 150, 152, 154, 156, 158, 162, 164, 166
East 86th Street	774	202, 204 [Vacant], 206, 210, 218, 220, 222, 224, 226, 228, 230, 232, 234, <u>236</u>, 238, 240, 244
East 86th Street	763	<u>236</u>
East 86th Street	773	?, 300, 302, 304, 306, 308, 310, 312, 314, 316, 318, 320, 322, 324, 326, 328, 332, 334, 336, 338, 340, 342, 344, 346, 348, 350, 352
East 86th Street	772	400, 412, 414, 416, 418, 420, 422, 424, 426, 428, 430, 432, 434, 436, 438, 440, 442, 444, 446
East 87th Street	762	101, 109, 111, 119, 123, 125, 127, 131, 133, 135, 137, 151, 153, 157, 159, 163, 165, 167, 169, 171, 173, 175
East 87th Street	763	201, 205, 207, 209, 211, 213, 215, 217, 219, 221, 223, 227, 229, 231, 241, 243, 245, 247
East 87th Street	767	?, 301, 305, 317, 321, 323, 325, 327, 329, 331, 333, 335, 337, 339, 341, 343, 347, 349, 351, 353, 355, 357
East 87th Street	768	?, 401, 403, 405, 407, 409, 411, 413, 415, 417, 419, 431, 433, 435, 437, 439, 441, 443, 445, 447
East 87th Street	763	154, 156, 158, 160, 162, 164, 170, 172, 176, 178, 180, 182, 200, 206, 208, 210, 212, 214, 216, 218, 228, 230, 232, 234, 236, 238, 240, 242, 244, 246, 248, 250
East 87th Street	767	?, 312, 314, 318, 320, 322, 324, 326, 328, 330, 332, 336, 338, 340, 342, 348, 350, 352, 354, 356
East 87th Street	770	400, 404, 412, 424, 426, 428, 430, 432, 434, 436, 438, 440, 442, 446, 500, 502, 504, 506, 508, 510, 512, 514, 516, 518, 520, 522, 524, 528, 530, 532, 534, 536, 538, 540, 542, 544, 546, 548, 550, 552, 556, 558
East 88th Street	761	101, 103, 105, 107, 109, 111, 113, 117, 119, 121, 123, 125, 127, 129

Street Name	Book	House Numbers
East 88th Street	764	151, 153, 159, 165, 169, 201, 205, 207, 209, 211, 213, 215, 217, 219, 221, 223, 225, 227, 229, 231, 233, 235, 237, 239
East 88th Street	766	301, 305, 307, 309, 311, 313, 315, 317, 319, 321, 323, 325, 327, 339, 355
East 88th Street	769	401, 403, 405, 407, 409, 411, 413, 415, 417, 419, 421, 423, 425, 427, 429, 431, 439, 441, 443, 445, 447, 449, 451, 453, 501, 503 Some missing house numbers on East 88th Street in book 769
East 88th Street	762	104, 106, 112, 114, 116, 118, 120, 122, 154, 156, 158, 160, 162, 164, 166, 168, 170, 172, 174, 176, 178, 180, 184
East 88th Street	763	208, 210, 212, 214, 234
East 88th Street	767	?, 300, 302, 304, 306, 308, 310, 356
East 88th Street	768	?, 402, 404, 406, 408, 410, 412, 414, 416, 418, 420, 436, 438, 440, 442, 444, 446, 448, 450
East 89th Street	760	3, 35, 41, 65 Some missing house numbers on East 89th Street in book 760
East 89th Street	761	101, 103, 105, 107, 109, 111, 113, 115, 117, 119, 121, 123
East 89th Street	765	143, 145, 149, 153, 165, 169, 171, 201, 211, 213, 215, 217, 219, 221, <u>223</u>, 225, 227, 229, 231, 233, 235
East 89th Street	764	<u>223</u>
East 89th Street	766	321, 323, 325, 327, 355
East 89th Street	769	401, 409 Some missing house numbers on East 89th Street in book 769
East 89th Street	761	100, 102, 104, 106, 108, 110, 112, 114, 116, 118, 120
East 89th Street	764	144, 148, 150, 152, 154, 156, 164, 166, 168, 170, 172, 202, 204, 206, 212, 214, 216, 218, 220, 222, 224, 226, 228, 230, 252, 254, 256
East 89th Street	766	?, 300, 302, 304, 306, 308, 310, 312, 318, 320, 322, 324, 326, 328, 342, 346, 348, 350, 352, 354, 356
East 89th Street	769	400, 402, 410, 412, 418, 420, 424, 430, 444, 446, 448, 450, 500, 502, 504, 506, 508, 510, 512, 514, 516, 518, 520, 522, 524, 526, 528 Some missing house numbers on East 89th Street in book 769
East 89th Street	766	1710 [should be 2nd Avenue]
East 90th Street	760	1, 7, 11, 15, 37, 49, 51, 57, 59, 61, 63, 65, 67, 69, 101, 103, 105, 107, 115, 117, 119, 121, 123, 125, 137, 151, 153, 155, 157, 159, 161, 163, 169, 171, 173, 175, 177
East 90th Street	765	245
East 90th Street	769	425, 445
East 90th Street	760	12, 34, 66, 68, 70, 72, 74, 76, 78, 80, 82
East 90th Street	761	102, 104, 106, 108, 110, 112, 114, 116, 118, 120

Aid to Finding Addresses in 1890 NYC Police Census

Street Name	Book	House Numbers
East 90th Street	765	152, 162, 164, 166, 168, 170, 172, 174, 204, 206, 208, 210, 230, 240, 242, 244, 246, 248, 250
East 91st Street	826	13, 23, 25, 49, 51, 53, 55, 57, 59, 61, 63, 71, 73, 75, 77, 79, 81, 83, 101, 103, 105, 107, 109, 111, 113, 115, 117, 119, 121, 123, 125, 127, 131, 133
East 91st Street	827	149, 151, 153, 155, 157, 159, 161, 163, 165, 167, 169, 171, 173, 175
East 91st Street	989	201, 203
East 91st Street	830	419, 421, 423, 501
East 91st Street	760	18, 20, 22, 48, 50, 52, 54, 56, 58, 60, 62, 64, 66, 68, 70, 72, 74, 76, 78, 108, 110, 112, 120, 122, 124, 126, 150, 152, 158, 162, 164, 166, 168, 172, 174
East 91st Street	765	290, 292
East 91st Street	766	308, 310
East 91st Street	769	400, 404
East 92nd Street	826	9, 19, 21, 23, 43, 45, 47, 49, 51, 57, 59, 61, 63, 65, 67, 101, 103, 105, 115, 117, 119, 121, 123, 125, 127, 129, 131, 133, 135
East 92nd Street	827	145, 147, 149, 151, 153, 155, 157, 159, 161, 163, 165, 167, 169, 171
East 92nd Street	989	211
East 92nd Street	830	301, 305, 307, 311, 317, 333, 335, 337, 339, 341, 345, 347, 349, 401, 425, 437, 439 Some missing house numbers on East 92th Street in book 830
East 92nd Street	826	40, 46, 48, 50, 52, 54, 56, 58, 60, 64, 66, 68, 70, 72, 74, 76, 78, 80, 82, 102, 104, 106, 108, 110, 112, 116, 118, 120, 122, 122½, 124, 124½, 126, 128, 130, 132, 134
East 92nd Street	827	144, 148, 150, 152, 154, 156, 158, 160, 162, 164, 166, 170
East 92nd Street	989	200, 204
East 92nd Street	830	336, 346, 348, 350, 420 ?, 428, 430, 432, 500 Some missing house numbers on East 92th Street in book 830
East 93rd Street	826	21, 23, 57, 59, 67, 125, 127, 131, 133
East 93rd Street	972	147, 159, 161, 163, 165, 167, 169, 173, 175, 177, 179, 181, 183, 185, 187, 189
East 93rd Street	989	201, 203, <u>205</u>, <u>229</u>. <u>239</u>
East 93rd Street	829	<u>205</u>, 207, 209, 225, 227, <u>229</u>, 231, 233, 235, 237, <u>239</u>, 241, 243, 245
East 93rd Street	830	301, 303, 305, 307, 309, 311, 317, 321, 335, 355, 417
East 93rd Street	826	4, 6, 8, 10, 12, 68, 70, 118, 120, 122, 124, 126, 128, 130, 132, 134, 136, 138
East 93rd Street	827	156, 160, 162, 164, 166, 168, 170, 172, 174, 176, 178, 180, 182, 184, 186
East 93rd Street	989	206, 208

Street Name	Book	House Numbers
East 93rd Street	830	300, 302, 304, 306, 308, 312, 318, 340
East 94th Street	826	121, 123, 125, 127, 129, 131, 133, 135, 137
East 94th Street	972	157, 159, 161, 163, 165, 167, 169, 171, 173, 175, 177, 179, 183
East 94th Street	829	231, 233, 235, 237, 239, 241, 243, 245, 247
East 94th Street	830	301, 401
East 94th Street	826	128, 130, 132, 134, 136
East 94th Street	972	152, 154, 156, 160, 164, 168, 172
East 94th Street	829	236, 238, 240, 242, 244, 246, 248
East 95th Street	826	21, 131, 133, 135, 139, 141
East 95th Street	972	157, 159, 165, 169, 173, 175, 177, 179, 183, 183½, 185
East 95th Street	829	201, 203, 205, 207, 209, 211, 213, 215
East 95th Street	830	301
East 95th Street	826	116, 118, 120, 122, 124, 126, 128, 130, 132, 134
East 95th Street	972	158, 160, 162, 164, 166, 168, 170, 172, 174, 176, 180, 184
East 95th Street	829	200, 206, 208, 210, 216, 218, 220, 222, 224, 226, 228, 230, 232, 234, 236, 238
East 95th Street	830	300, 302
East 96th Street	826	101, 103, 105, 141
East 96th Street	833	155, 157, 167, 169, 171, 173, 175, 177, 179
East 96th Street	832	203, 223, 225, 227, 229, 231, 233
East 96th Street	826	1145, 1147 [these should be 5th Avenue]
East 96th Street	826	10, 12, 16, 18, 20
East 96th Street	972	154, 166, 168, 170, 172, 174, 176
East 96th Street	829	200, 202, 204, 206, 208
East 96th Street	830	300, 344, 400
East 97th Street	833	151, 153, 155, 157, 159, 165
East 97th Street	832	201, 203, 205, 207, 209, 211, 213, 215, 217, 219, 221, 223, 225, 227, 235 Some missing house numbers on East 97th Street in book 832
East 97th Street	831	301, 303, 305, 307, 309, 311, 313, 331, 333, 335, 337, 341
East 97th Street	826	6, 100, 106, 114, 140
East 97th Street	833	144, 146, 148, 150, 152, 154, 156, 158, 160, 162
East 97th Street	832	204, 206, 208, 210, 212, 214, 216, 218, 220, 222, 224, 226, 228, 230, 232, 234, 236, 238 Some missing house numbers on East 97th Street in book 832

Aid to Finding Addresses in 1890 NYC Police Census

Street Name	Book	House Numbers
East 98th Street	982	<u>211</u>
East 98th Street	831	205, 207, 209, <u>211</u>, 213, 215, 227, 287, 289 Some missing house numbers on East 98th Street in book 831
East 98th Street	833	150, 152, 154, 156, 158, 168 Some missing house numbers on East 98th Street in book 833
East 98th Street	832	200, 202, 204, 206, 208, 210, 212, 214, 216
East 98th Street	831	320, 322, 326 Some missing house numbers on East 98th Street in book 831
East 99th Street	833	181, 183, 185, 187, 189, 193, 195, 197, 199
East 99th Street	831	201, <u>203</u>, <u>233</u>, <u>235</u>, 315, 317, 347, 351 Some missing house numbers on East 99th Street in book 831
East 99th Street	982	<u>203</u>, 209, <u>233</u>, <u>235</u>
East 99th Street	831	200, 202, 216, 218, 220, 222, 226, 228, 230, 232 Some missing house numbers on East 99th Street in book 831
East 100th Street	836	195, 199, 217, 219, 221, 223, 225, 227, 229, 231, 233, 237
East 100th Street	831	No house numbers on East 100th Street in book 831 [At 2nd Avenue]
East 100th Street	837	No house numbers on East 100th Street in book 837 [At East River]
East 100th Street	833	154, 156, 158, 160, 162, 164, 166, 168, 170
East 100th Street	982	200, 222, 224, 226
East 101st Street	836	201, 203, 205, 209, 211, 213, 215, 217, 219, 221, 223, 225, 227, 229, 231, 233, 235
East 101st Street	837	301, 303, 305, 307, 309, 311, 313, 415
East 101st Street	836	194, 196, 198, 200
East 102nd Street	837	101, 201, 203, 205, 207, 209, 211, 213, 215, 217, 219, 221, 223, 225, 229, 235, 237
East 102nd Street	984	301, 303, 107 or 407 Some missing house numbers on East 102nd Street in book 984 [At East River]
East 102nd Street	835	158, 160, 162, 164, 166, 168, 170, 172, 174, 176, 178, 182, 184
East 102nd Street	836	200, 206, 208, 210, 212, 214, 216, 218, 220, 222, 224, 226, 228, 230, 232, 234, 238, 240
East 102nd Street	837	300, 302, <u>304</u>, 324
East 102nd Street	984	<u>304</u>, 306, 414, 426 Some missing house numbers on East 102nd Street in book 984 [At East River]
East 103rd Street	835	151, 151½, 153, 155, 157, 159, 161, 163, 165, 167, 169, 171, 173

Street Name	Book	House Numbers
East 103rd Street	835	160, 172, 174, 176
East 103rd Street	837	200, 202, 204, 206, 208, 210, 218, 220, 222, 224, 226, 228, 242
East 103rd Street	984	302, 408, 412, 416 Some missing house numbers on East 103rd Street in book 984 [At East River]
East 104th Street	843	35, 65, 69, 71, 73, 75, 77, 79, 81, 101, 103, 105, 107, 111, 113, 115, 117, 119, 121, 123, 125, 127, 129, 131, 133, 135, 137
East 104th Street	842	153, 155, 157, 159, 161, 163, 165, 175, 177 rear, 179, 179 rear, 181, 183, 185 Some missing house numbers on East 104th Street in book 842 [At 3rd Avenue]
East 104th Street	841	201, 203, 205, 207, 209, 211, 213, 217, 219, 221, 223, 225, 227, 229, 231, 233, 235, 237, 239, 241, 243, 247
East 104th Street	839	301, 303, 305, 307, 309, 311, 313, 315, 329, 331, 333, 335, 337, 339, 341, 343, 345, 347, 349, 351 Some missing house numbers on East 104th Street in book 839 [Between 1st Avenue and the East River]
East 104th Street	843	14
East 104th Street	835	162, 164, 166, 168, 170, 172, 174, 176, 178, 180, 182, 184, 186, 190
East 105th Street	843	7, 47, 59, 61, 63, 73, 75, 77, 101, 103, 105, 107, 109, 111, 113, 115, 117, 119, 121, 123, 125-127, 129, 131
East 105th Street	842	153, 155, 157, 159, 161, 163, 165, 165 rear, 167, 167 rear, 169, 171, 173, 175, 179
East 105th Street	840	201, 203, 205, 207, 209, 211, 213, 215, 217, 219, 221, 221½, 223, 225, 227, 229, 231, 235, 237, 239, 241, 243, 245, 247, 249, 251, 253, 301, 303, 315, 317, 319, 323, 325, 327, 329, 331, 333, 335, 337, 339, 401, 403, 421
East 105th Street	843	54, 56, 60, 70, 100, 102, 104, 106, 108, 110, 112, 114, 116, 118, 120, 122, 124, 126, 128, 130, 132, 134, 136
East 105th Street	842	150, 152, 154, 156, 160, 162, 164, 166, 168, 170, 172, 174
East 105th Street	841	202, 204, 206, 208, 210, 212, 214, 216, 218, 220, 222, 224, 226, 228, 230, 232, 234, 236, 238, 240, 242, 244, 246, 248, 250, 252, 258,
East 105th Street	839	300, 302, 304, 306, 308, 310, 312, 314, 320, 322, 326, 328, 330, 332, 336, 338, 340, 342, 344, 346, 350, 428, 430, 432
East 105th Street	840	342 [could be 401]
East 106th Street	843	51, 55, 57, 59, 61, 71, 73, 75
East 106th Street	844	101, 103, 105, 107, 109, 111, 113, 115, 117, 119, 121, 123, 125, 127, 129, 131, 151, 151½, 153, 155, 157, 159, 161, 163, 165, 167, 169, 171
East 106th Street	846	201, 205, 207, 209, 211, 213, 215, 217, 219, 221, 227, 229, 235, 237, 239, 241, 243, 245, 247, 249, 251
East 106th Street	848	299, 301, 309, 311, 319, 321, 323, 325, 327, 329, 331, 333, 335, 337, 339, 341, 401, 403, 405, 407, 409, 411, 413, 415, 417, 419

Aid to Finding Addresses in 1890 NYC Police Census

Street Name	Book	House Numbers
East 106th Street	843	24, 26, 62, 64, 66, 100, 102, 104, 106, 110, 112, 116, 116-118 Some missing house numbers on East 106th Street in book 843
East 106th Street	842	152, 154, 156, 158, 160, 162, 164, 166, 168, 170, 172, 174, 176
East 106th Street	840	200, 202, 204, 206, 208, 210, 212, 214, 216, 218, 220, 222, 224, 226, 228, 230, 232, 238, 240, 242, 244, 246, 248, 250, 300, 302, 304, 328, 330, 332, 334, 336, 342, 344, 346, 348, 350 Some missing house numbers on East 106th Street in book 840
East 106th Street	848	340 ?
East 107th Street	843	53, 55, 57, 59, 63, 65, 69, 71, 73, 75, 85, 87
East 107th Street	847	201, 203, 205, 207, 209, 211, 213, 215, 217, 219, 221, 223, 225, 227, 229, 231, 233, 235, 237 [Is same house as 2079 2nd Avenue]
East 107th Street	848	301, 303, 429, 439
East 107th Street	844	100, 102, 104, 106, 108, 110, 112, 114, 116, 120, 122, 124, 126, 128, 130, 150, 156, 158, 160, 162, 164, 166, 168, 170, 172, 174
East 107th Street	846	202, 208, 210, 212, 214, 216, 218, 220, 222, 224, 226, 228, 230, 232, 234, 236, 238, 240, 242
East 107th Street	848	210, 300, 302, 304, 306, 308, 310, 312, 314, 334, 400, 434
East 107th Street	983	314
East 108th Street	853	19, 21, 59, 61, 63, 65, 67, 69, 71, 73, 75, 77, 79, 81, 83, 85, 87
East 108th Street	852	103, 105, 107, 109, 111, 113, 115, 117, 119, 121, 123, 125, 127
East 108th Street	850	201, 207, 209, 211, 213, 215, 217, 219, 221, 223, 225, 227, 229, 231, 233, 235, 237, 239, 241
East 108th Street	848	333
East 108th Street	843	52, 54, 56, 58, 60, 62, 64, 66, 68, 70, 72, 74, 76, 78, 80, 82, 84, 86, 88 Some missing house numbers on East 108th Street in book 843
East 108th Street	847	200 [Is same house as 1965 3rd Avenue], 202, 204, 206, 208, 210, 212, 214, 216, 218, 220, 222, 224, 226, 228, 230, 232, 234, 236, 238, 240, 242 [Is same house as 2093 2nd Avenue]
East 108th Street	848	306, 330, 332, 402
East 109th Street	853	69, 71, 73, 75, 77, 79
East 109th Street	852	105, 107, 109, 111, 113, 115, 117, 119, 121, 123, 127, 129, 131, 133, 135, 137
East 109th Street	850	199, 201, 203, 205, 207, 209, 211, 213, 215, 217, 219, 221, 223, 227, 229, 231, 233, 235, 237, 239, 241, 243, 245, 247, 251
East 109th Street	849	301, 303, 305, 307, 309, 311, 313, 315, 317, 317 rear, 319, 321, 321 rear, 323, 325, 325 rear, 327, 327 rear, 329, 331, 333, 337, 339, 343, 345, 347, 349, 411, 413
East 109th Street	853	20, 22, 24, 26, 52, 54, 60, 62, 64, 66, 68, 70, 72, 74, 76, 78, 80, 82, 84, 86, 88 Some missing house numbers on East 109th Street in book 853

Street Name	Book	House Numbers
East 109th Street	852	102, 104, 106, 108, 110, 112, 114, 116, 118, 120, 122, 124, 126, 128, 130, 132, 134, 136
East 109th Street	850	200, 202, 204, 206, 208, 210, 212, 216, 220, 222, 226, 228, 232, 234, 236, 238, 240, 242, <u>244</u>
East 109th Street	965	<u>244</u>
East 109th Street	848	304, 308, 312, 314, 316, 318, 328, 348
East 110th Street	854	21, 23, 25, 27, 29, 31, 33, 35, 53, 55, 59, 61, 63, 65, 67, 69, 71, 73, 81, 83, 85, 87,
East 110th Street	856	101, 103, 105, 107, 109, 111, 113, 115, 117, 119, 121, 123, 125, 127, 129, 131, 135, 137, 139, 141
East 110th Street	857	151, 153, 155, 157, 159, 161, 163, 165, 167, 169, 171, 177
East 110th Street	858	201, 203, 205, 209, 211, 213, 215, 221, 223, 225, 229, 231, 233, 235, 237, 239, 241, 243, 245, 247, 249, 251
East 110th Street	849	303 Some missing house numbers on East 110th Street in book 849 [At East River]
East 110th Street	853	2, 46, 48, 56, 58, 60, 62, 64, 66, 68, 70, 72, 74, <u>76</u>
East 110th Street	854	<u>76</u>, 92
East 110th Street	852	102, 104, 106, 108, 110, 112, 114, 116, 118, 120, 122, 124, 126, 128, 130, 132, 136
East 110th Street	850	200, 202, 204, 206, 208, 216, 218, 226, 228, 230, 232, 234, 240, 244, 246, 248, 250, 252, 254
East 110th Street	849	302, 304, 308, 310, 312, 322, 330, 332, 334, 338, 340, 342, 344, 346, 348, 438, 440 Some missing house numbers on East 110th Street in book 849 [At East River]
East 111th Street	854	1, 5, 9, 57, 59, 61, 63, 65, 67, 69, 71, 73, 75, 77, 79, 81, 83, 85, 87, 89, 91, 93, 95, 97
East 111th Street	856	99, 101, 103, 105, 107, 109, 111, 113, 115, 117, 119, 121, 123, 127, 129, 131, 133, 135, 137, 139, 141, 143, 145
East 111th Street	857	165, 167, 169, 171, 173, 175, 177, 179, 181
East 111th Street	858	201, 205, 209, 217, 219, 221, 223, 225, 227, 229, 231, 233, 235, 237, 239, 241, 245, 247
East 111th Street	859	301, 303, 305, 307, 309, 311, 313, 315, 317, 319, 321, 323, 421, <u>423</u>
East 111th Street	995	<u>423</u>, 425, 427, 429, 431, 433, 435, 437
East 111th Street	854	12, 14, 18, 20, 22, 24, 26, 28, 62, 64, 66, 68, 70, 72, 74, 76, 78, 80, 82, 84, 86, 88, 90, 92, 94, 96, 98
East 111th Street	856	102, 104, 106, 108, 110, 112, 114, 116, 118, 120, 122, 124, 126, 128, 130, 132, 134, 136, 138, 140, 142

Aid to Finding Addresses in 1890 NYC Police Census

Street Name	Book	House Numbers
East 111th Street	857	150, 152, 154, 156, 158, 160, 162, 166, 168, 170, 172, 174, 176, 178, 180, 182, 184, 186
East 111th Street	858	202, 210, 212, 214, 216, 218, 220, 222, 224, 226, 228, 230, 232, 234, 236, 238, 240, 242, 244, 248
East 111th Street	849	300, 308, 330
East 112th Street	855	43, 45, 47, 49, 51, 53, 55, 57, 59, 61, 63, 65, 67, 69, 71, 73, 75, 77
East 112th Street	856	103, 105, 107, 109, 111, 113, 115, 117, 119, 121, 123, 127, 129
East 112th Street	862	151, 153, 155, 157, 159, 161, 163, 165, 167, 169, 171, 177
East 112th Street	861	201, 203, 205, 207, 209, 211, 213, 215, 217, 219, 221, 223, 225, 227, 233, 235, 237, 239, 241, 243, 245, 247, 251
East 112th Street	859	301, 305, 307, 309, 311, 313, 315
East 112th Street	995	403, 405, 407, 409, 411, 413, 427, 429, 431, 433, 435, 437
East 112th Street	854	12, 22, 38, 40, 44, 46, 48, 50, 52, 54, 56, 58, 60, 62, 64, 66, 68, 70, 72
East 112th Street	856	102, 104, 106, 108, 110, 112, 114, 116, 118, 120, 122, 124, 128, 130, 132, 134, 136, 138, 140, 142
East 112th Street	857	152, 154, 156, 158, 164, 170, 172, 174, 176, 178, 180, 182
East 112th Street	858	204, 206, 208, 210, 212, 214, 216, 218, 220, 222, 224, 226, 228, 230, 232, 234, 236, 238, 240, 242, 244, 246, 248, 250, 252, 254, 256
East 112th Street	859	300, 304, 306, 308, 310, 314, 328, 330, 332, 334, 346, 350, 354
East 112th Street	995	410, 420, 422, 424, 426, 428, 430, 432, 434, 436
East 113th Street	854	1
East 113th Street	855	61, 67, 69, 71, 73, 75, 77, 79, 81, 83, 85
East 113th Street	863	101, 103, 105, 107, 109, 111, 113, 115, 117, 119, 121, 123, 125, 127, 129, 131, 133, 135, 137
East 113th Street	862	149, 151, 153, 155, 157, 159, 163, 165, 167, 169, 171, 173, 175, 177
East 113th Street	861	205, 207, 209, 235, 237, 239, 241, 243, 245, 249
East 113th Street	860	301, 305, 307, 309, 311, 313, 315, 317, 319, 321, 323, 325, 327, 329, 331, 333, 335, 337, 339, 341, 343, 345, 347, 349, 351, 353, 355, 357
East 113th Street	859	401, 403, 405, 407, 415, 417, 419, 427, 429, 431, 433, 435, 437, 439, 443, 445, 447
East 113th Street	854	2, 6
East 113th Street	855	58, 60, 62, 64, 66, 68, 70, 72, 74, 76, 84, 86
East 113th Street	856	102, 104, 106, 108, 110, 112, 114, 116, 118, 120, 122, 124, 126, 128, 130, 132, 134, 136
East 113th Street	862	146, 148, 150, 152, 154, 156, 158, 158½, 160, 162, 164, 166, 168, 170, 172
East 113th Street	861	202, 204, 208, 210, 212, 214, 216, 218, 220, 222, 224, 226, 232, 234, 236, 238, 240, 240 rear, 242, 244

Street Name	Book	House Numbers
East 113th Street	859	300, 302, 304, 306, 308, 310, 312
East 113th Street	995	400, 404, 406, 408, 410, 412, 414, 416, 418, 420, 422, 424, 426, 428, 430, 432, 434, 436, 438
East 114th Street	864	17, 19, 21, 23, 25, 29 Some missing house numbers on East 114th Street in book 864
East 114th Street	855	63, 65, 69, 71, 73, 75, 77, 79, 81, 83, 85, 87
East 114th Street	863	103, 105, 107, 109, 111, 113, 115, 117, 119, 121, 123, 125, 127, 129, 131, 133, 135, 137, 139, 141, 143, 145, 147
East 114th Street	862	149, 151, 153, 155, 157, 159, 161, 163, 165, 167, 169, 171, 173, 175, 177, 179
East 114th Street	868	201, 203, 205, 207, 209, 211, 213, 215, 217, 219, 221, 231, 233, 235, 237, 239, 241, 243, 245, 247
East 114th Street	869	301, 307. 309, 311, 313, 315, 317, 321, 323, 329, 331, 333, 335, 337, 339, 341, 343, 347, 349, 351, 355
East 114th Street	871	401, 405, 409, 411, 413, 415, 417, 419, 421, 423, 425, 427, 429, 431, 433, 435, 437, 439, 451, 453, 455
East 114th Street	854	8, 10, 12, 14, 16, 18, 20, 22, 24, 26, 28
East 114th Street	855	56, 58, 60, 62, 64
East 114th Street	863	94, 96, 98, 100, 102, 104, 106, 108, 110, 112, 114, 116, 118, 120, 122, 124, 126, 136
East 114th Street	862	156, 158, 162, 164, 166, 168, 170, 172, 174, 176, 178, 180
East 114th Street	861	200, 202, 204, 206, 208, 210, 212, 214, 216, 218, 220, 222, 224, 226, 228, 230, 238, 240, 242, 244, 246, 248
East 114th Street	860	300, 304, 306, 308, 310, 312, 314, 316, 318, 320, 322, 324, 326, 332, 334, 336, 338, 340, 342, 346, 348, 350, 352, 354, 356
East 114th Street	859	402, 404, 406, 408, 410, 412, 414, 416, 418, 420, 422, 428, 430, 432, 434, 436, 438, 440, 442, 444, 446, 448
East 115th Street	864	5, 7, 53, 59, 69, 71, 73, 75 Some missing house numbers on East 115th Street in book 864
East 115th Street	863	101, 103, 105, 107, 109, 111, 113, 117, 119, 121, 123, 125, 127, 129, 131, 133, 135
East 115th Street	866	153, 155, 157, 159, 161, 163, 167, 167½, 169, 171, 177, 179, 181, 183, 185, 187, 191
East 115th Street	868	201, 203, 205, 207, 209, 211, 213, 215, 217, 219, 221, 223, 225, 227, 229, 231, 233, 235, 237, 247
East 115th Street	870	303, 305, 313, 315, 317, 319, 321, 323, 325, 327, 329, 331, 333, 335, 337, 339, 341, 343
East 115th Street	873	401, 409, 411, 413, 415, 417, 419, 425, 427, 429, 475
East 115th Street	871	501, 511, 513, 515, 519

Aid to Finding Addresses in 1890 NYC Police Census

Street Name	Book	House Numbers
East 115th Street	864	2, 4, 50 Some missing house numbers on East 115th Street in book 864
East 115th Street	855	56, 58, 62, 66, 68, 70, 72, 74, 76, 78, 80, 82
East 115th Street	863	110, 112, 114, 116, 118, 120, 122, 124, 126, 128, 130, 132, 134, 136, 138, 140, 142, 144, 146, 148
East 115th Street	862	152, 154, 156, 158, 160, 162, 164
East 115th Street	868	200, 240, 242, 244, 246, 248
East 115th Street	869	300, 306, 308, 310, 312, 314, 316, 318, 320, 322, 324, 326, 328, 330, 332, 334, 336, 338, 340, 342, 344, 346, 348, 350
East 115th Street	871	402, 410, 412, 414, 416, 418, 420, 422, 424, 426, 428, 430, 434, 436, 438, 440, 460, 500
East 116th Street	864	75, 77, 79, 81, 83, 85, 91, <u>97</u> Some missing house numbers on East 116th Street in book 864
East 116th Street	865	<u>97</u>, 99, 101, 103, 105, 109, 111, 113, 115, 117, 121, 123, 125, 127, 129, 131, 133, 135, 137
East 116th Street	866	145, 149, 151, 153, 155, 157, 159, 161, 163, 165, 167, 169, 171, 173, 175, 179, 181, 183, 185, 187
East 116th Street	867	201, 203, 205, 207, 209, 215, 217, 219, 221, 223, 225, 227, 229, 231, 233, 235, 237, 239, 241, 243, 245, 247, 249, 251
East 116th Street	870	301, 305, 307, 309, 311, 313, 315, 317, 319, 321, 323, 325, 327, 329, 331, 333, 335, 337, 339, 341, 343, 345, 347, 349, 351, 353, 355, 357
East 116th Street	873	401, 405, 407, 409, 411, 413, 415, 417, 419, 421, 423, 425, 427, 431, 433, 435, 437, 441, 443, 445, 447, 449, 453
East 116th Street	871	501, 503, 509, 537
East 116th Street	864	24, 26, 52, 54, 56, 58, 60, 62, 64, 66, 68, 70, 72, 74, 80 Some missing house numbers on East 116th Street in book 864
East 116th Street	866	154. 156, 158, 160, 162, 164, 166, 168, 170, 172, 174, 176, 180, 182
East 116th Street	868	200, 202, 204, 206, 208, 210, 218, 220, 222, 224, 226, 232, 234, 236, 238, 242, 250
East 116th Street	870	300, 304, 306, 310, 312, 314, 316, 318, 322, 324, 326, 328, 330, 332, 334, 336, 338, 340, 344, 346, 348, 350, 352, 354, 356, 360
East 116th Street	873	402, 408, 410, 412, 414, 416, 418, 420, 422, 424, 426, 428, 430, 432, 434, 436, 438, 440, 444, 446, 448, 454, 456
East 116th Street	871	500, 508, 510, 512, 514
East 117th Street	864	75, 77 Some missing house numbers on East 117th Street in book 864
East 117th Street	865	111, 127, 129, 131, 135, 137, 139
East 117th Street	866	143, 145, 147, 149, 151, 153, 155, 157, 159, 169, 171, 173, 175, 177, 179, 181, 183, 185, 187, 189, 191

Street Name	Book	House Numbers
East 117th Street	867	203, 205, 207, 209, 211, 213, 215, 217, 219, 221, 223, 225, 227, 229, 237, 247, 251, 253
East 117th Street	875	301, 303, 305, 313, 315, 317, 319, 321, 323, 325, 327, 329, 331, 333, 335, 337, 339, 341, 343, 349, 351
East 117th Street	873	405, 407, 409, 415, 417, 419, 421, 423, 425, 427, 431, 433, 435, 441, 443, 445, 447, 449, 451
East 117th Street	872	511, 513, 515, 517, 519, 521, 531, 535, 539
East 117th Street	865	100, 102, 104, 106, 108, 110, 114, 116, 118, 120, 122, 124, 126, 128, 130, 132, 134, 136, 138, 140
East 117th Street	866	154, 156, 158, 160, 162, 164, 166, 168, 170, 172, 174, 176, 178, 180, 182, 188, 190
East 117th Street	867	200, 206, 208, 210, 212, 214, 216, 218, 220, 222, 224, 226, 228, 230, 232, 242, 244, 246, 248
East 117th Street	870	300, 302, 304, 306, 310, 314, 316, 318, 322, 324, 326, 328, 330, 332, 334, 336, 338, 340, 342
East 117th Street	873	400, 402, 404, 406, 408, 410, 412, 414, 416, 418, 420, 422, 424, 428, 432, 434, 438, 440, 442, 444, 446, 448, 450
East 117th Street	871	510, 512, 514, 516, 518, 526, 528, 530, 532, 534, 536, 538, 540, 542, 544, 546
East 118th Street	864	67, 77 Some missing house numbers on East 118th Street in book 864
East 118th Street	865	109, 111, 113, 115, 117, 119, 121, 123, 125, 127, 129, 131, 133, 135
East 118th Street	878	147, 149, 151, 153, 155, 157, 159, 161, 163, 165, 167
East 118th Street	877	201, 205, 207, 209, 211, 213, 215, 217, 219, 221, 223, 225, 233, 235, 237, 239, 241, 243, 245, 247, 253, 255
East 118th Street	875	301, 303, 309, 313, 317, 329, 331, 333, 335, 337, 339, 341, 343, 345, 347, 349, 351
East 118th Street	874	401, 403, 405, 407, 409, 411, 415, 417, 419, 421, 423, 425, 427, 429, 431, 433, 435, 437, 439, 441, 443, 445, 447, 449
East 118th Street	872	501, 503, 505, 507, 509, 511, 513½, 515, 515½, 517, 519, 521, 523, 525, 527, 529, 531, 533, 535, 537,
East 118th Street	864	70, 72, 74, 78 Some missing house numbers on East 118th Street in book 864
East 118th Street	865	100, 102, 106, 108, 110, 112, 124, 126, 128, 130
East 118th Street	866	152, 154, 156, 158, 160, 162, 164, 166, 168, 172, 178, 180
East 118th Street	867	202, 204, 208, 210, 212, 214, 216, 222, 224, 226, 228, 232, 234, 236, 248
East 118th Street	875	300, 304, 306, 310, 312, 314, 316, 318, 320, 322, 324, 332, 334, 336, 338, 340, 342, 344, 346, 348, 350, 352
East 118th Street	873	400, 406, 408, 410, 412, 414, 416, 418, 420, 422, 424, 426, 428, 430, 432, 434, 436, 438, 442, 444, 446, 448, 450, 452

Aid to Finding Addresses in 1890 NYC Police Census

Street Name	Book	House Numbers
East 118th Street	872	500, 502, 504, 506, 512, 518, 522
East 119th Street	881	17
East 119th Street	879	103, 105, 107, 109, 111, 113, 115, 117, 121, 123, 125, 127, 129, 131, 133, 135, 137, 139
East 119th Street	878	153, 157, 159, 161, 163, 167, 169, 171, 173, 175, 177, 181
East 119th Street	877	203, 215, 225, 227, 229, 231, 233, 235, 237, 239, 241, 243, 245, 247
East 119th Street	876	301, 305, 307, 309, 311, 313, 315, 317, 319, 321, 323, 325, 327, 329, 331, 333, 335, 337, 339, 341, 343, 345, 347, 349, 355
East 119th Street	874	401, 407, 411, 413, 415, 417, 419, 421, 429, 431, 433, 435, 437, 439, 441, 443, 445, 447, 449, 451, 453
East 119th Street	872	505, 507, 509, 511, 513, 515, 517, 519, 521, 547
East 119th Street	864	4, 6, 8, 10, 12, 14, 16, 18, 20, 22, 24, 26, 28, 30, 32, 68, 72, 74, 78
East 119th Street	865	102, 104, 106, 108, 110, 112, 114, 116, 118, 126, 128, 130, 132, 134, 136, 138, 140, 142, 144
East 119th Street	878	154, 156, 158, 160, 162, 164, 166, 168, 170, 172, 178, 180, 188
East 119th Street	877	202, 206, 208, 210, 212, 218, 220, 222, 224, 226, 228, 230, 232, 234, 236, 238, 240, 242, 244, 246, 248
East 119th Street	875	304, 306, 310, 316, 318, 324, 326, 328, 330, 332, 334, 336, 338, 340, 342, 346, 348, 350, 352, 354
East 119th Street	874	402, 406, 408, 410, 412, 414, 416, 418, 420, 422, 424, 426, 428, 430, 444, 446, 448, 450, 452, 454, 456, 458
East 119th Street	872	500, 502, 504, 506, 508, 510, 512, 514, 516, 528, 530, 532, 534, 536, 538, 540
East 120th Street	880	51, 53, 55, 59, 61, 63, 65, 67, 69, 71, 73
East 120th Street	879	107, 109, 111, 113, 115, 117, 119, 121, 123, 125, 127, 129, 131
East 120th Street	878	143, 145, 147, 153, 181
East 120th Street	888	201-3, 205, 207-9, 211, 213, 215, 217, 219, 221, 223, 231, 233, 235, 237, 247, 251
East 120th Street	892	301, 303, 305, 307, 311, 313, 315, 317, 319, 325, 327, 329, 331, 333, 335, 337, 339, 341, 343, 345, 347, 349, 351, 355
East 120th Street	893	405, 407, 409, 411, 415, 423, 425, 427, 429, 431, 433, 435, 437, 439, 441, 443, 445, 505, 507, 509, 521, 533
East 120th Street	881	16, 18, 20, 22
East 120th Street	880	54, 60, 62, 64, 66, 70, 72
East 120th Street	879	98, 100, 102, 104, 106, 108, 110, 112, 114, 116, 118, 120, 122, 124, 126, 128
East 120th Street	878	142, 144, 156, 158, 160, 162, 166, 168, 170, 172, 174, 178

Street Name	Book	House Numbers
East 120th Street	877	202, 204, 208, 214, 216, 218, 220, 228, 230, 232, 234, 236, 238, 240, 244, 246, 252
East 120th Street	876	300, 304, 306, 308, 310, 312, 314, 316, 318, 320, 322, 324, 326, 328, 330, 332, 334, 336, 338, <u>340</u>, 342, 344, 348, 350, 352, 354
East 120th Street	892	<u>340</u>
East 120th Street	874	404, 406, 408, 410, 412, 414, 416, 418, 420, 422, 424, 426, 428, 430, 432, 434, 436, 438, 440, 442, 444, 446, 448, 450, 452
East 120th Street	872	508, 510, 512, 514, 516, 518, 520, 522, 524, 526, 528, 530, 532, 534, 538, 540, 542
East 121st Street	880	55, 57, 59, 61, 63, 65, 67, 69, 71, 73, 75, 77, 79
East 121st Street	886	101, 103, 105, 107, 109, 111, 113, 115, 117, <u>119</u>, 121, 123, 125, 127, 129, 131, 133
East 121st Street	879	<u>119</u>
East 121st Street	878	145, 147, 149, 151, 153, 155, 157, 159, 161, 165, 167
East 121st Street	888	201, 207, 209, 211, 213, 215, 217, 219, 221, 223, 225, 227, 229, 233, 235, 237, 239, 241, 243, 245, 251
East 121st Street	892	301, 309, 311, 313, 315, 317, 319, 321, 323, 325, 337, 339, 341, 343, 345, 347
East 121st Street	893	401, 403, 413, 421, 423, 427, 429, 431, 435, 437, 439, 441, 443, 445, 447, 451, 453, 503, 505, 519
East 121st Street	880	60, 66, 68, 70, 72, 74, 76, 78, 80, 82
East 121st Street	879	100, 102, 104, 106, 108, 110, 112, 114, 116, 118, 120, 122, 128, 130, 132, 134, 136
East 121st Street	878	150, 152, 154, 190, 192
East 121st Street	888	200, 210, 212, 214, 216, 218, 222, 224, 226, 228, 230, 232, 234, 236, 238, 240, 242, 246, 248
East 121st Street	892	310, 312, 314, 316, 318, 320, 322, 324, 326, 328, 330, 332, 334, 336, 338, 340, 342, 354, 356, 358, 360, 362, 364
East 121st Street	893	400, 402, 404, 406, 408, 422, 424, 426, 428, 432, 434, 440, 442, 444, 446, 448, 452, 500, 506, 508, 512, 514, 516, 518, 522
East 122nd Street	880	51, 55, 57, 59, 61
East 122nd Street	886	101, 103, 105, 113, 115, 117, 119, 121, 123, 125, 127, 129, 131, 133, 135, 137, 141
East 122nd Street	878	163, 165, 169, 171, 173, 175, 179, 181, 185
East 122nd Street	891	205, 211, 213, 215, 217, 219, 221, 223, 227, 231, 233, 237, 239, 241, 243, 245, 247, 249, 251, 253, 255, 257, 259, 261, 263, 265, 301, 305, 309, 311, 315, 317, 319, 321, 325, 327, 327½, 329, 333, 335, 337, 339, 341, 343, 345, 347
East 122nd Street	894	401, 403, 405, 407, 407½, 409, 411, 413, 415, 417, 419, 421, 423, 425, 427, 429, 431, 433, 439, 441, 443, 445, 447, 449, 451, 453, 501, 521

Aid to Finding Addresses in 1890 NYC Police Census

Street Name	Book	House Numbers
East 122nd Street	880	52, 54, 56, 60, 62, 64, 66, 68, 70, 72
East 122nd Street	886	102, 104, 106, 108, 110, 112, 114, 116, 118, 120, 122, 124, 126, 128, 130, 132, 134
East 122nd Street	878	154, 156, 158, 160, 162, 164, 166, 168, 176, 178
East 122nd Street	888	204, 206, 208, 210, 212, 214, 216, 218, 220, 222, 224, 226, 228, 232, 234, 236, 238, 240, 254, 258, 260, 262, 264, 266
East 122nd Street	892	300, 302, 304, 306, 308, 310, 312, 314, 316, 318, 320, 322, 324, 328, 348
East 122nd Street	893	400, 402, 404, 406, 416, 422, 426, 428, 430, 436, 438, 440, 442, 444, 450, 452, 454, 456
East 123rd Street	885	41, 45, 47, 49, 51, 53, 55, 57, 59, 61, 63, 65, 67, 69, 71, 73
East 123rd Street	886	101, 103, 105, 107, 109, 111, 117, 119, 121, 123, 125, 127, 129, 131, 133, 135, 137, 139
East 123rd Street	887	151, 153, 155, 157, 159, 161, 167, 169, 171, 173, 177, 179, 181, 183, 185
East 123rd Street	889	207, 209, 211, 213, 223, 225, 227, 229, 231, 235, 237, 239, 241, 243, 245, 251
East 123rd Street	890	303, 305, 311, 313, 315, 317, 319, 321, 323, 325, 327, 329, 331, 333, 335, 337, 339, 341, 343, 365, 367, 369
East 123rd Street	894	401, 409, 411, 413, 415, 417, 419, 421, 423, 425, 427, 429, 431, 433, 435, 437, 439, 441, 443, 445, 447, 449, 451, 501
East 123rd Street	880	52, 54, 56, 58, 60, 62, 64, 66, 68, 70, 72, 74
East 123rd Street	886	100, 102, 104, 106, 108, 110, 112, 114, 116, 118, 120, 122, 124, 126, 128, 130, 132, 134, 136
East 123rd Street	878	146, 148, 150, 152, 166, 174, 176, 178, 180, 182, 184
East 123rd Street	891	200, 204, 206, 208, 210, 212, 214, 216, 218, 220, 222, 224, 226, 228, 230, 234, 236, 238, 240, 242, 244, 300, 304, 306, 318, 320, 322, 324, 326, 328, 330, 332, 334, 336, 338, 340, 342, 344, 346, 348, 350, 352, 354, 356, 360, 362, 364, 366, 368
East 123rd Street	894	400, 402, 404, 406, 408, 410, 412, 414, 416, 418, 420, 422, 438, 440, 442, 450
East 124th Street	881	1, 3, 5, 7, 9, 11, 13, 19, 21, 35
East 124th Street	885	57, 59, 61, 63, 65, 67, 69, 71, 73, 75, 77
East 124th Street	887	107, 109, 119, 121, 123, 125, 127, 129, 131, 133, 149, 151, 153, 155, 157, 159, 161, 163, 165, 173, 183
East 124th Street	889	205, 211, 221, 223, 225, 227, 229, 231, 233, 235, 237, 239, 241, 243, 245, 247, 249
East 124th Street	890	305, 307, 309, 311, 313, 315, 317, 319, 321, 323, 325, 327, 329, 331, 339, 341, 343, 349, 351, 353, 355, 357, 359
East 124th Street	895	409, 411
East 124th Street	885	44, 46, 48, 50, 52, 54, 56, 58, 60, 62, 64, 66, 70, 72, 74

Street Name	Book	House Numbers
East 124th Street	886	100, 102, 104, 114, 116, 116½, 118, 120, 122, 130, 132, 134
East 124th Street	887	152, 154, 156, 158, 160, 162, 164, 176, 178, 180, 182
East 124th Street	889	200, 206, 218, 220, 222, 224, 226, 228, 230, 232, 234, 240, 250
East 124th Street	890	304, 306, 308, 310, 312, 314, 316, 318, 320, 322, 324, 326, 328, 330, 332, 334, 336, 338, 340, 342, 344, 346, 348, 350, 352, 354, 356, 358, 360
East 124th Street	894	412, 414, 416, 418, 422, 424, 430, 436, 438, 442
East 125th Street	884	1, 3, 5, 7, 9, 15, 25, 27, 29
East 125th Street	885	51, 53, 55, 57, 59, 61, 61½, 63, 65, 69, 71, 75, 75½, 77, 79, 81
East 125th Street	887	105, 107, 109, 127, 129, 131, 133, 135, 149, 155, 157, 159, 161, 163, 165½
East 125th Street	896	201, 207, 213, 215, 217, 219, 221, 223, 225, 235, 249, 251, 253, 255, 257
East 125th Street	895	301, 303, 305, 307, 309, 311, 313, 315, 317, 319, 321, 323, 327, 329, 331, 333, 335, 337, 339
East 125th Street	881	10, 14, 16, 18, 20, 22, 24, 26, 30
East 125th Street	885	60, 62, 72, 74, 76, 82
East 125th Street	887	102, 104, 106, 108, 122, 124, 126, 128, 148, 170
East 125th Street	889	218, 220, 246, 248, 250, 252, 254, 256, 258
East 125th Street	890	304, 306, 308, 312, 316, 318, 320, 322, 324, 328, 330, 332, 334, 336, 338, 340, 342, 344, 346, 348, 350, 352
East 125th Street	895	400, 406, 410
East 126th Street	884	7, 9, 11, 13, 15, 17, 19, 21, 23, 25, 27, 29, 31
East 126th Street	885	45, 47, 49, 51, 53, 55, 57, 59, 65
East 126th Street	899	107, 109, 111, 113, 115, 117, 119, 121, 121½, 123, 125, 127, 129
East 126th Street	898	143, 145, 147, 149, 151, 153, 155, 165, 167, 169
East 126th Street	896	201, 203, 205, 207, 209, 211, 213, 215, 217, 219, 221, 223, 227, 233, 237, 239, 241, 243, 245, 247, 253
East 126th Street	884	6, 8, 10, 12, 14, 16, 20, 24, 26, 28, 30, 34, 36, 38, 40
East 126th Street	885	46, 48, 50, 52, 54, 56, 58, 64, 66, 70
East 126th Street	887	102. 106, 110, 112, 114, 116, 118, 124, 126, 128, 130, 146, 150, 152, 154, 156, 158, 160, 166, 168, 170
East 126th Street	896	200, 204, 206, 208, 210, 214, 216, 218, 220, 222, 224, 228, 230, 232, 234, 236, 238
East 126th Street	895	300, 302, 304, 306, 308, 310, 312, 314, 316, 318, 320
East 127th Street	900	11, 13, 15, 17, 19, 21, 23, 25, 27, 29, 31, 33, 49, 51, 53, 55, 57, 59, 61, 63, 65, 67, 69, 71, 73, 75, 77
East 127th Street	899	111, 119, 125, 127, 129, 131
East 127th Street	898	141, 143, 145, 147, 149, 151, 153, 155, 157, 159, 165, 167, 169, 175

Aid to Finding Addresses in 1890 NYC Police Census

Street Name	Book	House Numbers
East 127th Street	897	201, 205, 207, 209, 211, 213, 215, 217, 219, 221, 225, 227, 229, 231, 233, 235, 237, 241, 243, 245
East 127th Street	895	303
East 127th Street	884	8, 10, 12, 16, 18, 20, 22, 24, 26, 28
East 127th Street	885	56, 58, 60, 62, 64, 66, 68, 70, 72, 74, 76, 78, 80, 82
East 127th Street	899	102, 104, 106, 108, 110, 112, 114, 118, 122, 126, 128, 130, 132, 134, 136, 138
East 127th Street	898	146, 150, 152, 154, 158, 162, 166, 172, 174
East 127th Street	896	200, 208, 210, 212, 218, 220, 222, 236
East 128th Street	900	1, 3, 5, 7, 9, 11, 13, 15, 17, 19, 21, 23, 41, 43, 45, 47, 49, 51, 53, 57, 59, 61, 63, 71, 73
East 128th Street	899	113, 115, 117, 119, 121, 123, 125, 127, 129, 131, 133, 135
East 128th Street	898	143, 145, 147, 149
East 128th Street	897	201, 203, 217, 219, 221, 223, 225, 227, 229, 231, 233, 235, 237, 239, 241, 243, 245, 247, 249, 251, 253
East 128th Street	900	16, 18, 20, 22, 24, 26, 28, 52, 56, 58, 60, 64, 66, 68, 70, 74
East 128th Street	899	100, 114, 116, 118, 120, 122, 124, 128, 130, 132
East 128th Street	898	144, 146, 148, 150, 152, 154, 156, 158, 160, 162, 164, 166, 168, 170, 172, 174, 176
East 128th Street	897	200, 206, 208, 210, 212, 214, 216, 218, 220, 222, 224, 226, 228, 230, 232, 234, 236, 238, 240, 242, 244, 246, 252
East 128th Street	895	306
East 129th Street	900	5, 9, 27, 29, 47, 49, 51, 53, 57, 59, 61, 63, 65, 69
East 129th Street	899	107, 109, 111, 113, 115, 117, 119, 121
East 129th Street	897	201, 203, 231
East 129th Street	900	6, 8, 10, 12, 14, 16, 18, 20, 22, 24, 26, 28, <u>30</u>, 32, 48, 50, 52, 54, 56, 58, 60, 62, 64, 66, 68, 70
East 129th Street	884	<u>30</u>
East 129th Street	899	112, 114, 116, 118, 120, 122, 124, 126, 128, 132
East 129th Street	898	144, 146, 152, 154, 156, 158, 160, 162
East 129th Street	897	200
East 130th Street	905	1, 3, 5, <u>7</u>, 9, <u>11</u>, 13, 15, 17, 19, 21, 23, 25, <u>27</u>, 29, 31, 49, 51, 53, 57, 59, 61, 63, 65, 67, 69, 71, 73, 75, 111
East 130th Street	900	<u>7</u>, <u>11</u>, <u>27</u>
East 130th Street	897	No house numbers on East 130th Street in book 897
East 130th Street	900	2, 4, 6, 10-12, 14, 22, 24, 28, 30, 50, 52, 54, 56, 58, 62, 64, 66, 68

Aid to Finding Addresses in 1890 NYC Police Census

Street Name	Book	House Numbers
East 130th Street	899	106, 108, 110, 112, 114, 116, 118, 120, 122
East 131st Street	905	1, 3, 105
East 131st Street	905	2, 4, 6, 8, 10, 12, 14, 16, 18, 20, 22, 24, 26, 28, 30, 54, 56, 58, 60, 62, 64, 66, 68, 70, 72, 74
East 132nd Street	905	5, 25, 29, 39, 41, 43, 45, 49, 51, 53, 55, 57, 59, 61
East 132nd Street	905	2, 4, 46
East 133rd Street	905	17, 19, 21, 23, 25, 27, 29, 31, 33, 35, 41, 43, 45, 47, 49
East 133rd Street	905	4, 42, 44, 48, 52, 54, 56, 58, 60, 62, 64
East 134th Street	906	1, 11, 13, 15, 17, 19, 93 Some missing house numbers on East 134th Street in book 906
East 134th Street	905	55
East 134th Street	905	2, 4, 10, 12, 14, 16, 18, 20, 22, 24, 50, 52
East 135th Street	906	21, 23, 25, 27, 29, 31 Some missing house numbers on East 135th Street in book 906
East 135th Street	906	10, 60, 64, 66 Some missing house numbers on East 135th Street in book 906
East 138th Street	906	No house numbers on East 138th Street in book 906
East Broadway	27	5, 7, 13
East Broadway	80	19, 21, 25, 27, 29, 31, 33, 35, 37, 39, 41, 43, 45, 47, 49, 51, 53, 57, 59, 61, 63, 65, 67, 69, 71
East Broadway	91	79, 81, 83, 85, 87, 89, 91, 95, 97, 99, 101, 103, 105, 107, 109, 111, 113, 115, 117
East Broadway	94	121, 125, 127, 129, 131, 133, 135, 137, 139, 141, 143, 145, 147, 149, 151, 153, 155, 157, 163, 165, 167, 169, 171, 173, 175, 177, 179, 183, 185, 187
East Broadway	102	199, 201, 203, 205, 207, 209, 211, 213, 215, 217
East Broadway	103	223, 225, 227, 229, 233, 235, 237, 239, 241, 245, 247, 249, 251, 253, 255, 257
East Broadway	109	265, 267, 269, 271, 273, 275, 277, 279, 281, 283, 289, 291, 293, 299, 301, 303, 305, 307, 309, 311
East Broadway	27	2, 4
East Broadway	79	16, 18, 20, 22, 24, 26, 28, 30, 32, 34, 36, 38, 40, 42, 44, 46, 48, 50, 52, 54, 58, 60, 62, 64, 66, 68, 70, 72
East Broadway	92	76 [See letter of protest at end of book 92], 78, 80, 82, 84, 86, 88, 90, 92, 94, 96, 98, 100, 102, 104, 106, 108, 110, 112, 114
East Broadway	93	120, 122, 126, 128, 130, 132, 134, 136, 138, 140, 142, 144, 146, 148, 150, 152, 154, 156, 158, 160, 162, 182, 184, 186, 188, 190
East Broadway	102	192, 194, 198, 200, 202, 204, 206, 208, 210, 212, 214, 216, 218

Aid to Finding Addresses in 1890 NYC Police Census

Street Name	Book	House Numbers
East Broadway	103	222, 226, 228, 230, 232, 234, 236, 238, 240, 242, 244, 246, 248, 250, 252, 254, 256, 258
East Broadway	109	262, 264, 266, 268, 270, 272, 274, 276, 278, 280, 286, 290, 292, 294, 296, 302, 304, 306, 308, 310
East Houston Street	67	11, 15, 19, 27, 29, 45, 47, 49, 51, 53, 55, 57
East Houston Street	68	57, 59, 61, 63, 65, 67, 69
East Houston Street	69	73, 75, 77, 79
East Houston Street	277	93, 95, 105, 121, 123, 125, 127, 129, 131, 133
East Houston Street	278	135, 137, 139, 141, 145, 147, 151, 153, 157
East Houston Street	280	187, 189, 191, 193, 195, 199, 201
East Houston Street	281	207, 209, 209 rear, 211, 211 rear, 213, 215, 217, 223, 223 rear
East Houston Street	282	231, 233, 235, 239, 243, 247, 249, 251, 253, 255, 263
East Houston Street	283	271, 273, 275, 279, 283, 287, 291
East Houston Street	352	299, 301, 303, 305, 309, 311, 313, 315
East Houston Street	351	321, 323, 325, 327, 329, 331, 333
East Houston Street	350	341, 343, 345, 347, 349, 351, 353, 355
East Houston Street	349	361, 363, 365, 367, 369, 371, 371 rear, 375, 377
East Houston Street	348	381, 383, 385, 387, 389, 391, 391 rear, 393, 393 rear, 395, 399
East Houston Street	347	403, 405, 409, 411, 413, 415, 417, 419
East Houston Street	346	427, 429, 437, 439, 441, 443
East Houston Street	345	445, 449, 451, 451 rear, 453, 453 rear, 457, 467, 471, 473, 475, 477, 481, 483, 485
East Houston Street	344	489, 491, 493, 495, 497, 501, 503, 505, 507, 509
East Houston Street	70	36, 50, 56, 60, 62, 70, 76, 78, 80
East Houston Street	290	94, 96, 96 rear, 98, 98 rear, 104, 108, 110
East Houston Street	288	120, 124-126, 128, 130, 132, 134, 136, 138, 140, 142, 144, 146, 148, 150, 152, 154, 156, 158, 160, 162, 164, 166, 168, 170
East Houston Street	286	174, 180, 182, 184, 186, 190, 192, 194, 196, 198, 200, 202, 210, 212, 214, 216, 220, 224, 230
East Houston Street	284	240, 240½, 244, 246, 248, 250, 252, 254, 256, 258, 260, 262, 264, 266, 268, 270, 272, 274, 276, 278, 280, 282, 284-286, 288, 290, 292
East Houston Street	353	298, 304, 306, 308, 310, 312, 314, 316, 318, 324, 326, 328, 330, 332, 334, 336, 338, 340, 342, 344, 346, 348, 350, 352, 354, 356
East Houston Street	354	362, 364, 366, 368, 374, 376, 378, 380, 384, 388, 390, 392, 394, 396, 398, 400, 404, 406
East Houston Street	346	?, 428, 430, 432, 434, 436, 438, 440, 442, 446, 448, 450, 452, 456, 464

Street Name	Book	House Numbers
East Houston Street	344	470, 472, 474, 478, 480, 482, 484, 494
East Washington Square	184	78, 80
Edgecomb Avenue	680	225, 227, 229 Some missing house numbers on Edgecomb Avenue in book 680
Edgecomb Avenue	681	No house numbers on Edgecomb Avenue in book 681
Edgecomb Avenue	682	No house numbers on Edgecomb Avenue in book 682
Edgecomb Avenue	685	No house numbers on Edgecomb Avenue in book 685
Edgecomb Avenue	680	198, 200, 202, 204, 210, 212, 214, 216, 218, 220, 224, 226, 228 Some missing house numbers on Edgecomb Avenue in book 680
Edgecomb Road	684	No house numbers on Edgecomb Road in book 684
Eldridge Street	997	1, 3, 5, 7, 9, 11, 13, 15, 17, 19, 21, 23
Eldridge Street	956	37, 39, 41, 43, 45, 47, 49, 51, 53, 55, 57, 59, 61
Eldridge Street	954	69, 71, 73, 75, 77, 79, 81, 83, 85
Eldridge Street	221	111, 113
Eldridge Street	223	127, 129, 131, 133, 135, 137, 139, 141, 143, 145, 147, 151
Eldridge Street	225	159, 161, 163, 165, 167, 167 rear, 169, 169 rear, 171, 173, 175, 177, 179, 179 rear, 181, 183, 185, 187
Eldridge Street	237	195, 197, 199, 201, 203, 205, 207, 213, 215, 217, 219, 221
Eldridge Street	278	225, 227, 229, 237, 239, 241, 243, 245, 247, 251
Eldridge Street	212	4, <u>6</u>, 8, 10, 14, 18, 24, <u>26</u>
Eldridge Street	997	<u>6</u>, <u>26</u>
Eldridge Street	956	34, 36, 38, 50, 54, <u>56</u>
Eldridge Street	215	<u>56</u>, 58, 60-62
Eldridge Street	217	68, 70, 72, 74, 76, 78, 80, <u>82</u>
Eldridge Street	954	<u>82</u>, 84, 86, 88, 90
Eldridge Street	220	104, 106, 108, 110, 112, 114, 116, 118, 120, 122
Eldridge Street	226	132, 132½, 134, 138, 140, 142, 144, 146, 148, 150, 154, 156, 158, 162, 166, 172, 174, 176, 178, 180, 182, 184, 186, 188
Eldridge Street	236	192, 194, 196, 198, 200, 202, 204, 206, 208, 210, 212, 214, 214-216, 216, 218, 220
Eldridge Street	278	226, 228, 230, 232, 234, 250
Elizabeth Street	47	1-3, 7, 11
Elizabeth Street	56	?, 59, 65, 75, 77, 79, 79 rear, 81, 81 rear, 83, 85 [marked Hester, should be Elizabeth Street], 87, 89

Aid to Finding Addresses in 1890 NYC Police Census

Street Name	Book	House Numbers
Elizabeth Street	62	143, 145, 147, 149, 149 rear, 151, 151 rear, 153, 153 rear, 155, 157, 157 rear, 159, 161, 161 rear, 163, 163 rear, 165, 167, 167 rear, 171, 173
Elizabeth Street	64	183, 185, 187, 189, 191, 193, 195, 197, 199, 201, 201 rear, 203, 203 rear, 209, 211, 213, 215
Elizabeth Street	68	227, 233, 233 rear, 237, 239, 239 rear, 241, 241 rear, 243, 245, 247, 249-251, 251 rear, 253, 253 rear, 255, 257, 259, 261, 263, 263 rear, 265, 267, 269, 269 rear, 271-273, 275, 275 rear, 277
Elizabeth Street	70	281, 283, 285, 287, 289, 291, 293, 295, 297, 299, 301, 301½, 301½ rear, 303, 305, 309, 311
Elizabeth Street	46	6, 8, 10, 12, 16, 26, 28, 30
Elizabeth Street	56	?, 38, 44
Elizabeth Street	63	146, 148, 150, 156, 168, 170, 172, 174, 176, 188, 190, 192, 196, 198, 200, 202, 210, 212, 214, 216
Elizabeth Street	69	222, 224, 226, 228, 230, 232, 234, 236, 238, 240, 242, 244, 246, 248, 250, 252, 258, 260, 262, 264, 266, 268
Elizabeth Street	70	282, 284, 290, 292, 294, 298, 300, 302, 304
Elm Street	41	11, 13, 37, 39
Elm Street	52	51, 53, 55, 61, 93
Elm Street	53	115, 121, 123, 125, 129, 131, 135, 147, 149
Elm Street	59	161, 163, 165, 167, 173, 175, 177
Elm Street	60	191, 193, 195, 197, 199, 201, 203, 205, 207, 209, 211
Elm Street	52	66, 76, 76½, 82, 84, 86, 88, 90, 92, 94, 94½, 96
Elm Street	53	124, 126, 128, 134, 136, 138, 140, 142
Elm Street	59	162, 164, 166, 170
Elm Street	60	186, 188, 190, 192, 194, 196, 198, 200, 202, 204, 206, 208, 210, 212, 214
Emerson Street	685	No house numbers on Emerson Street in book 685
Essex Market Place	219	1
Essex Street	213	1, 3, 5, 7, 9, 9½, 11, 13, 15, 17, 19, 21, 23, 25
Essex Street	219	27, 27½, 29, 31, 31 rear, 33, 33 rear, 35, 37, 39, 41, 43, 43 rear, 45, 47, 49, 51, 69, 71, 73
Essex Street	229	79, 81, 83, 85, 87, 89, 91, 93, 95, 97, 99, 101, 103, 105, 107, 109, 111, 113, 115, 117, 119, 121, 123
Essex Street	234	133, 135, 137, 139, 141, 143, 145, 147, 149, 151, 153, 155
Essex Street	281	159, 159½, 161, 163, 165, 167, 169, 171, 173, 175, 177, 179, 181
Essex Street	213	2, 4, 6, 8, <u>10</u>, <u>12</u>
Essex Street	957	<u>10</u>, <u>12</u>, 14, 16, 18, 20, 22, 26, 28, 30, 32, 34, 36, 38, 40, 42, 44, 46, 48, 50, 52

Street Name	Book	House Numbers
Essex Street	219	58, 60, 62, 62 rear, 64, 64 rear, 66, 68, 68 rear, 70, 72, 72½, 76
Essex Street	230	78, 78½, 80, 82, 84, 86, 88, 90, 92, 94, 94½, 96, 98, 98½, 100, 102, 104, 106, 108, 110, 112, 114, 116, 120, 122, 124, 126, 128, 130
Essex Street	999	108
Essex Street	233	130½, 132, 136, 138, 140, 142, 144, 146, 148, 150, 152, 154, 156
Essex Street	234	130½, 132, 136, 138 [All not in District and crossed out, use book 233]
Essex Street	282	160, 162, 164, 166, 168, 170, 172, 174, 180, 182
Exchange Place	2	43, 47, 49, 51
Exchange Place	2	20, 54, 64, 66
Extra Place	291	1, 5, 7
Extra Place	291	4, 6, 8
Ferry Street	34	33
Forsyth Street	211	1, 3, 5, 7, 9, 11, 13, 13 rear, 15, 15 rear, 17, 19, 19½, 21, 23
Forsyth Street	216	33, 35, 37, 41, 43, 45, 47, 49, 51, 55, 57, 59, 63, 65, 67, 69, 71, 73, 75, 77
Forsyth Street	221	93, 95, 97, 99, 101, 103, 105, 107, 109, 109½
Forsyth Street	223	113, 115, 117, 119, 121, 123, 125, 127, 129, 131
Forsyth Street	224	137, 139, 141, 143, 145, 147, 149, 151, 153, 155, 157, 159, 161
Forsyth Street	238	165, 167, 169, 171, 173, 177, 179, 179½, 181, 183, 185, 185½, 187, 189, 191
Forsyth Street	277	195, 197, 199, 201, 203, 205, 207, 209, 213, 215, 217, 219
Forsyth Street	212	2, 4, 6, 8, 10, 12, 14, 16, 18, 20, 22, 24, 26, 28
Forsyth Street	997	28
Forsyth Street	215	34, 36, 38, 40, 42, 44, 46, 48, 50, 52, 54, 56, 58-60, 60
Forsyth Street	217	62, 64, 66, 68, 70, 72, 74, 76, 78, 80, 82
Forsyth Street	221	92, 94, 96, 98, 100, 102, 104, 106, 108
Forsyth Street	223	110, 112, 114, 116, 118, 120, 122, 124, 126, 130, 134
Forsyth Street	225	136, 138, 140, 142, 144, 146, 148, 148 rear, 150, 150 rear, 152, 154, 154 rear, 156, 156 rear, 158, 160, 162
Forsyth Street	237	168, 170, 172, 174, 176, 178, 180, 182, 184, 186, 188
Forsyth Street	278	204, 206, 208, 210, 212, 214
Fort George Avenue	685	No house numbers on Fort George Avenue in book 685
Fort Washington Avenue	684	No house numbers on Fort Washington Avenue in book 684

Aid to Finding Addresses in 1890 NYC Police Census

Street Name	Book	House Numbers
Fort Washington Avenue	685	No house numbers on Fort Washington Avenue in book 685
Frankfort Street	34	9, 9½, 9 rear, 21, 23, 25, 25 rear, 27, 27 rear, 29, 29 rear, 35, 51
Franklin Street	51	3, 5
Franklin Street	52	41, 43, 45, 47, 49, 51, 51 rear
Franklin Street	15	79, 143, 145, 147, 155
Franklin Street	17	167, 185, 187, 189, 191, 193
Franklin Street	51	6, 8, 10, 14, 16
Franklin Street	52	40, 44, 46
Franklin Street	19	154, 166, 166½
Franklin Street	17	176, 178, 180, 182, 184, 190, 192, 192½, 194
Front Street	2	89, 103, 121, 139
Front Street	32	287, 289, 291
Front Street	115	317, 363
Front Street	143	401
Front Street	2	56, 96, 110, 112, 124, 132
Front Street	32	280, 288, 290
Front Street	115	300, 312, 322, 334, 338, 354, 356, 358, 360, 362, 364, 366, 368, 370, 372, 374, 376, 378, 380, 382, 384, 386
Front Street	143	398
Fullam Place	685	1, 3, 7 Some missing house numbers on Fullam Place in book 685
Fullam Place	685	2, 4, 6, 8 Some missing house numbers on Fullam Place in book 685
Fulton Street	13	193, 211, 213
Fulton Street	13	190, 210, 212, 216
Fulton Street	12	252, 254, 256
Gansevoort Street	271	67, 69, 73
Gansevoort Street	269	2, 4, 8, 10, 12, 14, 16, 18, 20
Gansevoort Street	270	34, 34 rear, 36, 46, 50, 52, 58, 60, 62, 64, 66, 68, 70
Gansevoort Street	271	?, 82, 84, 86, 88, 90, 94, 96, 98, 116, 122, 146
Garden Row	188	1, 3
Garden Row	188	2, 4

Street Name	Book	House Numbers
Gay Street	186	7, 9, 11, 13, 15, 17, 19, 21
Gay Street	187	2, 10, 12, 14, 16, 18, 22
Goerick Street	149	1, 3, 5, 7, 9, 11, 23, 25, 27, 29, 31, 33, 35, 37, 39, 41, 43, 45, 47, 49
Goerick Street	148	51, 53, 71, 73, 75, 77, 79
Goerick Street	178	83, 85, 87, 89, 91, 93, 95, 97, 99, 101, 103, 105, 107, 111, 113, 115
Goerick Street	345	119, 125, 127, 129, 131, 133, 135, 139, 141
Goerick Street	344	147, 149, 151
Goerick Street	146	2, 4, 6, 8, 10, 12, 16, 22, 26, 28, 30, 32, 34, 36, 38, 42, 44
Goerick Street	147	54, 56, 58, 60, 62, 64, 66, 68, 70, 72
Goerick Street	178	90, 92, 94, 96, 98, 100, 102, 110, 112, 114
Goerick Street	344	122, 124, 126, 130, 132, 134, 136
Gold Street	34	96, 96 rear, 100
Gouverneur Slip	115	4
Gouverneur Street	109	3
Gouverneur Street	108	23, 23½, 25, 27, 29
Gouverneur Street	107	35, 37, 39, 41, 43, 45, 47, 49, 55, 57, 59, 61, 65
Gouverneur Street	106	71, 75
Gouverneur Street	109	2, 4, 20
Gouverneur Street	108	26, 28, 32, 34, 36, 40, 42, 42½, 44, 48
Gouverneur Street	106	56, 58, 60, 62, 64, 66, 74
Governor's Island	5	No house numbers on Governor's Island in book 5
Grace Avenue	271	No house numbers on Grace Avenue in book 271
Gramercy Park	77	1, 3, 4, 5, 7
Gramercy Park	76	11, 13, 15, 21, 23, 25, 31
Gramercy Park	77	35-36, 37-38, 39-40
Gramercy Park	76	10, 12, 16, 18, 20, 22, 24, 26
Gramercy Park	77	34
Grand Boulevard	680	No house numbers on Grand Boulevard in book 680
Grand Boulevard	682	No house numbers on Grand Boulevard in book 682
Grand Street	136	19, 21, 23, 25, 27, 27 rear, 29, 31
Grand Street	137	37, 39, 41, 43, 45, 45 rear, 47, 49, 57, 59, 61, 63, 65, 67, 69, 77
Grand Street	53	137, 155, 157, 159, 163, 181, 183, 185, 187, 189

Aid to Finding Addresses in 1890 NYC Police Census

Street Name	Book	House Numbers
Grand Street	55	191, 193, 195, 203
Grand Street	56	205, 207, 209-211, 219
Grand Street	216	247, 249, 265
Grand Street	217	291-293
Grand Street	218	325, 327, 329, 331, 333
Grand Street	998	343, 347, 349, 351, 353, 355
Grand Street	957	357, 359, 361, 363, 365, 367, 369, 371
Grand Street	168	377, 377½, 379, 379½, 381, 381½, 383
Grand Street	974	387
Grand Street	167	393, 397, 399, 401, 405
Grand Street	161	409, 411, 413, 415, 415½, 417, 417½, 419, 419½, 421, 427, 429, 431, 431½, 433, 435, 437, 439, 441, 445, 447, 449, 451, 453, 455, 457
Grand Street	109	471, 473, 503, 505, 507, 509, 511, 513, 515, 517, 519, 521, 523, 525
Grand Street	150	545, 547, 549, 551, 553, 555, 557, 559, 561, 563
Grand Street	144	577, 579, 581, 583, 585
Grand Street	143	591, 593, 595, 597, 607
Grand Street	121	2, 4, 6, 8, 10, 12, 14, 16
Grand Street	136	20, 22, 24, 26, 28, 30, 32
Grand Street	137	38, 40, 42, 44, 46, 48, 52, 62, 68, 76
Grand Street	59	146, 158, 160
Grand Street	58	174, 176, 178, 180, 182, 184, 190, 192, 194, 196, 198, 200, 202, 212
Grand Street	221	242, 246, 256, 258, 260, 262, 264, 268, 270, 276, 278, 280, 282, 284, 286
Grand Street	220	290, 292, 294, 296, 298, 300, 310, 310½
Grand Street	218	322, 324, 326, 330, 330½, 332
Grand Street	998	354, 356, 358, 360, 362, 364, 366, 368
Grand Street	169	374½, 376, 378, 380, 382, 382 rear, 384, 384 rear, 386
Grand Street	167	392, 394, 396, 398, 400, 402, 402½, 404½
Grand Street	165	412, 416, 418, 420, 422
Grand Street	162	428, 432, 436, 446, 448, 450, 452, 456, 458
Grand Street	160	466, 468, 472, 474, 476, 478, 480, 484, 486, 488, 490, 492, 500
Grand Street	155	512, 514, 516, 518, 524, 526, 528, 530, 532, 534, 536, 538
Grand Street	150	546, 550, 552, 554
Grand Street	149	560, 562, 564, 566, 568, 570, 572, 574
Grand Street	146	576, 576½, 578, 580, 582, 584, 586, 588, 590

Street Name	Book	House Numbers
Grand Street	145	594, 596, 598, 600, 602, 604, 610, 612, 616, 620
Great Jones Street	71	1, 7, 11, 15, 17, 19, 21, 27, 35, 37, 39, 45, 55
Great Jones Street	71	30, 34, 36, 38, 40, 42, 44, 46, 48, 50, 52, 54
Greene Street	137	3
Greene Street	140	179, 181
Greene Street	179	189, 191, 193, 195, 217, 221, 223
Greene Street	137	40
Greene Street	139	142
Greene Street	140	160
Greene Street	179	188, 208, 218, 224
Greene Street	184	238
Greenwich Avenue	186	1, 3, 5
Greenwich Avenue	187	7, 9, 11, 13, 15, 17, 21
Greenwich Avenue	188	25, 27, 29, 31, 33, 35, 35½
Greenwich Avenue	190	41, 43, 45, 47, 49, 51, 53, 55, 59
Greenwich Avenue	192	105, 107, 109, 111, 115, 117, 119, 123, 125, 127
Greenwich Avenue	187	8, 12
Greenwich Avenue	188	22, 24, 26, 28, 28 rear, 30, 30 rear, 32, 34, 40, 42, 44, 46, 48, 50, 52, 54, 56, 58, 60, 62, 64, 66, 68
Greenwich Avenue	199	120, 122, 124, 126, 128, 130, 132, 134, 136
Greenwich Street	5	25, 49, 53, 55, 57, 61, 63, 65, 67, 89
Greenwich Street	10	91, 93, 97-99, 101, 103, 105, 107, 109, 113, 133, 135, 145, 147, 155, 157, 161, 167, 169, 173, 179, 181
Greenwich Street	13	187, 189, 195, 205, 217, 219, 221
Greenwich Street	14	237, 271, 273, 277, 279, 291, 293, 295, 297, 297½
Greenwich Street	16	315, 317, 319, 321, 341, 343, 345, 347
Greenwich Street	17	357, 359, 373, 375, 377, 379, 381, 383
Greenwich Street	18	391, 401, 403
Greenwich Street	22	415½, 417, 419, 421, 423, 425, 427, 435, 473, 475
Greenwich Street	118	479, 479 rear, 481, 483, 485, 487, 489, 491, 493, 497, 499, 499 rear, 501, 503, 505, 507, 509, 511
Greenwich Street	119	515, 517, 519, 521 rear, 523, 525, 525 rear
Greenwich Street	126	535, 537, 541, 543, 545, 547
Greenwich Street	127	551, 553, 555, 557, 559, 575, 577, 579, 581, 583

Aid to Finding Addresses in 1890 NYC Police Census 133

Street Name	Book	House Numbers
Greenwich Street	241	591, 591 rear, 593, 595, 597, 599, 601
Greenwich Street	240	609, 611, 613, 615
Greenwich Street	253	617, 619, 621, 623, 625, 627, 629, 631, 633, 635, 645, 647, 649, 651, 653, 655, 657, 659, 661, 663, 665, 667, 669, 671, 673, 675, 679
Greenwich Street	257	679, 681, 683, 685, 687, 689, 691, 693
Greenwich Street	256	697, 697½, 699, 701, 703, 705, 707, 709, 715, 717, 719, 721, 723, 725, 727, 729, 731
Greenwich Street	262	735, 737, 739, 741, 743, 745, 747, 749
Greenwich Street	261	755, 757, 759, 761, 763, 765, 767, 769
Greenwich Street	267	781, 783, 785, 791, 795, 803, 805
Greenwich Street	268	809, 813, 815, 817, 823
Greenwich Street	270	825, 829, 835
Greenwich Street	6	2, 4, 6, 8, 10, 12, 14, 16, 18, 20, 24, 26, 28, 30, 32, 34, 36, 38, 40
Greenwich Street	7	42, 44, 46, 48, 50, 62, 64, 66, 68, 70, 72, 82, 84, 86, 88, 90, 92
Greenwich Street	9	94, 96, 106, 108, 110, 112
Greenwich Street	11	114, 116, 118, 120, 126, 128, 130, 132, 134, 140
Greenwich Street	12	150, 152, 154, 156, 158, 160, 162, 176, 190
Greenwich Street	13	202, 210, 212, 214
Greenwich Street	14	264, 268, 270, 272, 274, 284
Greenwich Street	16	316, 318, 320, 322, 326, 332
Greenwich Street	17	354½, 356, 358, 358½, 360, 368
Greenwich Street	18	382, 396, 398, 400, 412, 414, 416, 418, 420
Greenwich Street	23	424, 424½, 426, 438, 440, 442, 444, 446, 448, 450, 452, 456, 460, 462, 464
Greenwich Street	24	470, 474, 476, 478, 480
Greenwich Street	118	482, 484, 488, 508, 510, 512
Greenwich Street	117	516, 518, 520, 522, 524, 526, 526 rear, 528, 532, 534, 536, 542, 544, 546, 548, 550, 552
Greenwich Street	240	588, 596, 604, 608, 610, 612, 618
Greenwich Street	254	620, 622, 624, 626, 628, 630, 632, 634, 636, 638, 638 rear, 640, 640 rear, 642, 644, 646, 648, 650, 652, 656, 658, 660, 662, 664, 666, 668, 670, 672, 672 rear, 674, 676, 678, 680
Greenwich Street	255	684, 686, 688, 690, 694, 696, 698
Greenwich Street	256	704, 706, 708, 710, 712, 714, 722, 724, 726, 728, 730, 732, 734, 736
Greenwich Street	262	738, 740, 742, 744, 746, 750
Greenwich Street	266	786, 788, 804, 806, 812, 814

Street Name	Book	House Numbers
Greenwich Street	265	816, 818, 820, 822, 824, 826, 828, 830
Greenwich Street	270	832, 834, 836, 838, 842, 844
Grove Street	252	13, 15
Grove Street	249	17, 19, 21, 23, 25, 27, 29, 31, 33, 35, 37, 39, 41, 45
Grove Street	258	47, 55, 57, 59
Grove Street	252	2, 4, 6, 8, 10, 10½, 12, 16, 18
Grove Street	249	20, 22, 24, 26, 28, 30, 32, 34, 36, 38, 40, 44, 48
Grove Street	248	50, 56, 58, 60, 64, 64½, 66, 68, 70, 72, 74
Grove Street	186	80, 82, 84, 86, 88, 90, 92, 94 rear, 96
Hague Street	35	4, 8
Hall Place	318	3
Hall Place	318	2
Hamilton Place	680	No house numbers on Hamilton Place in book 680
Hamilton Street	85	1, 3, 5, 7, 9, 11, 13, 17, 19, 21, 23, 25, 31, 33, 35, 37, 39, 41, 43, 45, 47
Hamilton Street	85	4, 10, 12, 14, 16, 16½, 18, 22, 24, 26, 26½, 28, 30, 32, 34, 36, 38, 40, 42, 42½, 40-44, 44-46, 48, 50
Hancock Place	673	25, 27, 29, 31, 35, 37
Hancock Street	142	1, 3, 5, 7, 9, 11, 13, 15, 17, 19, 21, 23, 25, 27, 29, 31, 33
Hancock Street	244	2, 4, 6, 8, 10, 12, 14, 16, 18, 20, 22, 24, 26, 28, 30, 32, 34, 36
Hanover [Square ?]	2	3
Hanover [Square ?]	2	4
Harrison Street	16	7, 9, 11, 21, 23, 23½, 29, 31
Harrison Street	17	6, 20, 22, 28, 30, 32, 34, 36, 44, 60
Havens Lane	685	No house numbers on Havens Lane in book 685
Henderson Place	770	5, 7, 9, 11, 13, 15
Henderson Place	770	6, 8, 10, 12, 16
Henry Street	27	3, 5
Henry Street	80	19, 21, 23, 25, 27, 29, 33, 35, 37, 41, 43, 45, 47, 49, 51, 53, 55, 57, 59, 61
Henry Street	91	69, 71, 73, 75, 77, 81, 83, 85, 87, 89, 91, 93, 95, 95 rear, 97, 99, 101
Henry Street	94	105, 107, 109, 111, 113, 117, 119, 121, 123, 125, 127, 129, 131, 133, 135, 139, 141, 153, 155, 157, 159, 161, 163, 165, 167, 169, 171, 175
Henry Street	102	179, 181, 183, 185, 187, 189, 191, 193, 195, 197, 199, 201, 203, 205, 207

Aid to Finding Addresses in 1890 NYC Police Census

Street Name	Book	House Numbers
Henry Street	103	209, 211, 215, 217, 219, 221, 223, 225, 227, 229, 231, 233, 235, 237, 239, 241, 243, 245
Henry Street	109	257, 259, 261, 263, 265, 267, 269, 273, 277, 281, 283, 287, 289, 291, 293, 295, 297, 299, 301, 303, 305, 307, 311, 313, 315, 317, 319, 325, 327
Henry Street	27	2, 4, 6, 10
Henry Street	81	20, 22, 24, 26, 28, 30, 32, 34, 36, 38-40, 40, <u>42</u>, 44, 46, 48, 50, 52, 54, 56, 58, 60, 62, 66
Henry Street	80	<u>42</u> [Written over could be <u>42</u> or <u>43</u>]
Henry Street	90	68, 70, 72, 74, 76, 78, 80, 82, 88, 90, 92, 94, 96, 98, 100
Henry Street	95	110, 112, 116, 126, 128, 130, 132, 134, 136, 138, 140, 142
Henry Street	101	148, 150, 152, 154, 156, 158, 162, 164, 166, 168, 170, 178, 180, 182, 184, 186, 188, 190, 192, 194, 196, 198, 200, 202, 204, 206
Henry Street	104	208, 210, 212, 216, 218, 220, 224, 226, 228, 230, 232, 234, 236, 238, 240, 242, 244, 246
Henry Street	108	252, 254, 256, 258, 260, 262, 264, 266, 268, 276, 278, 282, 284
Henry Street	110	286, 292, 294, 296, 298, 300, 302, 304, 306, 308, 310, 312, 314, 320, 322, 324, 326, 328, 330, 332, 334, 338
Hester Street	167	1, 3, 5, 7, 13, 15
Hester Street	974	19, 21, 23, 25, 27, 29, 31
Hester Street	213	35, 37, 39, 41, 43, 45
Hester Street	219	51, 53, 53 rear, 55, 55 rear, 57, 59
Hester Street	218	67, 69, 71, 73, 75, 77, 79
Hester Street	217	81, 83, <u>85</u>, 87, 89, 91, 93, 95, 97½, 99, 103, 107, 109, 111, 113, 115, 117, 119
Hester Street	955	123, 125, 127, 129, 131, 133, 137½, 139, 141, 143, 145
Hester Street	56	<u>85</u> [could be Elizabeth street], 161, 163, 165, 165 rear, 167, 167 rear, 169, 169 rear, 171, 171 rear, 173
Hester Street	55	181, 183, 185, 187, 189
Hester Street	53	195, 199, 201, 203, 205, 207, 211, 215, 217
Hester Street	168	4, 8, <u>10</u>, 12, 14, 16, <u>18</u>
Hester Street	974	<u>10</u>, <u>18</u>, 20, 24, 30, <u>38</u>
Hester Street	213	28, 32, 34, 36, <u>38</u>, 44, 46, 48, 50
Hester Street	214	56, 58, 60, 62, 64, 66, 72, 74, 80, 82
Hester Street	215	86, 88, 96, 98, 100, 102, 104, 106
Hester Street	955	110, 112, 116, 118, 120, 122, 124, 126, 128, 130, 132
Hester Street	56	142, 144, 162, 164

Street Name	Book	House Numbers
Hester Street	54	166, 172, 174, 176, 178, 180, 184, 186, 188, 190, 192, 202, 204
Hill Road	685	No house numbers on Hill Road in book 685
Horatio Street	269	1, 3, 7, 9, 11, 13, 15, 17, 19, 21, 23, 25, 27, 29, 33, 35, 41
Horatio Street	270	43, 45, 47, 49, 51, 53, 55, 57, 59, 65, 67, 69, 71, 73, 77, 79, 81, 83, 85, 87
Horatio Street	271	89, 91, 147
Horatio Street	192	2, 4, 6, 8-10, 12-14, 18
Horatio Street	268	26, 28, 30, 32, 34, 36, 40, 42, 44, 46, 48, 54, 56, 58, 60, 62, 64
Horatio Street	265	70, 72, 74, 76, 78, 80, 82, 84, 86, 88, 90-92, 96, 108, 138, 146
Howard Street	53	18, 20, 40, 42
Hubert Street	18	1, 3, 5, 7, 9, 31, 47, 73
Hubert Street	22	10, 12, 14, 16, 18
Hubert Street	18	22, 26, 26½, 28
Hudson Street	16	21, 23, 27, 67, 69, 77, 79, 81
Hudson Street	17	93, 109, 111, 113
Hudson Street	18	123, 129, 131, 137, 139, 141, 143, 145, 147
Hudson Street	22	151, 153, 155, 157, 159, 161, 163, 165, 169, 171, 173, 175, 177, 183, 185, 187, 189, 191, 193, 205, 207
Hudson Street	119	219, 225, 229, 231, 233, 235, 237, 239, 243, 245, 247, 249, 251, 253, 253 rear, 257, 259, 261, 263, 265, 271, 273, 273 rear, 275, 277, 279, <u>281</u>, 299, 301, 303, 305, 307, 309, 311, 313, 315, 317, 319, 321
Hudson Street	126	323½, 325, 327, 329, 331, 333, 335, 337, 339
Hudson Street	127	345, 347, 349, 351, 353, 355, 357, 359, 361, 363, 365, 367, 369, 371, 373, 375, 377, 379, 381, 383
Hudson Street	241	389, 391, 393, 395, 397, 399, 401, 403
Hudson Street	240	405, 407, 409, 411, 413, 413½, 415, 417, 419
Hudson Street	253	425, 427, 429, 431, 433, 433 rear, 435, 437, 439, 441, 443, 449, 449½, 451, 453, 455, 457, 459, 461, 463, 467, 469, 471, 473, 475, 477, 487, 491, 493, 495, 497
Hudson Street	257	503, 505, 507, 509, 511, 513
Hudson Street	256	521, 523, 525, 527, 529, 531, 533, 535, 537, 539, 541, 543, 545, 547
Hudson Street	262	551, 555, 557, 561, 563
Hudson Street	261	<u>281</u>, 571, 573, 575, 577, 579, 581, 581½
Hudson Street	267	601, 605, 609, 613, 615, 617, 619
Hudson Street	268	625, 627, 629, 631, 633
Hudson Street	270	639, 639½, 641, 643, 645, 647, 649, 651, 655, 657, 661, 663, 667

Aid to Finding Addresses in 1890 NYC Police Census

Street Name	Book	House Numbers
Hudson Street	274	687, 689, 691
Hudson Street	15	34, 36, 40, 46, 48, 74, 76
Hudson Street	19	108, 110, 114, 118, 120, 122, 124, 126, 128
Hudson Street	21	166, 174, 176, 178, 184, 186, 188, 190, 192, 194, 196, 198, 200, 202, 204
Hudson Street	120	216, 220, 222, 224, 224 rear, 226, 228, 230
Hudson Street	123	286, 288, 290, 296, 312, 314, 316
Hudson Street	126	324, 328, 330, 334, 336, 338, 340, 342, 344
Hudson Street	128	346, 348, 350, 352, 358, 360, 362, 366, 368, 370, 372, 374, 376, 378
Hudson Street	241	396, 398, 400
Hudson Street	251	422, 424, 426, 428, 430, 432, 434, 438, 442, 444, 446, 448, 450, 452, 454, 456, 458, 460
Hudson Street	252	466, 468, 468½, 470, 472, 474, 476, 478, 480, 484, 486, 492, 494, 496, 498
Hudson Street	257	504, 506, 508, 510, 512, 514, 516
Hudson Street	259	522, 524, 526, 528, 530, 532, 534
Hudson Street	260	540, 544, 546, 548, 548½, 550, 554, 556, 558, 560, 562, 564, 566, 570
Hudson Street	261	576, 578
Hudson Street	268	612, 614, 616, 618, 620, 626, 628, 630, 634, 636
Hudson Street	269	638, 640, 642, 644, 646, 648
Hudson Street	273	682
Hudson Street	274	688, 690
Inwood Street	685	No house numbers on Inwood Street in book 685
Irving Place	75	3, 13, 15-17-19, 21, 23, 25, 27, 29, 33, 39-41-43, 45, 47
Irving Place	76	51, 53, 55, 61, 63, 65, 69, 71, 81, 83 Some missing house numbers on Irving Place in book 76
Irving Place	75	2, 12, 14, 16, 18, 20, 22, 24, 26, 28, 30-32, 36, 38, 40, 42, 44, 46, 48, 50, 52
Irving Place	76	54, 56, 58, 66, 68, 70, 72½, 74, 76, 78, 80, 82, 84 Some missing house numbers on Irving Place in book 76
Jackson Street	110	1, 3, 5, 7, 9
Jackson Street	112	19, 27
Jackson Street	113	31, 33, 35, 37, 39, 41
Jackson Street	114	49, 51
Jackson Street	115	65, 67, 69, 71, 73, 75, 77, 81, 85
Jackson Street	150	4, 6, 8, 10

Street Name	Book	House Numbers
Jackson Street	144	14, 16, 18, 20, 22, 24, 30, 32, 34, 36, 38, 40, 42, 44
Jackson Street	143	50, 52, 54, 56, 56½, 58, 58½, 60, 64, 66, 68, 70, 72, 74, 76, 84, 86, 88
James Slip	31	1, 3
James Slip	25	15, 19
James Slip	25	2, 4, 6, 8, 8½
James Street	29	3, 7, 9, 9 rear, 11, 31, 33, 37
James Street	30	45, 49, 55, 55 rear, 59, 61, 61 rear, 63, 63 rear, 65, 67, 69
James Street	31	73, 75, 77, 79, 83, 85, 87, 89, 91, 95
James Street	29	2, 4, 8
James Street	28	24, 24 rear, 46, 48, 50, 52, 54, 60, 62, 64, 66, 66 rear, 68, 68 rear, 70
James Street	26	74, 76, 78, 80, 84, 86, 88, 90, 92, 94, 94 rear, 98, 100, 102
Jane Street	192	5, 5½, 7, 7½, 9, 9½, 11, 19, 25, 27, 29, 31
Jane Street	268	35, 37, 39, 41, 43, 47, 49, 51, 53, 55, 57, 59, 61
Jane Street	265	71, 73, 75, 77, 79, 81, 83, 89, 91, 93, 95
Jane Street	192	2, 4, 6, 8, 12, 14, 16, 18, 20, 22, 24, 26, 28, 30, 32, 34
Jane Street	268	40, 42, 44, 46, 48, 50, 52, 54, 56
Jane Street	267	58, 60, 62, 66
Jane Street	266	70, 72, 74, 76, 78, 80, 80½, 82, 84, 86, 88, 92, 94, 96
Jane Street	265	118, 122, 140, 144, 146, 148, 152, 154, 156, 160, 162
Jefferson Street	102	1, 19
Jefferson Street	101	25, 29
Jefferson Street	100	35
Jefferson Street	99	37, 39
Jefferson Street	93	2, 4
Jefferson Street	94	14, 16, 18, 20
Jefferson Street	101	<u>28</u>
Jefferson Street	100	<u>28</u>, 30, 32
Jefferson Street	99	34, 36, 40, 52, 56
Jersey Street	67	5, 7, 9, 11, 13, 15
Jersey Street	67	2½, 4, 6
Jones Alley	71	4
Jones Lane	2	7

Aid to Finding Addresses in 1890 NYC Police Census

Street Name	Book	House Numbers
Jones Street	248	3, 5, 7, 9, 11, 19, 21, 23, 25, 27, 29, 31
Jones Street	247	4, 6, 8, 10, 12, 14, 16, 18, 20, 22, 24, 26, 28, 30, 32, 34
Jumel Place	684	No house numbers on Jumel Place in book 684
King Street	130	1, 3, 5, 7-9, 11, 11 rear, 13, 15, 17, 19, 21, 27, 35, 37, 39, 41, 43, 45, 47, 47 rear, 49, 49 rear, 51, 53, 53 rear, 55, 57
King Street	128	59, 63, 65, 67, 69, 71, 73, 79, 81, 83, 83 rear, 85, 91
King Street	127	95, 97, 99, 101, 103, 105, 107, 109, 111, 113
King Street	128	68, 70, 72, 74, 74 rear, 76, 76½, 78, 82, 84, 86, 88, 90, 92, 94, 96, 98
King Street	127	102, 104, 106, 108, 110, 114, 116
Kingsbridge Road	684	No house numbers on Kingsbridge Road in book 684
Kingsbridge Road	685	No house numbers on Kingsbridge Road in book 685
Lafayette Place	71	7
Lafayette Place	72	17, 19, 21, 23, 25, 29, 41, 43, 47
Lafayette Place	71	2-4, 8
Lafayette Place	72	18, 20, 22, 24, 28, 30, 32
Laight Street	20	3, 5, 13, 15, 17
Laight Street	22	45, 47, 49, 51, 57, 59, 63
Laight Street	18	67, 69
Laight Street	21	12, 14, 16, 18, 20, 20½, 22, 22½, 24, 32, 34, 36, 38, 40, 42, 44, 46
Laight Street	22	52
Laight Street	23	68, 74, 80, 82, 84, 88, 90
Lawrence Street	675	7, 9, 11, 13, 13½, 15, 17, 25, 27, 47, 49, 51, 53, 55
Lawrence Street	677	85, 87, 89, 91, 101, 113, 117, 123, 137 Some missing house numbers on Lawrence Street in book 677
Lawrence Street	675	2, 4, 6, 8, 10, 12, 14, 16, 18, 20, 28, 30, 32, 36, 46, 48, 50, 52, 54, 56
Lawton Avenue	271	7-9-11
Lenox Avenue	854	1-3, 15, 25, 73, 77
Lenox Avenue	864	101, 111, 113, 117, 119, 151 Some missing house numbers on Lenox Avenue in book 864
Lenox Avenue	882	181, 187, 189, 191, 193, 195, 199, 231, 233, 235, 237, 239, 241, 243, 245, 247, 249, 251, 253, 255, 257, 259
Lenox Avenue	883	135 [may be <u>335</u>], 269, 271, 273, 275, 283, 285, 287, 289, 291, 293, 307, 311, 313, 315, 317, 319, 331, <u>335</u>

Street Name	Book	House Numbers
Lenox Avenue	903	383, 385, 387, 403, 405, 407, 409, 411, 413, 415, 423, 429, 439, 443, 445, 447, 449, 451, 453, 455, 457, 459, 461, 463
Lenox Avenue	906	113 [should be 513 ?], 513, 515, 517, 523 Some missing house numbers on Lenox Avenue in book 906
Lenox Avenue	854	72
Lenox Avenue	864	100, 176 Some missing house numbers on Lenox Avenue in book 864
Lenox Avenue	881	186, 188, 190, 192, 194, 196, 204, 208, 210, 216, 226, 228. 230, 240, 242, 244, 246, 248, 260, 262, 264, 266, 268, 270, 272, 274, 276, 282, 284, 286, 288
Lenox Avenue	884	302, 306, 308, 310, 312, 314, 320, 322, 324, 326, 328, 330, 332, 334, 338
Lenox Avenue	901	342, 344, 346, 348, 350, 352, 354, 360, 362, 364, 366, 368, 378
Lenox Avenue	904	412, 414, 416, 418, 422, 424, 428, 432, 434, 436, 438, 440, 442, 466, 468, 470, 472, 474, 476
Lenox Avenue	906	482, 576 Some missing house numbers on Lenox Avenue in book 906
Leonard Street	15	13, 13 rear, 15, 15 rear, 17, 19
Leonard Street	52	117, 121
Leonard Street	51	159, 161, 163
Leonard Street	52	108, 110, 112, 114, 116, 118, 122, 124, 126, 128, 130, 132, 132 rear
Leonard Street	49	148, 150, 150 rear, 152, 152 rear, 154, 154-160, 162, 164, 166, 166½, 168
Leroy Street	250	3, 5, 7, 7 rear, 9, 11, 13, 13½, 15, 19, 19 rear, 21, 21 rear, 23, 25, 29, 31
Leroy Street	251	43, 45, 47, 49, 51, 53, 55, 57
Leroy Street	253	103, 105, 107, 109, 111, 113, 115, 117, 119, 121, 123
Leroy Street	254	131, 133, 135, 139
Leroy Street	245	6, 8, 10, 12, 14, 16, 18, 20, 22, 24, 26, 28, 30, 32, 34, 36, 38
Leroy Street	242	40, 42, 44, 46, 48, 50, 52, 54, 56, 58, 60, 62, 64, 66, 68
Leroy Street	240	100, 102, 104, 106, 108, 110, 118, 120, 122, 124, 126, 152, 160, 162
Lewis Street	150	1, 3, 5, 7, 9, 11, 13, 17, 19, 19½
Lewis Street	151	23, 25, 27, 29, 31, 33, 35, 37, 39, 41
Lewis Street	152	47, 49, 51, 53, 55, 63, 65, 67
Lewis Street	177	75, 77, 79, 81, 83, 85, 87, 89, 91, 93, 95, 97, 99
Lewis Street	345	101½, 103, 105, 105½, 105½ rear, 107, 107 rear, 109, 109 rear, 111, 111 rear, 113, 115, 115 rear, 117, 119, 121, 123, 123 rear, 125, 127
Lewis Street	346	131, 133, 135, 137, 139, 141, 143, 145
Lewis Street	359	159, 161, 163, 165, 167

Aid to Finding Addresses in 1890 NYC Police Census

Street Name	Book	House Numbers
Lewis Street	149	2, 4, 6, 8, 10, 12, 22, 26, 28, 30, 32, 34, 36, 38, 40, 42, 44
Lewis Street	148	48, 50, 54, 56, 58, 60, 62, 64, 66, 68, 68½, 70
Lewis Street	178	72, 72½, 74, 76, 78, 80, 82, 84, 84½, 86, 88, 90, 92, 94, 96, 98
Lewis Street	345	102, 102 rear, 104, 106, 108, 110, 112, 120, 120 rear, 122, 124, 126, 128
Lewis Street	344	132, 140, 142, 144, 146, 148, 150, 152, 154, 156, 158, 160, 162, 172, 174, 176, 220
Lexington Avenue	77	9, 15, 17
Lexington Avenue	575	19, 21, 23, 25, 29, 41, 43, 45, 47, 49, 51, 53, 55, 57, 59, 61, 63, 65, 67, 69, 73
Lexington Avenue	576	81, 83, 85, 87, 89, 91, 93, 95, 101, 103, 105, 107, 109, 113, 115
Lexington Avenue	577	119, 121, 123, 125, 127, 129, 131, 133, 135, 139, 141, 143, 145, 147, 149, 151, 153, 155, 157, 159
Lexington Avenue	578	161-163, 165, 167, 169, 171, 173, 175, 177, 181, 183, 185, 187, 189, 191, 193, 201, 203, 207, 209, 213
Lexington Avenue	579	221, 223, 229, 231, 237, 239, 241, 243, 247, 249, 251, 253, 263, 265, 267, 269, 271
Lexington Avenue	581	355, 357, 359, 361, 363, 365, 367, 369, 371, 373
Lexington Avenue	686	395, 399, 401, 403, 405, 407, 409, 411, 413, 425, 427, 429, 431, 433, 435, 437, 439, 441, 443, 445, 447, 449
Lexington Avenue	687	?, 459, 461, 463, 473, 487, 491, 493, 495, 497, 515
Lexington Avenue	688	517, 519, 521, 523, 525, 527, 529, 531, 533, 535, 537
Lexington Avenue	689	?, 571, 575, 577, 579, 581, 585, 587, 589, 591, 595, 597, 601, 603, 605, 607, 609, 611, 613, 615
Lexington Avenue	691	677, 679, 681, 683, 685, 687, 689, 691, 695, 703, 705, 707, 709, 711, 713, 715, 717, 719, 721, 723, 725, 727, 729, 731, 733, 735, 737, 739, 741
Lexington Avenue	752	823, 825, 827, 829, 831, 833, 841, 843, 847, 849, 851, 853, 857, 859, 861, 863, 869, 885 Some missing house numbers on Lexington Avenue in book 752
Lexington Avenue	753	943, 945, 947, 949, 951, 953, 955, 959, 961, 963, 965, 967, 969, 971, 973, 975, 977, 979, 981, 983, 985, 987, 989, 1011, 1013, 1015, 1017, 1019, 1021, 1023
Lexington Avenue	754	?, 1029, 1031, 1033, 1035, 1037, 1039, 1041, 1043, 1049, 1053, 1055, 1057, 1059, 1061, 1063, 1065, 1067, 1069
Lexington Avenue	755	1079, 1081, 1083, 1085, 1087, 1089, 1101, 1103, 1105, 1107, 1109, 1111, 1113, 1129, 1131, 1133, 1135
Lexington Avenue	756	1185, 1187, 1195, 1201, 1203, 1205, 1207
Lexington Avenue	758	?, 1241, 1243, 1245, 1247, 1249, 1263, 1265, 1267, 1269, 1271, 1273, 1275
Lexington Avenue	762	1297, 1303, 1307

Street Name	Book	House Numbers
Lexington Avenue	764	1335, 1337
Lexington Avenue	765	1343, 1345, 1347
Lexington Avenue	760	1361, 1377, 1379
Lexington Avenue	827	1381, 1383, 1385, 1387, 1389, 1391, 1405, 1407, 1413, 1415, 1417, 1419, 1421, 1423
Lexington Avenue	972	1431, 1433, 1435, 1437, 1439, 1441, 1443, 1447, 1449, 1451, 1453, 1455, 1457, 1459, 1461, 1463, 1467, 1469, 1473, 1475, 1477
Lexington Avenue	833	1491, 1495, 1497, 1499, 1501 Some missing house numbers on Lexington Avenue in book 833
Lexington Avenue	835	1599, 1601, 1603, 1605, 1607, 1609, 1611, 1613, 1627, 1629, 1631, 1633, 1635, 1637, <u>1639</u>, 1641
Lexington Avenue	842	<u>1639</u>, 1643, 1645, 1647, 1649, 1651, 1653, 1655, 1657, 1659, 1671, 1673, 1675, 1677, 1679
Lexington Avenue	844	1681, 1683, 1685, 1687, 1689, 1691, 1693
Lexington Avenue	857	1765, 1767, 1769, 1771, 1773, 1791, 1793, 1795, 1797, 1799
Lexington Avenue	862	1829, 1833, 1835, 1837, 1839, 1841
Lexington Avenue	866	1861, 1875, 1879, 1881, 1883, 1885, 1887, 1889, 1891, 1893, 1895
Lexington Avenue	878	1897, 1899, 1991, 1993, 1995, 1997, 2007, 2009, 2013, 2015, 2017, 2019
Lexington Avenue	887	2021, 2027, 2053
Lexington Avenue	898	2089, 2091, 2093, 2095, 2097, 2113, 2115, 2125, 2135, 2137, 2139, 2141 Some missing house numbers on Lexington Avenue in book 898
Lexington Avenue	77	4, 6, 8, 10, 12, 14, 16
Lexington Avenue	322	28, 30, 32, 34, 36 [vacant], 38, 40, 42, 44, 46, 48, 50, 52, 54, 56, 58, 60, 62, 64, 66, 68 [vacant], 70, 72, 74, 76, 78, 80, 82, 84, 86, 88, 90, 92, 94, 96, 98
Lexington Avenue	332	160, 162, 164, 166, 168, 170, 172, 174, 176, 178, 180, 182, 184, 186, 188, 190, 192, 194, 196, 200, 202
Lexington Avenue	338	222, 224, 226, 242, 244, 246, 248, 250, 252, 266, 284, 286, 288, 298, 300, 302, 304, 306 refused, 308, 310
Lexington Avenue	727	354, 356, 358, 360, 362, 364, 366, 368, 370, 372, 400, 404, 408, 410, 412, 414
Lexington Avenue	734	558, 560, 562, 564, 566, 568, 570, 572, 574, 576, 578, 580, 582, 584, 586, 588
Lexington Avenue	735	596, 600, 602, 604, 606, 608, 610, 612, 614, 616, 620, 622, 624, 626, 628, 630, 632, 634
Lexington Avenue	736	636, 638, 640, 642, 644, 656, 658, 660, 662, 664, 666, 668, 672, 674, 678, 680, 682, 684, 686, 688
Lexington Avenue	741	708, 710, 712, 714, 716, 718, 720, 722, 724, 726, 728, 730, 734, 736, 738, 740, 742, 744, 746, 748, 750, 770

Aid to Finding Addresses in 1890 NYC Police Census

Street Name	Book	House Numbers
Lexington Avenue	742	784, 786, 788, 790, 792, 794, 796, 798, 800, 802, 806, 808, 810, 812, 814, 816, 818, 820, 822
Lexington Avenue	743	824, 826, 828, 830, 832, 834, 836, 838, 840, 842, 844, 846, 848, 850, 854, 856, 858, 860, 862, 864, 866
Lexington Avenue	744	870, 872, 874, 876, 878, 880, 882, 884
Lexington Avenue	745	944, 946, 948, 960, 962, 964, 966, 968, 970, 972, 1012, 1014, 1016, 1018, 1020, 1022
Lexington Avenue	746	1032, 1034, 1040, 1042, 1044, 1046, 1048, 1050, 1052, 1056, 1058, 1060, 1062, 1064, 1066, 1068, 1070, 1072, 1076
Lexington Avenue	747	1080, 1082, 1084, 1086, 1088, 1090, 1104
Lexington Avenue	994	1184, 1186, 1190, 1192, 1194, 1196, 1198, 1200, 1202
Lexington Avenue	749	1220, 1222, 1224, 1226, 1230, 1240
Lexington Avenue	761	1322, 1324, 1326, 1328, 1330, 1332, 1334, 1336, 1338, 1342, 1344, 1346, 1348, 1350, 1352, 1354, 1356, 1358, 1360
Lexington Avenue	760	1368, 1370, 1372, 1374, 1376, 1378
Lexington Avenue	826	1380, 1382, 1384, 1386, 1388, 1390, 1392, 1402, 1404 ?, 1412, 1414, 1428, 1434, 1436, 1438, 1440, 1442, 1450, 1454, 1456, 1458, 1460, 1462, 1464, 1466, 1468, 1470, 1476, 1490, 1492, 1494, 1496, 1498, 1500
Lexington Avenue	843	1636, 1638, 1640, 1642, 1644, 1646, 1648, 1650, 1652, 1654, 1656, 1658
Lexington Avenue	844	1680, 1682, 1684, 1686, 1688, 1690, 1692, 1694, 1696, 1698, 1700, 1702
Lexington Avenue	852	1728, 1730, 1732, 1734, 1736, 1738, 1740, 1744, 1750
Lexington Avenue	856	1776, 1794, 1800, 1804, 1806, 1808, 1810, 1812, 1818
Lexington Avenue	863	1822, 1824, 1826, 1828, 1830, 1832, 1834, 1836, 1838, 1840, 1848, 1850, 1852, 1854, 1856, 1858, 1860, 1862, 1864
Lexington Avenue	865	1880, 1882, 1884, 1886, 1888, 1890, 1892, 1894, 1896, 1924
Lexington Avenue	879	1934, 1936, 1938, 1940, 1942, 1950
Lexington Avenue	886	1984, 1988, 1990, 1992, 1994, 1996, 1998, 2000, 2002, 2004, 2008, 2010, 2012, 2024, 2026, 2028
Lexington Avenue	887	2076, 2078, 2080, 2088
Lexington Avenue	899	2092, 2094, 2096, 2098, 2100, 2102, 2114, 2116, 2134, 2146, 2148, 2150, 2152, 2154, 2156, 2158, 2160, 2162, 2164, 2166, 2168
Liberty Street	10	91, 95-97, 109, 111, 113, 119, 123
Liberty Street	12	127, 129, 131, 133, 135
Liberty Street	10	92-94, 106-108
Liberty Street	11	128, 130, 132, 144, 146
Lincoln Place	878	1, 3, 5, 7, 9, 11

Street Name	Book	House Numbers
Lincoln Place	878	2, 4, 6, 10, 14
Lispenard Street	15	23
Lispenard Street	15	20
Little West 12th Street	270	3, 5
Little West 12th Street	272	11, 13, 15, 17, 53, 57, 61, 95
Little West 12th Street	271	8, 10, 12, 22, 24, 26, 28, 30, 32, 36, 78, 80, 82, 84
Livingston Place	522	3, 5, 7, 9
Livingston Place	521	11, 13, 15 Some missing house numbers on Livingston Place in book 521
Livingston Place	522	2, 6, 8
Livingston Place	521	12, 14, 16 Some missing house numbers on Livingston Place in book 521
Ludlow Street	214	3, 5, 7, 9-11, 13, 13-15, <u>17</u>, 19, 21, 23, 25, 27, 29
Ludlow Street	953	<u>17</u>
Ludlow Street	218	33, 35, 37, 39, 41, 45, 47, 47 rear, 49, 49 rear, 51, 53, 55, 65, 67, 69, 71, 73, 75, 75 rear, 77
Ludlow Street	227	83, 85, <u>87</u>
Ludlow Street	952	<u>87</u>, 89, 91, 93, 95, 97, 99, 101, 103
Ludlow Street	228	105, 107, 109, 111, 113, 115, 117, 119, 121, 123, 125, 127
Ludlow Street	235	133, 137, 139, 141, 143, 145, 147, 149, 151, 153, 155, 157, <u>161</u>
Ludlow Street	280	<u>161</u>, 163, 165, 167, 169, 171, 173, 175, 177, 179, 179 rear, 181, 181 rear, 183, 183 rear, 185, 187, 189
Ludlow Street	213	6, 8, 10, 12, 14, 16, 18, 20, 22, 24, 26, 28
Ludlow Street	219	32, 34, 36, 38, 40, 42, 44, 48, 48 rear, 50, 52, 54, 54½, 56, 58, 70, 76, 78
Ludlow Street	998	66, 80
Ludlow Street	229	82, 84, 86, 88, 90, 92, 94, 96, 98, 100, 102, 106, 108, 110, 112, 114, 116, 118, 120, 122, 124, 126, 128, 130
Ludlow Street	234	132, 134½, 138, 140, 142, 144, 146, 148, 150, 152, 154, 156, 158
Ludlow Street	281	164, 168, 170, 172, 174, 176, 178, 180, 182, 184, 186, 188, 190
MacDougal Alley	185	5
MacDougal Alley	185	4, 6, 8, 10, 14
MacDougal Street	124	1, 13

Aid to Finding Addresses in 1890 NYC Police Census

Street Name	Book	House Numbers
MacDougal Street	125	?, 17, 19, 21, 23, 25, 29
MacDougal Street	130	43, 45, 47, 49, 51, 53, 55, 57
MacDougal Street	142	61, 63, 65, 67, 69, 71, 73, 77, 79, 81, 83, 85, 87
MacDougal Street	183	127, 129, 131, 133, 135, 137, 139
MacDougal Street	185	169, 175, 177, 179, 181
MacDougal Street	133	2, 2½, 4, 4 rear, 8, 8 rear, 10, 12, 14, 14 rear, 16, 18, 20, 24, 26, 28, 30, 32, 34
MacDougal Street	131	38, 40, 42, 44, 46, 48, 50, 52, 54, 56, 56 rear, 58, 58 rear, 62, 64, 66, 68
MacDougal Street	142	74, 76, 78, 80, 82, 84, 86, 88, 90, 92, 94, 96
MacDougal Street	185	174, 176
Madison Avenue	323	13, 17, 19, 21, 25, 27, 29, 31, 35, 37, 61, 63, 69, 71, 73, 75, 77
Madison Avenue	332	121, 127, 137, 139, 141, 143, 145, 147, 149, 153-155, 157, 159, 161, 163, 165, 167
Madison Avenue	338	169, 171, 173, 175, 177, 179, 181, 183, 185, 187, 189, 191, 193, 195, 197, 209, 213, 215, 219, 221, 229, 233, 235, 237, 239, 241
Madison Avenue	727	283, 289, 291, 293, 295, 299, 301, 303, 305, 307, 311, 313, 315, 323, 325, 327, 329, 331, 335
Madison Avenue	734	413, 415, 417, 419, 421, 423, 451, 453, 457
Madison Avenue	735	507, 511, 513, 515, 519, 521, 523, 527, 529
Madison Avenue	736	537, 539, 541, 545, 547, 549, 555, 557, 559, 573, 591
Madison Avenue	741	601, 603, 605, 613, 619, 625, 629, 645, 647, 649, 651, 663, 665, 667, 669, 671
Madison Avenue	742	673, 675, 677, 679, 681, 683, 685, 687, 689, 691, 693, 695, 697, 699, 709
Madison Avenue	743	711, 713, 715, 717, 719, 733, 735, 737, 739, 741, 743, 745, 747, 749
Madison Avenue	744	753, 755, 757, 763, 771, 781, 783, 785, 787, 789, 791, 795, 797, 799, 801, 803, 805, 807, 809, 813, 815, 821, 823
Madison Avenue	745	831, 833, 837, 839, 841, 871, 873
Madison Avenue	746	923, 925, 927, 933, 935, 941, 943, 945, 947, 949, 951, 953, 955, 957, 959, 961, 963, 965, 967, 969, 971
Madison Avenue	747	987, 1001, 1003, 1005, 1009, 1011, 1013, 1015, 1017, 1019, 1021, 1031
Madison Avenue	748	1033, 1037, 1039, 1041, 1043, 1045, 1061, 1063, 1065, 1067, 1069, 1075
Madison Avenue	994	1069, 1071
Madison Avenue	749	1113, 1115, 1117, 1119, 1121
Madison Avenue	760	1269 Some missing house numbers on Madison Avenue in book 760
Madison Avenue	826	1275, 1277, 1279, 1281, 1283, 1291

Street Name	Book	House Numbers
Madison Avenue	843	1531, 1533, 1535, 1537, 1541, 1543, 1545, 1547, 1549, 1551, 1553, 1575, 1577, 1579
Madison Avenue	853	1619, 1621, 1623, 1625, 1627, 1629, 1633, 1635, 1637, 1639, 1641, 1643, 1645, 1649 Some missing house numbers on Madison Avenue in book 853
Madison Avenue	854	1651, 1653, 1655, 1657, 1659, 1661, 1663, 1673, 1675, 1677, 1679, 1689
Madison Avenue	855	1697, 1699, 1701, 1703, 1715, 1717, 1723, 1735, 1737, 1739
Madison Avenue	864	1705, 1745, 1747, 1749, 1751, 1753, 1755, 1815, 1817, 1819, 1821, 1827 Some missing house numbers on Madison Avenue in book 864
Madison Avenue	880	1839, 1841, 1845, 1849, 1851, 1853, 1855, 1857, 1859, 1861, 1869, 1871, 1873, 1875, 1877, 1879, 1881, 1883, 1885, 1887, 1889, 1891, 1893, 1895, 1897
Madison Avenue	885	1901, 1903, 1905, 1907, 1909, 1921, 1923, 1927, 1929, 1933, 1935, 1937, 1939, 1959, 1961, 1963, 1965, 1967, 1969, 1981, 1983, 1985, 1987, 1989, 1991
Madison Avenue	900	1995, 1997, 1999, 2001, 2003, 2005, 2007, 2009, 2011, 2013, 2015
Madison Avenue	905	2063, 2065, 2067, 2069, 2071, 2097, 2101, 2103, 2105, 2107, 2109, 2111, 2113, 2115, 2117, 2119
Madison Avenue	323	62, 64, 66, 68, 72, 74, 76, 78
Madison Avenue	330	80, 86, 88, 102, 106, 110, 114
Madison Avenue	333	118, 120, 122, 124, 126, 128, 130, 132, 140, 142, 144, 146, 148
Madison Avenue	337	152, 154, 156, 158, 160, 162, 164, 166, 168, 174, 176, 178, 180, 182
Madison Avenue	339	190, 192, 194, 196, 198, 200, 202, 204, 206, 208, 210, 212, 214, 218, 220, 222, 224, 226, 228
Madison Avenue	727	284, 286, 288, 290, 292, 294, 296, 298, 300, 302, 304, 306, 308, 310, 312, 314, 316, 324, 326, 328, 330, 336, 338, 340, 342
Madison Avenue	734	412, 414, 416, 418, 420, 422, 432, 434, 436, 438, 440, 442, 444, 446, 448, 450, 452, 460
Madison Avenue	735	500, 512, 514, 516, 518, 520
Madison Avenue	740	532, 534, 536, 538, 540, 542, 556, 558, 572, 574, 578, 600, 602, 604, 606, 610, 624
Madison Avenue	741	640, 644, 646, 648, 650, 652, 654, 656
Madison Avenue	742	674, 676, 678, 690, 692, 694 [family out of the city], 696, 698, 700, 702, 704, 706, 708
Madison Avenue	743	710, 712, 716, 718, 748
Madison Avenue	744	764, 766, 770, 774, 776, 778, 780, 800, 816, 818, 820, 822
Madison Avenue	745	870
Madison Avenue	746	922, 924, 926, 956, 958, 960, 962
Madison Avenue	747	990, 1000, 1002, 1004, 1006, 1008

Aid to Finding Addresses in 1890 NYC Police Census 147

Street Name	Book	House Numbers
Madison Avenue	748	1044, 1046, 1060, 1062, 1064, 1066, 1072, 1076, 1080
Madison Avenue	994	1066
Madison Avenue	749	1118, 1120, 1122, 1128
Madison Avenue	826	1298, 1300, 1302, 1304, 1324, 1336, 1338, 1340
Madison Avenue	843	1532, 1536, 1540, 1542, 1564, 1570, 1572
Madison Avenue	853	1626, 1632, 1634, 1636, 1638, 1640, 1642, 1644, 1646, 1648, 1650 Some missing house numbers on Madison Avenue in book 853
Madison Avenue	854	1652, 1654, 1658, 1662, 1664, 1666, 1668, 1670, 1672, 1674, 1676, 1678, 1680, 1682, 1684, 1686, 1688, 1690, 1712, 1714, 1716, 1718, 1720, 1722, 1724, 1726, 1728, 1730, 1732
Madison Avenue	864	1736, 1738, 1740, 1746, 1750, 1752, 1754, 1822, 1824, 1826, 1830 Some missing house numbers on Madison Avenue in book 864
Madison Avenue	884	1882, 1958, 1960, 1976, 1978, 1984, 1986, 1988, 1990, 1992
Madison Avenue	881	1944
Madison Avenue	900	2020, 2022, 2024, 2026, 2028, 2030, 2034, 2038, 2040, 2042, 2044, 2046, 2048, 2052, 2054, 2056
Madison Avenue	905	2058, 2060, 2062, 2064, 2066, 2068, 2070, 2072, 2074, 2076, 2078, 2080, 2102, 2104, 2106, 2108, 2110, 2112, 2114, 2116, 2118, 2120, 2134
Madison Avenue	906	2160, 2162, 2164 Some missing house numbers on Madison Avenue in book 906
Madison Street	38	1, 3, 5, 7, 9 [marked Pearl Street but should be Madison Street or Roosevelt Street], 11, 13, 15
Madison Street	29	29, 31, 33, 35, 35 rear, 37
Madison Street	28	39, 41, 43, 45, 49, 51
Madison Street	27	57, 63, 67
Madison Street	82	69, 73, 75, 77, 79, 81, 83, 85, 87, 89, 93, 95, 97, 99, 101, 103, 105, 107, 109, 111, 115, 117
Madison Street	90	125, 127, 129, 131, 135, 137, 139, 141, 145, 147, 149, 151, 153, 155
Madison Street	95	157, 159, 161, 163, 165, 167, 169, 171, 175, 177, 179, 181, 183, 185, 187, 189, 191, 193, 195, 197
Madison Street	101	201, 207, 209, 211, 213, 217, 219, 221, 223, 225, 227, 229, 235, 237, 239, 241, 243, 247, 249, 251
Madison Street	104	259, 261, 263, 265, 267, 269, 271, 273, 275, 277, 279, 281, 283, 285, 287, 289, 291, 293, 295, 297
Madison Street	108	301, 305, 307, 309, 311, 313, 315, 323, 325, 327, 329, 331, 333
Madison Street	110	335, 337, 339, 341, 343, 345, 347, 349, 351, 353, 355, 357, 359, 361, 363, 365, 367, 371, 377, 381, 385, 387
Madison Street	150	391, 393, 395, 397, 399, 401, 403, 409

Street Name	Book	House Numbers
Madison Street	35	6, 8, 10
Madison Street	30	20, 26, 28, 28 rear, 30, 30 rear, 32, 32 rear, 34, 38, 40
Madison Street	28	42, 44, 46, 48, 50, 56
Madison Street	27	64, 66
Madison Street	83	74, 76, 78, 80, 82, 84, 86, 88, 90, 92, 94, 96, 98, 100, 102, 104, 106, 108, 110, 112, 114, 116, 118, 120, 122
Madison Street	89	124, 126½, 128, 130, 134, 138, 140, 142, 144, 146, 148, 150, 152, 154, 154½
Madison Street	96	158, 160, 162, 164, 166, 168, 170, 172, 174, 176, 178, 180, 182, 184, 186, 188, 190, 192, 194, 196, 198, 200, <u>202</u>
Madison Street	100	<u>202</u>, 204, 206, 208, 210, 212, 214, 216, 218, 220, 222, 224, 226, 228, 230, 232, 234, 236, 238, 240, 242, 244, 246, 248, 250, 252, 254, 256, 258
Madison Street	104	262, 264, 270, 272, 274, 276, 284, 286, 288, 290
Madison Street	107	294, 296, 298, 300, 302, 304, 306, 308, 310, 312, 314
Madison Street	108	320, 324, 326
Madison Street	144	388, 388½, 390, 400, 402, 404, 406, 408, 412, 414
Maiden Lane	2	140, 154, 166
Mangin Street	146	1, 3, 5, 7, 9, 11, 13, 15, 17, 19, 23, 25, 29, 31, 41
Mangin Street	147	49, 51, 53, 55, 57, 63, 67, 69, 71
Mangin Street	178	79
Mangin Street	145	2, 4, 6, 8, 10, 12, 16, 18½, 20, 34, 66, 68, 70, 76, 78
Mangin Street	178	86
Mangin Street	344	132
Manhattan Avenue	660	115, 123, 127, 129, 133, 135, 137, 139, 141
Manhattan Avenue	672	361, 363, 367, 369, 373, 379, 385, 387, 389, 391, 397, 393, 401, 403, 459, 461, 463, 465, 469, 471, 473, 475, 477, 481, 485, 487, 489, 491, 493, 495, 497, 499, 501, 503, 505
Manhattan Avenue	673	507, 509, 511, 515, 517, 519, 521, 523, 525, 527, 527½, 529, 531, 533, 535, 537, 539, 541, 543, 545, 547, 549
Manhattan Avenue	657	No house numbers on Manhattan Avenue in book 657 [between West 102nd and West 103rd Streets]
Manhattan Avenue	660	124, 126, 130, 132, 134, 136, 138, 140
Manhattan Avenue	662	142
Manhattan Avenue	672	298, 350, 354, 372, 374, 386, 388
Manhattan Place	677	3 Some missing house numbers on Manhattan Place in book 677

Aid to Finding Addresses in 1890 NYC Police Census

Street Name	Book	House Numbers
Manhattan Place	677	2, 4
		Some missing house numbers on Manhattan Place in book 677

There were two Manhattan Streets in 1890 NYC, one downtown and the other uptown.

Street Name	Book	House Numbers
Manhattan Street	346	1, 3, 5, 7
Manhattan Street	346	2, 4, 6, 14
Manhattan Street	675	1, 3, 5, 7, 13, 15, 17, 19, 21, 23, 25, 27, 29, 49, 51, 53, 55, 57, 59, 61
Manhattan Street	673	14, 16, 18, 20, 22, 24, 26
Manhattan Street	675	44, 46
Marion Street	61	1, 15, 17, 19, <u>21</u>, 23, 25, 27, 29, 31
Marion Street	60	<u>21</u>
Marion Street	66	37, 39, 41, 43, 45, 47, 55, 59, 61, 63, 65, 67
Marion Street	67	81, 87, 89
Marion Street	60	8, 14, 16, 18, 20, 22, 38, 40, 42, 44, 50, 56, 58, 60, 62, 64, 66, 68, 70, 72
Marion Street	67	84½, 88
Market Slip	87	3, 5, 7, 9, 11, 13, 15, 17, 19, 25, 85 [marked Pike Slip], 87, 89, 91, 93
Market Slip	87	90, 104
Market Street	79	1, 1-3, 5
Market Street	80	11, 13
Market Street	82	25, 27, 29, 31, 33, 35
Market Street	83	43, 45, 47, 49, 51, 53
Market Street	86	61, 63, 65, 67, 69, 71, 73, 75, 77
Market Street	92	4, 8
Market Street	91	12, 14, 16, 18, 20, 22
Market Street	90	26, 28, 30, 32, 34, 38, 40
Market Street	89	44, 46, 48, 50, 52, 54
Market Street	88	60, 62, 64, 66, 68, 70, 72, 74, 78
Mercer Street	137	3
Mercer Street	139	?, 71, 73-77, 81, 135, 169
Mercer Street	179	225, 227, 235
Mercer Street	184	265
Mercer Street	137	28
Mercer Street	139	174
Mercer Street	140	180, 182, 202

Street Name	Book	House Numbers
Mercer Street	179	214, 246
Mercer Street	184	268, 270, 272, 308
Milligan Place	188	1, 3
Milligan Place	188	2, 4
Monroe Street	84	1, 3, 5, 7, 9, 11, 13, 15, 17, 19, 21, 23, 25, 27, 29, 31, 33, 35, 37, 39, 41
Monroe Street	89	45, 47, 49, 51, 53, 55, 57, 59, 63, 65, 67, 69, 71, 73, 75, 77
Monroe Street	97	79, 81, 83, 85, 87, 87 rear, 89, 91, 91 rear, 93, 93 rear, 95, 97, 99, 101, 103, 105, 107, 109, 111, 113, 115, 117
Monroe Street	100	125, 127, 129, 131, 133, 135, 137, 139, 141
Monroe Street	104	153, 155, 157, 159, 161, 163, 165, 167, 169, 171, 173, 175
Monroe Street	107	187, 189, 191, 193, 195, 197, 199, 201, 203, 205, 207, 209, 211
Monroe Street	108	215, 217, 219, 221
Monroe Street	112	225, 229, 231, 233, 235, 237, 239, 241, 243, 245, 247, 249, 251, 253, 255, 257, 259, 261, 263, 265, 267, 269, 271, 271½, 273
Monroe Street	144	277, 279, 281, 283, 299, 301, 303, 305, 307
Monroe Street	85	2½, 4, 6, 8, 10, 12, 14, 16, 18, 20, 26, 26½, 28, 30, 32, 34, 38, 40, 40½, 42, 44
Monroe Street	88	46, 48, 50, 56, 58, 60, 62, 64, 66, 68, 72, 74, 76, 78, 80, 82, 84, 86, 90, 94, 96
Monroe Street	98	98, 100, 102, 104, 106, 108, 110, 112, 114, 116, 118, 120
Monroe Street	99	122, 124, 126, 128, 128½, 130, 130½, 132, 134, 134½, 136, 140, 142, 146
Monroe Street	105	150, 168, 170, 172, 174, 176
Monroe Street	107	184, 186, 188, 190, 192, 194, 200, 204, 206
Monroe Street	106	214, 216, 218, 220
Monroe Street	113	222, 226, 228, 230, 232, 234, 236, 238, 240, 242, 244, 252, 254, 256, 260, 262, 264, 266, 268, 270, 272
Monroe Street	144	274, 278, 280, 282
Monroe Street	143	318-320, 322, 324, 326, 328, 330
Montgomery Street	109	1, 7, 9, 11, 13, 15
Montgomery Street	108	19, 21, 23, 25, 27, 29, <u>33</u>
Montgomery Street	107	<u>33</u>, 35, 37, 39, 41, 43, 57, 59, 61, 63, 65, 67, 69, 71
Montgomery Street	106	73, 75, 77, 79
Montgomery Street	115	81, 89
Montgomery Street	103	2, 4, 8, 14, 16
Montgomery Street	104	20, 22, 24, 26, 30, 44

Aid to Finding Addresses in 1890 NYC Police Census

Street Name	Book	House Numbers
Montgomery Street	105	58, 60, 62, 72, 74, 80
Morningside Drive	673	No house numbers on Morningside Drive in book 673
Morris Street	5	1, 3, 5, 7
Morris Street	6	13, 15
Morris Street	8	19, 21
Morris Street	7	8, 10, 12, 14
Morris Street	8	18, 20
Morton Street	250	5, 7, 9, 11, 13, 13 rear, 15, 17, 19, 21, 21 rear, 23, 25, 27, 27½, 29
Morton Street	251	29½, 31, 33, 41, 43, 45, 51, 53, 55, 57, 59, 61, 63, 65, 67
Morton Street	253	69, 73, 75, 77, 79, 79½, 81, 83, 85, 87, 89
Morton Street	254	93, 95, 97, 111
Morton Street	250	6, 8, 10, 12, 14, 16, 18, 20
Morton Street	251	30, 32, 38, 40, 42, 44, 44½, 44½ rear, 46, 48, 50, 52, 54, 56, 58, 60, 62, 64, 66 [shows Hudson Street but should be Morton Street], 68, 70
Morton Street	253	72, 74, 76, 78, 80, 82, 84, 86, 88
Morton Street	254	92, 94, 96, 98
Mott Street	44	1, 3, 5, 11, 13, 15, 17, 19, 21
Mott Street	48	29, 31, 33, 39, 41, 43, 45, 47, 49, 51, 53
Mott Street	47	55, 57, 59, 61, 63, 65, 67, 69, 71, 73, 75, 79, 81, 83, 85
Mott Street	54	105, 107, 109, 111, 113, 115, 117
Mott Street	55	127, 129, 131, 133, 135, 137, 139, 141, 143
Mott Street	58	157, 159, 161, 163, 165, 167, 169, 171
Mott Street	62	181, 183, 185, 191, 191 rear, 193, 193 rear, 195, 195 rear, 201, 203, 205
Mott Street	65	207, 211, 213, 215, 217, 219, 221, 223, 225, 227, 229, 231
Mott Street	67	273, 275, 277, 279, 281, 283, 285, 287, 291, 293
Mott Street	70	295, 297, 299, 307, 309
Mott Street	45	2, 4, 6, 8, 10, 12, 14, 16, 18, 20, 22, 24, 26, 28, 30, 32, 34, 36, 38
Mott Street	46	40, 46, 48, 50
Mott Street	47	52, 54, 56, 58, 60, 62, 66, 68, 70, 72, 74, 76, 78, 80, 82
Mott Street	56	100, 100 rear, 102, 102 rear, 104, 104 rear, 106, 106 rear, 110, 112, 116, 118, 120, 122, 122 rear, 124, 124 rear, 126, 126 rear, 128, 130, 132, 134, 134 rear, 136, 136 rear, 138, 138 rear, 140
Mott Street	62	196, 196 rear, 198, 198 rear, 200, 200 rear, 202, 204

Street Name	Book	House Numbers
Mott Street	64	210, 212, 220, 220 rear, 222-224-226, 228, 228 rear, 230, 232, 232 rear, 234, 234 rear
Mott Street	68	242, 246, 248, 250, 250 rear, 252, 254, 256-258, 260, 278, 280, 282, 284
Mott Street	70	300, 302, 304, 306, 306½, 308, 310, 312, 314, 316, 318, 320
Mount Comb's Lane	671	No house numbers on Mount Comb's Lane in book 671
Mount Morris Avenue	881	25, 27, 29, 31, 33, 35
Mount Morris Avenue	881	14, 26, 28, 32, 34
Mulberry Street	43	3, 5-7-9 rear, 5, 7, 7½, 9
Mulberry Street	44	25, 27
Mulberry Street	49	31, 33, 35, 37, 37 rear, 39, 41, 41 rear, 43, 43 rear
Mulberry Street	969	41, 43, 47, 47 rear, 49, 49 rear, 51, 53, 55, 55½, 57, 57 rear, 59, 59 rear, 59½, 61, 61½, 63, 65, 65 rear, 67, 69, 69 rear
Mulberry Street	50	71, 71½, 73, 75, 77, 79, 81, 83, 85, 87, 89, 91
Mulberry Street	54	109, 111, 113, 115, 117, 119, 121, 123, 125, 127
Mulberry Street	53	123, 131, 139, 141, 143, 147, 149
Mulberry Street	58	167, 169, 171, 173, 175
Mulberry Street	61	179, 181, 183, 187, 189, 191, 193, 195, 197, 199, 203, 209, 211
Mulberry Street	66	215, 217, 219, 221, 223, 227, 229, 231, 233, 235, 237, 239, 241, 243, 245, 247, 249, 251, 253
Mulberry Street	67	259, 261, 263, 273, 275, 277, 279, 281
Mulberry Street	70	301, 301 rear, 303, 309
Mulberry Street	44	20, 22, 24, 26
Mulberry Street	48	30, 32, 34, 36, 38, 40, 42, 44, 46, 48, 50, 52, 54, 56, 58, 60, 62, 64, 66
Mulberry Street	47	70, 72, 76, 78, 80, 82, 84, 86, 88
Mulberry Street	54	106, 108, 110, 112, 114, 116, 118, 120, 122, 124, 126
Mulberry Street	55	130, 130½, 140, 146, 148
Mulberry Street	58	166, 168, 170, 172, 174, 178
Mulberry Street	62	178, 180, 180½, 182, 186, 188, 190, 192, 194, 206, 208, 210, 212
Mulberry Street	65	214, 216, 218, 226, 228, 230, 232, 234, 236, 238, 240, 242, 244-246, 248, 250
Mulberry Street	67	276, 278, 280, 282, 284, 286, 288, 292
Mulberry Street	70	300, 304, 308
Murray Street	14	7 [should be 87], 71, 87, 89
Murray Street	14	68, 70, 88

Aid to Finding Addresses in 1890 NYC Police Census

Street Name	Book	House Numbers
New Avenue	681	No house numbers on New Avenue in book 681
New Avenue	682	No house numbers on New Avenue in book 682
New Street	2	69, 73, 81
New Street	2	20, 36, 42, 46, 52, 56, 62, 66
New Bowery	35	7, 17, 135
New Bowery	30	21
New Bowery	29	29, 31, 35
New Bowery	28	45, 47, 49, 63
New Bowery	35	4, 8
New Bowery	29	32, 48, 50
New Chambers St.	37	3, 5, 13, 15, 31
New Chambers St.	35	45, 45-47, 49, 53, 55
New Chambers St.	30	57, 59
New Chambers St.	31	63, 69, 71, 73, 75, 81, 85, 89
New Chambers St.	36	4-6
New Chambers St.	37	16, 20, 22, 36
New Chambers St.	35	54, 56, 58, 60
New Chambers St.	31	68, 74, 82, 86, 88, 90, 92,
Nicholes Place	685	No house numbers on Nicholes Place in book 685
Norfolk Street	957	1, 3, 5, 7, 9, 13, 15, 17, 19, 27, 29, 31, 33, 35, 37, 39
Norfolk Street	219	47, 49, 51, 51 rear, 53, 55, 55 rear, 57, 57 rear, 59, 59 rear, 61, 63, 65
Norfolk Street	999	69, 73, 75, 77, 79, 81, 83
Norfolk Street	230	83, 85, 87, 89, 91, 93, 97, 99, 101, 103, 105, 107, 109, 111, 113, 115, 117, 119, 121, 123, 125, 127
Norfolk Street	233	131, 135, 137, 139, 141, 143, 145, 147, 155, 157
Norfolk Street	282	163, 165, 167, 169, 171, 173, 175, 177, 179, 181, 183, 185, 187
Norfolk Street	168	2, 4, 6, 8, 10, 12, 14, 20, 22, 24, 26, 28, 30, 32, 34, 36, 38, 40, 42
Norfolk Street	974	4, 8, 12, 18, 20, 22, 24, 26, 30, 36
Norfolk Street	169	48, 52, 54, 56, 58, 66, 70, 72, 74, 76, 76 rear, 78, 80, 80 rear, 82, 84, 86, 88, 90, 92
Norfolk Street	170	96, 98, 100, 104, 106, 108, 110, 116, 122
Norfolk Street	232	130, 130½, 134, 136, 138, 140, 142, 144, 146, 148, 150, 152, 154, 156
Norfolk Street	282	162, 166, 168, 170, 172, 178, 180, 182, 184, 186, 188, 190

Street Name	Book	House Numbers
North Moore Street	20	3, 5, 7, 9, 11, 13, 15
North Moore Street	19	17, 19, 21, 23, 25, 27, 29, 31, 41, 43, 45, 47
North Moore Street	18	49, 51, 59, 61, 63, 65, 67, 71, 73, 75, 77, 79, 103, 105
North Moore Street	19	8, 12, 18, 20, 22, 24, 26, 42
North Moore Street	17	56, 58, 60, 62, 68, 70, 72
North Washington Square	185	?, 1, 3, 5, 7, 9, 11, 15, 17, 19, 21, 23, 25, 27
North Washington Square	185	?, 2, 4, 6, 8, 10, 12, 14, 16, 18, 20, 22, 26
North William Street	36	14, 16, 18, 24
Oak Street	33	1, 7, 7 rear, 9, 13, 15
Oak Street	31	23, 25, 27, 29, 31, 33, 35, 35 rear
Oak Street	26	37, 39, 41, 43, 45, 45½, 49, 51, 53, 55
Oak Street	35	10, 10½, 16
Oak Street	30	18, 20, 22, 22 rear, 24, 26, 28, 32, 32 rear, 34, 36
Oak Street	28	36½, 38, 40, 42, 44, 46
Oak Street	27	48, 48½, 50, 52, 54, 56, 58
Old Slip	2	?, 5, 13, 19
Old Slip	2	?, 12, 22, 32
Oliver Street	28	11, 13, 13½, 15, 17, 19, 21, 25, 27, 29, 31, 37, 39, 41, 43, 43 rear, 45, 47, 49, 49 rear, 51, 53, 55
Oliver Street	26	61, 65, 65 rear, 67, 67 rear, 69, 69 rear, 73, 81, 83
Oliver Street	25	87, 91, 93, 97, 103
Oliver Street	27	2, 18, 20, 22, 24, 26, 28, 30, 32, 40, 42, 44, 50, 52, 52 rear, 54, 54 rear, 56
Oliver Street	26	60, 62, 64, 64 rear, 66, 68, 70, 72, 72 rear, 76, 78, 80, 82
Oliver Street	25	86, 88, 96, 98, 100, 102, 104
Orchard Street	212	1, 3, 5, 7, 9
Orchard Street	214	13, 15, 17, 19, 21, 23, 25, 27, 29, <u>31</u>, <u>33</u>, <u>35</u>
Orchard Street	953	<u>31</u>, <u>33</u>, <u>35</u>
Orchard Street	217	41, 47, 49, 51, 53, 55, 57
Orchard Street	220	73, 75, 77, 79, 81, 83, 85, 87
Orchard Street	227	91, 93, 95, 97, 99, 101, 103, 105, <u>107</u>, <u>109</u>, 111, 113
Orchard Street	952	<u>107</u>, <u>109</u>

Aid to Finding Addresses in 1890 NYC Police Census

Street Name	Book	House Numbers
Orchard Street	228	119, 121, 123, 127, 129, 131, 133, 135, 137, 139, 141, 143
Orchard Street	236	151, 153, 155, 157, 159, 161, 167
Orchard Street	214	2, 4, 6, 14, 16, 18, 20, 22, 24, 26, 28, 30, 32, 34, 36
Orchard Street	218	40, 42, 44, 44 rear, 46, 52, 54, 56, 58, 60, 62, 70, 72, 74, 76, 78, 82, 84
Orchard Street	227	92, 94, 96, 98, 100, 102, 104, 106, 108, 110, 112
Orchard Street	228	120, 122, 124, 126, 128, 130, 132, 134, 136, 138, 142
Orchard Street	235	144, 146, 148, 150, 152, 154, 156, 158, 160, 162, 164, 166, 168
Orchard Street	280	174, 176, 178, 180, 180 rear, 182, 184, 184 rear, 186, 186 rear, 188, 190, 192, 194, 196, 198, 200
Pacific Place	328	3, 5, 7
Pacific Place	328	2, 4, 6
Park Avenue	338	1, 3, 5, 7, 9, 11, 13, 15, 17, 19, 25, 27, 29, 31, 33, 35, 37, 39, 41, 43, 47, 49, 51, 53, 55, 57, 59, 61, 65
Park Avenue	727	101, 103, 121
Park Avenue	734	347, 349, 451 Some missing house numbers on Park Avenue in book 734
Park Avenue	735	383, 385, 387, 389
Park Avenue	736	401, 403, 405, 407, 409, 411, 423, 425, 427, 429, 431, 441, 443, 445, 447, 449
Park Avenue	741	471, 473, 525
Park Avenue	742	565, 567 [refused to give information], 569, 571
Park Avenue	743	583, 587, 589, 591
Park Avenue	744	629, 631, 635
Park Avenue	745	703, 711, 713, 715, 717, 721, 723, 725, 729
Park Avenue	746	185 [should be _785_], 783, _785_, 787, 789, 791
Park Avenue	747	861, 863, 865, 867, 869, 871, 873, 875, 877, 889, 891, 893
Park Avenue	749	965, 967, 969, 971, 973, 975, 985, 987, 989, 991, 993, 995
Park Avenue	762	1063, 1065, 1067, 1069, 1071, 1073, 1075
Park Avenue	761	1085, 1087, 1089, 1091, 1093, 1095, 1103, 1105, 1107, 1109, 1111, 1113
Park Avenue	826	1143, 1145, 1147, 1149, 1151, 1153, 1163, 1197, 1199, 1207, 1263
Park Avenue	843	1401
Park Avenue	844	1441, 1455
Park Avenue	852	1481, 1483, 1485, 1487, 1489, 1503, 1507
Park Avenue	856	1525, 1555, 1565, 1567, 1571
Park Avenue	863	1587, 1607, 1611, 1613, 1615, 1625

Street Name	Book	House Numbers
Park Avenue	865	1645, 1647, 1683, 1685, 1687, 1689, 1691
Park Avenue	879	1707, 1709, 1711, 1725, 1727, 1729, 1733, 1735, 1737
Park Avenue	886	1743, 1745, 1747, 1749, 1751, 1755, 1763, 1765, 1767
Park Avenue	887	1801, 1803, 1805, 1821, 1823, 1825, 1827
Park Avenue	899	1835 [could be 1865 ?], 1843, 1845, 1847, 1863, 1865, 1867, 1869, 1873, 1883, 1907
Park Avenue	905	1937, 1961, 1963
Park Avenue	338	32, 34, 36, 40, 42, 44, 46, 48, 54, 56, 58, 60, 62, 64, 66
Park Avenue	727	112, 122
Park Avenue	735	374, 386, 388
Park Avenue	736	424, 426, 428
Park Avenue	741	466
Park Avenue	743	582, 584, 588, 590, 592, 594, 596, 600, 604, 606
Park Avenue	744	646, 648, 686, 688, 690, 692
Park Avenue	745	754 ?
Park Avenue	746	780
Park Avenue	747	882, 884, 886, 888, 890
Park Avenue	749	960-962, 968, 970, 972, 974, 980
Park Avenue	826	1142, 1144, 1146, 1148, 1160, 1162, 1180, 1254
Park Avenue	843	1402, 1406, 1420, 1422, 1440, 1442
Park Avenue	853	1484, 1486, 1500, 1504
Park Avenue	852	1492
Park Avenue	854	1520, 1522, 1524, 1546, 1548
Park Avenue	855	1570, 1572, 1574, 1576, 1580, 1584, 1604½, 1610, 1614
Park Avenue	864	1642, 1662, 1670, 1672, 1682, 1684, 1686, 1688, 1690, 1692
Park Avenue	880	1700, 1702, 1704, 1706, 1708, 1710, 1712, 1714, 1720, 1722, 1724, 1726, 1748, 1750, 1752, 1754
Park Avenue	885	1790, 1794, 1800, 1804, 1806, 1810, 1812, 1814, 1824, 1834, 1840, 1842, 1844, 1846, 1848, 1850, 1852, 1854
Park Avenue	900	1860, 1862, 1864, 1866, 1868, 1870, 1872, 1876, 1880, 1882, 1884, 1886, 1888, 1890, 1892, 1894, 1900, 1902, 1904, 1906, 1908, 1912, 1914
Park Avenue	905	1922, 1924, 1926, 1928, 1930, 1936, 1938, 1940, 1960, 1962, 1964, 1966, 1968, 1970, 1972, 1974, 1976, 1978
Park Place	14	19, 61, 107
Park Place	14	32, 90

Aid to Finding Addresses in 1890 NYC Police Census

Street Name	Book	House Numbers
Park Row	36	73, 85, 89, 101, 103, 105
Park Row	37	115, 117, 119, 121, 123, 125-127, 131, 133, 139, 141, 143, 145, 151, 153, 155, 159, 161
Park Row	38	173, 179, 181
Park Row	29	189-191, 189-191 rear, 193, 217, 219-221, 219-221 rear, 225, 227, 229
Park Row	40	76, 80, 82, 84, 88, 92
Park Row	39	102-104-106, 110, 112, 114-116-118, 120, 122, 124-126, 128, 132, 134, 140, 142, 144, 146, 148, 150
Park Row	34	154
Park Row	42	156, 160
Park Row	43	172, 174, 178, 180, 182, 186
Park Row	44	190, 194, 196
Park Street	40	27, 29, 31, 33, 37, 39, 41
Park Street	42	47, 49, 55, 63, 67, 69, 71
Park Street	44	83, 85, 95, 101, 103, 105
Park Street	40	42
Park Street	42	46, 48, 50
Park Street	49	84½, 88, 92, 94, 96
Park Street	969	88
Park Street	48	100, 104
Patchin Place	188	1, 3, 5, 7, 9,
Patchin Place	188	2, 4, 6, 8, 10
Pearl Street	38	9 [Should be Madison or Roosevelt Streets]
Pearl Street	5	19
Pearl Street	2	111, 113, 115, 117, 119, 121, 125, 131, 141
Pearl Street	34	313
Pearl Street	35	355, 357, 361, 363, 365, 367, 381, 391, 397, 401, 405, 409, 415, 417, 419
Pearl Street	37	433, 439, 441, 441½, 443, 447, 447½, 451, 453, 455, 457, 459, 461, 463
Pearl Street	39	465, 467, 469, 471, 473, 475, 477, 479, 481, 483
Pearl Street	40	487, 489, 493, 495, 497, 499, 501, 507, 511
Pearl Street	41	515, 515½, 517, 519, 521, 523, 525, 549,
Pearl Street	5	8, 24
Pearl Street	2	74, 110, 112, 114, 116, 118, 120, 126, 128, 130, 134, 136, 140, 144, 146, 164, 168, 174, 192

Street Name	Book	House Numbers
Pearl Street	34	316, 318, 320, 334, 334 rear, 336, 336 rear, 338
Pearl Street	33	360, 362, 364, 366, 378, 384, 386
Pearl Street	35	404, 410, 412, 414
Pearl Street	38	430, 432, 432 rear, 434, 434 rear, 438, 450, 454, 456, 458
Pearl Street	42	468, 468½, 470, 472, 472 rear, 474, 482, 484, 486, 488, 490, 494, 496, 504
Pearl Street	41	516, 518, 520, 522, 526, 528, 530, 532, 534, 536, 550
Peck Slip	34	<u>1</u>, <u>3</u>, <u>5</u>, <u>7</u>, <u>9</u>, <u>11</u>, <u>13</u>, <u>17</u>
Peck Slip	32	<u>1</u>, <u>3</u>, <u>5</u>, <u>7</u>, <u>9</u>, <u>11</u>, <u>13</u>, <u>17</u> Error, these belong in book 34 but were duplicated here and crossed out.
Peck Slip	32	41, 43
Pelham Street	88	3, 5, 7
Pelham Street	88	4, 6
Pelham Street	98	12, 16, 18
Pell Street	45	3, 7, 9, 11, 13, 19, 21, 23, 25, 31
Pell Street	46	8, 10, 12, 12½, 14, 18, 20-22, 24, 26, 28, 30, 32, 32 rear, 34
Perry Street	190	1, 3, 5, 7, 9, 11, 13, 15, 19, 21, 23, 25, 27, 29, 35, 37, 39, 41, 45, 47, 49
Perry Street	261	59, 61, 63, 65, 67, 69, 71, 73, 75, 77, 79, 81, 83, 85, 87
Perry Street	260	91, 93, 93½, 95, 97, 99, 101, 103
Perry Street	262	109, 111, 113, 119, 123, 125, 127, 127 rear, 129, 131, 133, 133 rear, 139, 141, 143, 145, 147
Perry Street	264	161, 163, 165, 167, 169, 171, 173, 175
Perry Street	190	2, 4, 6, 8, 10, 12, 14, 16, 18
Perry Street	189	22, 24, 26, 28, 30, 32, 34, 36, 38, 40, 42, 44, 46, 48, 50, 52, 58
Perry Street	260	60, 62, 66, 68, 70, 72, 74, 76, 78, 80, 84, 86, 88, 90, 94, 96, 98, 100, 102, 104, 106, 108
Perry Street	256	112, 114, 116, 118, 128, 130, 136, 138, 140, 142
Perry Street	255	152, 154, 156, 160, 162, 164, 166, 168, 170, 172, 174, 176
Pike Slip	98	77, 81, 83, <u>85</u>, 87
Pike Slip	87	<u>85</u> [Should be Market Slip]
Pike Slip	87	80, 82, 84, 86, 90
Pike Street	93	1, 3
Pike Street	94	11, 15, 17, 19
Pike Street	95	25, 31, 33, 35

Aid to Finding Addresses in 1890 NYC Police Census

Street Name	Book	House Numbers
Pike Street	96	45, 47, 49, 51, 53, 55
Pike Street	88	63, 65, 67, 69, 75
Pike Street	92	2, 6
Pike Street	91	16, 18, 20, 22
Pike Street	90	28, 30, 32, 34, 36
Pike Street	89	42, 44, 48, 50, 52, 54
Pike Street	88	60, 62, 64, 66, 68, 74, 76, 78, 80, 82, 86
Pine Street	2	79
Pitt Street	162	3, 5, 7, 9, 11, 13, 15, 17, 19
Pitt Street	163	25, 27, 29, 31, 33, 35, 37, 39
Pitt Street	164	49, 51, 53, 55, 57, 59, 61, 63, 65, 67, 71, 73
Pitt Street	172	85, 87, 89, 91, 93, 95, 97, 107
Pitt Street	350	115, 117, 119, 121, 123, 125, 127, 129, 131, 133, 135, 137, 139, 141
Pitt Street	160	2, 4, 6, 8, 10, 12, 14, 16, 18
Pitt Street	159	22, 24, 26, 28, 30, 32, 34, 36, 38, 40, 42, 44
Pitt Street	158	48, 50, 52, 60, 62, 64, 66, 68, 70, 72, 74
Pitt Street	173	80, 82, 84, 86, 88, 90, 92, 94, 96, 98, 100, 102, 104, 106
Pitt Street	349	114, 118, 120, 122, 124, 126, 128, 130, 132, 134, 134 rear, 136, 138, 140½, 142
Pleasant Avenue	871	263, 265, 267, 269, 271, 273, 275, 277
Pleasant Avenue	873	281, 283, 285, 287, 289, 291, 293, 295, 297, 319, 321, 329, 331, 333, 335, 337
Pleasant Avenue	874	341, 343, 345, 347, 349, 351, 353, 357, 359, 361, 365, 367, 369, 371
Pleasant Avenue	893	381, 389, 391, 393, 395, 397, 401, 405, 407, 409, 411, 413, 415, 417, 419
Pleasant Avenue	894	421, 423, 425, 427, 429, 431, 433, 435, 437, 439, 443, 447
Pleasant Avenue	871	282, 284, 286, 288, 290, 292, 294, 296, 304, 306, 308, 310, 312, 314, 316
Pleasant Avenue	872	320, 322, 324, 324 , 340, 342, 344, 346, 348, 350, 352, 368, 370, 372
Pleasant Avenue	893	378, 380, 386, 392, 394, 396, 398, 398 , 400, 402, 404, 406, 408, 410, 412, 414, 416, 418
Pleasant Avenue	894	422, 424, 426, 428, 430, 432, 434, 436, 438, 442
Prescott Avenue	685	No house numbers on Prescott Avenue in book 685
Prince Street	69	1, 5, 7, 9, 13
Prince Street	68	17, 19, 21, 23, 25, 27, 29
Prince Street	67	47, 63, 65, 67

Street Name	Book	House Numbers
Prince Street	139	123, 123 rear, 135, 137, 141, 143
Prince Street	138	153, 155, 157, 159, 161, 163, 165, 167
Prince Street	132	173, 175, 179, 179 rear, 181, 185
Prince Street	131	193, 195, 197, 199, 199 rear, 201, 201 rear, 203, 205
Prince Street	63	4, 6, 8, 10, 12
Prince Street	64	16, 18, 20, 20 rear, 22, 22 rear, 24, 26, 26 rear, 30
Prince Street	65	32, 44, 46
Prince Street	66	48, 50, 52, 54, 58, 60
Prince Street	60	64, 66, 68
Prince Street	139	?, 106, 118, 120, 124, 130, 132, 134
Prince Street	138	152, 154, 156, 158, 160, 162, 164
Prince Street	133	190, 190-192, 192, 194, 196, 198, 200, 202, 204
Prospect Place	584	1, 3, 5, 9, 11, 13, 15, 17, 19
Prospect Place	722	45, 47, 49, 51, 55, 57, 59, 61, 63, 65, 67
Prospect Place	584	2, 4, 6, 8, 10, 12, 14
Prospect Place	723	46, 50, 52, 54, 60, 62, 64, 66, 68
Reade Street	41	11, 31
Reade Street	14	111, 135, 163, 181, 183
Reade Street	41	40
Reade Street	16	156, 162, 168
Rector Street	5	9
Rector Street	7	15, 17, 19, 21
Rector Street	8	27, 29, 31
Rector Street	9	33
Rector Street	10	8
Rector Street	9	16, 18, 20, 22, 26, 30
Rector Street	8	32, 34
Renwick Street	118	1, 13, 15, 17, 19, 21, 23, 25, 27, 29, 29½, 31, 39, 41, 43, 45, 47, 49
Renwick Street	119	4, 6, 8, 10, 12, 14, 16, 18, 20, 22, 24, 26, 28, 30, 32, 34, 36, 40, 42, 44, 46, 48
Ridge Road	684	No house numbers on Ridge Road in book 684
Ridge Street	161	1, 7, 11
Ridge Street	162	25, 27, 29, 31, 33, 35, 37

Aid to Finding Addresses in 1890 NYC Police Census

Street Name	Book	House Numbers
Ridge Street	163	41, 43, 45, 47, 55, 57, 61, 63
Ridge Street	164	71, 73, 75
Ridge Street	962	71, 73, 75, 77, 79, 81, 83, 85, 87, 89, 91, 93
Ridge Street	172	85, 87, 89, 91, 93, 95, 97, 109, 111, 113, 115, 117, 119, 121, 123, 125, 127, 129
Ridge Street	351	141, 143, 145, 147, 149, 151, 153, 155, 157, 159, 161, 163, 165-167, 167
Ridge Street	161	2, 4, 6, 8
Ridge Street	162	16, 20, 22, 24, 26, 28, 30, 32, 34
Ridge Street	163	50, 52, 54, 56, 58
Ridge Street	960	46-48, 52, 56, 60, 62, 64, 66
Ridge Street	962	72, 74, 76, 78, 80, 82, 84, 86, 88, 90, 92, 96, 98
Ridge Street	172	108, 110, 112, 114, 120, 122, 124, 126, 128, 130, 132, 134, 136
Ridge Street	350	146, 148, 150, 152, 154, 156, 158, 160, 162, 164, 166, 168
River Road	684	No house numbers on River Road in book 684
River Road	685	No house numbers on River Road in book 685
River View	693	1, 3, 5, 7, 9, 11
River View	693	2, 4, 6, 8, 10, 12
Riverside Drive	647	No house numbers on Riverside Drive in book 647 [Between West 75th & West 76th Streets]
Riverside Drive	652	No house numbers on Riverside Drive in book 652 [Between West 86th & West 90th Streets]
Riverside Drive	653	No house numbers on Riverside Drive in book 653 [Between West 91st & West 92nd Streets]
Riverside Drive	659	No house numbers on Riverside Drive in book 659 [At West 102nd Street]
Riverside Drive	672	No house numbers on Riverside Drive in book 672 [Between West 110th & West 121st Streets]
Riverside Drive	673	No house numbers on Riverside Drive in book 673 [Between West 121st & West 124th Streets]
Rivington Street	222	1½, 5, 7, 11, 13
Rivington Street	224	21, 23, 25, 27, 29, 31, 33
Rivington Street	225	37, 39, 41, 43, 45, 47, 49
Rivington Street	226	59, 61, 63
Rivington Street	228	71, 73, 75, 77, 79, 83, 85, 87, 91, 95, 97
Rivington Street	229	103, 105, 111, 113
Rivington Street	230	117, 121, 123, 127

Street Name	Book	House Numbers
Rivington Street	170	131, 133, 139, 149, 153, 155, 157, 159, 161
Rivington Street	171	<u>165</u>, 167, 169, 171, 173, 175, 177, 179
Rivington Street	980	<u>165</u>
Rivington Street	164	185, 187, 189, 191, 195, 197, 201, 207, <u>215</u>
Rivington Street	962	<u>215</u>
Rivington Street	158	217, 219, 221, 223, <u>225</u>, 227, 229
Rivington Street	173	<u>225</u>
Rivington Street	156	255, 257, 257½, 259, 261, 263, 265
Rivington Street	153	271, 273, 275, 277
Rivington Street	152	291, 293, 295, 297, 299, 301, 303
Rivington Street	148	307, 311, 313, 315, 317, 319
Rivington Street	147	323, 325, 327, 329, 331, 333, 335, 337
Rivington Street	145	341, 343, 345, 347, 349, 351, 353, 367
Rivington Street	239	2, 4, 6, 8, 10, 12, 14, 16, 18
Rivington Street	238	20, 24, 26, 30, 32
Rivington Street	237	38, 40, 42, 44, 46, 48, 50, 52
Rivington Street	236	56, 58, 60, 62, 64, 66, 70, 72, 74, 76, 78, 80, 82, 84
Rivington Street	235	88, 90, 92, 94, 96, 98
Rivington Street	234	102, 104, 106, 108, 110, 112
Rivington Street	233	116, 118, 120, 122, 124, 126, 128
Rivington Street	232	132½, 134, 136, 138, 140, 142, 144, 146
Rivington Street	231	148, 150, 152, 154, 156, 158, 160, 162
Rivington Street	171	166, 168, <u>170</u>, <u>172</u>, 174, 176
Rivington Street	980	<u>170</u>, <u>172</u>
Rivington Street	172	180, 182, 184, 186, 188, 192, 194, 198, 206, 208, 212, 214
Rivington Street	173	218, 222, 224, 230, 232
Rivington Street	174	238, 240, 242, 244, 246, 248, 250
Rivington Street	175	254, 256, 258, 260, 262, 264
Rivington Street	176	270, 272, 280, 288
Rivington Street	177	292, 294, 296, 298, 300
Rivington Street	178	308, 310, 312, 314, 316, 318, 320, 330, 332, 334
Roosevelt Street	38	1, 3, 5, 7, 9 [One marked Pearl Street could be Roosevelt Street], 9 rear, 11, 13, 15, 17, 17 rear, 23, 23 rear, 25, 27, 29, 29 rear, 31, 31 rear, 33
Roosevelt Street	35	55

Aid to Finding Addresses in 1890 NYC Police Census

Street Name	Book	House Numbers
Roosevelt Street	33	73, 75, 77½, 81, 85, 89, 91, 93, 95, 97, 99
Roosevelt Street	32	111, 113, 117, 121, 123, 125
Roosevelt Street	29	2½, 4, 6, 8, 8 rear, 10, 10 rear, 12, 14, 14 rear, 16, 16 rear, 18, 18 rear, 26, 28
Roosevelt Street	30	48, 50, 52, 56, 56 rear, 60
Roosevelt Street	31	78, 84, 86, 88, 90, 92, 94, 96, 98, 100, 106, 108, 110, 112, 114
Roosevelt Street	25	124
Rose Street	35	?, 35, 37, 41, 53, 55, 55 rear, 59, 61, 63, 65, 67
Rose Street	36	2, 20, 22, 24, 26, 28, 34, 36
Rose Street	37	46, 48
Rutgers Place	100	1, 3, 7, 9, 11, 13, 15, 17, 19, 21, 25, 27
Rutgers Place	99	10, 12, 14, 16, 18, 20, 22, 24, 26
Rutgers Slip	99	55, 65
Rutgers Street	94	7, 9, 13
Rutgers Street	101	21, 23, 25, 27, 29, 31
Rutgers Street	100	35, 37, 39, 41, 43, 45, 47
Rutgers Street	978	49, <u>51</u>
Rutgers Street	99	<u>51</u>, 53, 55, 57, 59
Rutgers Street	94	6
Rutgers Street	95	20, 22, 24, 26, 28, 30, 32, 34
Rutgers Street	97	40, 42, 44, 46, 48
Rutgers Street	98	54, 56, 58, 60, 62, 64, 68
Rutherford Place	523	1
Rutherford Place	523	2, 4
Saint Johns Lane	20	3
Saint Mark's Place	415	1, 7, 9, 11, 13, 15, 17, 21, 23, 27, 29, 31, 33, 37
Saint Mark's Place	422	39, 41, 43, 45, 47, 49, 51, 53, 55, 57, 59, 61, 63, 65, 67, 69, 71, 73, 75, 77, 79, 81, 83
Saint Mark's Place	423	87, 89, 91, 93, 95, 97, 99, 99½, 101, 103, 103½, 105, 105½, 107, 107½, 109, 109½, 111, 113, 115, 117, 119, 125
Saint Mark's Place	319	4, 6, 8, 10, 12, 14, 16, 18, 20, 22, 26, 28, 30, 32, 34, 36
Saint Mark's Place	320	38, 40, 40½, 42, 42½, 44, 46, 48, 50, 52, 54, 56, 58, 60, 62, 64, 66, 68, 70, 72, 74, 76, 78, 80, 82

Street Name	Book	House Numbers
Saint Mark's Place	321	90, 92, 94, 100, 102, 104, 106, 108, 110, 112, 114, 116, 118, 120, 122, 124, 126, 128, 130, 132
Saint Nicholas Avenue	678	399, 401, 403, 405, 407, 409, 411, 413, 415, 417, 419, 421, 427, 429, 4?3
Saint Nicholas Avenue	681	725, 729, 731 Some missing house numbers on Saint Nicholas Avenue in book 681
Saint Nicholas Avenue	682	841, 843, 845, 847, 861, 881, 883, 885, 887 Some missing house numbers on Saint Nicholas Avenue in book 682
Saint Nicholas Avenue	680	No house numbers on Saint Nicholas Avenue in book 680
Saint Nicholas Avenue	854	No house numbers on Saint Nicholas Avenue in book 854
Saint Nicholas Avenue	663	164, 174, 202, 204, 206, 208, 212 Some missing house numbers on Saint Nicholas Avenue in book 663
Saint Nicholas Avenue	664	220, 222
Saint Nicholas Avenue	673	248, 280, 282, 284, 286, 288 Some missing house numbers on Saint Nicholas Avenue in book 673
Saint Nicholas Avenue	674	322, 324, 326, 328, 330, 332, 334, 336, 342, 344, 346, 348, 350, 352
Saint Nicholas Avenue	678	362, 364, 366, 368, 370, 380, 382, 384, 386, 388, 390, 392, 394, 396, 398, 400, 406
Saint Nicholas Avenue	681	720, 722, 732, 734, 736, 738, 740, 750, 752 Some missing house numbers on Saint Nicholas Avenue in book 681
Saint Nicholas Avenue	682	870, 876, 880, 882, 884, 886, 888 Some missing house numbers on Saint Nicholas Avenue in book 682
Saint Nicholas Place	682	77 Some missing house numbers on Saint Nicholas Place in book 682
Saint Nicholas Place	681	No house numbers on Saint Nicholas Place in book 681
Saint Nicholas Place	682	4, 14, 16, 20, 22, 24, 52, 66, 70, 72, 74 Some missing house numbers on Saint Nicholas Place in book 682
Scammel Street	109	1, 3, 7
Scammel Street	108	21, 23, 25, 27, 29, 31
Scammel Street	106	43, 45, 47, 59
Scammel Street	109	2
Scammel Street	110	22
Scammel Street	114	52, 54, 56, 58
School Street	255	274

Aid to Finding Addresses in 1890 NYC Police Census

Street Name	Book	House Numbers
Seaman Avenue	685	No house numbers on Seaman Avenue in book 685
Sheriff Street	160	1, 3, 5, 7, 9, 11, 15
Sheriff Street	159	21, 23, 25½, 27, 29, 31, 33, 35, 37, 39, 41, 43
Sheriff Street	174	73, 77, 79, 81, 83, 85, 87, 89, 91, 93, 95, 97
Sheriff Street	348	101, 103, 105, 107, 109, 111, 113, 113 rear, 115, 115 rear, 117, 117 rear, 119, 121, 123, 125, 127
Sheriff Street	155	34, 36, 38, 40, 42, 44, 44½
Sheriff Street	156	48, 50, 52, 54, 56, 58, 60, 62, 64, 68, 70
Sheriff Street	175	72, 76, 78, 80, 82, 84, 86, 88, 90, 92, 94, 96, 98, 100
Sheriff Street	347	104, 112, 114, 116, 118, 120, 122, 124, 126
South Street	2	41, 61, 67, 69, 75
South Street	32	151, 153, 173
South Street	25	183, 189, 197, 199, 201
South Street	87	203, 223, 227, 277 [could be 227]
South Street	98	241, 259
South Street	99	259½, 261
South Street	105	285
South Street	115	371, 381
South Street	143	391
South Street	2	26, 40, 52, 60, 62, 70
South Street	32	152, 158, 164, 174
South Street	25	178, 194, 196, 196½, 198, 200
South Street	87	204, 212
South Street	99	260, 270
South Street	105	298
South 5th Avenue	179	1, 15, 17, 19, 21, 23, 25, 27, 29, 31, 33, 35, 39, 41, 43
South 5th Avenue	140	47, 49, 51, 53, 61, 67
South 5th Avenue	139	79, 81, 85, 93, 95, 101, 109, 117, 121-123, 125, 125 rear, 127, 127 rear, 129 rear, 133, 135, 141, 143, 147, 149
South 5th Avenue	137	181, 185, 187, 195, 197, 197 rear, 199, 199 rear, 201, 203, 205, 219, 219 rear, 221, 221 rear, 223, 225, 227, 229, 231, 233, 235, 237, 239, 241, 243, 245, 249
South 5th Avenue	180	2, 18, 20, 22, 24, 26, 28, 36
South 5th Avenue	141	52, 56, 60, 62, 64, 66, 68, 70

Street Name	Book	House Numbers
South 5th Avenue	138	74, 76, 78, 80, 98, 106, 108, 116, 118, 120, 122, 136, 140, 148, 150, 172, 176
South 5th Avenue	137	196, 196 rear, 198, 200, 200 rear, 220, 222, 224, 234
South Washington Square	180	59, 61, 63
South Washington Square	180	60, 62, 64
South William Street	2	7, 9
South William Street	2	8, 14, 36
Spring Street	63	5, 7, 9, 11
Spring Street	64	13, 15, 17, 19, 21
Spring Street	65	29, 31, 33, 35, 37, 39, 41, 43
Spring Street	66	51, 53, 55, 57
Spring Street	60	63, 65
Spring Street	139	129, 131, 133, 135, 139, 145
Spring Street	138	167, 171, 173, 175
Spring Street	133	207, 209, 209 rear, 211, 213, 215, 215 rear, 217
Spring Street	124	225, 227, 229, 231, 233, 235, 237, 239, 241, 243, 245, 245 rear, 247, 249, 251, 253, 255, 257, 259
Spring Street	123	261, 263, 265, 265 rear, 267, 269, 269 rear, 271, 273, 275, 277
Spring Street	119	295, 297, 299, 301, 301 rear, 303, 303 rear, 305, 307, 309, 311, 313, 315
Spring Street	117	321, 323, 325, 327, 329,
Spring Street	63	4, 6, 8, 10
Spring Street	62	14, 16, 16 rear, 18, 18 rear, 20, 20 rear, 22, 24, <u>26</u>, 28, 32, 34, 36, 40, 42, 206 [could be 26]
Spring Street	61	48, 50, 52, 54, 56, 60
Spring Street	60	66, 68, 72, 76, 78
Spring Street	59	80, 80½, 82
Spring Street	139	96, 110, 114, 116, 118, 120, 134, 136, 144, 146, 148, 150, 152, 154, 156, 158, 160
Spring Street	138	170, 172, 174, 176
Spring Street	135	182, 184, 184-186, 188, 190, 192, 192 rear, 194-196, 196, 198, 200, 202, 204, 208, 210, 212-214, 216, 216 rear, 218, 218 rear, 220, 222, 224
Spring Street	124	240, 244, 244 rear, 254
Spring Street	123	260, 262, 264, 266, 268, 270, 272, 274, 276, 278, 280, 282, 284, 288, 290
Spring Street	119	296, 298, 300, 302, 304

Aid to Finding Addresses in 1890 NYC Police Census

Street Name	Book	House Numbers
Spring Street	118	310, 312, 318, 324, 326, 328, 330
Staple Street	16	4, 6
Stanton Place	277	1, 3, 5
Stanton Place	277	2, 4
Stanton Street	239	5, 7, 9, 11, 13, 15, 17, 19
Stanton Street	238	25, 27, 29, 33, 33½, 35, 37
Stanton Street	237	45, 47, 49, 51, 53, 55, 57, 59
Stanton Street	236	61, 63, 65, 67, 69, 73, 79, 81, 83, 85
Stanton Street	235	93, 95, 97, 99, 101, 103
Stanton Street	234	105, 111, 115
Stanton Street	233	123, 125, 127, 129, 131, 133
Stanton Street	232	139, 143, 145, 149
Stanton Street	231	151, 153½, 157, 159, 161, 163, 165
Stanton Street	171	173, 175, 177, 179, <u>181</u>, <u>183</u>, <u>185</u>
Stanton Street	980	<u>173</u>, <u>183</u>, <u>185</u>
Stanton Street	172	197, 199, 203, 207, 209, 211, 217, 219
Stanton Street	173	225, 227, 229, 231, 233, 235, 237,
Stanton Street	174	245, 247, 249, 251, 253, 255
Stanton Street	175	257, 259, 261, 263, 267, 269, 271
Stanton Street	176	273, 277, 279, 281
Stanton Street	177	291, 293, 293½, 295
Stanton Street	178	309, 311, 317, 319, 321, 329, 331, 333, 335, 341, 351
Stanton Street	277	4, 6, 8, 10, 12, 12 rear, 14, 16, 18, 20, 20 rear, 22, 22 rear, 24, 28, 30, 32, 34, 38, 40
Stanton Street	278	42, 44, 46, 50, 52, 54, 56, 62, 64, 66
Stanton Street	280	92, 94, 96, 98, 100, 104
Stanton Street	281	108, 110, 114, 116
Stanton Street	282	122, 124, 126, 130, 134, 136, 142, 144, 146, 148, 150, 152
Stanton Street	283	154, 156, 158, 160, 162, 164
Stanton Street	352	172, 176, 178, 180, 182, 184
Stanton Street	351	188, 190, 192, 194, 196, 198
Stanton Street	350	202-204, 206, 208, 210, 212, 214, 216, 218
Stanton Street	349	224, 228-230, 232, 232 rear, 234, 234 rear, 236, 238

Street Name	Book	House Numbers
Stanton Street	348	240, 242, 244, 244 rear, 246, 248, 248 rear, 250, 252, 254
Stanton Street	347	260, 262, 264, 266, 268
Stanton Street	346	272, 274, 276, 278, 280, 282, 284
Stanton Street	345	290, 292, 294, 296, 300, 302, 304, 306, 308, 310, 314, 316, 318, 320
Stanton Street	344	324, 326, 328, 330, 332, 334, 336, 338, 340
State Street	5	1, 3, 7, 9, 11, 15, 27, 29
State Street	5	2, 6, 8, 12, 18, 26, 28, 30
Stone Street	2	29, 35, 51, 57
Stone Street	2	54, 60, 62, 64
Stuyvesant Street	415	15, 17, 19, 21, 23, 25, 27, 29, 31, 33, 35
Stuyvesant Street	415	2, 2½, 4, 6, 8, 10, 12, 14, 32, 36, 38, 40, 42, 44, 46
Suffolk Street	168	1, 3, 9, 11, 13, 15, 17, <u>19</u>, 21, 23, <u>25</u>, <u>27</u>, 29, 35
Suffolk Street	974	<u>19</u>, <u>25</u>, <u>27</u>
Suffolk Street	169	39-41, 43, 47, 53, 55, 57, 59, 63, <u>69</u>, 69 rear
Suffolk Street	963	<u>69</u>, 71, 71 rear, 73, 75, 75 rear, 77, 79, 81, 83
Suffolk Street	170	87, 89, 91, <u>93</u>, 95, 101, 103
Suffolk Street	961	<u>93</u>
Suffolk Street	232	119, 121, 123, 125, 127, 129, 131, 133, 135, 137, 139, 141, 143, 145, 147, 149
Suffolk Street	282	151, 153, 159, 161, 163, 165, 167, 169, 175
Suffolk Street	168	2
Suffolk Street	167	8, 10, 12, 14, 16, 18, 20, 22, 24, 26, 28, 30, 32, 36, 38, 40, 42, 50, 52, 54, 58, 60
Suffolk Street	166	66, 68, <u>72</u>, 74, 76, 78, 80, 82, 84, 86, 88
Suffolk Street	963	70, <u>72</u>
Suffolk Street	170	98, 100, 102, 104, 110, <u>112</u>, <u>114</u>, <u>116</u>, <u>120</u>
Suffolk Street	961	<u>112</u>, <u>114</u>, <u>116</u>, 118, <u>120</u>, 122
Suffolk Street	231	124, 126, 130, 132, 134, 136, 140, 142, 146, <u>148</u>, 150, 154, <u>156</u>
Suffolk Street	1000	<u>148</u>, <u>156</u>
Suffolk Street	283	164, 166, 168, 170, 172, 174, 176, 180, 184, 186, 188
Sullivan Street	136	3, 5, 7, 7 rear, 9, 11, 13, 15, 15½, 17, 25, 27, 29, 33, 33 rear, 35, 37, 37 rear, 39, 41, 41 rear, 43, 45, 47, 49, 51, 53
Sullivan Street	135	57, 59, 61, 63, 65, 67, 71, 73, 75, 77, 79, 79 rear, 81, 81 rear, 83, 83 rear, 85, 85 rear, 87, 87 rear

Aid to Finding Addresses in 1890 NYC Police Census

Street Name	Book	House Numbers
Sullivan Street	132	131, 133, 135, 137, 137½, 139, 141, 145, 147
Sullivan Street	180	207, 209, 213, 215, 217, 219, 221, 223, 225, 227, 229, 231, 233, 237, 239
Sullivan Street	121	2, 4, 8, 12, 14, 16, 22, 24, 26, 28, 44, 48, 50, 52, 54
Sullivan Street	135	58, 60, 62, 64, 64½, 66, 68, 70, 78, 80, 82, 84, 86, 88
Sullivan Street	133	96-98, 100, 100 rear, 102, 104, 106, 108, 110, 112, 114, 116, 120, 122, 124
Sullivan Street	131	132, 132½, 134, 136, 138, 140, 140 rear, 142, 142 rear, 144, 144 rear, 146, 146 rear, 148, 150, 150 rear, 152, 152 rear, 154, 154 rear, 156, 156 rear, 158, 160, 162
Sutton Place	693	1, 3, 5, 7, 9, 11, 13, 15, 17, 19, 21, 23
Sutton Place	821	25, 27, 29, 31, 33, 35, 37, 39, 41, 43
Sutton Place	693	2, 4, 6, 8, 10, 12, 14, 16, 18, 20
Sutton Place	821	22, 24, 26, 28, 30, 32, 34, 36
Sylvan Place	878	3, 5
Sylvan Place	878	2, 4
Thames Street	10	5, 7, 15, 21-23, 25
Thomas Street	15	65, 65 rear, 69, 71, 79, 81, 83
Thomas Street	15	60, 86
Thompson Street	136	1, 3, 7, 9, 11, 13, 15, 17, 19, 21, 23, 25, 25 rear, 27, 29, 31, 33, 37, 37 rear, 39, 39 rear, 41, 43, 43½ rear, 45
Thompson Street	135	51, 51½, 55, 59, 63, 63 rear, 65, 67, 69, 71, 73, 75, 77, 79, 81
Thompson Street	132	125, 125½, 127, 129, 131, 133, 137, 139, 141, 143, 143 rear, 145, 147, 147 rear, 149, 151, 153, 155, 157
Thompson Street	141	169, 171, 173, 175, 177, 179, 181, 183, 183½, 185
Thompson Street	180	215, 217, 219, 221, 223, 225, 231, 233
Thompson Street	137	12, 14, 16, 16 rear, 18, 20, 22, 24, 26, 28, 30, 32, 40, 42, 44, 46, 48
Thompson Street	138	?, 50, 52, 54, 56, 58, 64, 66, 68, 68 rear, 70, 70 rear, 72, 72 rear, 74, 74 rear, 76, 78, 80, 82, 86, 88, 92, 98, 106. 108, 110, 112, 114, 116, 118, 126, 128, 130, 132, 134, 134½, 160
Thompson Street	141	164, 166, 168, 170, 172, 174, 174 rear, 176, 176 rear, 178, 178 rear, 180, 184
Thompson Street	180	202, 204, 206, 208, 210, 212, 214, 216, 218, 220, 222, 224, 226, 228, 230, 236, 238, 248
Tompkins Square	435	Use Avenues A & B
Tompkins Street	145	1, 15, 17, 25, 27, 43, 45, 53, 55
Tompkins Street	178	87

Street Name	Book	House Numbers
Tompkins Street	145	2, 16, 54, 56
Trinity Place	10	99, 107
Trinity Place	5	14, 16, 20, 50
Trinity Place	10	56, 66, 90, 96, 106
Union Court	197	1, 3, 5, 7, 9, 11, 13
Union Court	197	2, 4, 6, 8, 10, 12
Union Place	76	61
Union Square	75	2, 4, 6, 8, 10, 14-16-18, 20, 24, 26, 28, 32, 36, 38, 40, 42
Union Square	76	?, 50, 52, 54
University Place	184	1, 3, 5, 7, 9,
University Place	196	13, 17, 21, 23, 25, 27, 29, 31, 33, 35, 37, 39
University Place	197	53, 63, 69
University Place	185	2, 8
University Place	194	10, 12, 14, 16, 18, 20, 22, 24
University Place	196	28, 30, 38, 40
University Place	197	44, 46, 48, 50, 52, 54, 56, 58, 64½, 66, 68, 70, 72, 74, 76, 80
Vandam Street	125	1, 5, 5 rear, 7, 9, 9 rear, 11, 11 rear, 13, 13 rear, 15, 15 rear, 17, 19, 19 rear, 21, 21 rear. 23, 25, 27, 29, 31, 33, 35, 37, 39, 41, 43, 45
Vandam Street	126	49, 51, 53, 55, 57, 59, 63, 65, 67, 69, 71, 73, 75, 81, 85, 87, 89, 91, 93, 95, 97, 99, 101
Vandam Street	124	4, 6, 8, 10, 12, 14, 16, 18, 20, 22, 24, 24 rear, 26, 28, 28 rear, 30, 30 rear, 32, 34, 34 rear, 36, 36 rear, 38, 38 rear, 40
Vandam Street	123	44, 46, 48, 48 rear, 50, 50 rear, 52, 52 rear, 54, 56, 58, 60, 62, 64, 66, 66 rear, 68, 70
Vandam Street	119	80, 82, 84, 86, 86 rear, 88, 90, 92, 94
Vanderbilt Avenue	727	16
Vandewater Street	35	15, 29, 31, 33, 35, 37
Vandewater Street	35	12, 30, 36, 38, 40, 42, 44
Vannest Place	260	1, 3, 5, 7, 9, 11, 13, 15, 17
Vannest Place	260	2, 4, 6, 8, 10, 12, 14, 16, 18
Varick Place	141	?, ½, 1, 3, 5, 7, 9, 11, 13, 21
Varick Place	142	2, 4, 6, 8, 10, 12, 14, 16, 18, 20
Varick Street	19	11, 19, 23

Aid to Finding Addresses in 1890 NYC Police Census

Street Name	Book	House Numbers
Varick Street	21	65, 67, 69
Varick Street	120	73, 75, 79, 81, 83, 85, 85 rear, 87, 87 rear, 89, 89 rear, 91, 93, 95, 97, 99, 101, 103, 105, 107
Varick Street	123	127, 129, 131, 133, 135, 139, 141, 143, 145, 151, 153
Varick Street	126	159, 159½, 161, 167, 169
Varick Street	128	173, 175, 177, 179, 181, 183, 185, 191, 193, 195, 199, 201, 203
Varick Street	241	209, 211, 213, 215, 217, 217½, 219, 221, 223
Varick Street	20	14, 16, 18, 20, 22, 26, 28, 30, 32, 34, 50, 52, 54, 56, 58
Varick Street	21	62, 64, 66, 68, 70
Varick Street	121	82, 84, 86, 88, 90, 92, 94-96, 98, 100, 102, 104, 106
Varick Street	124	124, 126, 128, 130, 132, 134, 136, 138, 144, 146, 148, 150, 152, 154
Varick Street	125	158, 162, 164, 166, 168, 170
Varick Street	130	192, 192½, 194, 196, 198, 200, 202
Varick Street	243	220, 222, 224, 226, 228, 230
Vesey Street	13	43, 57, 59, 63
Vesey Street	13	30, 64, 66, 68, 78, 92, 94, 96, 98, 100, 104, 108, 110
Vestry Street	21	1, 3, 13, 15, 21, 23
Vestry Street	22	27, 29, 31, 35
Vestry Street	23	67
Vestry Street	21	2, 18, 20, 22, 24, 26
Vestry Street	23	50, 52, 54, 56
Wadsworth/ Walsworth Avenue	685	No house numbers on Wadsworth/Walsworth Avenue in book 685
Walker Street	52	91, 97, 101, 109
Walker Street	51	121, 123
Walker Street	15	4, 6
Wall Street	2	7, 11, 15, 29, 31, 37, 45, 63, 65, 67, 69, 71, 83, 87, 99, 101, 107, 113
Wall Street	2	80, 88, 90, 92, 94, 96, 100, 104, 112
Warren Street	14	7, 59, 67, 83
Warren Street	14	4
Washington Alley	185	44, 48, 52, 54, 56
Washington Place	184	13, 15, 17, 21, 23, 25, 27, 29
Washington Place	183	69, 71, 73, 75, 77, 79, 81, 83, 85, 87, 89

Street Name	Book	House Numbers
Washington Place	184	2, 4-6, 8, 18, 20
Washington Place	183	64, 66, 68, 70, 72, 74, 78, 80, 82, 84, 86, 88
Washington Street	6	1, 3, 7, 9, 11, 11½, 13, 15, 17, 19, 23, 25, 27, 29, 31, 33, 35, 37
Washington Street	7	43, 45, 49, 51, 57, 59, 61, 63, 71, 73, 75, 77, 79, 87, 89, 91, 95, 97
Washington Street	9	101, 103, 105, 107, 109, 111, 111½, 113, 115, 117, 119, 119½
Washington Street	11	123, 125, 127, 129, 135, 137, 139, 141, 143, 145
Washington Street	12	157, 159, 161, 183
Washington Street	13	199, 203, 207, 215
Washington Street	16	333
Washington Street	17	337
Washington Street	18	385, 387, 389, 391, 393, 403
Washington Street	23	411, 429, 433, 435, 437, 445, 447, 449, 451
Washington Street	24	457, 463, 473
Washington Street	118	479, 489, 491, 493
Washington Street	117	497, 505, 507, 509, 511, 515, 531, 533
Washington Street	240	571, 575, 577, 579, 581
Washington Street	254	601, 609, 611, 613, 623, 629, 635, 635 rear, 637, 639, 639 rear, 641, 643, 645, 647
Washington Street	255	651, 653, 655, 657, 659, 661, 663
Washington Street	256	677, 679, 681, 685, 687, 689, 691, 695, 697
Washington Street	262	703, 705, 707, 709, 711, 713, 715
Washington Street	266	757, 759, 761, 763, 765, 769, 777, 779, 781
Washington Street	265	785, 787, 789, 791, 793
Washington Street	270	799, 801, 803, 805, 807, 809, 811
Washington Street	271	825, 827
Washington Street	272	841, 843
Washington Street	8	10, 12, 12½, 14, 26, 28, 36, 38, 40, 42, 92
Washington Street	9	96, 102, 122, 124
Washington Street	11	150, 152
Washington Street	12	168, 190, 192
Washington Street	13	216
Washington Street	16	320
Washington Street	17	348, 356, 358, 360, 362
Washington Street	18	378, 382, 384, 386, 388

Aid to Finding Addresses in 1890 NYC Police Census

Street Name	Book	House Numbers
Washington Street	23	414
Washington Street	24	442, 444, 446, 448, 450, 452, 454, 456, 460, 462, 464
Washington Street	240	578, 590, 592, 598
Washington Street	254	606, 608, 610, 636, 638, 640, 642, 648
Washington Street	255	652, 654, 668, 670, 672, 678, 680, 686, 688, 690, 692, 694, 696, 698
Washington Street	264	706, 708, 710, 712, 714, 716, 722, 724, 726, 736, 738, 742, 744, 746, 748, 768
Washington Street	265	770, 772, 774, 776, 778, 780, 782, 784, 786, 788, 790, 792, 794, 796, 798
Washington Street	271	804, 806, 808, 810, 812, 814, 816, 826, 832
Washington Street	272	866, 872
Water Street	2	89, 97, 109, 111, 113, 123, 127
Water Street	32	269, 273, 275, 311, 313, 319
Water Street	25	327, 329, 337, 337½, 339, 341, 343, 343½, 345, 347, 351, 357, 359, 361, 377, 379, 381, 383, 385, 387
Water Street	87	397, 413, 433
Water Street	98	473
Water Street	115	599, 601, 603, 605, 607, 609, 639, 641, 647, 649, 651, 653, 655, 657, 663, 665, 667, 669, 671, 673, 675, 677, 679, 681, 683, 685
Water Street	143	693, 695
Water Street	2	120, 130, 134, 140
Water Street	34	260, 260½
Water Street	32	304, 316
Water Street	31	330½, 332, 334, 336, 338, 340, 342, 344, 346, 348
Water Street	25	368, 370, 372, 374, 376, 376½, 384, 386, 388, 390, 390½, 392½, 394
Water Street	87	394½, 396, 398, 404, 406, 408, 410, 428, 430
Water Street	98	474, 476, 492, 494, 496, 506, 506½, 508
Water Street	99	518
Water Street	105	574, 580, 588, 590, 592, 594
Water Street	106	602, 604, 606, 608, 612, 614, 616, 626, 628
Water Street	114	632, 634, 636, 640, 642, 644, 646, 652, 654, 656, 658, 660, 662, 664, 666, 668, 670, 672, 674, 676, 682, 684
Water Street	143	692, 694, 696, 698, 700, 710, 712, 714
Watts Street	121	5, 7, 9, 11, 13, 15, 17, 19, 21, 23, 25
Watts Street	120	31½, 33, 35, 35 rear, 37, 39, 41, 43, 45, 47, 49, 51, 53, 55, 57
Watts Street	22	61, 63, 69

Street Name	Book	House Numbers
Watts Street	23	79, 81, 85
Watts Street	24	95, 97, 99
Watts Street	121	2, 4, 6, 8, 10, 12, 14, 16, 18, 20, 22, 24, 26
Watts Street	120	34, 36, 38, 40, 42, 44, 46, 54, 56, 58, 60, 62
Watts Street	22	72, 72½
Watts Street	24	76, 78, 80, 82, 84, 90, 92, 94, 96
Waverley Place	184	3, 5, 11-13, 27, 29
Waverley Place	185	101, 103, 105, 107, 109, 111, 113, 115, 117, 119, 121, 123, 127, 129, 131, 133
Waverley Place	186	135, 137, 139, 141
Waverley Place	187	143, 145, 147, 149, 151, 157, 159, 161, 173, 179, 181
Waverley Place	188	189, 191, 193
Waverley Place	190	209, 211, 213, 225, 227, 229
Waverley Place	184	10, 12, 14, 16, 18, 20, 22, 24, 26, 28, 30
Waverley Place	183	102, 106, 108, 110, 112, 114, 116, 118, 120, 122, 124, 126, 128, 130
Waverley Place	186	134, 136, 138, 142, 144, 146, 148, 150, 152, 154, 156, 158, 160, 160 rear, 162, 166, 168, 170
Waverley Place	187	172, 174, 176, 178, 180, 182
Waverley Place	189	186, 190, 192, 194, 196, 198, 200, 202, 206, 208, 210, 212, 214
Waverley Place	190	220, 228, 244, 246
Weehawken Street	255	3, 5, 7, 9, 11, 13
West Street	8	9, 11, 15, 17, 19, 21, 23, 45
West Street	9	59, 61, 73, 81
West Street	11	87, 101
West Street	12	113, 127
West Street	14	149, 165, 175, 185
West Street	16	191, 195, 203, 205
West Street	17	209, 213, 221
West Street	18	227, 229, 231, 235
West Street	23	257, 259, 271
West Street	24	275, 279, 287
West Street	240	349, 355
West Street	254	385
West Street	255	391, 393, 395, 397, 401, 413

Aid to Finding Addresses in 1890 NYC Police Census

Street Name	Book	House Numbers
West Street	264	419, 421, 423, 445
West Street	265	471, 475, 485, 487, 489, 491, 495, 501, 507
West Street	271	?, 533
West Street	8	2, 6, 10, 12, 18, 22, 32, 56
West Street	9	60, 68, 72, 74
West Street	11	98, 100
West Street	12	122, 126, 128, 130
West Street	13	146
West Street	14	170, 174, 176, 182, 186
West Street	16	190, 194, 206
West Street	17	208, 210, 216, 224
West Street	18	228, 232
West Street	23	258, 264, 270
West Street	24	272, 274, 280, 286
West Street	240	350, 356
West Street	254	368, 386
West Street	255	388, 390, 398, 400, 414
West Street	264	418, 420, 422, 424
West Street	265	504
West Street	271	?, 528
West 3rd Street	179	17, 19, 21, 23, 25, 27, 33, 35, 43, 45, 47, 49, 51, 53, 55, 57
West 3rd Street	180	67, 69, 71, 73, 75, 77
West 3rd Street	183	119, 121, 123, 125, 127, 129, 131, 135, 135 rear, 137, 141, 143
West 3rd Street	179	6, 18, 26, 28, 30, 32, 40, 46, 48, 50, 52, 54, 56, 58, 60
West 3rd Street	180	66, 68, 70, 72, 74, 76, 80, 82, 84, 86, 88, 90
West 4th Street	184	7, 9, 11, 15, 17, 19, 31, 37
West 4th Street	179	45
West 4th Street	183	147, 149, 151
West 4th Street	246	159, 161, 163, 165, 167, 169, 171, 173, 175, 177, 179, 181, 193
West 4th Street	187	219, 221, 223, 225, 229, 231, <u>233</u>, <u>235</u>
West 4th Street	189	<u>233</u>, <u>235</u>, 237, 239, 241, 243, 245, 247, 249, 255, 257, 259, 261
West 4th Street	190	269, 271, 273, 275, 277, 279, 281, 285, 287, 289, 291, 293, 295, 297
West 4th Street	360	305, 307, 309, 311, 313, 315, 317, 319, 321, <u>323</u>, <u>325</u>, <u>327</u>, <u>329</u>, 331, 333, 335, 337, 339, 345, 347, 349, 351, 355

Street Name	Book	House Numbers
West 4th Street	192	323, 325, 327, 329
West 4th Street	269	339, 345, 347, 349, 351
West 4th Street	179	8, 14, 22, 24, 26, 28, 30, 36, 38, 42, 44, 46, 48, 50, 52, 56, 58, 60, 62, 64, 66, 68, 70
West 4th Street	183	130, 132, 134, 136, 138, 140, 142, 144, 146, 150
West 4th Street	247	168, 172, 174
West 4th Street	248	180, 182, 186, 186½, 188, 190, 194, 196, 198, 200, 202½, 204
West 4th Street	258	218, 220, 222, 224
West 4th Street	259	234, 236, 238, 240, 242, 244, 246
West 4th Street	260	256, 258
West 4th Street	261	268, 270, 272, 274, 276, 278, 280, 282, 284, 288, 290, 292, 294, 296, 298
West 4th Street	267	302, 304, 306, 308, 310, 312, 322, 324, 330
West 4th Street	268	334, 336
West 4th Street	269	342, 344, 346, 348, 350, 352, 354, 356
West 9th Street	194	6, 8, 10, 12, 14, 16, 18, 20, 22, 24, 26, 28, 30, 32, 34, 36, 38, 44, 50, 52, 54, 56, 58, 60, 62, 64, 66
West 10th Street	188	101, 103, 105, 107, 109, 111, 113, 115, 117, 119, 121, 121-123, 125, 127, 129, 131, 133, 135, 137, 139, 141, 143, 145, 147, 149, 151, 153
West 10th Street	189	159, 161, 163, 165, 167, 169, 171, 173, 175, 177, 179, 181, 183
West 10th Street	259	191, 193, 195, 197, 199, 201, 203, 205, 207, 209, 215, 217, 219, 221, 223, 225, 227, 227 rear, 235, 237, 239, 241, 243, 245
West 10th Street	256	251, 263, 267, 269, 271, 273, 275
West 10th Street	255	285
West 10th Street	187	130, 132, 134, 138, 140, 142, 144, 146, 148, 150, 154, 158, 160, 162, 164, 166, 168, 170, 172, 174, 176, 178, 180, 182
West 10th Street	258	184, 190, 192, 194, 196, 198, 200, 202, 204, 206, 208, 210, 212
West 10th Street	257	220, 222, 224, 226, 228, 230, 232, 234, 236, 238, 240, 242, 244, 246, 250, 252, 256, 258, 260, 262
West 10th Street	256	250½
West 10th Street	255	266, 274, 276, 278, 280, 296, 298, 300, 304, 340 [should be 304]
West 11th Street	198	11, 13, 15, 17, 19, 21, 23, 25, 27, 29, 31, 31½, 33, 33 rear, 35, 37, 39, 41, 43, 45, 47, 49, 51, 53, 55, 57, 59, 61, 63, 65, 67, 69, 71, 73, 77
West 11th Street	193	101, 105, 107, 109, 111, 113, 115, 117, 119, 121, 123, 129, 131, 135, 137, 139, 141, 143, 145, 147, 149, 163, 165
West 11th Street	190	217, 219, 221, 223, 225, 227, 229, 231, 233, 235, 237, 239, 241, 243, 245, 247, 249, 251, 257

Aid to Finding Addresses in 1890 NYC Police Census

Street Name	Book	House Numbers
West 11th Street	261	255, <u>257</u>, 259, 261, 263, 265, 269, 271, 273, 275, 277, 279, 281, 283, 285, 291, 293, 295, 297, 303, 311
West 11th Street	264	347, 351, 353, 355, 357, 359, 361, 363, 365, 367, 371, 373
West 11th Street	188	102, 112-116, 118, 120, 122, 124, 126, 128, 130, 132, 134, 136, 138-140-142, 144, 146, 148, 150, 152, 154, 156, 160, 162
West 11th Street	190	208, 210, 212, 214, 224, 226, 228, 230, 238, 240, 242, 246, 248, 250, 252
West 11th Street	261	260, 262, 266, 268, 270, 272, 274, 276, 280, 282, 284, 286
West 11th Street	260	290, 292, 294, 298
West 11th Street	262	302, 304, 306, 308, 310, 312, 314, 316, 318, 320, 322, 324, 326, 326 rear, 328, 330, 332, 332 rear, 334, 340, 340 rear
West 11th Street	264	346, 348, 350, 352, 354, 356, 358, 362, 364, 366, 368, 370, 372, 374
West 12th Street	198	11, 13, 15, 17, 19, 21, 23, 29, 31, 31½, 37, 39, 41, 43, 45, 47, 49, 51, 53, 55, 57, 59, 61, 63, 65, 67, 69, 71, 73, 75, 77, 79, 81
West 12th Street	193	109, 111, 113, 115, 117, 127, 129, 133, 135, 137, 139, 145, 149, 151, 153, 155, 157, 159, 161, 163, 165, 167, 169, 171, 173, 175, 177, 179
West 12th Street	192	235, 237, 239, 241, 243, 249, 251, 255, 257, 259, 261, 269, 271, 273, 275, 277, 279, 281
West 12th Street	267	283, 285, 287, 289, 291, 293, 317, 319, 321, 323, 325, 327
West 12th Street	268	297, 299, 301, 303, 305, 307
West 12th Street	266	335, 337, 339, 341, 343, 345, 347, 359, 359 rear, 361, 363, 367, 369
West 12th Street	265	415
West 12th Street	198	12, 14, 18, 20-22, 24, 28, 34, 38, 40, 44, 48, 50, 52, 54, 56, 58, 60, 64, 66, 68, 70, 72, 74, 76, 78, 80, 82, 84, 86
West 12th Street	193	110, 114, 118, 120, 122, 124, 126, 128, 132, 134, 142, 144, 146, 148, 150, 152, 154, 156, 158
West 12th Street	267	284, 288, 290, 292, 294, 296, 298, 300, 302, 304, 306, 316, 318, 322, 324
West 12th Street	266	328, 330, 332, 334, 336, 338, 340, 344, 346, 348, 350, 352, 354, 360, 362, 366
West 12th Street	264	376, 378, 394, 396
West 13th Street	198	5, 15, 17, 19, 33
West 13th Street	199	109, 111, 113, 115, 117, 119, 121, 123, 125, 127, 131, 133, 135, 137, 139, 147, 149, 151, 153, 155, 157, 159, 161, 163, 165, 167, 201, 203, 205, 207, 209, 211, 211 rear, 213, 215, 217, 219, 221, 223, 225, 227, 229, 231, 233, 235, 237, 239, 241, 243, 245, 247, 249, 251, 253
West 13th Street	273	301, 303, 305, 307, 309, 311, 315, 317, 319, 319½, 321, 323, 325, 327, 331, 333, 335, 337
West 13th Street	272	403, 407, 409, 411, 413, 417, 419, 421, 437, 439, 441, 443, 445, 447, 453, 455

Some missing house numbers on West 13th Street in book 272

Street Name	Book	House Numbers
West 13th Street	198	2, 4, 6, 10, 12, 16, 20, 26, 26 rear, 28, 28 rear, 34, 34 rear, 36, 38, 40, 50, 54, 60, 70
West 13th Street	193	100, 102, 104, 106, 108, 110, 112, 114, 116, 118, 120, 122, 124, 126, 128, 130, 132, 134, 136, 138, 140, 142, 144, 146, 148, 150, 152, 154, 156, 158, 160, 162
West 13th Street	269	306
West 13th Street	272	402, 404, 406, 408, 412, 414, 420, 426, 428, 430, 502, 506, 508 Some missing house numbers on West 13th Street in book 272
West 14th Street	200	101, 103, 131, 135, 137, 139, 141, 143, 145, 147, 149, 151, 153, 157, 201, 203, 205, 207, 209, 211, 213, 215, 217, 219, 221, 223, 225, 227, 229, 231, 233, 235-237, 239, 241, 243, 245, 249, 251, 253, 255, 257
West 14th Street	274	301, 305, 307, 309, 311, 313, 315, 317, 319, 321, 323, 325, 327, 329, 331, 333, 335, 343, 345, 347, 349, 351, 353, 355, 357
West 14th Street	276	407, 431, 463, 501, 513, 525, 555, 557
West 14th Street	198	2, 4, 8, 14, 16, 18, 20, 34, 44, 46, 50, 52, 54
West 14th Street	199	110, 114, 116, 116-118, 118, 136, 144, 146, 148, 150, 152, 154, 156, 158, 160, 200, 202, 204, 206, 208, 210, 214-216, 218, 220, 232, 234, 236, 238, 240, 242, 244, 246, 248, 250, 252, 254, 256
West 14th Street	273	300, 304, 306, 308, 310, 312, 314, 316, 318, 320, 322, 324, 326, 328, 336, 338, 340, 344, 346, 348, 350, 352, 354
West 14th Street	272	408, 420, 424, 440, 444, 446, 448, 450, 452, 542
West 15th Street	202	107, 109, 111, 113, 115, 117, 119, 121, 123, 125, 127, 129, 131, 133, 135, 137, 139, 141, 143, 145, 147, 149, 151, 153, 155, 157, 159, 161, 163
West 15th Street	201	201, 209, 213, 215, 217, 219, 221, 223, 225, 227, 229, 231, 233, 235, 237, 243, 245, 247, 249, 251, 255, 257, 259, 261, 263, 265, 267
West 15th Street	275	305, 307, 309, 311, 317, 319, 321, 323, 325, 327, 329, 329½, 331, 331½, 333, 335, 337, 339, 341, 343, 345, 347, 349, 351, 353, 355, 357, 359, 361, 363, 365, 367
West 15th Street	276	509, 513, 517
West 15th Street	200	?, 100, 108, 110, 112, 114, 132, 134, 136, 136½, 138, 140, 142, 146, 148, 150, 152, 154, 156, 158, 160, 202, 204, 206, 208, 210, 212, 214, 216, 218, 220, 222, 224, 226, 228, 230, 232, 234, 236, 238, 240, 242, 244, 246, 248, 250, 252, 254, 256, 258, 260, 262
West 15th Street	274	302, 304, 306, 308, 310, 312, 314, 316, 318, 320, 322, 324, 326, 328, 330, 332, 334, 338, 340, 342, 344, 346, 348, 350, 352, 354, 356, 358, 360, 362, 364
West 15th Street	276	404, 406, 424, 460, 510, 512, 514, 544
West 16th Street	202	105, 107, 109, 111, 113, 115, 117, 119, 121, 123, 125, 127, 129, 131, 133, 135, 137, 139, 141, 143, 145, 147, 149, 151, 153, 157, 159, 161
West 16th Street	383	201, 203, 205, 207, 209, 211, 213, 215, 217, 219, 221, 223, 225, 227, 229, 231, 233, 235, 237, 239, 241, 243, 245, 247, 251, 253, 261, 263, 265, 267

Aid to Finding Addresses in 1890 NYC Police Census

Street Name	Book	House Numbers
West 16th Street	382	307, 309, 311, 313, 315, 317, 319, 321, 331, 333, 335, 337, 339, 341, 343, <u>345</u>, 347, 351, 353, 355, 357, 359, 361, 363
West 16th Street	275	<u>345</u>
West 16th Street	380	401, 407, 409, 411, 413, 415, 417, 419, 421, 423, 425, 427, 429, 431, 433, 435, 441, 443, 447, 449, 451, 453, 455, 457, 459
West 16th Street	202	100, 104, 106, 108, 112, 114, 116, 118, 120, 124, 126, 130, 132, 134, 136, 142, 144, 146, 148, 150, 152, 154, 156, 158, 160
West 16th Street	201	202, 212, 212 rear, 214, 216, 218, 220, 222, 224, 226, 228, 230, 232, 234, 236, 238, 240, 242, 244, 246, 248, 250, 256, 258, 260
West 16th Street	275	302, 304, 308, 310, 314, 316-318, 320-322, 324, 326, 328, 330, 332, 334, 336, 338, 340, 342, 344, 346, 348, 350, 352, 354, 356
West 16th Street	276	400, 404, 406, 408, 418, 420, 422, 424, 426, 502, 504, 506, 508, 528
West 17th Street	205	101-103, 105, 107, 109, 111, 113, 115, 117, 119, 121, 123, 125, 127, 129, 131, 135, 137, 139, 141, 143, 145
West 17th Street	385	303, 305, 307, 309, 311, 313, 315, 317, 319, 321, 323, 325, 327, 329, 331, 333, 335, 337, 339, 341, 343, 345, 347, 347½, 349, 351, 353, 355, 357, 361, 363
West 17th Street	386	401, 405, 407, 409, 411, 413, 415, 419, 421, 423, 423 rear, 425, 425 rear, 427, 429, 429 rear, 431, 431 rear, 437, 439, 441, 443, 445, 447, 447½, 449, 451, 453, 455
West 17th Street	202	102, 108, 110, 112, 114, 116, 118, 120, 122, 124, 126, 128, 130, 132, 134, 136, 138, 140, 142, 144, 146, 148, 150, 152, 156, 158, 160, 162
West 17th Street	383	200, 202, 204, 206, 208, 210, 212, 214, 216, 218, 220, 222, 224, 226, 228, 230, 232, 234, 236, 238, 240, 242, 244, 246, 248, 250, 252, 254, 256, 260, 262, 264, 266, 268
West 17th Street	382	314, 318, 320, 322, 324, 326, 328, 330, 332, 334, 336, 338, 340, 344, 346, 348, 350, 352, 354, 358, 360, 362, 364, 366
West 18th Street	204	9, 11, 13, 15, 17, 19, 21, 23, 25, 27, 29, 31, 33, 35, 37, 39, 41, 43, 47, 49, 53, 55, 57, 63
West 18th Street	205	105, 115, 117, 121, 151, 153, 155, 157, 159, 167, 169, 171
West 18th Street	390	201, 203, 205, 207, 209, 211, 213, 215, 217, 219, 221, 229, 231, 233, 235, 239, 241, 245, 247, 249, 251, 253, 255, 257, 259, 261
West 18th Street	389	301, 303, 305, 315, 317, 319, 321, 323, 325, 327, 329, 331, 333, 335, 339, 341, 343, 345, 347, 353, 357, 359, 361, 363
West 18th Street	387	401, 405, 407, 409, 411, 413, 415, 417, 419, 421, 423, 425, 427, 429, 431, 433, 439, 443, 447, 449, 455, 457, 459, 461
West 18th Street	205	104, 106, 110, 114, 118, 120, 122, 124, 126, 128, 130, 132, 134, 136, 138, 140, 142, 144, 146, 152, 154, 156, 158, 160, 162, 166, 170
West 18th Street	385	304, 306, 308, 310, 312, 314, 316, 318, 320, 322, 324, 326, 328, 330, 332, 334, 336, 338, 340, 342, 344, 346, 348, 350, 352, 354, 356, 358, 360, 362, 364, 366, 368

Aid to Finding Addresses in 1890 NYC Police Census

Street Name	Book	House Numbers
West 18th Street	386	404, 406, 408, 410, 412, 414, 416, 418, 420, 422, 424, 426, 428, 430, 432, 434, 436, 456, 456 rear, 458, 460, 462, 464
West 19th Street	204	1, 3, 7, 9, 11, 13, 15, 17, 21, 25, 27, 29, 31, 33, 35, 37, 39, 41, 43, 45, 47, 49, 51, 53, 55, 57, 59, 61, 63, 65, 67, 69
West 19th Street	391	203, 203½, 205, 207, 209, 211, 213, 215, 217, 223, 227, 229, 231, 233, 235, 237, 239, 241, 243, 245, 247, 249, 251, 253, 255, 257, 259, 261, 263, 265
West 19th Street	389	301, 303, 305, 307, 309, 311, 313, 315, 317, 319, 321, 323, 325, 327, 329, 331, 333, 335, 337, 339, 341, 343, 345, 347, 349, 351, 355, 357, 359, 361, 363, 365, 367, 369
West 19th Street	388	401, 403, 405, 407, 409, 411, 413, 415, 417, 419, 421, 423, 425, 427, 429, 431, 433, 435, 437, 439, 441, 445, 447, 449, 451, 453, 455, 457, 459, 461, 463
West 19th Street	379	503, 505, 507, 509, 511, 513, 515
West 19th Street	204	8, 10, 12, 16, 18, 20, 24, 26, 30, 32, 34, 36, 38, 40, 42, 44, 46, 48, 50, 52, 58, 60, 62, 64, 66, 68, 70, 72
West 19th Street	205	110, 112, 114, 116, 118, 122, 126, 128, 130, 132, 134, 136, 138, 140, 142, 144, 146, 148, 152, 158
West 19th Street	390	200, 202, 204, 206, 208, 210, 212, 214, 216, 218, 220, 222, 224, 226, 228, 230, 232, 234, 236, 238, 240, 242, 244, 246, 248, 250, 252, 254, 256, 258, 260, 262, 264, 270, 172, 274, 276, 278, 280, 282, 288
West 19th Street	389	304, 306, 308, 310, 312, 314, 316, 318, 320, 322, 324, 326, 328, 330, 332, 334, 336, 338, 340, 342, 344, 346, 348, 350, 352, 354, 356, 358, 360, 362, 364
West 19th Street	387	400, 406, 408, 410, 412, 414, 416, 418, 420, 422, 424, 426, 428, 430, 432, 434, 436, 438, 440, 442, 444, 446, 448, 450, 452, 454, 456, 458
West 19th Street	379	508, 510
West 20th Street	392	201, 203, 205, 207, 209, 211, 213, 215, 217, 219, 221, 223, 225, 227, 229, 231, 233, 235, 237, 239, 241, 243, 245, 247, 249, 251, 253, 255, 257, 259, 261, 263, 265
West 20th Street	393	301, 303, 305, 305 rear, 307, 307 rear, 309, 309 rear, 311, 311 rear, 313, 313 rear, 315, 315 rear, 317, 317 rear, 319, 319 rear, 321, 321 rear, 323, 325, 327, 329, 331, 333, 335, 337, 337 rear, 339, 341, 343, 345, 347, 349, 351, 353, 355, 357, 359, 361, 365, 367
West 20th Street	379	507, 511, 513, 515, 521, 523, 525, 527, 529, 601, 603, 611, 613 Some missing house numbers on West 20th Street in book 379
West 20th Street	204	4, 6, 8, 10, 12, 14, 16, 18, 20, 24, 26, 28, 30, 32, 34, 36, 38, 40, 42, 44, 46, 48, 52, 54, 56, 58, 60, 62, 64
West 20th Street	391	202, 204, 206, 208, 210, 212, 214, 216, 218, 220, 222, 224, 226, 228, 230, 232, 234, 236, 238, 240, 242, 244, 246, 248, 250, 252, 254, 256, 258
West 20th Street	389	300, 302, 304, 306, 308, 310, 312, 314, 316, 318, 320, 322, 324, 326, 328, 330, 332, 334, 346, 348, 352, 354, 356, 358, 360, 362

Aid to Finding Addresses in 1890 NYC Police Census

Street Name	Book	House Numbers
West 20th Street	388	400, 404, 406, 408, 410, 414, 424, 428, 430, 432, 434, 436, 438, 440, 442, 444, 446, 450, 452, 454, 456, 458, 460, 462, 464, 466
West 20th Street	379	500, 502, 502½, 504, 506, 508, 510, 512, 514, 520 Some missing house numbers on West 20th Street in book 379
West 21st Street	207	109, 111, 113, 115, 117, 119, 121, 123, 125, 127, 129, 131, 133, 135, 137, 141, 143, 145, 147, 149, 151, 153, 155, 157, 159, 163, 165, 167, 169
West 21st Street	396	201, 203, 205, 207, 209, 211, 213, 215, 217, 219, 221, 223, 225, 231, 233, 235, 237, 239, 243, 247, 249, 251, 253, 255, 257, 259, 261, 263
West 21st Street	395	301, 303, 307, 309, 311, 313, 315, 317, 319, 321, 323, 325, 327, 329, 331, 333, 335, 337, 341, 343, 345, 347, 349, 351, 353, 355, 357, 359, 361
West 21st Street	394	401, 403, 405, 407, 409, 411, 413, 415, 417, 419, 421, 423, 425, 427, 429, 431, 433, 435, 437, 439, 441, 443, 445, 447, 449, 451, 453, 455, 457, 459, 461, 463, 465, 467, 469, 471, 473
West 21st Street	379	509
West 21st Street	392	200, 204, 206, 208, 210, 212, 214, 216, 218, 220, 222, 224, 226, 228, 230, 232, 234, 236, 238, 240, 242, 244, 246, 248, 250, 252, 254, 256, 258, 260, 262, 264, 266, 268
West 21st Street	393	300, 304, 306, 306 rear, 308, 308 rear, 310, 312, 312 rear, 314, 314 rear, 316, 318, 320, 322, 324, 324 rear, 326, 328, 330, 334, 334 rear, 336, 338, 338½, 340, 342, 344, 346, 348, 350, 352, 354
West 21st Street	379	500, 504, 506, 508, 510, 512, 514, 516, 522, 524, 526, 528, 558, 600
West 22nd Street	207	101, 111, 113, 115, 117, 119, 121, 123, 125, 127, 129, 131, 133, 135, 137, 139, 141, 143, 145, 147, 149, 157, 159, 161, 163, 165, 167, 169
West 22nd Street	396	201, 203, 205, 207, 209, 211, 213, 215, 217, 219, 221, 223, 225, 227, 229, 231 [some marked 8th Avenue but should be West 22nd Street], 233, 235, 237, 239, 241, 245, 247, 249, 251, 253, 255, 257, 259, 261, 263, 265, 267, 269, 271, 273, 275, 277, 279
West 22nd Street	400	301, 303, 305, 307, 309, 313, 317, 319, 321, 323, 325, 327, 329, 331, 333, 337, 341, 343, 345, 347, 349, 351, 353, 355, 357, 359, 361, 363, 367
West 22nd Street	401	401, 403, 405, 407, 409, 411, 413, 415, 417, 419, 421, 423, 425, 427, 429, 431, 433, 435, 437, 439, 441, 443, 445, 447, 449, 451, 453, 455, 457, 459, 461, 463, 465, 467, 469, 471, 473, 475, 477, 479, 483, 485, 487, 489, 491, 493
West 22nd Street	207	108, 110, 112, 114, 116, 118, 120, 122, 126, 128, 130, 132, 134, 136, 138, 140, 142, 144, 146, 148, 150, 152, 154, 156, 158, 162, 164, 166, 168, 170
West 22nd Street	396	212, 214, 216, 218, 220, 222, 224, 226, 228, 230, 232, 234, 236, 238, 240, 242, 244, 246, 248, 250, 252, 256, 258, 260, 262, 264, 266
West 22nd Street	395	302, 302¼, 302½, 304, 306, 308, 310, 312, 314, 316, 318, 320, 322, 324, 326, 328, 330, 332, 334, 338, 340, 342, 346, 348, 352, 354, 356, 358, 360, 362, 364
West 22nd Street	394	400, 402, 404, 406, 408, 410, 412, 414, 418, 420, 422, 424, 426, 428, 430, 432, 434, 436, 440, 442, 444, 446, 448, 450, 452, 454, 456, 458, 460, 464, 466, 468, 470, 472, 474, 476, 478, 480

Street Name	Book	House Numbers
West 22nd Street	379	502, 504, 506, 526, 528, 530, 558, 600, 610 Some missing house numbers on West 22nd Street in book 379
West 23rd Street	324	25, 47, 49, 55, 67
West 23rd Street	397	201, 203, 209, 211, 213, 215, 217, 219, 221, 223, 225, 227, 229, 231, 233, 235, 237, 239, 241, 243, 245, 247, 249, 251, 253, 255, 257, 259, 261, 263, 265, 267, 269, 271, 273, 275, 277
West 23rd Street	400	311, 315, 317, 319, 321, 323, 325, 327, 329, 331, 333, 337, 339, 341, 343, 355, 359, 361, 363, 365, 367, 369, 373
West 23rd Street	401	401, 403, 405, 407, 409, 411, 413, 415, 417, 419, 421, 423, 425, 427, 429, 431, 433, 435, 437, 439, 441, 443, 445, 447, 449, 451, 453, 455, 457, 459, 461, 463, 465, 467, 469, 471
West 23rd Street	207	114, 116, 118, 130, 132, 142, 144, 156, 158, 160, 162, 164, 166, 168, 170, 172, 174
West 23rd Street	396	200, 202, 204, 206, 214, 222, 240, 244, 246, 250, 254, 256, 258, 260, 262, 264, 266, 268
West 23rd Street	400	308, 310, 312, 314, 316, 318, 320, 322, 324, 326, 328, 330, 332, 334, 336, 340, 342, 344, 346, 348, 350, 352, 354, 356, 358, 360, 362, 364, 366, 368
West 23rd Street	401	400, 402, 404, 406, 408, 410, 412, 414, 416, 420, 422, 424, 426, 428, 430, 432, 434, 436, 438, 440, 442, 444, 446, 450, 452, 454, 456, 458, 460, 462, 466, 468, 470
West 24th Street	324	5, 7, 15, 19, 23, 25, 27, 29, 31, 33, 35, 37, 39, 41, 43, 45, 47, 49, 53, 55, 59, 61, 63
West 24th Street	399	201, 201½ [210½ should be 201½], 203, 205, 207, 209, 211, 213, 215, 217, 219, 221, 223, 233, 235, 237, 241, 243, 245, 247, 249, 251, 253, 255, 257, 259, 261, 263, 265
West 24th Street	400	327 [Should be 328]
West 24th Street	405	303, 305, 311, 313, 315, 317, 319, 321, 323, 325, 327, 329, 331, 333, 335, 337, 339, 347, 349, 351, 353, 355, 357, 361, 365
West 24th Street	403	401, 403, 409, 411, 413, 415, 419, 421, 425, 427, 429, 431, 433, 435, 437, 439, 441, 443, 445, 447, 449, 451, 453, 455, 457, 459, 461, 463
West 24th Street	324	14, 16, 18, 20, 24, 26, 28, 30, 32, 34, 36, 38, 40, 42, 44, 46, 48, 50, 54, 56, 58, 60
West 24th Street	399	210½ [Should be 201½]
West 24th Street	397	200, 200½, 202, 204, 206, 208, 210, 212, 214, 216, 218, 220, 222, 224, 226, 228, 230, 232, 234, 236, 238, 240, 242, 244, 246, 248, 250, 252, 254, 256, 258, 260, 262, 262½, 266, 268, 270
West 24th Street	400	300, 302, 304, 306, 308, 310, 312, 314, 324, 326, 328 [one 328 is marked 327], 330, 332, 334, 336, 338, 342, 344, 346, 348, 350, 352, 354, 356
West 24th Street	401	400, 402, 404, 406, 408, 410, 412, 414, 416, 418, 420, 422, 424, 426, 428, 430, 432, 434, 436, 438, 440, 442, 444, 446, 450, 452, 454, 456, 458, 462, 464, 466, 468, 470, 472, 474, 476, 478, 480, 482

Aid to Finding Addresses in 1890 NYC Police Census

Street Name	Book	House Numbers
West 25th Street	324	9, 27, 29, 31, 33, 35, 37, 39, 41, 43, 45, 47, 49, 51, 53, 55
West 25th Street	325	101, 103, 105, 107, 109, 111, 113, 115, 117, 119, 121, 123, 125, 127, 137, 139, 151, 153, 155, 165, 167, 169, 173
West 25th Street	406	301, 305, 307, 309, 311, 313, 315, 317, 319, 321, 327, 329, 343, 347, 349, 351, 353, 357, 359, 361, 363, 365
West 25th Street	324	16, 18, 20, 22, 24, 26, 28, 30, 32, 34, 36, 38, 40, 42, 44, 48, 50, 52, 54, 56, 58, 60, 196 [Probably should be 5th Avenue]
West 25th Street	399	200, 202, 204, 206, 208, 210, 212, 214, 216, 218, 220, 222, 224, 230, 232, 234, 236, 238, 240, 242, 244, 246, 250, 252, 254, 256, 258, 260, 266, 270, 272, 274, 276, 278, 280, 282
West 25th Street	405	302, 306, 308, 310, 312, 314, 316, 318, 320, 322, 324, 326, 328, 330, 334, 336, 338, 340, 342, 344, 346, 350, 352, 354, 356, 358, 360, 362, 364, 366, 368
West 25th Street	403	406, 408, 410, 412, 414, 416, 418, 424, 426, 428, 432, 434, 436, 438, 440, 442, 444, 446, 448, 450, 452, 454, 456, 458, 460, 462, 464
West 26th Street	330	7
West 26th Street	329	11, 13, 15, 19, 21, 23, 25, 27, 29, 31, 33, 35, 37-39-41, 43, 45, 55
West 26th Street	326	101, 105, 107, 109, 111, 113, 115, 117, 119, 121, 123, 125, 127, 129, 131, 133, 135, 137, 139, 141, 143, 145, 147, 149, 151, 153, 155, 157, 161, 163, 165, 167, 169
West 26th Street	443	501, 505, 507, 509, 511, 513, 515, 517, 519, 521, 521 rear, 523, 523 rear, 525, 527, 529, 531, 533, 535, 537, 539, 541, 543, 545, 547, 549, 551, 553, 555, 557, 559
West 26th Street	324	20, 22, 24, 26, 28, 30, 32, 34, 36, 38, 40, 42, 44, 46, 48, 50, 52, 54, 56
West 26th Street	325	100, 104, 106, 108, 110, 112, 114, 116, 118, 120, 122, 124, 126, 128, 130, 132, 134, 136, 138, 140, 142, 144, 148, 158, 160, 162
West 26th Street	406	300, 302, 304, 306, 308, 310, 312, 314, 318, 320, 322, 326, 328, 330, 332, 334, 336, 338, 340, 342, 344, 346, 350, 352, 354, 356, 358, 360, 362, 364, 366
West 27th Street	330	7, 17
West 27th Street	329	29, 31, 33, 35, 37, 43-45, 45, 47, 49, 49-55, 57, 59
West 27th Street	327	101, 103, 107, 109, 111, 113, 115, 117, 117 rear, 119, 121, 123, 125, 125 rear, 127, 127 rear, 129, 129 rear, 131, 133, 135, 137, 141, 141 rear, 143, 143 rear, 145, 147, 149, 153, 153 rear, 155, 155 rear, 157, 157 rear, 159, 159 rear, 161, 163, 165
West 27th Street	411	201, 205, 207, 209, 211, 213, 215, 217, 219, 221, 223, 225, 227, 229, 231, 233, 235, 237, 239, 241, 243, 245, 247, 249, 251, 253, 255, 263, 265, 269, 271
West 27th Street	410	301, 305, 307, 309, 311, 313, 315, 317, 319, 321, 323, 325, 327, 329, 331, 333, 335, 337, 339, 341, 343, 345, 347, 349, 351, 353, 355, 357, 359, 361, 363, 365, 367, 369, 371,
West 27th Street	447	501, 501½, 503, 505, 507, 509, 511, 513, 521, 523, 525, 527, 531, 543, 549

Street Name	Book	House Numbers
West 27th Street	330	4
West 27th Street	329	12, 14, 16, 18, 20, 22, 24, 26, 28, 30, 32, 34, 36, 38, 40, 42, 44, 46, 48, 50, 52
West 27th Street	326	100, 102, 110, 112, 114, 116, 118, 120, 122, 126, 128, 130, 132, 134, 136, 138, 142, 144, 148, 150, 152, 166
West 27th Street	327	160 [Should be West 28th Street]
West 27th Street	411	304, 306 [Both should be 7th Avenue]
West 27th Street	443	500, 502, 502-504, 506, 506 rear, 508, 508 rear, 510, 510 rear, 512, 514, 514 rear, 516, 516 rear, 518, 520, 522, 524, 526, 528, 530, 532, 534, 536, 538, 540, 542
West 28th Street	330	7, 9, 15, 19
West 28th Street	329	35, 37, 43, 45, 47, 49, 51, 53, 55
West 28th Street	328	101, 103, 105, 107, 109, 113, 115, 119, 121, 123, 125, 127, 129, 131, 133, 135, 137, 139, 141, 143, 145, 149, 153, 155, 157, 159
West 28th Street	447	501, 507, 509, 511, 513, 515, 517, 519, 521, 523, 525, 527, 529, 531, 533, 537, 539, 541, 543, <u>601</u> [marked error]
West 28th Street	443	<u>601</u>
West 28th Street	330	4, 6, 8, 10, 12, 18
West 28th Street	329	34, 36, 38, 40, 42, 44, 46, 50, 52, 54, 56
West 28th Street	327	100, 102, 104, 106, 108, 110, 112, 114, 116, 118, 124, 130, 132, 134, 140, 142, 144, 146, 148, 150, 150 rear, 152, 152 rear, 154, 154 rear, 156, 156 rear, 158, 160 [some marked West 27th Street], 162
West 28th Street	411	200, 202, 204, 206, 208, 210, 212, 214, 216, 218, 220, 222, 224, 226, 228, 230, 232, 234, 238, 248, 250, 252, 254, 264, 266, <u>354</u> [should be 8th Avenue]
West 28th Street	410	300, 300½, 302, 304, 306, 308, 310, 312, 314, 316, 318, 320, 322, 324, 326, 328, 330, 332, 334, 336, 338, 340, 342, 344, 346, 348, 350, 352, <u>354</u>, 356, 358, 360
West 28th Street	447	500, 502, 504, 506, 508, 510, 512, 516, 518, 520, 522, 524, 528, 544, 546, 548
West 29th Street	330	9, 11
West 29th Street	329	39, 41, 43, 47, 49, 51
West 29th Street	328	101, 103, 105, 107, 109, 113, 115, 117, 119, 121, 125, 127, 129, 131, 133, 137, 139, 141, 143, 149, 155, 161, 163, 167, 169
West 29th Street	487	201, 203, 205, 207, 209, 211, 213, 215, 217, 221, 223, 225, 237, 239, 241, 243, 245, 247, 249, 251, 253, 255, 257, 259, 261
West 29th Street	448	501, 505, 507, 509, 511, 513, 513½, 515, 517, 519, 521, 523, 525, 527, 529, 531, 533, 535, 537, 539, 541, 543, 545, 547, 549, 551, 553, 555, 557, 559, 561, 563
West 29th Street	330	2, 4, 8, 10, 12, 14

Aid to Finding Addresses in 1890 NYC Police Census

Street Name	Book	House Numbers
West 29th Street	329	30, 32, 38, 40, 42, 44, 46, 48, 50, 52, 54
West 29th Street	328	100, 102, 104, 106, 108, 110, 112, 114, 116, 118, 122, 124, 126, 128, 130, 132, 134, 136, 138, 140, 142, 144, 154, 160, 162, 164
West 29th Street	447	500, 502, 506, 508, 510, 512, 514, 516, 518, 520, 522, 524, 526, 528, 530, 532, 534, 536, 538, 540, 542, 544, 546, 548, 628 [marked error]
West 29th Street	443	628
West 30th Street	333	1, 3, 5, 9-11, 13, 15, 17, 19, 21, 23, 25, 27, 29, 33, 45, 47, 55, 57, 59, Note: 23, 25 & 27 [marked West 31St. but could be West 30th St.]
West 30th Street	334	103, 111, 113, 115, 117, 121, 125, 127, 131, 133, 135, 137, 141, 143, 145, 147, 149, 153, 155, 157, 159
West 30th Street	414	301, 303, 305, 307, 309, 311, 313, 315, 317, 319, 321, 323, 325, 327, 337, 339, 341, 343, 345, 347, 349, 351, 353, 355, 357, 359, 363, 365
West 30th Street	449	401, 403, 405, 407, 409, 411, 413, 415, 417, 419, 421, 423, 425, 427, 427 rear, 429, 429 rear, 431, 433, 435, 437, 439, 441, 443, 453, 455, 457, 459
West 30th Street	452	529, 531, 533, 535, 537, 539, 541, 543, 545, 547, 549, 551, 559
West 30th Street	330	10, 16, 18, 20, 22, 24, 28, 30, 32, 34, 40
West 30th Street	329	44
West 30th Street	328	100, 102, 110, 112, 120, 124, 128, 130, 132, 134, 136, 138, 140, 142, 144, 158, 160
West 30th Street	487	204, 206, 208, 210, 212, 214, 216, 218, 220, 222, 224, 226, 228, 230, 232, 234, 236, 238, 240, 242, 244, 246, 248, 250, 252, 254, 256, 258, 260
West 30th Street	448	500, 502, 504, 506, 518, 520, 522, 524, 526, 530, 532, 600, 626, 648
West 31st Street	333	5, 7, 9, 11, 13, 15, 17, 19, 21, 23, 25, 27, 29, 31, 33, 35, 39, 41, 43, 45, 53, 61
West 31st Street	335	103, 105, 109, 111, 113, 115, 117, 119, 125, 127, 133, 143, 145, 147, 147 rear, 149, 151, 153, 155, 157, 159, 161, 163, 165, 167
West 31st Street	207	119
West 31st Street	414	301, 307, 309, 311, 313, 315, 317, 319, 321, 323, 325, 327, 329, 331, 333, 335, 337, 339, 341, 345, 347, 349, 351, 353, 355, 357, 359, 361, 363, 635, 637, 639
West 31st Street	451	429, 431, 437, 439, 441, 443, 445, 447, 449, 451, 453, 457, 459
West 31st Street	452	505
West 31st Street	333	10, 12, 14, 16, 18, 20, 22, 24, 26, 28, 30, 32, 34, 36, 50, 56
West 31st Street	334	100, 102, 104, 106, 108, 110, 112, 114, 116, 118, 122, 124, 126, 128, 130, 134, 136, 140, 142, 144, 146, 148, 150, 152, 154, 156, 158, 160
West 31st Street	414	300, 300½, 302, 304, 306, 308, 310, 312, 314, 316, 318, 320, 322, 324, 326, 328, 330, 332, 334, 336, 338, 340, 342, 344 vacant, 346, 348, 350, 352, 354, 356, 358, 360, 362, 364, 366, 368, 370

Street Name	Book	House Numbers
West 31st Street	450	400, 402, 404, 406, 408, 410, 412, 414, 416, 418, 420, 422, 424, 426, 428, 430, 432, 434, 436, 438, 440, 442, 444, 446, 448, 450, 452, 454, 456, 458, 460
West 32nd Street	337	5, 7, 9, 11, 13, 15, 17, 19, 21, 25, 27, 29, 31, 33, 35, 37, 39, 41, 43, 45, 47, 49
West 32nd Street	335	101, 103, 109, 111, 113, 115, 115½, 117, 121, 123, 125, 129, 131, 135, 137, 139, 141, 143, 145, 145 rear, 147, 149, 161, 163, 175
West 32nd Street	477	301, 305, 307, 309, 311, 313, 315, 319, 321, 323, 325, 327, 329, 331, 333, 335, 337, 339, 341, 343, 345, 347, 349, 351, 353, 355, 357, 359, 361, 363, 365, 367, 369, 371, 373, 375, 377
West 32nd Street	453	403, 405, 407, 409, 411, 413, 415, 417, 419, 421, 423, 425, 427, 429, 431, 433, 435, 437, 439, 441, 443, 445, 447, 449, 451, 453, 459, 461, 463, 465, 467, 469
West 32nd Street	452	505, 507, 527, 529, 529 rear, 539, 553, 555, 555 rear, 557, 557 rear, 559
West 32nd Street	333	2, 4, 6, 8, 10, 12, 14, 16, 18, 20, 22, 24, 26, 28, 30, 32, 34, 36, 38, 40, 42, 44
West 32nd Street	335	100, 104, 106, 108, 110, 112, 114, 130, 134, 136, 138, 142, 144, 148, 150, 152, 156, 162, 164, 166, 170, 172, 174
West 32nd Street	414	302, 304, 306, 308, 314, 316, 318, 320, 322, 324, 326, 328, 330, 332, 334, 336, 338, 340, 342, 344, 346, 348, 350, 352, 354, 356, 358, 360, 362, 364, 366, 368, 370, 372, 374, 376, 378, 380, 382, 384, 386, 388
West 32nd Street	451	400, 402, 404, 416, 418, 420, 422, 424, 426, 428, 430, 432, 434, 436, 438, 440, 442, 444, 446, 448, 450, 452, 454, 456, 458, 460, 462
West 32nd Street	452	500, 502
West 33rd Street	337	7, 9, 11, 13, 15, 17, 19, 21, 23, 25, 27, 29, 31, 33, 35, 37, 39, 41, 43, 45, 47, 49, 51, 53, 55
West 33rd Street	483	201, 203, 205, 207, 213, 215, 217, 219, 221, 223, 225, 227, 229, 231, 233, 235, 237, 239, 241, 245, 247, 249, 251, 253, 255, 257, 259, 267, 271
West 33rd Street	477	303, 305, 307, 309, 311, 313, 315, 317, 319, 321, 323, <u>333</u>, <u>349</u> [<u>333</u> & <u>349</u> could be West 34th Street ?]
West 33rd Street	455	401, 403, 405, 409, 411, 413, 415, 417, 419, 421, 423, 425, 427, 429, 431, 433, 435, 437, 441, 443, 445, 447, 449, 451, 453, 455, 459, 461, 463
West 33rd Street	452	501, 503, 505, 507, 527, 527 rear, 529, 551
West 33rd Street	337	2, 4, 6, 8, 10, 12, 14, 16, 18, 20, 22, 24, 26, 28, 30, 32, 34, 36, 38, 40, 42, 44, 46, 48, 50, 52, 54, 56, 58, 60, 62, 66
West 33rd Street	335	104, 108, 108 rear, 110, 110 rear, 112 rear, 120, 122, 130, 132, 134, 134½, 136, 138, 140, 142, 146, 148, 150, 152, 154, 156, 160
West 33rd Street	477	300, 302, 304, 306, 308, 310, 312, 314, 316, 318, 320, 322, 324, 326, 328, 330, 332, 334, 336, 338, 340, 342, 344, 346, 350, 352, 354, 356, 358, 360, 362, 364, 366, 368, 370, 372

Aid to Finding Addresses in 1890 NYC Police Census

Street Name	Book	House Numbers
West 33rd Street	454	402, 404, 406, 408, 410, 412, 414, 416, 418, 420, 422, 424, 426, 428, 430, 434, 436, 438, 444, 446, 448, 450, 452, 454, 456, 458, 460, 462, 464, 466, 468, 470
West 33rd Street	452	500, 502, 504, 506, 508, 510 rear, 512 rear, 516, 544, 546, 548
West 34th Street	339	1, 3, 5, 7, 9, 11, 13, 15, 17, 19, 21, 23, 25, 27, 29, 31, 33 35, 37, 39, 41, 43, 45
West 34th Street	482	201, 203, 205, 207, 209, 211, 213, 215, 217, 219, 221, 223, 225, 227, 229, 231, 233, 235, 237, 239, 241, 243, 245, 247, 249, 251, 253, 255, 257, 259, 261, 263, 265, 267, 269
West 34th Street	477	301, 303, 323, 325, 327, 329, 331, 333 [Some marked West 33rd Street], 335, 337, 339, 341, 345-347, 349 [Some marked West 33rd Street], 351, 353, 355, 357, 359, 361, 363, 365
West 34th Street	456	401, 403, 405-409, 409, 411, 413, 415, 417, 419, 421, 423, 425, 427, 429, 431, 433, 435, 437, 439, 441, 443, 445, 447, 449, 451, 453, 455, 457, 459, 461, 463, 465, 467, 469
West 34th Street	458	?, 501, 509, 511, 513, 515, 521, 523, 527, 547
West 34th Street	337	2, 6, 8, 10, 12, 14, 16, 18, 20, 22, 24, 26, 28, 30, 32, 34, 36, 38, 40, 42, 44, 46, 48, 50, 56
West 34th Street	483	200, 202, 204, 206, 208, 210, 212, 214, 216, 218, 220, 222, 224, 226, 228, 230, 234, 236, 240, 242, 252, 254, 256, 258, 260, 262, 264, 266, 270, 272
West 34th Street	477	302, 304, 306, 308, 310, 312, 314, 316, 318, 322, 324, 326, 328
West 34th Street	455	400, 404, 406, 408, 410, 412, 414, 416, 418, 420, 422, 424, 426, 428, 430, 432, 434, 436, 438, 440, 444, 446, 448, 450, 452, 454, 456, 458, 462, 464, 466, 468, 470, 472, 474, 476, 478
West 34th Street	452	500, 502, 504, 508, 528, 530, 570, 634, 636, 646, 662
West 35th Street	339	1, 3, 5, 7, 9, 11, 13, 15, 17, 19, 21, 23, 25, 27, 29, 31, 33, 35, 37, 39, 41, 43, 45, 47, 49, 51, 53, 55, 57, 59, 61, 71, 75
West 35th Street	340	125, 131, 133, 135, 137, 145, 147-151, 153
West 35th Street	476	305, 307, 309, 311, 313, 315, 317, 319, 321, 323, 325, 327, 329, 331, 333, 335, 337, 339, 341, 343, 345, 347, 349, 351, 353, 355, 365, 367, 369, 371, 373
West 35th Street	459	403, 407, 409, 411, 413, 415, 417, 419, 421, 423, 425, 427, 429, 431, 433, 437, 439, 441, 443, 447, 449, 451, 453, 455, 457, 459, 461
West 35th Street	477	495 [Should be 8th Avenue]
West 35th Street	458	501, 529, 531, 533, 535, 539, 547, 557, 559
West 35th Street	339	2, 8, 10, 12, 18, 20, 22, 26, 28, 30, 32, 34, 36, 38, 40, 42, 44, 46, 48, 50, 52, 54, 56, 58, 60, 62, 64, 66, 68, 70, 72, 74, 76
West 35th Street	482	208, 212, 214, 218, 220, 222, 224, 234, 236, 238, 240, 242, 244, 246, 248, 250, 252, 254, 256, 258, 260, 262, 264, 266, 268

Street Name	Book	House Numbers
West 35th Street	477	300, 306, 308, 310, 312, 314, 318, 320, 334, 336, 338, 340, 342, 344, 346, 348, 350, 352, 354, 356, 358, 360, 362, 364, 366, 368, 370, 372, 374, 376, 378, 380
West 35th Street	457	402, 404, 408, 410, 412, 414, 416, 418, 420, 422, 424, 426, 428, 430, 432, 434, 436, 438, 440, 442, 444, 446, 448, 454, 456, 458, 464
West 35th Street	458	500, 502, 510, 512, 530, 532, 534, 536, 538, 544, 546, 548, 550, 552, 554
West 36th Street	339	3, 5, 7, 9, 11, 13, 15, 17, 19, 21, 23, 25, 27, 29, 31, 33, 35, 37, 39, 41, 43, 45, 47, 49, 51, 53, 57, 59, 61, 63, 65, 67, 69, 71
West 36th Street	340	105, 107, 109, 113, 135, 137, 139, 141, 143, 145, 147, 149, 151, 153, 155, 157, 159, 161, 163
West 36th Street	475	301, 305, 307, 311, 313, 315, 317, 319, 321, 323, 325, 327, 337, 339, 341, 343, 345, 347, 349, 351, 355, 357, 359, 361, 363, 365, 367, 369
West 36th Street	460	403, 405, 409, 411, 413, 415, 417, 419, 421, 423, 425, 427, 429, 431, 433, 435, 437, 439, 441, 443, 445, 447, 449, 451, 455
West 36th Street	462	501, 503, 505, 507, 509, 511, 513, 515, 517, 519, 521, 525, 527, 529, 531, 553, 555, 557, 559, 563, 601, 609
West 36th Street	339	2, 4, 6, 8, 10, 12, 14, 16, 20, 22, 24, 26, 28, 30, 32, 34, 36, 38, 40, 42, 44, 46, 48, 50, 52, 54, 56, 58, 60, 62, 64, 66, 68, 70, 72, 74, 76
West 36th Street	340	122, 124-126, 128, 130, 132, 134, 136, 138, 140, 142, 144, 146, 150, 152, 154, 156, 158, 160, 162, 164, 166
West 36th Street	476	300, 304, 306, 308, 310, 312, 314, 322, 326, 328, 332, 334, 336, 338, 340, 342, 344, 346, 348, 350, 356, 358, 360, 362, 364, 366
West 36th Street	459	400, 402, 404, 406, 412, 414, 416, 418, 420, 422, 424, 426, 428, 430, 434, 436, 438, 440, 442, 444, 448, 450, 452
West 36th Street	458	502, 504, 506, 508, 510, 524, 530, 542, 544, 546, 548, 554, 558, 560, 566, 600
West 37th Street	342	1, 5, 7, 11, 13, 15, 17, 19, 21, 23, 25, 27, 29, 31, 35, 37, 41, 43, 47, 49, 51, 53, 55, 57, 59, 61, 63, 65
West 37th Street	479	221, 223, 225, 227, 229, 231, 233, 235, 237, 239, 241, 245, 247, 249, 251, 253, 255, 257, 259, 261, 263, 265, 267
West 37th Street	474	309, 311, 317, 319, 321, 327, 329, 331, 333, 335, 337, 339, 341, 347, 349, 351, 353, 355, 357
West 37th Street	464	401, 403, 405, 407, 409, 411, 415, 417, 419, 421, 423, 427, 429, 431, 433, 435, 437, 439, 441, 443, 445, 447, 449, 451, 453, 455, 457
West 37th Street	463	503, 511, 515, 525, 541, 543, 545, 547, 549, 551, 553, 555, 557, 559, 561, 563, 565
West 37th Street	462	601, 603
West 37th Street	339	2, 4, 6, 8, 10, 12, 14, 16, 18, 20, 22, 24, 26, 28, 30, 32, 34, 36, 38, 40, 42, 44, 46, 48, 50, 52, 54, 56, 58, 60, 62, 64, 66, 68, 70
West 37th Street	340	100, 102-104, 130-132, 134, 136, 138, 140, 142, 144, 146, 148, 150, 152, 154

Aid to Finding Addresses in 1890 NYC Police Census

Street Name	Book	House Numbers
West 37th Street	475	300, 302, 304, 306, 308, 312, 314, 316, 318, 320, 322, 324, 326, 328, 330, 332, 334, 336, 338, 340, 342, 344, 346, 348, 350, 352, 354, 356, 356½, 358
West 37th Street	461	400, 402, 404, 406, 408, 418, 420, 422, 424, 426, 428, 430, 432, 438, 440, 442, 444, 446, 448, 450, 452, 454, 456
West 37th Street	462	508, 512, 516, 518, 520, 524, 526, 528, 530, 532, 542, 544, 548, 550, 552, 556, 558, 600, 602, 604, 606, 608, 610
West 38th Street	342	3, 5, 7, 9, 11, 13, 15, 17, 19, 21, 23, 27, 29, 31, 33, 35, 37, 39, 41, 43, 45, 47, 49, 51, 53, 55, 57, 59, 61, 63, 65, 67
West 38th Street	479	201, 203, 205, 207, 209, 211, 213, 215, 217, 219, 221, 223, 225, 227, 229, 231, 233, 235, 237, 239, 241, 243, 245, 247, 249, 251, 253, 255, 257, 259, 261, 263, 265, 267, 269, 271, 273, 277, 279
West 38th Street	473	301, 303, 305, 307, 307 rear, 309, 311, 313, 315, 317, 319, 321, 323, 325, 327, 329, 331, 333, 335, 337, 339, 341, 343, 345, 347, 349, 351, 355, 357
West 38th Street	465	403, 405, 407, 409, 411, 413, 415, 417, 419, 423, 425, 427, 429, 431, 433, 435, 437, 439, 441, 443, 445, 447, 449, 451, 453, 455, 457
West 38th Street	467	503, 507, 509, 515, 517, 525, 527
West 38th Street	468	601
West 38th Street	342	6, 8, 10, 12, 14, 16, 18, 22, 24, 26, 28, 30, 32, 34, 38, 40, 42, 44, 46, 48, 50, 52, 54, 56, 58, 60, 62, 64, 68, 70, 72, 74
West 38th Street	479	202, 204, 206, 208, 210, 212, 214, 216, 218, 220, 222, 224, 226, 228, 230, 232, 234, 236, 238, 240, 242, 244, 246, 248, 250, 252, 254, 256, 258, 260, 262, 264, 266, 268, 270, 272, 274, 276
West 38th Street	474	300, 304, 306, 308, 310, 312, 314, 316, 318, 320, 322, 324, 326, 328, 330, 332, 336, 338, 340, 342, 344, 346, 348, 350, 352, 354, 356, 358
West 38th Street	464	400, 402, 404, 406, 408, 412, 418, 432, 434, 436, 438, 442, 444, 446, 448, 450, 452, 454, 460
West 38th Street	463	500, 502, 508, 510, 512, 514, 516, 518, 520, 528, 530, 536, 554, 556
West 39th Street	342	1, 3, 5, 7, 9, 11, 13, 17, 19, 23, 25, 27, 29, 31, 33, 37, 39, 41, 43, 45, 47, 49, 51, 53, 55, 57, 61
West 39th Street	478	231, 233, 235, 237, 239, 241, 243, 245, 247, 249, 251, 253, 255, 257, 259, 261, 265, 267, 269, 271, 273
West 39th Street	472	301, 303, 305, 307, 309, 311, 313, 315, 317, 319, 321, 323, 325, 327, 329, 331, 333, 335, 337, 339, 341, 343, 347, 349, 351, 353, 355, 357, 359
West 39th Street	470	401, 403, 405, 407, 409, 411, 413, 415, 417, 419, 421, 423, 425, 427, 429, 431, 433, 435, 437, 439, 441, 443, 445, 447, 449, 451, 453, 455, 457
West 39th Street	468	515, 517, 519, 521, 523, 525, 527, 529, 531, 533, 537, 541, 545, 547, 549, 553, 555, 601
West 39th Street	342	4, 6, 8, 12, 14, 16, 18, 20, 24, 26, 28, 30, 32, 34, 36, 38, 40, 42, 44, 46, 48, 50, 52, 54, 56, 58, 60, 62, 64, 66, 68

Street Name	Book	House Numbers
West 39th Street	479	200, 202, 204, 206, 208, 210, 212, 214, 216, 218, 220, 222, 224, 226, 228, 230, 232, 234, 236, 238, 240, 242, 244, 246, 248, 250, 252, 254, 256, 258, 260, 262, 270
West 39th Street	473	302, 304, 306, 308, 310, 312, 314, 316, 318, 320, 332, 338, 340, 342, 344, 346, 348, 350, 352, 354, 356
West 39th Street	466	400, 406, 410, 416, 418, 420, 422, 428, 430, 432, 434, 436, 438, 440, 442, 444, 446, 452, 454, 456
West 39th Street	467	500, 502, 504, 506, 508, 510, 512, 514, 516, 518, 520, 522, 524, 526, 528, 530, 532
West 39th Street	468	612, 614, 618, 620, 622
West 40th Street	724	101, 103, 105, 107, 109, 111, 113, 115, 117, 119, 121, 123, 125, 127, 129, 131, 145, 147, 149
West 40th Street	574	205, 207, 209, 209½, 211, 213, 215, 217, 219, 221, 223, 225, 227, 229, 231, 235, 237, 257, 263, 269, 271, 273
West 40th Street	558	301, 309, 321, 323, 325, 327, 329, 331, 333, 335, 337, 339, 339 rear, 341, 343, 345, 347, 349, 351, 353, 355, 359, 361
West 40th Street	557	401, 403, 405, 407, 409, 411, 413, 415, 417, 427, 429, 431, 433, 435, 437, 439, 441, 443, 445, 447, 449, 451, 453, 455, 457, 459
West 40th Street	524	501, 505, 517, 519, 521, 523, 525, 527, 529, 531, 533, 535, 551, 553, 555, 557
West 40th Street	342	4, 6, 8, 10, 12, 14, 16, 18, 20, 22, 24, 32, 34, 36, 38, 40, 42, 44, 46, 48, 50, 52, 58, 60, 62, 64, 66, 68, 70
West 40th Street	478	200, 202, 204, 206, 208, 210, 212, 216, 218, 222, 224, 226, 230, 232, 234, 236, 238, 240, 248, 252, 254, 256, 258, 260, 262, 264, 266, 268, 270
West 40th Street	469	400, 402, 404, 406, 408, 410, 412, 414, 416, 418, 420, 422, 424, 426, 428, 430, 432, 434, 436, 438, 440, 444, 446, 448, 452, 454, 456, 458, 460, 462
West 40th Street	468	518, 520, 522, 524, 526, 528, 530, 532, 534, 536, 540, 546, 548, 550, 552, 554, 612, 614
West 41st Street	724	123, 127, 129, 131, 133-135, 137, 139, 141, 143, 145, 147, 149, 157, 161
West 41st Street	573	201, 203, 205, 207-209, 211, 215, 219, 221, 225, 231, 233, 235, 237, 239, 241, 243, 245, 247, 249, 251, 253, 255, 257, 259, 263, 265
West 41st Street	559	301, 303, 305, 307, 315, 317, 319, 323, 325, 327, 329, 331, 333, 335, 337, 339, 341, 341½, 347, 349, 351, 353, 355, 357
West 41st Street	556	401, 403, 405, 407, 409, 411, 413, 415, 417, 419, 421, 423, 425, 427, 429, 431, 433, 435, 437, 439, 441, 443, 445, 447
West 41st Street	524	501, 519, 521, 523, 553, 555
West 41st Street	724	102, 104, 114, 116, 118, 120, 122, 124, 126, 128, 140-142
West 41st Street	574	200, 202, 204, 206, 212, 214, 220, 222, 224, 226, 228, 230, 232, 234, 236, 238, 240, 242, 244, 246, 248, 250, 252, 254, 256, 258, 260, 262, 264, 266, 268

Aid to Finding Addresses in 1890 NYC Police Census

Street Name	Book	House Numbers
West 41st Street	558	300, 304, 306, 308, 310, 312, 314, 316, 318, 322, 324, 326, 330, 332, 334, 336, 338, 340, 342, 344, 346, 356, 360
West 41st Street	557	400, 402, 404, 408, 410, 412, 414, 416, 418, 422, 424, 426, 428, 436, 440, 442, 444, 446, 448, 450, 452, 454, 456, 458, 460, 462, 464, 466
West 41st Street	524	500, 540, 542, 548, 550, 554, 556, 558
West 42nd Street	724	103, 107, 109, 111, 115, 117, 121, 123, 125, 127, 129, 131, 133, 135, 137, 139, 143, 145, 147
West 42nd Street	573	213, 215, 217, 219, 221, 223, 225, 227, 229, 231, 241, 243, 245, 247, 249, 251, 253, 255 ?, 259, 261, 263, 265
West 42nd Street	525	503, 507, 509, 515, 517, 519, 521, 523, 529, 531, 533, 533 rear, 551, 551 rear, 553, 555, 557, 561, 561 rear, 563
West 42nd Street	724	106, 108, 118, 120, 122, 124, 126, 128, 130-132, 134, 138, 142-148
West 42nd Street	573	202, 204, 206, 210, <u>212</u>, 214, 228-230-232, 230, 236, 238, 240, 242, 248, 250, 252, 254, 256, 258, 260, 262, 264, 266, 268, 270
West 42nd Street	559	300, 308, 310, 314, 316, 318, 320, 322, 324, 326, 328, 330, 334, 336, 340, 342, 344, 346, 348, 350, 352, 354, 356, 358, 360, 362
West 42nd Street	556	<u>212</u> [412 ?], 400, 404, 406, 408, 410, <u>412</u>, 414, 416, 418, 420, 422, 424, 426, 428, 430, 432, 434, 436, 438, 442, 444, 446, 448, 450, 454, 456, 458, 460, 462, 464, 466
West 42nd Street	524	504, 506, 508, 510, 512, 522, 524, 526, 528, 530, 532, 534, 536, 538, 540, 542, 544, 546, 548, 550, 564, 566, 570
West 43rd Street	725	101, 103, 105, 107, 109, 111, 113, 117, 119, 121, 125, 127, 129, 133, 135, 137, 139, 141, 143, 147, 149, 151
West 43rd Street	572	201, 203, 205, 207, 209, 211, 213, 215, 217, 219, 221, 223, 225, 227, 229, 235, 237, 239, 241, 243, 251, 251 rear, 253, 253 rear, 255, 255 rear, 257, 257 rear, 259, 261, 263, 265
West 43rd Street	554	?, 401, 411, 413, 415, 417, 419, 421, 423, 425, 427, 429, 431, 433, 435, 437, 439, 441, 443, 445, 447, 449, 451, 451½, 453, 455, 457, 459, 461
West 43rd Street	526	501, 503, 505, 507, 509, 511, 513, 515, 517, 519, 521, 523, 525, 527, 529, 531, 533, 535, 537, 539, 541, 543, 545, 551, 553, 555
West 43rd Street	724	100, 102, 104, 106, 108, 110, 114, 116, 118, 120, 122, 124, 126, 130, 132, 134, 136, 138, 144, 146, 148
West 43rd Street	573	200, 202, 204, 206, 210, 212, 214, 216, 218, 220, 222, 224, 226, 228, 230, 234, 236, 238, 240, 242, 244, 246, 256, 258, 260, 262, 264, 266, 268, 270, 274
West 43rd Street	525	50? rear, 502, 504, 506, 508, 5?0 rear, 510, 512, 514, 516, 518, 530, 532, 534, 538, 544, 546, 548, 550, 552, 554, 556, 558
West 44th Street	725	105, 107, 109, 111, 113, 115, 117, 119, 121, 133, 135, 137, 139, 141, 143, 145, 147, 149, 151, 153, 155, 157, 159, 161, 163, 165
West 44th Street	572	201, 203, 205, 207, 209, 211, 213, 215, 217, 219, 221, 223, 225, 227, 229, 231, 233, 235, 237, 239, 241, 243, 245, 247, 251, 253, 255, 257, 259, 261

Street Name	Book	House Numbers
West 44th Street	562	301, 307, 309, 311, 311 rear, 313, 313 rear, 315, 315 rear, 317, 319, 321, 321 rear, 323, 323 rear, 325, 327, 329, 331, 333, 335, 337, 337 rear, 339, 341, 343, 343 rear, 345, 357
West 44th Street	553	?, 401, 403, 405, 407, 707 rear, 409, 409 rear, 411, 411 rear, 413, 415, 417, 419, 421, 425, 427, 429, 431, 433, 435, 437, 439, 441, 443, 445, 447, 449, 451, 451 rear, 453, 453 rear, 455, 455 rear, 457, 459, 463
West 44th Street	527	505, 507, 509, 511, 513, 523, 527, 529, 531, 533, 535, 537, 539, 541, 543, 549, 551, 553, 555, 557, 559
West 44th Street	725	100, 102, 104, 106, 108, 110, 112, 114, 116, 118, 120, 122, 124, 126, 128, 130, 132, 134, 138, 140, 142, 144, 146, 148, 150, 152, 154, 156, 158, 160, 162, 164, 168
West 44th Street	572	200, 202, 204, 206, 208, 210, 212, 214, 216, 218, 220, 222, 224, 226, 228, 230, 232, 234, 236, 238, 240, 242, 244, 246, 248, 250
West 44th Street	554	?, 402, 404, 406, 408, 410, 412, 414, 416, 418, 420, 422, 424, 426, 428, 430, 438, 440, 442, 446, 448, 450, 452, 454, 456, 460, 462, 464
West 44th Street	526	500, 500½, 502, 504, 506, 508, 510, 512, 514, 516, 518, 520, 522, 524, 526, 528, 530, 532, 540, 542, 544, 546, 548, 550, 552, 554, 556, 558, 560
West 45th Street	725	101, 101½, 103, 105, 107, 109, 111, 113, 115, 117, 119, 121, 123, 125, 127, 129, 131, 133, 135, 137, 139, 141, 143, 145, 147, 149, 151, 153, 155, 157, 159, 161, 163, 165, 167, 169, 171, 173, 175, 177
West 45th Street	571	205, 207, 209, 211, 213, 215, 217, 219, 221, 223, 225, 227, 229, 231, 233, 235, 237, 239, 241, 243, 245, 247, 249, 253, 255, 257, 259, 261, 263, 265, 267, 269
West 45th Street	563	33 [should be <u>339</u>], 301, 307, 309, 311, 313, 315, 317, 319, 321, 323, 325, 327, 329, 331, 333, 335, 337, <u>339</u>, 341, 343, 345, 347, 349, 351, 353, 355, 357, 359
West 45th Street	551	401, 409, 411, 413, 413 rear, 415, 417, 419, 421, 423, 425, 427, 429, 431, 433, 435, 439, 441, 443, 443 rear
West 45th Street	530	501, 503, 509, 513, 515, 525, 527, 529, 531, 533, 547, 549, 551, 553, 555, 557, 559, 561
West 45th Street	725	100, 102, 104, 106, 108, 110, 112, 114, 116, 118, 120, 122, 124, 126, 128, 130, 132, 134, 136, 138, 140, 142, 144, 146, 148, 150, 152, 154, 156, 158, 160, 162, 164
West 45th Street	572	200, 202, 204, 206, 208, 210, 212, 214, 216, 218, 220, 222, 226, 232, 234, 236, 238, 240, 242, 246, 248, 250, 252, 254, 256, 260
West 45th Street	562	300, 302, 304, 306, 308, 310, 314, 316, 318, 320, 322, 324, 326, 330, 332, 336, 340, 342, 344, 346, 348, 350, 350 rear, 352, 352 rear, 354, 354 rear, 356, 360
West 46th Street	730	105, 107, 109, 111, 113, 115, 117, 119, 121, 123, 125, 127, 129, 131, 133, 135, 137, 139, 141, 143, 145, 147, 149, 151, 155, 157, 161, 163, 165
West 46th Street	571	201, 201½, 203, 205, 207, 209, 211, 213, 215, 217, 221, 227, 231, 233, 235, 237, 239, 241, 243, 245

Aid to Finding Addresses in 1890 NYC Police Census 193

Street Name	Book	House Numbers
West 46th Street	531	501, 507, 509, 513, 515, 517, 519, 521, 523, 525, 527, 529, 531, 533, 535, 537, 539, 541, 543, 545, 547, 549, 553
West 46th Street	535	603, 605, 607, 609, 611, 615, 617, 619, 623, 625, 627, 629, 631, 633, 635, 637, 647, 657
West 46th Street	725	100, 102, 104, 106, 108, 110, 112, 130, 132, 134, 138, 140, 142, 144, 146, 148, 150, 152, 154, 156, 158, 160, 162, 168
West 46th Street	571	200, 202, 204, 206, 208, 210, 212, 214, 216, 218, 220, 222, 224, 226, 228, 230, 232, 234, 236, 238, 240, 242, 244, 246, 248, 250, 252, 254, 256, 258, 260, 262, 264, 266, 268
West 46th Street	563	302, 304, 306, 308, 310, 312, 314, 316, 318, 320, 324, 326, 328, 330, 332, 334, 336, 338, 340, 342, 344, 346, 348, 350, 352, 354, 356, 362, 364, 366, 368, 370, 372, 374
West 46th Street	551	400, 402, 404, 406, 408, 410, 412, 414, 416, 418, 420, 422, 424, 426, 428, 430, 432, 434, 444, 446, 448, 450, 460
West 46th Street	530	500, 504, 506, 508, 510, 512, 514, 516, 518, 520, 522, 524, 526, 528, 530, 532, 534, 542, 544, 546, 550, 552, 554, 556, 560
West 47th Street	730	101, 103, 105, 107, 109, 111, 113, 115, 117, 119, 121, 123, 125, 127, 129, 131, 133, 135, 137, 139, 141, 143, 145, 147, 149, 153, 155, 159, 161, 163, 165, 167, 169, 171, 173, 175, 177, 179
West 47th Street	570	231, 233, 235, 237, 253, 255, 257, 257 rear, 259, 259 rear, 261, 261 rear, 263, 265, 273
West 47th Street	565	301, 303, 305, 307, 311, 313, 319, 321, 323, 337, 339, 341, 343, 349, 351, 353, 355, 359, 361
West 47th Street	548	401, 405, 407, 409, 413, 415, 417, 419, 421, 423, 425, 427, 429, 431, 433, 435, 437, 439, 441, 443, 445, 447, 449, 451, 453, 455, 457, 459, 461, 463, 465, 467
West 47th Street	532	501, 503, 505, 507, 509, 513, 515, 517, 519, 521, 523, 525, 527, 529, 531, 533, 535, 539, 543, 547, 549, 553
West 47th Street	535	601, 603, 605, 609, 613, 615, 621, 623, 625, 627, 629, 631, 633, 637, 639 ?, 641, 647
West 47th Street	730	100, 104, 106, 108, 110, 112, 114, 116, 118, 122, 124, 126, 128, 130, 132, 134, 136, 138, 140, 142, 144, 146, 148, 150, 152, 154, 156, 158, 162, 164, 166, 168, 170
West 47th Street	571	218, 220, 222, 224, 226, 228, 230, 242, 244, 246, 248, 250, 252, 254, 256, 258, 260, 262, 264, 266
West 47th Street	549	400, 402, 404, 406, 410, 412, 414, 416, 418, 420, 422, 424, 426, 428, 430, 432, 434, 436, 438, 440, 442, 444, 446, 448, 450, 452, 454, 456, 468
West 47th Street	532	508, 514 [Both not in this ED, should be West 48th Street]
West 47th Street	531	500, 502, 506, 508, 510, 512, 514, 516, 518, 520, 522, 524, 526, 528, 530, 532, 534, 536, 538, 540, 550, 552, 554, 560, 562
West 47th Street	535	600, 602, 604, 608, 610, 612, 614, 616, 618, 620, 622

Street Name	Book	House Numbers
West 48th Street	733	9, 13, 15, 17, 19, 21, 23, 25, 29, 35, 37, 39, 41, 43, 45, 47, 49, 51, 53, 55, 59, 61, 63, 65, 67, 69, 71
West 48th Street	731	101, 103, 105, 107, 109, 111, 113, 115, 117, 119, 121, 123, 125, 127, 131, 135, 137-143, 145, 147, 149, 151, 153, 155, 157, 159, 161, 163, 165, 167, 169, 171, 171½
West 48th Street	570	201, 203, 205, 207, 209, 211, 215, 219, 221, 223, 225, 227, 229, 231, 233, 235, 237, 239, 241, 243, 245, 247, 249, 251
West 48th Street	566	301, 305, 307, 309, 311, 313, 315, 317, 319, 321, 323, 325, 327, 329, 331, 333, 335, 337, 339, 341, 345, 347, 349, 351, 353, 355, 357, 367, 369, 371, 373, 375
West 48th Street	546	401, 405, 407, 413, 415, 417, 419, 421, 423, 425, 427, 429, 431, 433, 435, 441, 443, 445, 447, 449, 451, 453, 455
West 48th Street	533	?, 501, 505, 507, 509, 511, 513, 515, 517, 519, 521, 523, 525, 527, 529, 531, 545, 547, 549, 551, 553, 555, 557, 561
West 48th Street	535	601, 603, 615, 617, 619, 621, 625, 627, 629, 631
West 48th Street	730	100, 102, 104, 106, 108, 110, 112, 114, 116, 118, 120, 122, 124, 126, 132, 134, 136, 138, 140, 142, 144, 148, 150, 152, 154, 156, 158, 160, 162, 164, 166, 168, 170, 172
West 48th Street	570	200, 202, 212, 214, 216, 218, 220, 222, 224, 226, 228, 230, 232, 234, 236, 238, 240, 242, 244, 246
West 48th Street	565	304, 306, 308, 310, 312, 314, 316, 318, 322, 324, 326, 328, 330, 332, 334, 336, 338, 340, 342, 344, 346, 348, 350, 352, 354, 356, 358
West 48th Street	547	400, 402, 404, 412, 414, 414½, 416, 418, 420, 422, 424, 426, 428, 430, 432, 434, 436, 438, 440, 442, 444, 446, 448, 450, 452, 454
West 48th Street	532	504, 506, 508 [some marked West 47th Street], 510, 512, 514 [some marked West 47th Street], 516, 518, 532, 536, 542, 544, 546, 548, 550, 552, 554, 558
West 48th Street	535	600, 602, 604, 606, 608, 610, 612, 614, 616, 618, 620, 624, 628, 630, 632, 634, 636
West 49th Street	733	5, 7, 9, 11, 13, 15, 17, 19, 21, 23, 25, 27, 29, 31, 33, 35, 37, 41, 43, 45, 47, 49, 51, 53, 57, 59, 61, 63, 65, 69, 71, 73, 75
West 49th Street	731	101, 101½, 103, 105, 107, 109, 111, 113, 115, 117, 119, 121, 123, 125, 127, 129, 131, 133, 135, 137, 139, 143, 145, 147, 149, 151, 153, 155, 157, 159, 161, 163, 165, 167, 169
West 49th Street	566	309
West 49th Street	567	335, 337, 339, 341, 343, 345, 347, 349, 351, 353
West 49th Street	544	403, 405, 407, 411, 413, 415, 417, 419, 421, 425, 429, 431, 433, 435, 437, 439, 441, 443, 445, 447, 457, 459, 461, 463, 465, 467
West 49th Street	537	?, 501, 503, 505, 507, 509, 511, 513, 515, 517, 519, 521, 523, 525, 527, 529, 531, 533, 535, 537, 539, 543, 545, 547, 549, 557
West 49th Street	536	601, 605, 607, 609, 611, 613, 615, 617, 649

Aid to Finding Addresses in 1890 NYC Police Census

Street Name	Book	House Numbers
West 49th Street	733	4, 6, 10, 12, 14, 16, 18, 20, 22, 24, 26, 28, 30, <u>32</u>, 34, 36, 42, 44, 46, 48, 50, 52, 54, 56, 58, 60, 62, 64, 66, 68, 70, 72, 74
West 49th Street	731	100, 102, 104, 106, 108, 110, 112, 114, 116, 118, 120, 122, 124, 128, 130, 132, 134, 136, 138, 140, 142, 144, 146, 148, 150, 152, 156, 160
West 49th Street	570	200, 202, 204, 206, 208, 218, 220, 222, 224, 226, 228, 230, 232, 234, 236, 238, 242, 244, 246, 248, 250, 252
West 49th Street	566	308, 310, 312, 314, 316, 318, <u>32</u> [should be <u>320</u>], <u>320</u>, 322, 324, 326, 328, 330, 332, 334, 336, 338, 340, 348, 354, 356, 358, 362
West 49th Street	534	500, 502, 504, 506, 508, 510, 512, 514, 516, 518, 520, 522, 524, 526, 528, 530, 532, 534, 536, 538, 540, 542, 544, 546, 548, 550, 552, 554
West 49th Street	535	600, 602, 604
West 50th Street	733	1, 3, 5, 9, 11, 13, 15, 17, 19, 21, 23, 25, 27, 29, 31, 33, 35, 37, 41, 43, 45, 47, 49, 53, 55, 57, 59, 61, 63, 65, 67, 71, 73, 77, 79, 81
West 50th Street	732	115, 117, 121, 123, 125, 127, 129, 131, 133, 135, 137, 139, 141, 155
West 50th Street	567	301, 303, 305, 307, 309, 311, 315, 317, 319, 321, 323, 325, 327, 329, 331, 333, 335, 337, 339, 343, 345, 347, 349, 351, 353, 355, 357, 359, 361, 363, 363 rear, 365, 367, 369
West 50th Street	543	401, 403, 405, 407, 407 rear, 409, 411, 413, 413 rear, 415, 415 rear, 417, 419, 421, 423, 425, 427, 429, 429 rear, 431, 433, 435, 437, 439, 439 rear, 441, 441 rear, 443, 445, 447, 449, 451, 453, 455, 457, 459
West 50th Street	539	503 rear, 505, 505 rear, 507 rear, 509, 511, 519, 521, 523, 525, 527, 531, 533, 535, 537, 539, 541, 543, 545, 457, 551, 553, 555, 557, 559, 561
West 50th Street	536	631, 647
West 50th Street	733	2, 4, 6, 8, 10, 12, 14, 16, 18, 20, 22, 24, 26, 28, 30, 32, 34, 36, 38, 40, 42, 44, 46, 50, 52, 54, 56, 58, 60, 62, 64, 68, 70, 72, 74, 76
West 50th Street	731	100, 102, 104, 106, 108, 114, 116, 118, 122, 124, 126, 128, 130, 132, 134, 136, 142, 144, 146, 148, 150, 152, 154, 156, 158, 160, 162, 164, 166
West 50th Street	567	352, 354, 358, 360, 362, 364, 366, 366 rear
West 50th Street	544	400, 402, 404, 406, 408, 410, 412, 414, 416, 418, 430, 442, <u>444</u>, <u>446</u>, 448, 450, 452, 454, 456, 458, 460
West 50th Street	543	<u>444</u>, <u>446</u> [Both should be West 51st Street]
West 50th Street	538	500, 502, 504, 506, 508, 510, 512, 514, 516, 518, 520, 522, 524, 530, 532, 534, 536, 538, 540, 542, 544, 546, 548, 550, 554
West 50th Street	536	644
West 51st Street	733	1, 5, 7, 9, 11, 13, 15, 17, 19, 21, 23, 27, 29, 31, 33, 35, 37, 39, 41, 43, 45, 47, 49, 51, 53, 55, 57, 59, 61, 63, 75
West 51st Street	732	101, 103, 105, 107, 109, 111, 113, 115, 117, 119, 121, 123, 125, 127, 129, 131, 133, 135, 137, 139, 141, 145, 147, 149, 153, 155, 157, 159, 161

Street Name	Book	House Numbers
West 51st Street	568	301, 303, 305, 307, 309, 311, 313, 315, 317, 319, 321, 323, 325, 327, 329, 331, 333, 335, 337, 339, 341, 343, 345, 347, 349, 351, 353, 361, 363, 367, 369
West 51st Street	542	403, 405, 407, 409, 411, 413, 415, 417, 419, 421, 423, 425, 427, 429, 431, 435, 437, 439, 441, 443, 445, 447, 449, 457, 461, 463
West 51st Street	536	605, 607, 619, 621, 623, 625, 627
West 51st Street	733	2, 4, 6, 8, 10, 12, 14, 16, 18, 20, 22, 24, 26, 28, 30, 32, 34, 36, 38, 40, 44, 46, 48, 50, 52, 54, 56, 58, 60, 62, 64, 68, 70, 72
West 51st Street	567	300, 302, 304, 306, 308, 310, 312, 314, 316, 318, 320, 322, 324, 326, 328, 338, 340, 342, 344, 346, 348, 350, 354, 358, 360, 360-362, 364, 366, 370
West 51st Street	543	?, 402, 404, 406, 408, 410, 414, 416, 418, 420, 422, 424, 426, 428, 430, 432, 434, 436, 438, 442, <u>444</u>, <u>446</u> [Some <u>444</u> & <u>446</u> are marked West 50th Street], 448, 450, 452, 454, 456, 458, 460, 462, 464, 466, 468
West 51st Street	540	502, 504, 504 rear, 506, 508, 514, 516, 518, 520, 522, 522 rear, 524, 524 rear, 526, 528, 530, 532, 534, 536, 538, 540, 542, 544, 546, 546 rear, 548, 548 rear, 550, 552, 554, 554 rear, 556, 558, 560
West 51st Street	536	602, 614, 620, 624, 652
West 52nd Street	737	11, 15, 17, 19, 21, 23, 25, 27, 29, 31, 33, 35, 37, 39, 41, 43, 45, 47, 49, 51, 55, 57, 59, 61, 63, 65, 67, 69, 71, 73, 75, 79
West 52nd Street	617	201, 203, 227, 229, 231, 233, 235, 237, 239, 241, 243, 245, 247, 249, 251, 253, 255, 257, 259, 261, 263, 265, 267, 269, 271, 273
West 52nd Street	619	301, 303, 305, 307, 309, 317, 331, 333-335, 339-341, 343, 345, 347, 349, 357, 359, 361, 363, 365, 367, 369, 371, 373
West 52nd Street	621	401, 409, 411, 413, 415, 417, 421, 423, 425, 427, 429, 431, 433, 435, 437, 439, 441, 443, 445, 447, 449, 451, 453, 463
West 52nd Street	733	2, 6, 8, 14, 16, 18, 20, 22, 24, 26, 28, 30, 32, 34, 36, 38, 40, 42, 44, 46, 48, 50, 52, 54, 58, 60, 62, 64, 66, 68, 70, 72, 74
West 52nd Street	732	100, 102, 104, 106, 108, 110, 128, 130, 132, 134, 136, 138, 140, 142, 144, 146, 148, 150, 152, 154
West 52nd Street	568	300, 302, 304, 306, 310, 314, 316, 318, 320, 322, 324, 328, 338, 340, 342, 344, 346, 350, 352, 354, 356, 358, 360, 362, 364, 366, 368, 370
West 52nd Street	542	400, 406, 410, 412, 414, 416, 418, 420, 422, 426, 428, 430, 432, 434, 436, 438, 444, 446, 448, 450, 452, 454, 456, 458, 460, 462
West 52nd Street	536	600, 604, 608, 614, 620, 622, 624, 626, 628, 634, 636
West 53rd Street	737	1, 3, 5, 7, 9, 11, 13, 15, 19, 21, 23-25, 27, 29, 31, 33, 35, 37, 39, 41, 43, 45, 47, 53, 55, 57, 59
West 53rd Street	617	201, 211, 213, 215, 217, 219, 225, 227, 235, 237, 239, 241, 243, 245, 247
West 53rd Street	619	301, 303-305-307, 313, 315, 317, 321, 323, 325, 327, 329, 331, 333, 335, 337, 339, 341, 343, 345, 347, 349, 351, 353, 355, 357, 359
West 53rd Street	623	401, 403, 405, 407, 409, 411, 413, 415, 423, 425 ?, 427, 431, 435, 437, 439, 441, 443, 445, 453, 547, 551, 553, 555

Aid to Finding Addresses in 1890 NYC Police Census

Street Name	Book	House Numbers
West 53rd Street	737	2, 4, 8, 10, 12, 14, 16, 18, 20, 22, 24, 26, 28, 30, 32, 34, 36, 38, 40, 42, 44, 46, 48, 50, 52, 54, 56, 58, 60, 62, 64, 66
West 53rd Street	617	204, 206, 208, 210, 212, 220, 226, 234, 236, 238, 240, 242, 244, 246, 248, 250, 252, 254, 256, 258, 260, 262, 264, 268
West 53rd Street	619	300, 302, 304, 306, 308, 310, 312, 314, 316, 318, 320, 322, 324, 326, 328, 330, 332, 334, 336, 338, 340, 346, 348, 350, 354, 356, 358, 360, 362, 364
West 53rd Street	620	400, 402, 404, 412, 414, 416, 418, 420, 422, 424, 426, 428, 430, 432, 434, 436, 438, 440, 442, 446, 448, 450, 452, 454
West 54th Street	737	17, 39, 41, 43, 45, 47, 49, 51, 53, 55, 57, 59, 61, 63, 65, 67, 69, 71, 73, 75, 77, 79, 85
West 54th Street	617	?, 201, 203, 213, 215, 233, 235, 237, 239, 241, 245, 247, 249, 251, 253 ?, 255, 257, 261, 263, 265, 267
West 54th Street	624	301, 303, 305, 309, 311, 313, 315, 317, 319, 323, 325, 329, 339, 341, 343, 345, 347, 349, 351, 355
West 54th Street	627	401, 403, 405, 407, 409, 411, 413, 413 rear, 415, 415 rear, 419, 421, 423, 423 rear, 425, 425 rear, 427, 427 rear, 429, 431, 433, 435, 437, 439, 441, 443, 445, 447, 453
West 54th Street	628	135 rear [should be 513 rear or 535 rear], 503, 505, 509, 511, 513, 513 rear [Marked 135 rear], 535, 535 rear, 537, 539, 541, 543, 545, 547, 549, 551, 555, 557, 557 rear, 559, 561, 563, 601, 609, 611, 613, 613 rear, 615, 619, 619 rear, 621, 621 rear, 623, 623 rear, 625, 627, 631
West 54th Street	737	4, 10, 12, 14, 16, 18, 40, 42, 44, 46, 50, 52, 54, 56, 58, 60, 62, 64, 66, 70, 72, 74, 76, 78
West 54th Street	617	206, 208, 230, 232, 234, 236, 248, 250, 252, 254, 256, 258, 260, 262, 264
West 54th Street	619	300, 302, 304, 314
West 54th Street	623	400, 402, 404, 406, 408, 410, 412, 424, 426, 428, 430, 432, 434, 436, 440, 442, 444, 446, 448, 450, 454, 458, 540, 542, 544, 546, 548, 550, 552, 556, 558, 560, 562,
West 55th Street	737	7, 19, 21, 23, 25, 27, 29, 31, 35, 39, 41, 43, 45, 47, 49, 51, 53, 55, 57, 59, 61, 63, 65, 67, 69, 71, 73, 75, 77
West 55th Street	739	101, 103, 105, 107, 109, 111, 113, 115, 117, 119, 121, 123, 127, 133, 135, 137, 139, 141, 145
West 55th Street	625	301, 305, 309, 311, 313, 315, 317, 319, 321, 323, 325, 327, 329, 331, 333, 335, 339, 341, 343, 345, 347, 349, 351, 353, 355, 357, 359, 361, 363, 365, 371, 373, 375
West 55th Street	626	401, 403, 405, 407
West 55th Street	629	501, 503, 507, 553
West 55th Street	628	601, 607, 609, 621 rear Some missing house numbers on West 55th Street in book 628
West 55th Street	737	34, 38-40, 42, 44, 46, 50, 52, 54-56, 58, 60, 62-64, 68, 70, 72, 74, 76
West 55th Street	617	200, 232, 234, 236, 238, 240, 244, 246, 248, 250, 252-254, 256 ?, 258

Aid to Finding Addresses in 1890 NYC Police Census

Street Name	Book	House Numbers
West 55th Street	624	300, 302, 304, 306, 308, 310, 312, 314, 316, 318, 320, 322, 324, 326, 328, 330, 332, 334, 336, 338, 340, 342, 344, 346, 350, 352, 354, 356, 358, 360, 362, 364, 366, 368, 370, 372, 374
West 55th Street	626	400, 402, 404, 406, 408, 410, 412, 414, 416, 418, 420, 422, 424, 426, 428, 446, 448, 450, 452
West 55th Street	628	498, 500, 502, 504, 504 rear, 506, 508, 510, 512, 514, 516, 518, 528, 530, 532, 534, 536, 538, 540, 542, 550, 552, 602, 604, 618, 618 rear, 622, 624, 626, 630, 632, 632 rear, 634 rear Some missing house numbers on West 55th Street in book 628
West 55th Street	629	550
West 56th Street	740	5, 7, 9, 11, 13, 15, 21, 23, 25, 27, 29, 31, 33, 37, 39, 41, 43, 45, 47, 49, 53, 55, 57, 59, 61, 63
West 56th Street	739	101, 103, 105, 107, 109, 111, 113, 115, 117, 119, 121, 123, 125, 127, 129, 131, 133, 135, 139, 153, 155, 157, 163, 165
West 56th Street	625	325, 341, 343, 345, 347, 349, 351, 353, 355, 357, 359, 361, 363, 365, 367, 369, 371, 373
West 56th Street	629	501, 503, 505, 507, 601
West 56th Street	737	2, 6 [Home is in Ossego], 8, 16, 18, 20, 22, 24, 26, 30, 32, 34, 36, 38, 40, 42, 44, 46, 48, 50, 52, 54, 56, 58, 60, 62, 64, 66, 68
West 56th Street	739	100, 102, 104, 108, 110, 112, 114, 116, 118, 128, 146, 148, 150, 154, 156, 160, 162, 164
West 56th Street	625	302, 304, 306, 308, 310, 312, 314, 316, 318, 320, 322, 324, 326, 328, 330, 332, 336, 338, 340, 346, 348, 350, 352, 354, 356
West 56th Street	626	402, 404, 406, 408, 410, 412, 414, 416, 418, 420, 422, 424, 426, 428, 430, 432, 434, 436, 438, 442, 444, 456
West 56th Street	629	500, 502, 512, 518, 522, 542
West 57th Street	740	1, 3, 5, 7, 9, 11, 13, 15, 19, 23, 27, 29, 31, 33, 37, 39, 41, 43, 45, 47, 49, 51
West 57th Street	739	101, 107, 109, 111, 113, 117, 121, 143, 149, 153, 155, 157, 159, 161, 163, 165
West 57th Street	631	301, 315, 317, 319, 321, 323, 325, 327, 329, 331, 333, 335, 337, 339, 341, 343, 345, 347, 349, 351, 353, 355, 357, 359, 361
West 57th Street	633	501, 503, 509, 513, 515, 521, 533, 535, 537, 539, 541, 543, 545, 547, 549, 549 rear, 551, 553, 555, 557, 559, 561, 563, 565
West 57th Street	740	2, 4, 6, 8, 10, 12, 14, 16, 18, 20, 24, 28, 32, 34, 42, 44, 50, 54, 56, 58
West 57th Street	739	102, 104, 106, 108, 118, 120, 122, 124, 130, 132, 134, 136, 138, 140, 142, 148, 150, 152
West 57th Street	631	260
West 57th Street	625	322, 324, 326, 328, 330, 342, 344, 346, 348, 350, 352, 354, 356, 358, 360, 362, 364, 366, 368

Aid to Finding Addresses in 1890 NYC Police Census

Street Name	Book	House Numbers
West 57th Street	629	400, 402, 404, 406, 408, 410, 412, 414, 416, 418, 420, 422, 424, 426, 428, 430, 434, 436, 438, 440, 442, 444, 446, 448, 450, 452, 454, 456, 458, 460, 500, 502, 504, 506, 508, 510, 512, 526, 528
West 58th Street	740	1, 5, 7, 9, 11, 13, 17, 19, 23, 25, 27, 29, 31, 33, 35, 37, 39, 41, 43, 45
West 58th Street	739	131, 133, 135, 137, 145, 155, 165, 175
West 58th Street	631	315, 317, 319, 325, 327, 329, 331, 333, 335, 337, 339, 337-339, 341, 343, 345, 347, 349, 351, 353, 355, 357, 359, 361, 363
West 58th Street	633	501, 509
West 58th Street	740	4, 8, 10, 14, 16, 18, 20, 22, 26, 28, 30, 32, 36, 38, 40, 42, 44, 48, 50, 52, 54
West 58th Street	739	102, 104, 112, 114, 116, 118, 120, 122, 124, 126, 130, 132, 136, 140, 142, 144, 146, 150, 152, 154, 156, 164, 166, 168, 170, 172, 174
West 58th Street	631	300, 304, 306, 308, 310, 312, 314, 316, 318, 320, 322, 324, 326, 328, 330, 332, 334, 336, 338, 340, 342, 346, 348, 350, 352, 354, 356, 358, 360, 362, 364, 366, 368, 370
West 58th Street	633	500, 508, 518, 526, 530, 532, 534, 536, 538, 560
West 59th Street	631	301, 303, 321, 323, 325, 327, 329, 331, 333, 335, 337, 339, 341, 345, 347, 349, 351, 353, 357
West 59th Street	634	415, 427, 509, 535, 537, 539, 541, 543, 545, 547 Some missing house numbers on West 59th Street in book 634
West 59th Street	633	601, 603, 609, 609 rear, 611
West 59th Street	740	2, 20, 22, 24, 28, 30, 36, 38, 40, 48
West 59th Street	739	106-108, 126, 128, 130, 150, 160, 170, 180
West 59th Street	631	312, 314, 316, 318, 320, 322, 324, 326, 328, 330, 332, 334, 336, 338, 340, 342, 344, 346, 350
West 60th Street	635	7, 9, 11, 13, 15, 17, 19, 21, 23, 25, 27, 29, 31, 33, 35, 37, 39, 41, 43, 45
West 60th Street	636	101, 103, 105, 109, 111, 113, 115, 117, 119, 121, 123, 125, 127, 129, 131, 133, 135, 137, 139, 141, 143, 145, 147, 153, 163, 165, 167
West 60th Street	637	201, 203, 205, 207, 209, 211, 213, 215, 217, 219, 221, 223, 225, 227, 229, 231, 233, 235, 237, 239, 241, 243, 245, 247, 249, 251, 253
West 60th Street	633	861
West 60th Street	631	12, 14, 16, 18, 22, 24, 26, 28, 30, 32, 34, 42, 44, 46, 312
West 60th Street	636	<u>120</u>, <u>128</u> [Both should be West 61st Street]
West 60th Street	634	146, 200, 202, 204, 206, 208, 214, 216, 218, 220, 236, 238, 240, 242, 244, 250, 252
West 61st Street	635	21, 23, 25, 27, 29, 31, 33, 35, 37, 39, 41, 43
West 61st Street	641	117, 119, 121, 123, 125, 127, 129, 131, 133, 135, 137, 139, 141, 143, 145, 147, 149, 151, 153, 155, 157, 159

Street Name	Book	House Numbers
West 61st Street	639	201, 203, 205, 207, 209, 211, 213, 215, 217, 219, 221, 223, 225, 227, 229, 231, 233, 235, 237, 239, 241, 243, 245, 247, 249, 251, Some missing house numbers on West 61st Street in book 639
West 61st Street	635	16, 18, 20, 22, 24, 26, 28, 30, 32, 34, 36, 38, 40
West 61st Street	636	100, 102, 104, 106, 108, 110, 112, 114, 116, 118, 120 [Some are listed as West 60th Street], 122, 124, 126, 128 [Some are listed as West 60th Street], 130, 132, 134, 136, 138, 140, 158, 160, 162
West 61st Street	638	200, 204, 206, 208, 210, 212, 214, 216, 218, 220, 222, 224, 224 old, 226, 228, 230, 232, Some missing house numbers on West 61st Street in book 638
West 62nd Street	635	21, 53, 55, 57, 59, 61
West 62nd Street	641	105, 107, 109, 111, 113, 115, 133, 135, 137, 139, 141, 143, 145, 147, 149, 151, 153, 155, 157, 159, 161, 163
West 62nd Street	640	205, 207, 209, 211
West 62nd Street	635	2, 2½, 14, 40, 46
West 62nd Street	641	120, 130, 132, 134, 136, 138, 148, 150
West 62nd Street	639	200, 202, 204, 206, 208, 210, 212, 214, 216, 218, 220, 222, 224, 226, 228, 230, 232, 234, 252
West 63rd Street	635	1, 33, 35, 43
West 63rd Street	642	101, 103, 105, 107, 111, 115, 117, 119, 121, 123, 125, 127, 131, 133, 135, 137, 139, 141, 143, 145, 147, 149, 151, 153, 155, 157, 159, 167, 169, 171, 173, 175, 177, 179, 181, 183, 185
West 63rd Street	640	201, 203, 205, 207, 209, 211, 213, 215, 217, 219, 223, 225, 227, 229, 231
West 63rd Street	635	6, 8, 10, 22, 24, 38, 40
West 63rd Street	642	100, 102, 104, 104 rear, 106, 106 rear, 108, 110, 112, 114, 116, 118, 120, 122, 124, 126, 128, 130, 132, 134, 136, 138, 140, 144, 146, 148, 150, 152, 154
West 64th Street	635	23, 25, 29, 31, 33, 35, 41, 43
West 64th Street	643	101, 103, 107, 109, 111, 113, 115, 117, 121, 123, 125, 127, 131, 133, 135, 137, 139, 141, 143, 157, 161, 163, 165, 167, 169, 171, 173, 175, 177
West 64th Street	640	205, 207, <u>209</u>, 211, 213 [<u>209</u> ?], <u>221</u>, <u>225</u>, 233, 241, 245, 259, 261, 315
West 64th Street	641	<u>221</u>, <u>225</u>
West 64th Street	635	2, 16, 20, 24, 26, 28, 30
West 64th Street	642	100, 102, 104, 106, 108, 110, 112, 114, 116, 118, 120, 122, 124, 126, 128, 130, 132, 136, 138, 142, 144, 162, 164, 166, 168, 170, 172, 174, 180
West 64th Street	640	200, 204, 206, 208, 210, 212, 214, 216, 218, 220, 222, <u>224</u>, 226, 228, 230, 232
West 64th Street	641	<u>224</u>
West 65th Street	635	9, 33, 35, 37, 39, 41

Aid to Finding Addresses in 1890 NYC Police Census

Street Name	Book	House Numbers
West 65th Street	643	101, 175
West 65th Street	640	321
West 65th Street	635	8, 14, 16, 30, 32, 34, 36, 38, 40 42, 44, 46, 48, 50, 54
West 65th Street	643	136, 140, 146, 150, 156, 158, 160, 162, 164, 166, 168, 170, 172, 174
West 65th Street	640	200, 202, 204, 210, 212, 216, 218, 222, 236, 238, 240, 244, 246, 248, 250, 252, 254, 256, 260, 304, 306, 320, 322
West 65th Street	992	210
West 66th Street	644	11, 45, 47
West 66th Street	643	125, 163
West 66th Street	640	201, 203, 205, 207, 209, 211, 213, 215, 217, 219, 221, 223, 225, 227, 229, 231, 233, 235, 237, 239, 241, 243, 245, 247, 249, 251
West 66th Street	992	203, 205, 207, 209, 213, 215
West 66th Street	635	22, 24, 30, 32, 34
West 66th Street	643	126, 128, 132, 134, 136, 138, 140, 142, 158, 164
West 66th Street	640	344
West 67th Street	644	47 Some missing house numbers on West 67th Street in book 644
West 67th Street	645	127, 131, 133, 133½, 135, 137, 139, 141, 143, 149
West 67th Street	646	201, 203, 205, 207, 209, 211, 213, 215, 217, 219, 221, 227, 229
West 67th Street	647	301, 305, 307, 309, 311, 313, 315, 317, 319, 321, 323, 325, 327, 329
West 67th Street	644	8, 28, 36, 38, 40, 52, 54, 56, 58, 60 Some missing house numbers on West 67th Street in book 644
West 67th Street	643	100, 136, 138, 140, 142, 146
West 67th Street	992	200, 202, 204, 206, 208, 210, 212, 214, 216, 218
West 67th Street	640	218, 220, 222, 224, 226, 228, 230, 232, 234, 236, 238, 240, 242, 244, 246, 248, 250
West 68th Street	645	101, 105, 117, 137, 143, 147, 149, 151, 153, 155, 157, 159, 177
West 68th Street	646	253
West 68th Street	647	303, 305, 307, 309
West 68th Street	644	28, 30, 32, 34, 64, 66, 68, 72, 74, 76, 78, 80, 82, 88, 90, 92
West 68th Street	645	146, 148
West 68th Street	646	200, 226, 228, 230, 236, 238, 242, 244, 246, 248, 250
West 68th Street	647	306
West 69th Street	644	69, 71, 91 Some missing house numbers on West 69th Street in book 644

Street Name	Book	House Numbers
West 69th Street	645	101, 103, 105, 107, 109, 125, 127, 139, 141, 143
West 69th Street	646	201, 205, 207, 209, 211, 213, 215, 221, 223, 231, 237, 239, 245, 247, 253, 255
West 69th Street	647	305, 307, 309, 311, 313
West 69th Street	644	2, 4, 6 Some missing house numbers on West 69th Street in book 644
West 69th Street	645	100, 102, 104, 106, 108, 110, 112, 114, 118, 120, 174, 198
West 69th Street	646	200, 202, 204, 206, 208, 210, 212, 260
West 69th Street	647	300, 302, 304, 306, 308, 310, 312, 314, 316
West 70th Street	644	7, 11, 33, 81
West 70th Street	645	101, 105, 107, 109, 111, 113, 115, 117, 119, 121, 123, 125, 127, 129, 131, 133, 135, 137, 139, 141, 147, 149, 153, 157
West 70th Street	646	219, 263, 265, 267, 283, 285, 287
West 70th Street	644	4, 6, 16, 18, 70, 74, 92
West 70th Street	645	108, 112, 114, 116, 118, 120, 122, 124, 126, 128, 130, 132, 134, 136, 138, 140, 142, 144, 146, 148
West 70th Street	646	254, 258, 262, 270, 272, 274
West 70th Street	647	300, 304, 306, 308, 310, 314, 318, 320, 326, 328, 330, 332, 334, 338, 340, 344
West 71st Street	644	5, 55, 59, 63, 65, 73, 75, 77, 79, 81, 83, 85, 89
West 71st Street	645	103, 105, 107, 109, 111, 113, 115, 117, 119, 121, 137, 143, 145, 147, 149, 151, 153, 155, 157, 159, 161, 163, 165, 167
West 71st Street	646	221, 223, 225, 227, 229, 231, 233, 235, 237, 239, 241, 243, 245, 247, 249, 251, 253, 255, 257, 259, 261, 263, 265, 267, 269, 271, 273, 275, 277, 279, 281, 283
West 71st Street	647	345
West 71st Street	644	4, 34, 36, 40, 44, 46, 48, 50, 52, 54, 56, 58, 60, 62, 64, 66, 68, 70, 74, 76, 78, 84, 86, 88, 90, 92
West 71st Street	645	100, 102, 104, 106, 108, 112, 116, 118, 120, 122, 126, 128, 134, 136, 138, 140, 142, 144, 146
West 71st Street	646	218, 274, 276, 280-282
West 71st Street	647	334
West 72nd Street	644	45, 47
West 72nd Street	645	101, 103, 107, 109, 111, 119, 125, 127, 129, 131, 133, 135, 139, 141, 143, 145, 151, 153, 155, 157, 159, 161, 165, 167, 169
West 72nd Street	644	8, 10, 12, 16, 20, 40, 42, 44, 48, 60, 62, 64, 66, 68, 70, 72, 74, 76, 78, 80
West 72nd Street	645	114, 130, 132, 134, 136, 138, 140, 142, 148, 150, 154, 156, 158, 160, 164, 166, 168, 170, 172, 174, 176

Aid to Finding Addresses in 1890 NYC Police Census

Street Name	Book	House Numbers
West 72nd Street	646	218, 222, 224, 240, 242, 244, 246, 248, 250, 252, 254, 256
West 72nd Street	647	300, 308, 324, 334
		Some missing house numbers on West 72nd Street in book 647
West 73rd Street	644	13, 15, 17, 19, 21, 23, 25, 27, 29, 31, 33, 35, 37, 39, 41, 43, 45, 47, 51, 53, 55, 57, 59, 61, 63, 65, 67
West 73rd Street	649	101, 103, 105, 107, 109, 111, 113, 115, 117, 119, 121, 123, 125, 127, 129, 131, 133, 135, 137, 139, 141, 143, 147, 149, 151, 153, 155, 157, 159, 161, 163, 165, 167, 169, 171, 173, 175, 177, 179, 181, 183
West 73rd Street	648	251, 253, 255, 257, 259, 261, 263, 265, 267, 269, 271, 273, 275, 277
West 73rd Street	644	46, 48
West 73rd Street	645	100, 102, 104, 106, 108, 110, 112, 114, 116, 118, 120, 122, 124, 126, 128, 130, 132, 134, 136, 138, 142, 144, 146, 148, 150, 152, 154, 156, 158, 160, 162, 164, 166, 168, 170
West 73rd Street	646	238, 240, 242, 244, 246, 248, 250, 252, 254, 256, 258, 260, 262, 264, 266, 268, 270, 272, 274, 276, 278, 280
West 74th Street	644	11, 15, 27, 29, 41, 43, 45, 47, 51, 55
West 74th Street	649	101, 111, 113, 115, 117, 119, 121, 123, 125, 127, 129, 131, 133, 135 [some marked West 75th Street], 137, 167, 169, 171, 173, 175, 177, 179, 183, 185, 187, 189
West 74th Street	648	215, 217, 219, 221, 223, 227, 231, 233, 235, 237, 241, 243, 245, 247, 249, 251, 253, 255, 257, 259
West 74th Street	649	100, 102, 104, 106, 108, 110, 112, 114, 116, 118, 120, 124, 126, 128, 140, 144, 160, 164, 166, 180
West 74th Street	648	202, 232, 234, 236, 238, 240, 242, 244, 246, 248, 250, 252, 254, 256, 258, 260
West 75th Street	644	3, 21
West 75th Street	649	101, 135 [should be West 74th Street]
West 75th Street	648	235, 241, 243, 245, 247, 249, 251, 253, 255
West 75th Street	647	301
West 75th Street	644	30, 34, 42, 58
West 75th Street	649	100, 114, 116, 118, 120, 122, 168, 170, 172, 174, 176, 182
West 75th Street	648	226, 228, 230, 232, 234, 236, 238, 240, 242, 244, 246, 248, 250, 252, 254, 256, 258, 260
West 75th Street	647	300
West 76th Street	644	13, 35, 37, 39, 41, 67
West 76th Street	649	101, 103, 105, 107, 109, 111, 113, 115, 117, 119, 121, 123, 125, 127, 131, 133, 135, 137, 139, 141, 143, 147, 149, 151, 153, 179
West 76th Street	648	225, 235, 245, 249

Street Name	Book	House Numbers
West 76th Street	644	40, 42, 44, 46, 52
West 76th Street	649	100, 102, 104, 106, 154, 156, 158, 160, 162, 164, 166, 168, 170, 172, 174, 176, 178, 180, 182
West 76th Street	648	230, 232, 234, 236, 238, 240, 242, 244, 246, 248, 250, 252, 254, 264
West 76th Street	647	300, 302, 328 Some missing house numbers on West 76th Street in book 647
West 77th Street	649	127, 129, 131, 133, 135, 179
West 77th Street	648	201, 223, 225, 227, 229, 231, 233
West 77th Street	644	20, 34, 36, 38, 40
West 77th Street	649	100, 102, 104, 106, 108, 110, 112, 114, 116, 118, 120, 122, 124, 126, 128, 130, 132, 134, 138
West 77th Street	648	216
West 78th Street	649	101, 109, 111, 113, 115, 117, 119, 121, 123, 125, 129, 131, 133, 135, 137, 139, 141, 143, 145, 147, 149, 151
West 78th Street	647	301, 303
West 78th Street	649	100, 110, 114, 116, 118, 120, 122, 124, 126, 128, 130, 132, 134, 136, 138, 140, 142, 144, 148
West 78th Street	648	224, 230, 232, 234
West 79th Street	649	145, 147, 149, 151, 155, 157, 159, 163, 169, 185, 187
West 79th Street	648	267, 269 Some missing house numbers on West 79th Street in book 648
West 79th Street	647	301 Some missing house numbers on West 79th Street in book 647
West 79th Street	649	100, 102, 104, 106, 108, 110, 118, 120, 122, 124, 126, 128, 130, 134, 136, 138, 140, 142, 144, 146, 148, 150, 152, 154, 156, 158, 160, 162
West 80th Street	649	143, 149, 185, 187
West 80th Street	648	233, 235, 235 rear, 239, 239 rear, 241, 245, 249 Some missing house numbers on West 80th Street in book 648
West 80th Street	647	301, 303, 309, 311, 313, 315
West 80th Street	649	184, 186
West 80th Street	647	312
West 81st Street	650	1, 3, 37, 39, 41, 45
West 81st Street	651	101, 117, 119, 121, 123, 125, 127, 129, 131, 133, 137, 139, 143, 145, 147, 149, 151, 153, 155, 157, 161, 163, 165
West 81St Street	652	303, 305, 333 Some missing house numbers on West 81st Street in book 652

Aid to Finding Addresses in 1890 NYC Police Census

Street Name	Book	House Numbers
West 81St Street	648	No house numbers on West 81st Street in book 648
West 81st Street	649	100, 102, 104, 106, 108, 116, 118, 120, 122, 132, 134, 136, 138, 156, 158, 160, 162, 164, 166
West 81st Street	647	310, 312, 314, 316, 318, 320 Some missing house numbers on West 81st Street in book 647
West 82nd Street	650	1, 5, 9, 11, 13, 15, 17, 19, 23, 25, 29, 33, 35, 37, 39, 41, 45, 47, 49, 51, 53, 55, 57, 59, 61, 73
West 82nd Street	651	101, 105, 127, 129, 131, 135, 137, 139, 141, 143, 145, 147, 149, 169, 173, 175, 177, 179, 185
West 82nd Street	652	201, 231, 301, 303, 305, 307, 309, 311, 313, 315, 327, 329
West 82nd Street	650	48, 50, 52, 54, 56, 58, 60
West 82nd Street	651	118, 120, 122, 124, 126, 128, 130, 132, 134, 136, 138, 140, 142, 146, 154, 158
West 82nd Street	652	230, 262
West 83rd Street	650	33, 35, 37, 39, 41, 43, 45, 47, 49, 51, 53, 59, 63, 65, 67, 69, 71, <u>73</u>
West 83rd Street	1006	<u>73</u>
West 83rd Street	651	101, 109, 111, 115, 117, 119, 121, 123, 125, 127, 131, 153, 155, 157, 159, 161, 163, 165, 167, 169, 171, 173, 175
West 83rd Street	652	227, 229, 231, 269, 309, 311, 313, 321, 325, 333
West 83rd Street	650	2, 8, 10, 14, 30, 32, 34, 38, 40, 42, 44, 46 ?, 48 ?, 50, 52, 54, 56, 58, 60, 62, 64, 66, 68, 70, 72, 74, 76, 78
West 83rd Street	651	100, 104, 126, 128, 130, 132, 134, 136, 138, 140, 148, 150, 152, 154, 156, 158, 160, 162
West 83rd Street	652	200, 202, 204, 206, 208, 210, 218, 268, 308, 310, 314, 318, 328, 330, 332
West 84th Street	650	3, 5, 7, 23, 25, 45, 47, 49, <u>51</u>, 53, 55, 57, 59, 61, 63, <u>65 ?</u>, 67, 71, 73, 75
West 84th Street	1006	<u>51</u>, <u>65</u>
West 84th Street	651	123, 145, 149, 153
West 84th Street	652	253, 255, 257, 263, 265, 267, 269, 271, 273, 275, 277, 309, 311, 313, 315, 337
West 84th Street	650	8, 10, 14, 16, 18, 22, 24, 30, 32, 34, 36, 38, 40, 42, 44, 46, 48, 50, 54, 56, 58, 60, 64
West 84th Street	1006	62
West 84th Street	651	100, 102, 104, 114, 116, 118, 156, 158
West 84th Street	652	200, 202, 274, 276, 278, 308, 310, 312, 314, 316, 318, 320, 324, 326, 328, 330, 338, 342, 344
West 85th Street	650	49, 51, 53, 55, 57, 59, 61, 65, 67, 71
West 85th Street	651	101, 167, 169, 175

Street Name	Book	House Numbers
West 85th Street	652	321, 323, 327
West 85th Street	650	14, 16, 22, 24, 26, 28, 38, 40, 44, 48, 50, 52, 54, 56, 58, 60, 62, 64
West 85th Street	651	110, 112, 114, 116, 118, 120, 122, 124, 128, 132, 134, 140, 156, 158, 160
West 85th Street	652	282, 364
West 86th Street	650	75, 83
West 86th Street	651	101, 103, 105, 107, 109, 111, 113, 115, 117, 119, 121, 123, 125, 127, 129, 131, 147, 149, 151, 153, 155, 157, 159, 161, 163
West 86th Street	652	343 Some missing house numbers on West 86th Street in book 652
West 86th Street	651	100, 102, 104, 106, 108, 110, 112, 114, 116, 118, 120, 122, 124, 126, 128, 130, 132, 134, 136, 138, 140, 142, 164, 166, 168, 170, 172, 174, 176
West 86th Street	652	302, 306, 308, 312, 314, 316, 318, 320, 328 Some missing house numbers on West 86th Street in book 652
West 87th Street	650	73 ?, 75, 77, 79, 81 Some missing house numbers on West 87th Street in book 650
West 87th Street	1006	83
West 87th Street	652	101, 103, 105, 107, 109, 111, 113, 115, 117, 119, 123, 125, 127, 129, 131, 133, 135, 137, 139, 141, 143, 145, 147, 151, 153, 155, 157, 161, 163, 165, 167, 169, 183, 269, 271, 317, 319, 321, 323 Some missing house numbers on West 87th Street in book 652
West 87th Street	650	82 Some missing house numbers on West 87th Street in book 650
West 87th Street	651	100, 104, 106, 108, 110, 112, 114, 116, 118, 120, 122, 124, 126, 128, 130, 132, 138, 142
West 87th Street	652	276, 314, 316 Some missing house numbers on West 87th Street in book 652
West 88th Street	650	25, 27, 29, 31, 33, 43, 53, 69, 71, 73
West 88th Street	652	127, 181, 251, 253, 255, 259, 265 Some missing house numbers on West 88th Street in book 652
West 88th Street	650	26, 28, 32, 34, 36, 38, 40, 42, 44, 48
West 88th Street	1006	30
West 88th Street	652	110, 112, 114, 116, 118, 120, 124, 172, 174, 180 Some missing house numbers on West 88th Street in book 652
West 89th Street	650	9, 81, 83, 85
West 89th Street	652	101, 183 Some missing house numbers on West 89th Street in book 652
West 89th Street	650	70, 72, 74, 76, 78, 80, 82, 88, 90, <u>92</u>, 94
West 89th Street	1006	<u>92</u>

Aid to Finding Addresses in 1890 NYC Police Census

Street Name	Book	House Numbers
West 89th Street	652	100, 102, 300, 304, 308 Some missing house numbers on West 89th Street in book 652
West 90th Street	653	19, 43, 45, 49, 51, 53, 63, 67, 69, 71, 73, 77, 81, 83
West 90th Street	652	101 Some missing house numbers on West 90th Street in book 652
West 90th Street	1006	4, 76, <u>80</u>
West 90th Street	650	6, 10, 40, 72, 74, 78, <u>80</u>, 82
West 90th Street	652	100, 102, 104, 180 Some missing house numbers on West 90th Street in book 652
West 91st Street	653	31, 33, 35, 37, 39, 41, 63, 67, 73, 75, 77, 79, 81 Some missing house numbers on West 91st Street in book 653
West 91st Street	653	20, 22, 24, 26, 28, 30, 32, 34, 36, 38, 40, 42, 44, 46, 48, 50, 52, 54, 58, 60, 64, 70, 72, 74, 80, 82, <u>100</u> Some missing house numbers on West 91st Street in book 653
West 91st Street	652	<u>100</u>
West 92nd Street	653	31, 33, 35, 37, 39, 41, 43, 45, 47, 49, 51, 53, 55, 57, 59, 63, 65, 67, 69, 71, 73, 125, 127, 129, 131, 133, 153, 155, 157, 159, 161, 163, 165, 207, 209, 251
West 92nd Street	653	30, 32, 34, 36, 38, 40, 42, 44, 46, 48, 50, 52, 54, 56, 64, 66, 68, 70, 72, 100, 102, 104, 106, 160, 162, 164
West 93rd Street	654	19, 23, 25, 29, 31, 33, 43, 47, 49, 67, 69, 101, 103, 107, 109, 111, 113, 115, 117, 121, 123, 125, 129, 131, 135, 137, 139, 155, 177 Some missing house numbers on West 93rd Street in book 654
West 93rd Street	653	18, 62, 64, 66, 68, 70, 72, 102, 120, 122, 124, 126, 128, 130, 132, 134, 136, 138, 200, 202, 204 Some missing house numbers on West 93rd Street in book 653
West 94th Street	654	21, 23, 25, 27, 29, 31, 35, 37, 41, 43, 45, 75, 77, 101, 123, 125, 127, 131, 133, 135, 137, 139, 141, 143, 145, 147, 151, 153, 155, 157, 159, 161, 163, 167, 169, 171, 173, 175, 177 Some missing house numbers on West 94th Street in book 654
West 94th Street	654	16, 18, 22, 24, 26, 28, 30, 32, 34, 36, 38, 40, 42, 44, 60, 76, 80, 100, 102, 104, 106, 108, 110, 112, 114, 116, 118, 120, 124, 136, 138, 142, 144, 146, 148, 176 Some missing house numbers on West 94th Street in book 654
West 95th Street	656	25, 27, 29, 31, 33, 35, 37, 39, 53, 55, 57, 59, 61, 63, 65, 67, 69, 71, 73, 77
West 95th Street	655	101, 105, 107, 111, 113, 115, 117, 119, 121, 123, 125, 127, 129, 131, 133, 135, 137, 139, 143, 165, 173, 175, 177
West 95th Street	654	201, 203, 205, 207 Some missing house numbers on West 95th Street in book 654

Street Name	Book	House Numbers
West 95th Street	654	36, 38, 40, 42, 44, 46, 48, 50, 52, 54, 56, 58, 60, 62, 64, 66, 68, 102, 118, 120, 122, 124, 126, 128, 130, 132, 134, 136, 138, 140, 142, 144, 146, 148, 150, 152, 154, 156, 158, 160, 162, 164, 166, 168, 172, 174, 176, 230 Some missing house numbers on West 95th Street in book 654
West 96th Street	656	69, 71, 73
West 96th Street	655	101, 111, 113, 115, 117
West 96th Street	993	109, 111,
West 96th Street	656	70, 72, 74
West 96th Street	655	100, 124, 126, 170, 172, 174
West 96th Street	993	126
West 96th Street	654	226, 228, 230, 266, 270 Some missing house numbers on West 96th Street in book 654
West 97th Street	656	11, 17, 19, 21, 23, 25, 33, 35, 37, 39, 41, 45, 47, 49, 51, 53, 55, 57, 59, 61, 63, 67, 75
West 97th Street	655	101, 103, 115, 117, 119, 121, 123, 125, 127, 129, 131, 133, 137, 141, 143, 145, 147, 149, 151, 153, 155, 157, 159, 161, 165, 167, 169, 171, 173, 175, 177, 179, 181, 183
West 97th Street	654	229, 255, 305 Some missing house numbers on West 97th Street in book 654
West 97th Street	656	30, 32, 34, 36, 38, 40, 42, 44, 48, 54, 56, 72, 74
West 97th Street	655	100, 120, 124, 128, 130, 132, 134, 138, 140, 142, 144, 146, 148, 150, 152, 154, 156, 158, 160, 162, 164, 166, 168, 170, 172, 174, 178
West 97th Street	993	178
West 98th Street	656	7, 13, 17, 19, 35, 37, 39, 41, 43, 51, 53, 55, 57, 73, 75
West 98th Street	655	101, 103, 105, 107, 171, 173
West 98th Street	658	201, 207
West 98th Street	656	72
West 98th Street	655	100, 102, 116, 118, 120, 124, 126, 128, 130, 132, 134, 136, 138, 168, 170, 172, 174
West 98th Street	654	200, 202, 204 Some missing house numbers on West 98th Street in book 654
West 99th Street	657	1, 5, 17, 19, 29, 31, 35, 39, 41, 61, 63, 65, 67, 69, 71, 73, 77
West 99th Street	658	199, 223
West 99th Street	656	6, 18, 20, 40, 42, 48, 50, 68, 70, 72
West 99th Street	655	100, 102, 104, 106, 136, 138, 140, 146, 148, 150, 152, 154, 156, 158, 160, 162, 166, 168, 170, 172
West 99th Street	993	138, 142

Aid to Finding Addresses in 1890 NYC Police Census

Street Name	Book	House Numbers
West 99th Street	658	210, 224, 252
West 100th Street	657	13, 15, 17, 19, 21, 75 Some missing house numbers on West 100th Street in book 657
West 100th Street	658	101, 103, 105, 111 or 117, 119, 121, 123, 125, 127, 129, 131, 133, 135, 137, 139, 141, 187, 189, 195, 207, 215, 217, 219, 233, 339
West 100th Street	657	36, 38, 40, 42, 44, 46, 48, 50, 52, 54, 56, 58, 60, 62, 64, 66, 68, 70, 72, 74 Some missing house numbers on West 100th Street in book 657
West 100th Street	658	100, 102, 104, 114, 116, 118, 120, 122, 124, 126, 128, 130, 132, 142, 144, 146, 158, 160, 162, 164, 168, 188, 190, 200, 256
West 101st Street	657	79, 81
West 101st Street	659	101, 103, 117, 119, 121, 123, 125, 127, 129, 131, 177, 179, 181, 185, 187, 189, 311, 317, 329
West 101st Street	657	74, 76
West 101st Street	658	108, 126, 134, 138, 140, 142, 188, 190, 200
West 102nd Street	657	79, 81 Some missing house numbers on West 102nd Street in book 657
West 102nd Street	659	101, 103, 159, 161, 163, 165, 179, 181, 183, <u>185</u>, 187, 201
West 102nd Street	977	<u>185</u>
West 102nd Street	657	78, 80 Some missing house numbers on West 102nd Street in book 657
West 102nd Street	659	100, 102, 104, 106, 108, 110, 112, 114, 116, 118, 186, 188, 200
West 103rd Street	660	3, 5, 93, 103, 105, 107, 109, 111, 113, 129, 131, 133, 135, 137, 141, 143, 147
West 103rd Street	659	203 Some missing house numbers on West 103rd Street in book 659
West 103rd Street	977	215
West 103rd Street	657	86, 88, 90, 92, 94, 96, 98 Some missing house numbers on West 103rd Street in book 657
West 103rd Street	659	100, 102, 104, <u>106</u>, 108, 140, <u>142</u>, 144, 146, 148, 150, 152, 154, 156, 180, 200, 206, 310, 312, 314 Some missing house numbers on West 103rd Street in book 659
West 103rd Street	977	<u>106</u>, <u>142</u>
West 104th Street	660	27, 29, 31, 59, 61, 63, 77, 79, 81, 83, 85, 101, 103, 105, 107, 109, 113, 119, 121, 137, 139, 141, 143, 145, 157, 159, 161, 163, 169
West 104th Street	660	4, 6, 50, 52, 54, 70, 94. 100, 110, 112, 114, 116, 118, 126, 128, 130, 132, 134, 136, 138
West 104th Street	659	208, <u>210</u>, 212, 214, 216, 254, 256

Street Name	Book	House Numbers
West 104th Street	977	<u>210</u>, 218, 222, 224, 226, 228, 230, 232, 234
West 105th Street	660	39, 41, 43, 45, 51, 53, 55, 67, 69, 71, 73, <u>143</u>
West 105th Street	662	101, 103, 105, 107, 109, 111, 115, 141, <u>143</u>, 151
West 105th Street	660	28, 30, 32, 56, 82, 140, 142, 144, 150, 152, 154, 156, 158, 160, 162, 164, 166, 168, 170, 172, 176
West 106th Street	660	<u>69</u>
West 106th Street	662	<u>69</u>, 107, 109, 111, 119, 121 Some missing house numbers on West 106th Street in book 662
West 106th Street	660	34, 38, 40, 42, 44, 50, 54, 56, 66, 68 [some marked 69], 70, 72.
West 106th Street	662	100, 102, 104, 106, 108, 110 Some missing house numbers on West 106th Street in book 662
West 107th Street	662	70 Some missing house numbers on West 107th Street in book 662
West 108th Street	662	196 Some missing house numbers on West 108th Street in book 662
West 110th Street	672	525, 525½ or 525 rear, 531, 533, 535, 537, 539, 541½, 545, 547, 549, 551, 553, 555, 557 Some missing house numbers on West 110th Street in book 672
West 110th Street	672	28, 30, 32, 38 Some missing house numbers on West 110th Street in book 672
West 111th Street	854	121, 123, 125, 127, 129, 131, 133, 135, 137
West 111th Street	672	513, 517, 519, 521, 523, 525, 527, 529, 531 Some missing house numbers on West 111th Street in book 672
West 111th Street	854	134
West 112th Street	854	1
West 112th Street	672	65, 67, 67 rear, 69, 307, 309, 311, 313, 315, 317, 319, 321, 323, 325, 327, 329, 527, 529, 531, 533, 537? Some missing house numbers on West 112th Street in book 672
West 112th Street	854	66
West 112th Street	672	66½, 68, 70, 518, 522, 534, 538, 540 Some missing house numbers on West 112th Street in book 672
West 113th Street	663	253, 255, 257, 259, 261, 263, 265
West 113th Street	672	427, 443 Some missing house numbers on West 113th Street in book 672
West 113th Street	854	2, 4, 6, 8, 26
West 113th Street	672	304, 306, 308, 310, 312, 314, 316, 318, 320, 322, 324, 326 Some missing house numbers on West 113th Street in book 672

Aid to Finding Addresses in 1890 NYC Police Census

Street Name	Book	House Numbers
West 114th Street	663	279, 281 Some missing house numbers on West 114th Street in book 663
West 114th Street	672	No house numbers on West 114th Street in book 672
West 114th Street	854	2
West 114th Street	864	14, 16, 18 Some missing house numbers on West 114th Street in book 864
West 115th Street	864	27, 29, 75, 77, 79 Some missing house numbers on West 115th Street in book 864
West 115th Street	663	211, 213, 215, 217, 219, 257, 259, 283
West 115th Street	864	18, 20, 24, 26, 30, 32, 34, 40, 44, 46 Some missing house numbers on West 115th Street in book 864
West 115th Street	663	266, 268, 270, 272, 274, 276, 278, 280, 282
West 115th Street	672	310, 316, 324 Some missing house numbers on West 115th Street in book 672
West 116th Street	663	211, 213, 291, 293, 295, 297
West 116th Street	672	301, 303, 305, 307, 319, 321, 357, 359, 361, 363, 365, 367 Some missing house numbers on West 116th Street in book 672
West 116th Street	864	106, 110, 112, 114 Some missing house numbers on West 116th Street in book 864
West 116th Street	663	290, 292, 294
West 116th Street	672	38 [318 ?], 300, 302, 304, 306, 308, 310, 312, 314, 316, 318, 354 Some missing house numbers on West 116th Street in book 672
West 117th Street	663	269, 271, 273 Some missing house numbers on West 117th Street in book 663
West 117th Street	672	359, 361, 363, 367
West 117th Street	663	264, 266, 268, 270, 272, 274, 276, 278, 280, 282 Some missing house numbers on West 117th Street in book 663
West 118th Street	864	83, 141, 155, 159 Some missing house numbers on West 118th Street in book 864
West 118th Street	663	201, 203, 205, 207, 209
West 118th Street	864	6 Some missing house numbers on West 118th Street in book 864
West 118th Street	663	280, 282
West 118th Street	672	312, 314, 316, 356, 358, 360, 362, 364, 366, 368 Some missing house numbers on West 118th Street in book 672
West 119th Street	881	1, 3, 5, 7, 13, 17, 19, 23, 25, 27, 31, 33, 35, 39, 47, 49, 51, 53, 59, 61, 63
West 119th Street	882	155, 157

Street Name	Book	House Numbers
West 119th Street	672	301, 303 Some missing house numbers on West 119th Street in book 672
West 119th Street	864	48, 66, 68, 70, 72, 74, 76, 78, 138, 158
West 119th Street	663	200, 202, 204, 206, 208, 210
West 120th Street	881	7, 9, 11, 13, 15, 17, 19, 21, 23, 25
West 120th Street	882	155, 157
West 120th Street	663	209, 231, 233, 251, 253, 255
West 120th Street	672	303, 305 Some missing house numbers on West 120th Street in book 672
West 120th Street	881	12, 14, 16, 20, 24, 32, 84
West 120th Street	882	102, 104, 106, 108, 110, 134, 136, 138, 142, 144, 146, 158, 160
West 120th Street	663	234
West 120th Street	672	300, 330, 350, 352 Some missing house numbers on West 120th Street in book 672
West 121st Street	881	3, 5, 7, 9, 11, 13, 15, 17, 19, 21
West 121st Street	882	101, 103, 105, 107, 109, 113, 115, 117, 119, 121, 123, 125, 127, 129, 133, 135, 137, 139, 141, 143, 145, 147, 149, 151, 153, 155, 159, 163
West 121st Street	664	207, 247, 249, 251, 253, 255, 259, 261, 263, 265, 269, 271, 273
West 121st Street	663	239, 257
West 121st Street	672	No house numbers on West 121st Street in book 672
West 121st Street	673	No house numbers on West 121st Street in book 673
West 121st Street	881	8, 10, 14, 18, 20, 22, 26
West 121st Street	882	136, 138, 140, 144, 146, 148, 150, 152, 154, 156, 158, 160, 162, 166, 168, 170
West 121st Street	663	204, 206, 208, 210, 212, 214, 216, 218, 220, 222, 224, 228, 230, 232, 234, 236, 240, 250, 252, 254, 256, 262, 266
West 122nd Street	881	7, 9, 11, 13, 15, 17, 19, 21
West 122nd Street	882	109, 111, 113, 115, 117, 119, 121, 125, 127, 129, 133, 135, 139, 141, 143, 145, 147, 149, 151, 153, 155, 159, 161, 163, 167
West 122nd Street	664	201, 203, 205, 207, 209, 211, 213, 215, 217, 217½, 219, 221, 225, 227, 229, 231, 233, 235, 237, 239, 241, 243, 245, 247, 249, 251, 265, 267, 269, 271, 273, 275, 277
West 122nd Street	673	341, 343, 345, 347, 349, 351, 353, 355, 357, 359, 361 Some missing house numbers on West 122nd Street in book 673
West 122nd Street	881	4, 6, 8, 10, 12, 14, 16, 18
West 122nd Street	882	104, 106, 108, 110, 112, 114, 116, 118, 120, 122, 124, 126, 128, 130. 132, 134, 136, 138, 140, 142, 144, 146, 148, 152, 154, 156, 158, 160, 162, 164, 166

Aid to Finding Addresses in 1890 NYC Police Census

Street Name	Book	House Numbers
West 122nd Street	664	202, 204, 206, 208, 210, 212, 214, 220, 254, 256, 260, 262, 266, 2072 [Should be 8th Avenue], 2474 [Should be 8th Avenue]
West 122nd Street	673	342, 510 Some missing house numbers on West 122nd Street in book 673
West 123rd Street	881	3, 5, 7, 9, 11, 13, 15, 19, 21, 23, 25
West 123rd Street	883	119, 121, 125, 127, 129, 131, 133, 135, 137, 139, 141, 143, 145, 147, 151, 153
West 123rd Street	665	201, 203, 205, 207, 209, 211, 213, 215, 217, 219, 221, 223, 225, 227, 229, 231, 233, 237, 239, 241, 243, 245, 247, 249, 251, 253, 255, 257, 261, 263, 265, 267
West 123rd Street	673	301, 303, 307, 345, 347, 349, 351, 353, 355, 357, 359, 361, 363, 365, 367, 369, 371, 373, 375 Some missing house numbers on West 123rd Street in book 673
West 123rd Street	881	2, 4, 6, 8, 10, 12, 14, 16, 18, 20, 22, 24, 26, 28, 30
West 123rd Street	882	102, 104, 106, 108, 110, 112, 114, 116, 118, 122, 124, 126, 128, 130, 132, 134, 136, 138, 140, 152, 154, 156, 158, 160, 162, 164, 166
West 123rd Street	664	200, 202, 206, 208, 212, 214, 216, 218, 220, 224, 226, 228, 230, 232, 234, 236, 238, 250, 252, 254, 256, 258, 260, 262, 264, 266, 268, 270, 272
West 123rd Street	673	304, 306, 308, 310, 342, 344, 346, 348, 350, 352, 354, 356, 358, 360, 362 Some missing house numbers on West 123rd Street in book 673
West 124th Street	881	1, 3, 5, 7, 9, 11, 13, 15, 17, 19, 21, 23, 27, 33, 35, 37, 39, 41, 51, 53, 57, 59, 61, 63, 71, 73, 75, 77, 79, 81
West 124th Street	883	105, 107, 109, 111, 113, 119, 121, 123, 125, 127, 129, 131, 133, 135
West 124th Street	665	201, 205, 207, 209, 211, 213, 215, 217, 229, 231, 233, 235, 237, 239, 241, 243, 245, 251, 253, 267, 269
West 124th Street	673	323, 325, 327, 329, 331, 497, 499 Some missing house numbers on West 124th Street in book 673
West 124th Street	881	54, 56, 58, 60, 66, 74, 78, 80
West 124th Street	883	100, 102, 114, 116, 120, 122, 124, 126, 128, 134, 138, 140, 142, 144, 146, 148, 150, 152, 172
West 124th Street	665	200, 202, 204, 206, 208, 210, 212, 214, 216, 218, 220, 222, 224, 226, 228, 230, 232, 234, 236, 238, 240, 242, 244, 246, 248, 250, 252, 254, 256, 258, 260, 262
West 124th Street	673	304, 334 Some missing house numbers on West 124th Street in book 673
West 125th Street	884	5, 9, 11, 13, 15, 17, 19, 21, 23, 25, 31, 33, 35, 37, 39, 41, 43, 45, 47, 49, 51, 57, 59, 61, 71
West 125th Street	883	101, 115, 119, 123, 129, 131, 133, 149, 155, 159
West 125th Street	674	301, 305, 307, 317, 319, 375 [some marked 372], 377, 379, 381 Some missing house numbers on West 125th Street in book 674

Street Name	Book	House Numbers
West 125th Street	675	1 ?, 405, 409, 411, 413
West 125th Street	881	2, 4, 6, 8, 10, 12, 14, 16, 18, 24, 28, 38, 40, 42, 44, 46, 50, 52, 54, 56, 58, 60, 62, 64, 66, 70, 72, 74, 76
West 125th Street	883	108, 110, 112, 114, 120, 130, 148, 150, 154, 164
West 125th Street	665	220, 224, 244, 248, 258, 260, 262
West 125th Street	673	322, 324, 326, 328, 330, 340, 374, 376, 378, 380, 384, 386, 426, 428, 430, 432 Some missing house numbers on West 125th Street in book 673
West 125th Street	674	372 [Should be 375]
West 126th Street	884	5, 7, 9, 11, 13, 15, 17, 19, 21, 23, 25, 27, 29, 31, 33, 35, 37, 39, 41, 43, 45, 47, 49, 51, 53, 55, 57, 59, 61, 63, 65, 67, 69, 71, 73, 75, 77, 79, 81
West 126th Street	883	109, 111, 113, 115, 117, 119, 121, 123, 125, 127, 129, 131, 133, 135, 137, 139, 141, 143, 145, 147, 149, 151, 153, 155, 157, 159, 161, 163, 167, 169, 171, 173, 177, 179, 181
West 126th Street	674	301, 303, 305, 307, 313, 315, 317, 319, 321, 323, 325, 327 Some missing house numbers on West 126th Street in book 674
West 126th Street	884	4, 6, 8, 12, 14, 18, 20, 22, 24, 28, 30, 32, 34, 36, 38, 40, 42, 44, 46, 50, 52, 54, 56, 58, 60, 62, 64, 66, 68, 70, 72, 74, 76, 78, 80, 84, 86
West 126th Street	883	102, 106, 108, 110, 112, 114, 116, 118, 120, 122, 124, 126, 128, 130, 132, 134, 136, 138, 140, 142, 144, 146, 148, 150, 160, 162, 164, 166, 168, 170, 172, 174
West 126th Street	675	401, 403, 405
West 126th Street	674	300, 302, 304, 306, 310, 312, 314, 316, 318, 320, 366, 368, 370, 372 Some missing house numbers on West 126th Street in book 674
West 127th Street	901	7, 9, 11, 13, 15, 17, 19, 21, 23, 25, 27, 31, 33, 35, 37, 39, 41, 43, 45, 47, 49, 51, 53, 55, 57, 59, 61, 63, 65, 67, 69, 71, 73, 75, 77, 79, 81
West 127th Street	667	201, 209, 211, 213, 215, 217, 219, 221, 223, 225, 227, 229, 231, 233, 235, 237, 239, 241, 243, 245, 247, 249, 251, 253, 255, 257, 259, 261, 263, 265, 267, 269, 271, 273, 275, 277, 279, 283
West 127th Street	674	301, 303, 305, 307, 309, 311, 313
West 127th Street	675	No house numbers on West 127th Street in book 675
West 127th Street	884	4, 6, 8, 10, 12, 14, 16, 18, 20, 22, 24, 26, 28, 36, 38, 40, 44, 46, 48, 50, 56, 58, 60, 62, 64, 66, 68, 70, 72, 74, 76, 78, 82
West 127th Street	883	112, 114, 116, 118, 120, 122, 124, 126, 128, 130, 132, 134, 136, 138, 140, 144, 146, 148, 150, 160
West 127th Street	674	306, 308, 310, 312, 314
West 128th Street	901	1, 3, 7, 9, 11, 15, 17, 21, 23, 25, 33, 35, 37, 39, 41, 43, 45, 49, 51, 53, 55, 57, 59, 61, 63, 65, 75, 79, 83
West 128th Street	667	205, 207, 209, 211, 213, 215, 217, 219, 221, 223, 225, 227, 229, 231, 233, 235, 239, 241, 243, 245, 247, 249, 251, 253, 255, 257, 259, 261, 275, 277, 279, 281

Aid to Finding Addresses in 1890 NYC Police Census

Street Name	Book	House Numbers
West 128th Street	678	309, 311
West 128th Street	675	No house numbers on West 128th Street in book 675
West 128th Street	901	2, 4, 6, 8, 10, 12, 14, 16, 18, 20, 22, 24, 26, 28, 30, 32, 34, 36, 40, 42, 44, 46, 48, 50, 52, 54, 56, 58, 60, 62, 64, 66, 68, 70
West 128th Street	667	200, 202, 204, 206, 208, 210, 212, 214, 216, 218, 220, 222, 250, 252, 254, 256, 258, 260, 262, 266, 268, 270, 272, 274, 276, 278, 280, 282
West 128th Street	674	300, 302, 304, 306, 308, 310
West 129th Street	901	1, 3, 5, 7, 9, 11, 13, 15, 17, 19, 21, 23, 25, 27, 29
West 129th Street	903	105, 107, 109, 113, 121, 123, 125, 127, 129, 131, 139, 141, 143, 145, 147, 149, 151, 153, 155, 157, 159, 161, 163, 165, 167
West 129th Street	668	209, 211, 213, 215, 219, 221, 223, 225, 227, 229, 231, 237, 239, 241, 243, 245, 247, 253, 255, 257, 259, 265
West 129th Street	677	511, 517, 519, 521, 523, 525, 527, 533, 551, 553, 555, 557, 561, 577 Some missing house numbers on West 129th Street in book 677
West 129th Street	675	No house numbers on West 129th Street in book 675
West 129th Street	901	2, 12, 18, 22, 24, 26, 28, 30, 32, 34, 36, 40, 46, 48, 50, 58
West 129th Street	667	204, 206, 208, 210, 212, 214, 216, 218, 220, 222, 224, 226, 228, 230, 232, 234, 236, 248, 250, 252, 254, 256, 258, 260, 262, 264, 266, 268, 270
West 129th Street	678	302, 304, 306, 308, 310
West 129th Street	677	504, 520, 524 Some missing house numbers on West 129th Street in book 677
West 130th Street	904	1, 19, 21, 23, 25, 27, 29, 31, 33, 35, 37, 39, 45, 49, 53, 55, 57, 61, 63, 65, 67, 73
West 130th Street	903	101, 103, 105, 107, 109, 111, 113, 115, 117, 119, 121, 125, 127, 129, 131, 133, 135, 137, 139, 141, 143, 145, 147, 149, 151, 153, 155, 157, 159, 161, 163, 165
West 130th Street	668	201, 203, 205, 207, 209, 211, 213, 215, 217, 221, 223, 225, 227, 229, 231, 233, 235, 237, 239, 241, 243, 245, 247, 249, 251, 253, 255, 257, 259, 261, 263, 265, 267
West 130th Street	678	491, 493, 497
West 130th Street	677	501, 503, 505, 507, 509, 511, 513, 515, 517, 519, 521, 571, 573, 581, 583, 609, 611, 613, 615, 623, 631, 643, 645, 647 Some missing house numbers on West 130th Street in book 677
West 130th Street	675	No house numbers on West 130th Street in book 675
West 130th Street	901	2, 4, 6, 8, 10, 12, 14, 16, 18, 20, 22, 24, 26, 30, 32, 34, 36, 38, 40, 42, 44, 48, 50, 52, 54, 56
West 130th Street	903	102, 104, 106, 108, 110, 112, 114, 116, 122, 124, 126, 128, 130, 132, 134, 140, 142, 144, 146, 148, 150, 152, 154, 156, 158, 160, 162, 166, 168, 170, 172

Aid to Finding Addresses in 1890 NYC Police Census

Street Name	Book	House Numbers
West 130th Street	668	200, 206, 208, 210, 214, 216, 218, 220, 222, 224, 226, 228, 230, 232, 234, 236, 238, 240, 242, 244, 246, 248, 254, 264, 266
West 130th Street	677	5?8, 502, 504, 506, 508, 514, 568, 608, 622, 628, 630, 634, 640 Some missing house numbers on West 130th Street in book 677
West 131st Street	904	7, 9, 11, 15, 17, 27, 29, 31, 33, 33½, 35, 39, 41, 43, 47, 65, 69, 71, 73, 75
West 131st Street	903	101, 103, 105, 107, 109, 125, 127, 129, 131, 133, 135, 137, 139, 141, 143, 145, 147, 149, 151, 153, 155, 157, 159, 161, 163
West 131st Street	668	205, 207, 209, 211, 213, 215, 217, 219, 221, 223, 225, 227, 229, 231, 233, 235, 237, 239, 241, 243, 245, 247, 249, 251, 253, 257, 273
West 131st Street	904	2, 4, 6, 8, 10, 12, 14, 16, 18, 22, 46, 60, 62, 64, 66, 68, 70, 72, 74, 76, 78
West 131st Street	903	102, 104, 106, 108, 110, 112, 114, 116, 118, 120, 122, 124, 126, 128, 130, 132, 134, 136, 138, 140
West 131st Street	668	202, 204, 206, 210, 212, 214, 216, 218, 220, 222, 224, 226, 228, 230, 232, 234, 236, 238, 240, 242, 246, 248, 250, 252, 254, 256, 258, 260, 262, 264, 266, 268, 270, 272, 274
West 131st Street	677	522, 524, 526, 528, 530, 532, 534, 540, 542, 604, 622, 630, 632, 634, 636, 638
West 132nd Street	904	15, 17, 19, 21, 25, 27, 29, 31, 33, 45, 47, 49, 51, 53, 55, 63, 65, 67, 71, 73, 75, 77
West 132nd Street	903	101, 103, 105, 107, 109, 111, 113, 115, 117, 119, 121, 123, 125, 127, 129, 131, 133, 135, 137, 139, 141, 143, 145, 147, 149, 151, 153, 155, 161, 163, 165, 171
West 132nd Street	669	209, 211, 213, 215, 217, 219, 221, 223, 225, 227, 231, 233, 235, 237, 239, 241, 243, 245, 249, 251, 253, 255, 257, 259, 261, 263, 265, 267, 269, 271, 273, 275, 277, 279, 281, 283
West 132nd Street	678	No house numbers on West 132nd Street in book 678
West 132nd Street	904	4, 36, 38, 40, 42, 44, 52, 54, 56, 58, 60, 62, 64, 66, 68, 70, 72, 74, 76, 78, 80, 82
West 132nd Street	903	100, 102, 104, 106, 108, 110, 134, 138, 148, 158, 160, 162
West 132nd Street	668	200, 202, 204, 206, 212, 214, 218, 220, 222, 226, 228, 232, 234, 236, 238, 240, 242, 244, 246, 248, 250, 252, 254, 256, 258, 260, 262, 264, 266, 268, 270, 272, 282
West 133rd Street	904	5, 7, 9, 11, 17, 23, 25, 27, 29, 31, 33, 35, 35½, 37, 39, 41, 43, 45, 47, 49, 51, 53, 55, 57, 61, 63, 65, 67, 69, 71, 73
West 133rd Street	903	107, 109, 111, 113, 115, 117, 171, 173
West 133rd Street	669	203, 205, 207, 209, 211, 213, 215, 217, 219, 223, 225, 227, 229, 231, 233, 235, 245, 247, 249, 251, 253, 255 Some missing house numbers on West 133rd Street in book 669
West 133rd Street	678	301, 303, 305, 307, 311, 313, 315
West 133rd Street	904	6, 12, 14, 16, 18, 20, 22, 24, 42, 44, 46, 48, 52, 54

Aid to Finding Addresses in 1890 NYC Police Census

Street Name	Book	House Numbers
West 133rd Street	903	102, 104, 106, 108, 110, 112, 114, 116, 118, 120, 122, 124, 146, 148, 150, 152, 154, 156, 158, 160, 162, 166, 168, 170, 172, 178
West 133rd Street	669	200, 202, 204, 206, 208, 248, 250, 252, 254, 256, 258, 260, 262, 266, 268 Some missing house numbers on West 133rd Street in book 669
West 133rd Street	678	308, 312, 314
West 134th Street	906	17, 19, 21, 25, 27, 29, 35, 49, 51, 55, 57, 59, 61, 83, 89, 93, 193, 195, 197, 199 Some missing house numbers on West 134th Street in book 906
West 134th Street	669	201, 203, 205, 207, 211, 213, 215, 217, 219, 221, 223, 225, 227, 229, 231, 233, 235, 237, 239, 241, 243, 245, 247, 249, 251, 253, 255, 257, 259, 261, 263, 265, 267, 269, 271, 273, 275
West 134th Street	903	No house numbers on West 134th Street in book 903
West 134th Street	904	4, 6, 8, 10, 12, 14, 50, 52, 54, 56, 58, 60, 68, 86, 88, 90, 92
West 134th Street	669	200, 202, 206, 208, 210, 212, 214, 216, 232, 236, 238, 240
West 134th Street	678	304, 310, 312, 314, 316, 318
West 135th Street	906	1, 3, 5, 13, 19, 21, 23, 101, 185 Some missing house numbers on West 135th Street in book 906
West 135th Street	670	201, 203, 205, 207, 209, 211, 213, 215, 217, 219, 221, 223, 225, 227, 229, 231, 233, 235, 237, 239, 241, 243, 245, 247, 249, 251
West 135th Street	906	6, 8, 10, 12, 14, 16, 18, 24, 26, 30, 32, 36, 60, 64, 66, 110, 186, 188 Some missing house numbers on West 135th Street in book 906
West 135th Street	669	202, 204, 206, 208, 210, 212, 214, 216, 218, 220, 222, 224, 226, 228, 230, 232, 234, 236, 238, 240, 242, 244, 246, 248, 250, 252, 254, 256, 258, 260
West 136th Street	906	3, 15, 189
West 136th Street	670	251
West 136th Street	906	2, 4, 6, 8, 10, 12, 14, 22, 102, 104, 106, 112, 152, 154, 156, 158, 160, 162, 164, 166
West 136th Street	670	250
West 137th Street	906	25, 55, 61, 155 Some missing house numbers on West 137th Street in book 906
West 137th Street	670	299 Some missing house numbers on West 137th Street in book 670
West 137th Street	906	136, 140, 186, 188 Some missing house numbers on West 137th Street in book 906
West 137th Street	670	298 Some missing house numbers on West 137th Street in book 670
West 138th Street	906	130 Some missing house numbers on West 138th Street in book 906

Street Name	Book	House Numbers
West 138th Street	670	298
West 139th Street	670	No house numbers on West 139th Street in book 670
West 139th Street	906	No house numbers on West 139th Street in book 906
West 140th Street	680	301, 303, 305, 307, 309 Some missing house numbers on West 140th Street in book 680
West 140th Street	670	No house numbers on West 140th Street in book 670
West 140th Street	906	No house numbers on West 140th Street in book 906
West 141st Street	670	201, 203, 205, 209, 273, 275, 285, 287
West 141st Street	680	301, 303, 305, 307, 313, 315, 315 rear, 317, 351, 501, 551, 553, 555, 557, 559 Some missing house numbers on West 141st Street in book 680
West 141st Street	906	No house numbers on West 141st Street in book 906
West 141st Street	680	300, 306, 310, 312, 314, 316, 318, 320, 504, 558 Some missing house numbers on West 141st Street in book 680
West 142nd Street	671	215, 217, 243 Some missing house numbers on West 142nd Street in book 671
West 142nd Street	680	303, 305, 307, 309, 313, 319, 537, 539 Some missing house numbers on West 142nd Street in book 680
West 142nd Street	906	No house numbers on West 142nd Street in book 906
West 142nd Street	670	202, 204, 206, 208, 210, 212, 286, 288, 290, 292, 294, 296
West 142nd Street	680	300, 302, 304, 308, 318, 320 Some missing house numbers on West 142nd Street in book 680
West 143rd Street	671	229, 231, 233, 235, 243, 245, 249, 251, 259 Some missing house numbers on West 143rd Street in book 671
West 143rd Street	680	301 Some missing house numbers on West 143rd Street in book 680
West 143rd Street	906	No house numbers on West 143rd Street in book 906
West 143rd Street	671	240, 242, 244, 246, 252, 254, 258, 260, 270, 272, 274, 280 Some missing house numbers on West 143rd Street in book 671
West 143rd Street	680	304, 308 rear, 310, 312 Some missing house numbers on West 143rd Street in book 680
West 144th Street	680	1, 9, 13 or 15, 301, 305, 307, 309, 311, 313, 501 Some missing house numbers on West 144th Street in book 680
West 144th Street	671	242, 244, 246, 248, 250, 252, 254, 256, 258, 260, 266, 268 Some missing house numbers on West 144th Street in book 671
West 144th Street	680	300, 304 Some missing house numbers on West 144th Street in book 680

Aid to Finding Addresses in 1890 NYC Police Census

Street Name	Book	House Numbers
West 145th Street	681	303, 305, 307, 309, 311, 313, 315, 317, 321, 323, 325, 327, 329, 331, 333, 335, 337, 339, 341, 343, 345, 481, 483, 485, 487, 489, 491, 501 Some missing house numbers on West 145th Street in book 681
West 145th Street	680	312, 314 [some marked 8th Avenue], 316 [some marked 8th Avenue], 318, 320, 322, 324, 326, 328, 330, 332, 334, 336, 338, 340, 342, 500, 502, 504, 508 Some missing house numbers on West 145th Street in book 680
West 146th Street	671	265, 267, 269, 271, 273
West 146th Street	681	301, 415, 417, 421, 447, 515, 517, 527, 529 Some missing house numbers on West 146th Street in book 681
West 146th Street	681	302, 438, 440, 442, 444, 446, 448, 450, 452, 454, 462, 464, 466, 468, 474, 502 Some missing house numbers on West 146th Street in book 681
West 146th Street	671	2750 [should be 8th Avenue]
West 147th Street	681	301, 303, 305, 457, 469 Some missing house numbers on West 147th Street in book 681
West 147th Street	671	No house numbers on West 147th Street in book 671
West 147th Street	681	606, 608, 610, 612 Some missing house numbers on West 147th Street in book 681
West 148th Street	671	No house numbers on West 148th Street in book 671
West 148th Street	681	300, 302, 304 Some missing house numbers on West 148th Street in book 681
West 149th Street	671	No house numbers on West 149th Street in book 671
West 149th Street	681	No house numbers on West 149th Street in book 681
West 150th Street	682	409, 415, 417, 417 rear, 421, 423, 427, 429, 461, 461 rear, 463, 469, 471, 473, 475, 477, 479, 557 Some missing house numbers on West 150th Street in book 682
West 150th Street	671	No house numbers on West 150th Street in book 671
West 150th Street	906	No house numbers on West 150th Street in book 906
West 150th Street	681	402, 404, 406, 408, 410, 412, 450, 452, 454, 456, 458, 460, 462, 464, 466, 468, 470, 472, 474, 476, 478, 480, 482, 550, 560 Some missing house numbers on West 150th Street in book 681
West 151st Street	682	419 Some missing house numbers on West 151st Street in book 682
West 151st Street	671	No house numbers on West 151st Street in book 671
West 151st Street	906	No house numbers on West 151st Street in book 906
West 151st Street	682	466 Some missing house numbers on West 151st Street in book 682

Street Name	Book	House Numbers
West 152nd Street	682	475, 517, 531 Some missing house numbers on West 152nd Street in book 682
West 152nd Street	671	No house numbers on West 152nd Street in book 671
West 152nd Street	682	474, 476, 518 Some missing house numbers on West 152nd Street in book 682
West 153rd Street	682	401, 449, 451, 459, 471 [some marked Amsterdam Avenue], 501 Some missing house numbers on West 153rd Street in book 682
West 153rd Street	671	No house numbers on West 153rd Street in book 671
West 153rd Street	682	450, 452, 454, 456, 458, 460, 494, 496, 498, 500, 506, 508, 510, 512, 514, 516, 518, 520, 522, 524, 526 Some missing house numbers on West 153rd Street in book 682
West 154th Street	682	411, 413, 417, 419, 421, 423, 425, 429, 431 Some missing house numbers on West 154th Street in book 682
West 154th Street	671	No house numbers on West 154th Street in book 671
West 155th Street	682	No house numbers on West 155th Street in book 682
West 161st Street	684	No house numbers on West 161st Street in book 684
West 162nd Street	684	451 or 457, 453, 455 Some missing house numbers on West 162nd Street in book 684
West 163rd Street	684	No house numbers on West 163rd Street in book 684
West 164th Street	684	No house numbers on West 164th Street in book 684
West 165th Street	684	No house numbers on West 165th Street in book 684
West 166th Street	684	No house numbers on West 166th Street in book 684
West 167th Street	684	No house numbers on West 167th Street in book 684
West 168th Street	684	No house numbers on West 168th Street in book 684
West 169th Street	684	No house numbers on West 169th Street in book 684
West 170th Street	684	No house numbers on West 170th Street in book 684
West 171st Street	684	No house numbers on West 171st Street in book 684
West 172nd Street	684	No house numbers on West 172nd Street in book 684
West 173rd Street	684	No house numbers on West 173rd Street in book 684
West 174th Street	684	No house numbers on West 174th Street in book 684
West 175th Street	684	No house numbers on West 175th Street in book 684
West 175th Street	685	No house numbers on West 175th Street in book 685

Aid to Finding Addresses in 1890 NYC Police Census 221

Street Name	**Book**	**House Numbers**
West 176th Street	684	No house numbers on West 176th Street in book 684
West 176th Street	685	No house numbers on West 176th Street in book 685
West 177th Street	685	No house numbers on West 177th Street in book 685
West 178th Street	685	No house numbers on West 178th Street in book 685
West 179th Street	685	No house numbers on West 179th Street in book 685
West 180th Street	685	No house numbers on West 180th Street in book 685
West 181st Street	685	No house numbers on West 181st Street in book 685
West 182nd Street	685	No house numbers on West 182nd Street in book 685
West 183rd Street	685	No house numbers on West 183rd Street in book 685
West 184th Street	685	No house numbers on West 184th Street in book 685
West 185th Street	685	506, 508, 510 Some missing house numbers on West 185th Street in book 685
West 186th Street	685	No house numbers on West 186th Street in book 685
West 187th Street	685	No house numbers on West 187th Street in book 685
West 188th Street	685	No house numbers on West 188th Street in book 685
West 189th Street	685	No house numbers on West 189th Street in book 685
West 190th Street	685	No house numbers on West 190th Street in book 685
West 191st Street	685	No house numbers on West 191st Street in book 685
West 192nd Street	685	No house numbers on West 192nd Street in book 685
West 193rd Street	685	No house numbers on West 193rd Street in book 685
West 194th Street	685	No house numbers on West 194th Street in book 685
West 195th Street	685	No house numbers on West 195th Street in book 685
West 196th Street	685	No house numbers on West 196th Street in book 685
West 197th Street	685	No house numbers on West 197th Street in book 685
West 198th Street	685	No house numbers on West 198th Street in book 685
West 199th Street	685	No house numbers on West 199th Street in book 685
West 200th Street	685	No house numbers on West 200th Street in book 685
West 201st Street	685	No house numbers on West 201st Street in book 685

Street Name	Book	House Numbers
West 202nd Street	685	No house numbers on West 202nd Street in book 685
West 205th Street	685	No house numbers on West 205th Street in book 685
West 206th Street	685	No house numbers on West 206th Street in book 685
West 207th Street	685	No house numbers on West 207th Street in book 685
West 208th Street	685	No house numbers on West 208th Street in book 685
West 209th Street	685	No house numbers on West 209th Street in book 685
West 210th Street	685	No house numbers on West 210th Street in book 685
West 212th Street	685	No house numbers on West 212th Street in book 685
West 214th Street	685	No house numbers on West 214th Street in book 685
West 215th Street	685	No house numbers on West 215th Street in book 685
West 216th Street	685	No house numbers on West 216th Street in book 685
West 217th Street	685	No house numbers on West 217th Street in book 685
West 218th Street	685	No house numbers on West 218th Street in book 685
West 220th Street	685	No house numbers on West 220th Street in book 685
West 222nd Street	685	No house numbers on West 222nd Street in book 685
West 223rd Street	685	No house numbers on West 223rd Street in book 685
West 224th Street	685	No house numbers on West 224th Street in book 685
West 225th Street	685	No house numbers on West 225th Street in book 685
West 227th Street	685	No house numbers on West 227th Street in book 685
West Boulevard	681	No house numbers on West Boulevard in book 681
West Broadway	15	55, 57, 73, 75, 103, 107, 115, 119, 121, 131, 137, 143, 143 rear, 145, 149, 153, 159, 161, 163
West Broadway	15	26, 36, 54, 60, 62, 68, 72, 74, 76, 78, 80, 82, 86
West Broadway	20	124, 124½, 128, 130, 144, 146, 148, 150, 152, 154, 156, 160, 168, 170, 172
West End Avenue	647	51, 63, 65, 67, 87, 89, 91, 93, 95, 97, 109, 161, 163, 165, 167, 169, 171, 173, 175, 177, 179, 201, 203, 209, 311, 313, 315, 217, 223, 225, 227, 229, 231, 233, 271, 273, 275, 277, 279, 283, 331, 333, 335, 337
West End Avenue	652	349, 363, 365, 367, 369, 407, 431, 435, 437, 507, 517
West End Avenue	659	745, 747, 757, 789
West End Avenue	653	No house numbers on West End Avenue in book 653

Aid to Finding Addresses in 1890 NYC Police Census

Street Name	Book	House Numbers
West End Avenue	992	42
West End Avenue	640	42, 44, 46, 48, 50, 52, 54
West End Avenue	646	122, 124, 126, 128, 132, 138, 146, 180
West End Avenue	648	184, 188, 190, 192, 194, 196, 198, 200, 202, 204, 210, 212, 214, 216, 222, 224, 226, 228, 230, 280, 338 Some missing house numbers on West End Avenue in book 648
West End Avenue	652	370, 400, 402, 404, 408, 410, 412
West End Avenue	654	632, 634, 636, 638 Some missing house numbers on West End Avenue in book 654
West End Avenue	658	678, 710, 714, 716, 718 Some missing house numbers on West End Avenue in book 658
West End Avenue	659	788, 792, 794, 796, 798
West Houston Street	139	15, 27, 55, 65, 67, 69, 73, 75
West Houston Street	138	91, 95, 97, 99, 101
West Houston Street	132	111, 113, 115, 117, 119, 123, 127
West Houston Street	131	129, 131, 133, 135, 137, 139, 141, 143, 145, 147
West Houston Street	130	151, 155, 157, 163, 165, 167, 169, 171, 173, 175, 177, 179, 181, 183, 185, 187, 191, 193, 193 rear, 195, 195 rear, 197, 199, 201, 203, 205, 205 rear, 211, 213, 215, 217, 219, 221, 223, 225, 227, 229, 231
West Houston Street	128	243, 245, 247, 249, 251, 253, 255, 257, 259, 261, 263, 265, 267, 269
West Houston Street	127	279, 283, 285, 287, 289, 291, 293, 295, 297, 299, 301, 303, 311
West Houston Street	140	28, 32, 34, 42, 48, 56, 58, 66, 70, 74, 76, 78, 80, 84
West Houston Street	141	90, 92, 94, 96, 100, 102, 104, 108, 110, 112, 124, 128
West Houston Street	142	130, 132, 134, 136, 138, 140, 142, 144, 146, 148, 154, 156, 158, 160, 162
West Houston Street	243	226, 228, 230, 236
West Houston Street	241	238, 244, 246, 248, 250, 252, 254, 256, 258, 258 rear, 260, 260 rear, 264, 264 rear, 284, 286, 288, 290, 292, 292 rear, 294, 296, 296 rear, 298, 300
West Houston Street	240	322, 324, 326, 328
West Saint Luke's Place	251	1, 3, 5, 7, 9, 11, 13, 15 Some missing house numbers on West Saint Luke's Place in book 251
West Saint Luke's Place	251	2, 4, 6, 8, 10, 12, 14, 16 Some missing house numbers on West Saint Luke's Place in book 251
West Washington Place	186	109, 111, 113, 115, 117, 119, 121, 123, 125, 127, 129, 129 rear, 131, 131½ rear, 133, 135, 139, 141
West Washington Place	246	102, 104, 106, 108, 110, 112, 114, 116, 118, 120, 122, 124, 126, 128, 130, 132, 134

Street Name	Book	House Numbers
West Washington Square	183	29, 31, 33, 35, 37, 39
West Washington Square	183	32, 36, 38
White Street	15	1
White Street	52	91
White Street	51	123, 129
White Street	15	6
White Street	52	92, 94
White Street	51	118, 120, 122, 124, 126, 128, 130, 132, 134
Whitehall Street	5	4, 10, 12, 16, 26, 30, 34, 36, 40
Willett Street	160	1, 3, 5, 7, 13, 15
Willett Street	159	23, 25, 27, 31, 43
Willett Street	158	45, 47, 49, 51, 53, 55, 59, 61, 63, 65, 67, 69, 71
Willett Street	173	79, 81, 83, 85, 87, 89, 91, 97, 99, 101, 103
Willett Street	349	109, 111, 113, 115, 117, 119, 119½, 121, 123, 125, 127, 127 rear, 129, 129 rear, 131, 133, 135
Willett Street	160	2, 4, 6, 8, 10, 12, 14, 16
Willett Street	159	22, 24, 26, 28, 32, 34, 36, 38, 40, 42, 44
Willett Street	174	76, 76½, 78, 80, 82, 84, 86, 88, 90, 92, 94, 96, 98, 102
Willett Street	348	112, 114, 116, 118, 122, 122 rear, 124, 126, 126 rear, 128, 130, 132
William Street	2	1, 3, 13, 17, 23, 27, 35
William Street	34	191, 205
William Street	36	215, 217, 219, 221, 229, 233, 235, 237, 239
William Street	37	251, 253, 255, 259, 263, 265, 267, 267 rear, 271
William Street	34	184, 186, 192, 196
William Street	36	202, 218, 224, 226, 228, 232, 234, 236, 238
William Street	37	258, 260, 262, 264, 266, 266½, 268, 270, 272
Winthrop Place	184	3, 5, 7, 9
Wooster Street	137	7, 9, 13, 15, 19, 25, 47, 47 rear
Wooster Street	139	91, 95, 97, 101, 103, 103 rear, 105, 107, 109, 115, 117, 119, 129, 133, 135, 137, 137 rear, 139, 141, 143, 145, 149, 151, 153, 155, 157, 159
Wooster Street	140	165, 167, 169, 171, 173, 175, 177, 179, 181, 183, 185, 187, 187½, 189

Aid to Finding Addresses in 1890 NYC Police Census

Street Name	Book	House Numbers
Wooster Street	179	193, 201, 203, 205, 207, 209, 209½, 215, 219, 221, 223, 225, 237, 241, 245, 247
Wooster Street	137	40, 40 rear, 52
Wooster Street	139	64, 66 rear, 80, 80 rear, 82, 82 rear, 96, 98, 98 rear, 118, 128, 130, 134, 136, 150, 150 rear, 158 rear, 160, 162, 164
Wooster Street	140	170, 172, 174, 176, 182, 186, 188, 190, 192
Wooster Street	179	200, 202, 204, 206, 208, 210, 214, 216, 218, 218½
Worth Street	15	23
Worth Street	52	123, 123 rear
Worth Street	49	155, 159, 161, 165
Worth Street	44	173, 175, 177, 181, 195, 197
Worth Street	41	118, 120, 122, 128, 134
Worth Street	42	140, 150
Worth Street	43	170, 172, 174, 176
Worth Street	44	192, 196
York Street	20	13, 15, 17
York Street	20	2, 4, 6, 10

Aid to Finding Addresses in 1890 NYC Police Census 227

The Bronx

Street Name	Book	House Numbers
1st Avenue	935	No house numbers on 1st Avenue in book 935
1st Avenue	944	No house numbers on 1st Avenue in book 944
1st Street	944	No house numbers on 1st Street in book 944
2nd Avenue	944	No house numbers on 2nd Avenue in book 944
2nd Street	944	No house numbers on 2nd Street in book 944
3rd Avenue	937	1541, 1597, 1607, 1615, 1619, 1661, 1663, 1671 Some missing house numbers on 3rd Avenue in book 937
3rd Avenue	941	2127, 2275 Some missing house numbers on 3rd Avenue in book 941
3rd Avenue	912	2441, 2443, 2445, 2447, 2449, 2451, 2453, 2455, 2457, 2465, 2467, 2469, 2471, 2473, 2485, 2491, 2493, 2495, 2497, 2499, 2501, 2503, 2505, 2507, 2509, 2511, 2513, 2525, 2527, 2533, 2543, 2551, 2553, 2557, 2577, 2579, 2581, 2583, 2591, 2599, 2601, 2603, 2605, 2607, 2609, 2611, 2615, 2617, 2619, 2621, 2627, 2629, 2631, 2637, 2639, 2641, 2643
3rd Avenue	913	2649, 2651, 2653, 2655, 2657, 2659, 2663, 2671, 2673, 2675, 2677, 2679, 2683, 2685, 2691, 2693, 2697, 2699, 2701, 2703, 2705, 2707, 2713, 2715, 2717, 2719, 2721, 2735
3rd Avenue	918	?, 2777, 2779, 2781, 2783, 2785, 2787, 2791, 2795, 2797, 2799, 2803, 2805, 2807, 2817, 2825, 2827, 2829, 2831, 2833, 2835, 2837, 2849, 2851, 2855, 2863, 2865, 2881, 2883, 2885, 2891, 2895, 2897, 2901, 2923, 2925, 2929, 2931, 2933, 2935, 2937
3rd Avenue	923	2939, 2941, 2943, 2945, 2969, 2981, 2987, 2989, 2991, 2995, 2997, 2999, 3001, 3003, 3005, 3007, 3009, 3013, 3021, 3023, 3027, 3033, 3035, 3037, 3047, 3049, 3053, 3055, 3057, 3059, 3061, 3063, 3065
3rd Avenue	927	<u>3079</u>, 3081, 3083, 3085, 3103, 3123, 3125, 3149, 3149 rear, 30079 [should be <u>3079</u>]
3rd Avenue	928	3165, 3167, 3191, 3197, 3199, 3201, 3211, 3223, 3225, 3227, 3229, 3231, 3233, 3251, 3265, 3267, 3269, 3271, 3275, 3277, 3279
3rd Avenue	931	3295, 3303, 3305, 3307, 3309, 3311, 3339, 3341, 3343, 3345, 3347, 3349, 3353, 3355, 3357, 3361, 3363, 3365, 3367, 3371, 3373, 3387, 3389, 3391, 3393, 3397, 3399, 3401, 3403, 3409, 3411, 3413, 3415, 3419, 3421, 3423, 3429, 3431, 3435
3rd Avenue	932	3455, 3459, 3461, 3463, 3465, 3467, 3469, 3471, 3475, 3477, 3479, 3481, 3483, 3485, 3487, 3491, 3493, 3495, 3521, 3523, 3525, 3527, 3529, 3531, 3533, 3535, 3537, 3539, 3541, 3543, 3545, 3547, 3551, 3589, 3591, 3593, 3595, 3597, 3599, 3601, 3603, 3605, 3611, 3613, 3615, 3619, 3621, 3623, 3629, 3651, 3679, 3681, 3683, 3709, 3719, 3721, 3729, 3731, 3733

Street Name	Book	House Numbers
3rd Avenue	939	4215, 4217, 4219, 4223, 4229, 4233, 4271, 4273, 4279, 4287, 4291, 4293, 4359, 4361 Some missing house numbers on 3rd Avenue in book 939
3rd Avenue	929	No house numbers on 3rd Avenue in book 929
3rd Avenue	940	No house numbers on 3rd Avenue in book 940
3rd Avenue	944	No house numbers on 3rd Avenue in book 944
3rd Avenue	907	2404, 2406, 2412, 2418, 2420, 2422, 2424, 2426, 2444, 2446, 2448, 2450, 2466, 2468, 2470 Some missing house numbers on 3rd Avenue in book 907
3rd Avenue	911	2550, 2576, 2580, 2584, 2588, 2592, 2594
3rd Avenue	914	2606, 2610, 2612, 2614, 2616, 2618, 2620, 2624, 2628, 2630, 2632, 2634, 2636, 2648, 2654, 2656
3rd Avenue	913	<u>2686</u>
3rd Avenue	916	<u>2686</u>, 2688, 2696, 2698, 2700, 2702, 2704, 2712, 2714, 2720, 2722, 2724, 2726, 2740, 2742, 2744, 2746, 2748, 2750, 2752, 2754
3rd Avenue	917	2766, 2768, 2770, 2772, 2774, 2776, 2778, 2792, 2794, 2796, 2800, 2802, 2806, 2808, 2810, 2840, 2842, 2846½
3rd Avenue	924	2854, 2856, 2858, 2862, 2866, 2868, 2882, 2892, 2902, 2904, 2906, 2908, 2910, 2912, 2914, 2918, 2920, 2922, 2942, 2944, 2946, 2948, 2950, 2952, 2954, 2958, 2960, 2964, 2966, 2968, 2970, 2976, 2984, 2986, 2988, 2990, 2994, 2996, 2998, 3000, 3002, 3004, 3006, 3008, 3012, 3014, 3018, 3026, 3028, 3030, 3032, 3034, 3036, 3038, 3066, 3068, 3070, 3080, 3150, 3152, 3154, 3156
3rd Avenue	931	3324, 3326, 3336, 3340, 3344, 3346, 3394, 3396, 3398, 3402, 3404, 3406, 3410, 3412, 3424, 3426, 3430, 3432, 3434, 3436, 3438, 3440, 3442, 3444, 3446
3rd Avenue	932	3454, 3462, 3464, 3466, 3468, 3470, 3472, 3474, 3476, 3490, 3492, 3494, 3496, 3516, 3524, 3584, 3594, 3606, 3612, 3640, 3642, 3644, 3662, 3664, 3668, 3690, 3730
3rd Street	944	No house numbers on 3rd Street in book 944
4th Avenue	935	No house numbers on 4th Avenue in book 935
4th Avenue	944	No house numbers on 4th Avenue in book 944
4th Avenue	912	214
5th Avenue	944	No house numbers on 5th Avenue in book 944
6th Avenue	935	No house numbers on 6th Avenue in book 935
Ackerman Street	945	No house numbers on Ackerman Street in book 945
Adams Avenue	940	No house numbers on Adams Avenue in book 940
Albany Post Road	945	No house numbers on Albany Post Road in book 945

Aid to Finding Addresses in 1890 NYC Police Census

Street Name	Book	House Numbers
Albany Post Road	947	No house numbers on Albany Post Road in book 947
Alexander Avenue	907	145, 147, 149, 151, 153, 155, 157, 159, 161, 165, 167, 169, 171, 173, 175, 177, 179, 181, 183, 185, 187, 191, 193, 195, 197, 199, 201, 203, 205, 207, 209, 211, 213
Alexander Avenue	911	223, 225, 227, 229, 231, 257, 263, 265, 267, 269, 271, 273, 277, 279, 281, 283, 285, 287, 289, 291, 295, 297, 299 Some missing house numbers on Alexander Avenue in book 911
Alexander Avenue	914	305, 307, 309, 329, 333, 335, 337, 339, 355, 357, 359
Alexander Avenue	911	164, 166, 168, 170, 172 [One family at 172 refused], 174, 176, 178, 180, 182, 196, 198, 200, 202, 204, 206, 208, 210, 212, 230, 276, 278, 280, 282, 284, 286, 290, 292, 294 Some missing house numbers on Alexander Avenue in book 911
Alexander Avenue	914	302, 304, 306, 308, 310, 312, 314, 328, 330, 332, 334, 336, 338, 356, 364, 366, 368, 376
Anderson Avenue	935	No house numbers on Anderson Avenue in book 935
Anne or Ponus Street	940	1241 Some missing house numbers on Anne or Ponus Street in book 940
Anne or Ponus Street	940	1246, 1258 Some missing house numbers on Anne or Ponus Street in book 940
Anthony Avenue	936	1831 Some missing house numbers on Anthony Avenue in book 936
Anthony Avenue	942	No house numbers on Anthony Avenue in book 942
Aqueduct Avenue	935	No house numbers on Aqueduct Avenue in book 935
Arthur Avenue	939	1965, 1967, 1971, 1991, 2005, 2015, 2023, 2041, 2075, 2077, 2079, 2081, 2083 Some missing house numbers on Arthur Avenue in book 939
Arthur Avenue	940	2329, 2353, 2361, 2363, 2365, 2367, 2411, 2415, 2417, 2421, 2423, 2425, 2451, 2453, 2455, 2457, 2459, 2475, 2479, 2483, 2485, 2487, 2489, 2495, 2501, 2503 Some missing house numbers on Arthur Avenue in book 940
Arthur Avenue	944	No house numbers on Arthur Avenue in book 944
Arthur Avenue	939	1966, 1990, 2010, 2016, 2024, 2026, 2030, 2082, 2084, 2086, 2090 Some missing house numbers on Arthur Avenue in book 939
Arthur Avenue	940	2086, 2088, 2090, 2092, 2094, 2098, 2100, 2102, 2104, 2106, 2108, 2110, 2354, 2356, 2362, 2400, 2410, 2452, 2460, 2478, 2496, 2500, 2504, 2508 Some missing house numbers on Arthur Avenue in book 940
Ash Street	942	No house numbers on Ash Street in book 942
Bailey Avenue	943	No house numbers on Bailey Avenue in book 943

Aid to Finding Addresses in 1890 NYC Police Census

Street Name	Book	House Numbers
Bailey Avenue	945	No house numbers on Bailey Avenue in book 945
Bailey Avenue Lane	943	No house numbers on Bailey Avenue Lane in book 943
Bainbridge Avenue	941	2519 Some missing house numbers on Bainbridge Avenue in book 941
Bainbridge Avenue	943	No house numbers on Bainbridge Avenue in book 943
Bainbridge Avenue	944	No house numbers on Bainbridge Avenue in book 944
Barney's Lane	947	No house numbers on Barney's Lane in book 947
Barretto Point Road	925	No house numbers on Barretto Point Road in book 925
Barry Avenue	925	No house numbers on Barry Avenue in book 925
Bathgate Avenue	937	1575, 1599, 1601, 1603, 1605, 1619, 1621, 1633, 1637, 1647, 1651, 1657
Bathgate Avenue	938	1687, 1691, 1695, 1697, 1701, 1721, 1741, 1753, 1755, 1757, 1759, 1767, 1779, 1781, 1787, 1791, 1827, 1829, 1831, 1839, 1857, 1875, 1879, 1881, 1885, 1901, 1903
Bathgate Avenue	941	1947, 1951, 1969, 1971, 1983, 2035, 2069, 2071, 2073, 2075, 2119, 2125, 2127, 2129, 2185, 2197, 2257, 2261, 2265, 2269, 2293, 2295, 2297, 2299, 2301, 2303, 2305, 2307, 2309, 2315, 2323, 2325, 2327, 2341
Bathgate Avenue	937	1586, 1602, 1606, 1610, 1612, 1626, 1628, 1638, 1648, 1654, 1660
Bathgate Avenue	938	1680, 1682, 1686, 1688, 1690, 1694, 1696, 1698, 1700, 1702, 1704, 1706, 1708, 1724, 1740, 1782, 1794, 1816, 1818, 1820, 1834, 1840, 1842, 1846, 1848, 1860, 1872, 1880, 1882, 1888, 1894
Bathgate Avenue	939	1964, 1972, 1976, 1978, 1980, 2030, 2030 rear, 2032, 2048, 2050, 2052, 2054, 2056, 2058, 2060, 2064
Bathgate Avenue	941	2170, 2194, 2230, 2244, 2246, 2270, 2304, 2324, 2376
Beach Avenue	925	No house numbers on Beach Avenue in book 925
Bedford Park	944	No house numbers in Bedford Park in book 944
Beech Street	947	No house numbers on Beech Street in book 947
Belmont Avenue	935	No house numbers on Belmont Avenue in book 935
Belmont Avenue	940	No house numbers on Belmont Avenue in book 940
Bender Street	935	No house numbers on Bender Street in book 935
Bergen Avenue	917	519, 521, 533
Bergen Avenue	924	601, 607, 609, 611, 613, 619, 631, 643, 649, 651, 659 Some missing house numbers on Bergen Avenue in book 924
Bergen Avenue	917	532, 538, 540

Aid to Finding Addresses in 1890 NYC Police Census

Street Name	Book	House Numbers
Bergen Avenue	924	550, 552, 560, 602, 606, 608, 610, 620, 650, 652, 654, 656, 658, 660, 662, 664 Some missing house numbers on Bergen Avenue in book 924
Berry Street	942	No house numbers on Berry Street in book 942
Bettner's Lane	947	No house numbers on Bettner's Lane in book 947
Boston Avenue	931	997, 999, 1003, 1011, 1015, 1019, 1021, 1027, 1033, 1043, 1069, 1081, 1087, 1133, 1155, 1157, 1165, 1169, 1191, 1201, 1203, 1211, 1227, 1245, 1255, 1265, 1267
Boston Avenue	930	1243, 1317, 1353, 1355, 1363, 1365, 1367, 1375, 1393 Some missing house numbers on Boston Avenue in book 930
Boston Avenue	937	1861 Some missing house numbers on Boston Avenue in book 937
Boston Avenue	943	No house numbers on Boston Avenue in book 943
Boston Avenue	945	No house numbers on Boston Avenue in book 945
Boston Avenue	929	1004, 1044, 1050, 1074, 1086
Boston Avenue	930	1100, 1170, 1186, 1196, 1204, 1216, 1250, 1258, 1314, 1354, 1390, 1396, 1400, 1424 Some missing house numbers on Boston Avenue in book 930
Boston Avenue	937	1894 Some missing house numbers on Boston Avenue in book 937
Boston Road	937	No house numbers on Boston Road in book 937
Boston Road	944	No house numbers on Boston Road in book 944
Boulevard		See Southern Boulevard
Briggs Avenue	943	No house numbers on Briggs Avenue in book 943
Bristow Street	930	37, 1333, 1343, 1375 Some missing house numbers on Bristow Street in book 930
Broadway	945	No house numbers on Broadway in book 945
Broadway	947	No house numbers on Broadway in book 947
Broadway	940	2330, 2332 Some missing house numbers on Broadway in book 940
Bronx Road	944	No house numbers on Bronx Road in book 944
Bronx Street	939	2053, 2059, 2077, 2081, 2083 Some missing house numbers on Bronx Street in book 939
Bronx Street	940	No house numbers on Bronx Street in book 940
Brook Avenue	915	363, 365, 369, 371, 373, 375
Brook Avenue	916	441, 443

Aid to Finding Addresses in 1890 NYC Police Census

Street Name	Book	House Numbers
Brook Avenue	917	471, 477, 503
Brook Avenue	924	No house numbers on Brook Avenue in book 924
Brook Avenue	928	No house numbers on Brook Avenue in book 928
Brook Avenue	910	346, 350, 352
Brook Avenue	917	412, 414, 416, 418, 430, 464, 500, 502
Brookline Avenue	943	No house numbers on Brockline Avenue in book 943
Brookline Street	943	No house numbers on Brockline Street in book 943
Buckley Oval	942	No house numbers on Buckley Oval in book 942
Buckout Street	942	No house numbers on Buckout Street in book 942
Burnside Avenue	942	No house numbers on Burnside Avenue in book 942
Bush Street	942	No house numbers on Bush Street in book 942
Camberling Avenue	940	No house numbers on Camberling Avenue in book 940
Carr Street	924	No house numbers on Carr Street in book 924
Carter Avenue	936	No house numbers on Carter Avenue in book 936
Casanova Street	925	No house numbers on Casinova in book 925
Cauldwell Avenue	926	801, 833, 837, 841, 863, 873, 875, 877, 879, 881, 883, 885, 887, 891, 893, 895, 897, 899, 901, 903, 905, 907, 909, 911, 913, 915
Cauldwell Avenue	925	No house numbers on Cauldwell Avenue in book 925
Cauldwell Avenue	926	804, 808, 828
Ceambully Avennue	944	No house numbers on Ceambully Avennue in book 944
Chal. Gould's Place	943	No house numbers on Chal. Gould's Place in book 943
Cheever Place	912	No house numbers on Cheever Place in book 912
Chisholm Street	930	1291, 1293, 1323, 1341 Some missing house numbers on Chisholm Street in book 930
Chisholm Street	930	1300, 1338, 1340 Some missing house numbers on Chisholm Street in book 930
Church Street	945	No house numbers on Church Street in book 945
Clafluis	943	No house numbers on Clafluis in book 943
Claremont Avenue	935	No house numbers on Claremont Avenue in book 935
Claremont Parkway	936	No house numbers on Claremont Parkway in book 936

Aid to Finding Addresses in 1890 NYC Police Census

Street Name	Book	House Numbers
Clark Street	941	No house numbers on Clark Street in book 941
Clay Avenue	940	No house numbers on Clay Avenue in book 940
Clinton Avenue	932	1307, 1311, 1319
Clinton Avenue	944	No house numbers on Clinton Avenue in book 944
Clinton Avenue	930	<u>1326</u>, <u>1328</u>, <u>1342</u>, <u>1346</u>, 1350
Clinton Avenue	932	<u>1326</u>, <u>1328</u>, 1330, <u>1342</u>, <u>1346</u>
Clover Street	939	1225, 1239, 1241, 1247, 1249, 1251, 1257, 1259, 1261, 1263, 1269, 1273, 1275, 1281, 1281 rear, 1283, 1289, 1323 Some missing house numbers on Clover Street in book 939
Clover Street	939	1228, 1234, 1236, 1244, 1266, 1272, 1280, 1318 Some missing house numbers on Clover Street in book 939
Cole Street	943	671, 673, 681, 685, 691
Cole Street	943	670, 688, 690, 692, 694, 698, 700, 702
Cole's Lane	943	No house numbers on Cole's Lane in book 943
College Avenue	913	361, 363, 365, 369, 371, 373, 375, 377, 379, 381, 383, 385, 421
College Avenue	919	481, 483, 487
College Avenue	928	No house numbers on College Avenue in book 928
College Avenue	941	No house numbers on College Avenue in book 941
College Avenue	944	No house numbers on College Avenue in book 944
College Avenue	913	352, 354, 374, 378, 380, 382, 396, 402, 404, 406, 408, 410, 424, 426, 428, 430, 432, 442, 444, 446, 450, 454, 456, 458
College Avenue	919	484, 486, 488
College Place	941	No house numbers on College Place in book 941
Columbia Avenue	940	No house numbers on Columbia Avenue in book 940
Concord Avenue	909	321, 323, 325, 327, 329, 331, 333, 335, 337, 341, 343, 345, 347, 349, 351, 353, 355, 431, 437, 441, 443, 451, 455
Concord Avenue	909	414, 416, 420, 428, 432, 434, 460, 462, 468
Cottage Place	932	No house numbers on Cottage Place in book 932
Cottage Row	945	No house numbers on Cottage Row in book 945
Courtland Avenue	919	519, 519 rear, 521, 525, 527, 531, 535, 537, 551, 553, 561, 565, 567, 569, 581, 583, 585, 595, 597, 599, 601, <u>615</u>, School House #60 [9 people]
Courtland Avenue	959	<u>615</u>, 617, 621, 623, 627, 629, 631

Aid to Finding Addresses in 1890 NYC Police Census

Street Name	Book	House Numbers
Courtland Avenue	921	647, 649, 651, 653, 655, 671, 675, 677, 679, 681, 685, 687, 695, 709, 711, 713, 715, 717
Courtland Avenue	922	719, 723, 725, 727, 731, 733, 735, 747, 749, 765, 767, 769, 771, 773, 775, 777, 779, 781, 783, 785
Courtland Avenue	927	809, 811, 813, 817, 821, 829, 831, 833, 835, 837, 839, 841, 843
Courtland Avenue	928	857, 859, 865, 867, 873, 877, 921, 923, 927, 935, 937 Some missing house numbers on Courtland Avenue in book 928
Courtland Avenue	918	504, 508, 510, 512, 514, 516, 522. 524, 526, 530, 532, 534, 536, 536 rear, 538, 542, 548, 550, 552, 554, 566, 568, 570, 572, 578, 580, 598, 602, 604, 606, 616, 622, 624, 626, 626 rear, 634
Courtland Avenue	921	642, 644, 646, 648, 652, 654, 670, 672, 674, 684, 686, 688, 694, 698, 706, 708, 710, 712, 714
Courtland Avenue	922	718, 722, 724, 726, 728, 730, 732, 742, 746, 748, 760, 762, 766, 768, 782, 784, 786, 788, 790, 792, 794, 796
Courtland Avenue	927	118 [should be <u>818</u>], 800, 802, 804, 808, 810, 816, <u>818</u>, 820, 824, 828, 830, 832
Courtland Avenue	928	856, 864, 882, 900, 902, 904, 910, 926 Some missing house numbers on Courtland Avenue in book 928
Crane Place	936	1685, 1749 Some missing house numbers on Crane Place in book 936
Crescent Avenue	940	No house numbers on Crescent Avenue in book 940
Creston Avenue	942	No house numbers on Creston Avenue in book 942
Creston Avenue	943	No house numbers on Creston Avenue in book 943
Cromwell Avenue	927	No house numbers on Cromwell Avenue in book 927
Cross Street	944	No house numbers on Cross Street in book 944
Crotona Place	937	No house numbers on Crotona Place in book 937
Cuthbert's Lane	947	No house numbers on Cuthbert's Lane in book 947
Cypress Avenue	925	591, 597, 601 Some missing house numbers on Cypress Avenue in book 925
Cypress Avenue	909	No house numbers on Cypress Avenue in book 909
Cypress Avenue	925	512, 518, 522, 524, 526, 528, 536, 538 Some missing house numbers on Cypress Avenue in book 925
Dailey Avenue	939	1469, 1471 Some missing house numbers on Dailey Avenue in book 939
Dailey Avenue	940	No house numbers on Dailey Avenue in book 940
Darke Street	945	No house numbers on Darke Street in book 945

Aid to Finding Addresses in 1890 NYC Police Census

Street Name	Book	House Numbers
Dash's Lane	947	No house numbers on Dash's Lane in book 947
Davidson Avenue	943	No house numbers on Davidson Avenue in book 943
Decatur Avenue	943	2637, 2641, 2653, 2691, 2719, 2735, 3889 Some missing house numbers on Decatur Avenue in book 943
Decatur Avenue	944	No house numbers on Decatur Avenue in book 944
Decatur Avenue	943	2640, 2652, 2658, 2662, 2712, 2752 Some missing house numbers on Decatur Avenue in book 943
Delafield's Lane	947	No house numbers on Delafield's Lane in book 947
Delmonico Place/Avenue	926	5, 7, 9, 11, 801, 805, 815, 877, 881, 883, 885, 887, 889, 901, 919, 927
Delmonico Place/Avenue	926	6, 8, 10, 12, 14, 800, 804, 806, 808, 810, 812, 816, 818, 820, 822, 824, 826, 828, 830, 840, 892, 894, 896, 898, 900, 916, 916½, 918, 920, 922, 924, 926, 928, 930
Denman Place	926	843, 857, 859
Denman Place	926	840, 842, 844, 846, 848, 850, 852
Division Street	937	No house numbers on Division Street in book 937
Dock Street	942	No house numbers on Dock Street in book 942
Dodger's Lane	947	No house numbers on Dodger's Lane in book 947
Dorothea Place	943	No house numbers on Dorothea Place in book 943
Dostdorp Avenue	937	1923 Some missing house numbers on Dostdorp Avenue in book 937
Dostdorp Avenue	937	1928, 1932, 1944, 1646 Some missing house numbers on Dostdorp Avenue in book 937
Eagle Avenue	925	555, 565, 567, 571, 573, 579, 583, 587, 607, 609, 611 Some missing house numbers on Eagle Avenue in book 925
Eagle Avenue	926	777, 779, 781, 783, 785, 821, 823, 903, 909
Eagle Avenue	925	560, 608 Some missing house numbers on Eagle Avenue in book 925
Eagle Avenue	926	782, 786, 790, 802, 812, 822, 824, 832, 838, 840, 852, 856, 860, 864, 910
Eaines Place	943	No house numbers on Eaines Place in book 943
East 133rd Street	907	482, 486, 506, 508
East 134th Street	907	485, 487, 495, 523, 529, 543, 545, 547, 551
East 134th Street	912	457, 459

Street Name	Book	House Numbers
East 134th Street	907	522
East 135th Street	912	449, 451, 453, 457, 459, 461, 463, 465, 475 Some missing house numbers on East 135th Street in book 912
East 135th Street	907	527, 529, 531, 533, 535, 537, 539, 551, 553, 555, 557, 559, 561, 563, 565, 567
East 135th Street	911	585, 587, 589, 591, 603, 611, 613, 627, 629, 631
East 135th Street	910	671, 673, 675, 677, 679, 681, 683, 685, 687, 689, 695, 697, 699, 701
East 135th Street	909	881
East 135th Street	912	456, 458, 464, 468, 470 Some missing house numbers on East 135th Street in book 912
East 135th Street	907	528, 556, 558, 560, 562, 564, 566, 578
East 136th Street	907	547, 549, 551, 553, 555, 557, 559, 561, 563, 565
East 136th Street	911	577, 579, 581, 583, 585, 591, 607, 609, 611, 613, 623, 625, 631
East 136th Street	910	663, 665, 667
East 136th Street	909	1009, 1017, 1019, 1021, 1023, 1025, 1027, 1029 Some missing house numbers on East 136th Street in book 909
East 136th Street	907	522, 526, 530, 532, 534, 540, 548, 550, 552, 554, 556, 558, 560, 562, 564, 566
East 136th Street	911	586, 588, 590, 592, 594, 596, 598, 600, 606, 608, 624, 626, 628
East 136th Street	910	662, 664, 666
East 136th Street	909	880, 882 Some missing house numbers on East 136th Street in book 909
East 137th Street	912	227 [427 ?], 229 [429 ?], 495
East 137th Street	911	565, 625, 627, 629, 631, 633, 635, 637 Some missing house numbers on East 137th Street in book 911
East 137th Street	910	715, 717, 719, 721, 723, 725, 727, 729, 735
East 137th Street	909	841, 855, 867, 875, 877, 935, 945, 951, 955, 973, 977, 1015, 1017, 1019, 1025, 1033 Some missing house numbers on East 137th Street in book 909
East 137th Street	912	482, 486, 488
East 137th Street	907	560, 562, 564
East 137th Street	911	578, 600, 602, 604, 608, 610, 612, 626, 628, 630, 632, 634, 636 Some missing house numbers on East 137th Street in book 911
East 137th Street	910	660, 662, 664, 666, 668, 670, 672
East 137th Street	909	846, 850, 854, 878, 894, 928, 936, 1016, 1018, 1022, 1026, 1028, 1030, 1032, 1034, 1036, 1038, 1040 Some missing house numbers on East 137th Street in book 909

Aid to Finding Addresses in 1890 NYC Police Census

Street Name	Book	House Numbers
East 138th Street	912	431, 453, 493 Some missing house numbers on East 138th Street in book 912
East 138th Street	910	661, 663, 665, 667, 669, 671, 673, 675, 683, 699, 701, 703, 719, 727, 735, 747, 821, 825, 827, 831, 849, 951
East 138th Street	909	849, 951, 957 Some missing house numbers on East 138th Street in book 909
East 138th Street	912	428, 444 Some missing house numbers on East 138th Street in book 912
East 138th Street	911	566, 624, 626, 628, 630, 632, 634, 636, 638
East 138th Street	910	660, 662, 664, 706, 712, 716, 718, 728, 738, 830, 832
East 138th Street	909	850, 854, 856, 858, 884, 896, 900, 902, 922, 954, 1018, 1020, 1022, 1024, 1026, 1028, 1030, 1032, 1034, 1036, 1038, 1040, 1042 Some missing house numbers on East 138th Street in book 909
East 140th Street	912	499, 501, 503, 505, 507
East 140th Street	914	535, 551, 553, 555, 557, 559, 585, 587, 589, 591, 593, 595, 599, 605, 607, 609, 611, 613, 615, 623, 625, 627, 629, 631, 633, 635, 647
East 140th Street	910	729, 731, 733, 735, 739, 741, 743, 747, 749, 751 Some missing house numbers on East 140th Street in book 910
East 140th Street	909	1171, 1173 Some missing house numbers on East 140th Street in book 909
East 140th Street	912	512, 514, 516
East 140th Street	911	544, 546, 548, 550, 552, 558, 560, 584, 586, 592, 594, 596, 598, 604, 608, 610, 612, 622, 626, 628, 630, 632, 638, 642
East 140th Street	910	676, 680, 682, 684, 686, 688, 690, 696, 702, 704, 724, 726 Some missing house numbers on East 140th Street in book 910
East 141st Street	912	465, 467, 469, 473, 475, 477, 479, 481, 483, 485
East 141st Street	913	507, 513, 515, 517, 519, 521, 527, 529
East 141st Street	914	563, 587, 589, 591, 593, 595, 597, 599, 601, 603, 605, 609, 611, 615, 619, 621, 631, 633, 637, 639
East 141st Street	910	665, 667, 671, 673, 675, 677, 679, 681, 683, 685, 687, 689, 691, 693, 699, 701, 703, 705, 707, 709, 711, 713, 715, 717, 719, 721, 723, 725, 727, 751, 757 Some missing house numbers on East 141st Street in book 910
East 141st Street	909	1007, 1009, 1167, 1171, 1177, 1185, 1187 Some missing house numbers on East 141st Street in book 909
East 141st Street	912	480, 516, 520, 524, 526, 528
East 141st Street	914	558, 588, 590, 592, 594, 596, 598, 600, 602, 608, 612, 622, 628, 630, 634, 636, 638

Street Name	Book	House Numbers
East 141st Street	909	1168, 1172, 1174, 1176, 1178 Some missing house numbers on East 141st Street in book 909
East 142nd Street	912	493, 501, 503, 505, 507, 509
East 142nd Street	913	521, 533, 537, 539, 545, 547, 549, 551, 555, 557, 567 Some missing house numbers on East 142nd Street in book 913
East 142nd Street	914	591, 593, 595, 603, 605, 611, 613, 615, 629, 633, 635, 637, 639
East 142nd Street	915	665, 667, 671, 673, 675, 703, 705, 707, 709, 723, 735, 737, 739, 741, 745, 747, 749, 755, 775
East 142nd Street	912	484, 486, 488, 492, 494, 496, 498, 500, 512, 514
East 142nd Street	913	522, 524, 526, 528, 530, 532, 534, 536, 538, 540, 556 Some missing house numbers on East 142nd Street in book 913
East 142nd Street	914	576, 596, 598, 600, 602, 606, 608, 610, 618, 622, 624, 626, 628, 630, 634
East 142nd Street	910	660, 662, 664, 666, 668, 670, 672, 674, 676, 678, 680, 682, 684, 686, 688, 690, 692, 694, 696, 698, 700, 702, 706, 708, 712, 716, 718, 720, 722, 724, 726, 728, 730, 732, 734, 736, 738, 740, 742, 744, 748, 750, 752, 754, 756, 760, 784, 786
East 143rd Street	913	503, 509, 539, 541, 543, 545, 549, 551, 553, 555, 557, 559, 561, 563, 567 Some missing house numbers on East 143rd Street in book 913
East 143rd Street	916	591, 593, 595, 597, 605, 607, 609, 613, 623, 627, 629, 631, 633, 635, 637, 639
East 143rd Street	915	663, 671, 673, 675, 677, 679, 681, 683, 685, 687, 689, 691, 693, 695, 697, 699, 703, 705, 707, 709, 711, 713, 715, 717, 719, 721, 723, 725, 727, 729, 731, 733, 735, 737, 739, 751
East 143rd Street	909	No house numbers on East 143rd Street in book 909
East 143rd Street	912	486, 488, 490
East 143rd Street	913	498, 500, 538, 540, 542, 544, 546, 548, 550, 552, 556, 560 Some missing house numbers on East 143rd Street in book 913
East 143rd Street	914	588, 590, 592, 594, 596, 596½, 598, 600, 604, 606, 608, 624, 626, 628, 630, 634, 636
East 143rd Street	915	664, 666, 668, 670, 672, 674, 676, 678, 680, 682, 684, 686, 690, 692, 702, 704, 706, 708, 710, 712, 714, 716, 718, 720, 722, 734, 740, 742, 744, 748, 754
East 144th Street	913	393, 401, 405, 461, 463, 467, 479, 481, 483, 487, 489, 491, 493, 497, 501, 503, 529, 531, 533, 535, 537, 539, 541, 543, 545, 549, 551, 555, 565, 567 Some missing house numbers on East 144th Street in book 913
East 144th Street	916	601, 613, 615, 617, 621, 623, 625, 627, 631, 659, 661, 663, 667, 679, 681, 683, 685, 687, 697, 699, 701, 703, 707, 721, 723, 725, 727, 729, 747, 749

Aid to Finding Addresses in 1890 NYC Police Census

Street Name	Book	House Numbers
East 144th Street	917	791, 797, 803, 811
East 144th Street	909	989, 1001 Some missing house numbers on East 144th Street in book 909
East 144th Street	912	430, 462, 464
East 144th Street	913	508, 510, 512, 520 Some missing house numbers on East 144th Street in book 913
East 144th Street	916	588, 592, 594, 596, 598, 600, 602, 604, 626, 628, 632, 634
East 144th Street	915	660, 662, 664, 666, 668, 670, 672, 674, 676, 678, 680, 682, 684, 686, 688, 690, 692, 694, 696, 698, 700, 702, 704, 706, 708, 718, 718½, 720, 722, 724, 726, 752
East 145th Street	913	561, 563, 569, 581
East 145th Street	916	617, 619, 621, 627, 629, 635, 637, 667, 671, 673, 677, 681, 683, 691, 693, 695, 699, 701, 705, 709, 715, 719, 721, 731, 735, 737, 741, 743
East 145th Street	917	813, 817, 819, 823, 825, 827, 829
East 145th Street	909	No house numbers on East 145th Street in book 909
East 145th Street	913	524, 530, 564, 568, 570, 572, 576, 578, 580, 582, 586, 588
East 145th Street	916	606, 616, 620, 624, 628, 630, 632, 634, 660, 662, 664, 666, 668, 670, 672, 676, 680, 690, 694, 698, 704, 708, 712, 722, 734, 740, 744, 746
East 145th Street	917	784, 786, 788, 790, 792, 800, 802, 808, 810, 810½, 812, 814, 816
East 146th Street	920	437, 449, 453, 455, 457, 459, 463, 465, 467, 471, 475, 481, 485, 491, 493, 495
East 146th Street	919	497, 499, 501, 507, 509, 511, 515, 517, 519, 521, 525, 527, 529, 533, 535, 537, 539, 541, 543, 545, 547, 549, 567, 573, 577, 579, 617
East 146th Street	917	625, 627, 629, 661, 665, 667, 671, 683, 685, 687, 689, 691, 701, 703, 705, 707, 709, 715, 717, 719, 723, 725, 727, 729, 731, 733, 735, 737, 739, 813, 815, 821, 827
East 146th Street	913	460, 470, 472, 478, 480, 482, 484, 492, 494, 498, 504, 510 Some missing house numbers on East 146th Street in book 913
East 146th Street	920	476
East 146th Street	916	622, 624, 626, 632, 662, 666, 668, 674, 676, 678, 684, 686, 688, 692, 694, 708, 712, 714, 718, 720, 724, 726
East 146th Street	917	782, 784, 798, 818
East 147th Street	917	635, 783
East 147th Street	925	No house numbers on East 147th Street in book 925
East 147th Street	917	632, 642, <u>648</u>, 650, 652, 684 [could be <u>648</u> ?], 750, 756, 758, 760, 770, 800, 802, 804, 806
East 147th Street	909	948, 954, 978 Some missing house numbers on East 147th Street in book 909

Aid to Finding Addresses in 1890 NYC Police Census

Street Name	Book	House Numbers
East 148th Street	920	435, 443, 445, 447, 457, 469, 471, 481, 485
East 148th Street	919	517, 517 rear, 519, 521, 523, 523 rear, 531, 533, 541, 543, 549, 551, 559, 561, 563, 565, 567, 573, 575, 577, 579, 581
East 148th Street	918	607, 609, 611, 617, 621, 621 rear, 623, 623 rear, 625, 631
East 148th Street	917	679, 715, 777, 779
East 148th Street	909	No house numbers on East 148th Street in book 909
East 148th Street	920	422, 428, 434, 436, 438, 440, 442, 448, 450, 452, 454, 462, 480
East 148th Street	919	494, 496, 498, 500, 510, 512, 514, 518, 520, 524, 530, 532, 538, 540, 564, 566, 568, 576, 582
East 148th Street	918	602, 602 rear, 604, 608, 612, 614, 616
East 148th Street	917	650, 698, 786, 788, 790, 792, 794, 796
East 149th Street	920	425, 427, 433, 435, 437, 445, 449, 451, 459 Some missing house numbers on East 149th Street in book 920
East 149th Street	919	507, 509, 521, 531, 531 rear, 533, 539, 541, 545, 549, 549 rear, 551, 553, 555, 573, 575, 577, 579, 581, 583
East 149th Street	918	609, 613, 615, 619, 621, 627, 629, 631, 633, 639, 641
East 149th Street	924	695, 697, 699, 711, 713, 715, 723, 725, 727
East 149th Street	925	823, 825, 905, 907, 909, 915, 923, 939, 959, 961, 967, 969, 977, 979, 993, 1005, 1015 Some missing house numbers on East 149th Street in book 925
East 149th Street	909	No house numbers on East 149th Street in book 909
East 149th Street	910	No house numbers on East 149th Street in book 910
East 149th Street	920	422, 426, 432, 444, 448, 450, 452, 454, 466, 468, 470 Some missing house numbers on East 149th Street in book 920
East 149th Street	919	506, 508, 510, 510 rear, 512, 514, 516, 518, 520, 520 rear, 522, 524, 524 rear, 526, 536, 538, 542, 544, 546, 566, 578, 580, 582, 596
East 149th Street	918	614, 616, 620, 622
East 149th Street	917	718, 720, 722, 724, 726, 740, 888, 890, 900, 902, 908, 910
East 149th Street	925	922, 924, 928, 950, 952, 958 Some missing house numbers on East 149th Street in book 925
East 150th Street	920	313, 315, 317, 319, 321, 323, 325, 327, 447, 459, 461, 465, 467, 473, 475 Some missing house numbers on East 150th Street in book 920
East 150th Street	919	523, 525, 527, 529, 531, 537, 539, 541, 543, 547, 553, 555, 561, 563, 569, 577, 579, 587, 589
East 150th Street	918	609, 611, 625, 627, 651
East 150th Street	924	695, 699, 701, 703, 705 Some missing house numbers on East 150th Street in book 924

Aid to Finding Addresses in 1890 NYC Police Census

Street Name	Book	House Numbers
East 150th Street	925	931, 933, 945, 951, 953, 955 Some missing house numbers on East 150th Street in book 925
East 150th Street	920	310, 312, 314, 316, 318, 320, 322, 324, 326, 440, 442, 444, 452, 454, 456, 466, 468, 470 Some missing house numbers on East 150th Street in book 920
East 150th Street	919	504, 506, 508, 518, 530, 532, 540, 544, 546, 548, 550, 552, 556, 560, 564, 566, 574, 576, <u>580</u>, 582, 582 rear, 596
East 150th Street	959	<u>580</u>
East 150th Street	918	608, 610, 614, 620, 626, 628, 632, 634, 636, 638
East 150th Street	925	932, 936, 938, 944 Some missing house numbers on East 150th Street in book 925
East 151st Street	920	465, 469, 471, 473, 479, 481
East 151st Street	919	509, 513, 515, 519, 521, <u>523</u>, <u>537</u>, 541, 545, 549, 551, 553, 555, 557, 559, 571, 573, 575 [<u>523</u>, 529, 531, <u>537</u> on page 103 marked East 150th Street but should be East 151st Street]
East 151st Street	918	605, 609, 611, 615, 617, 623, 623 rear, 625, 625 rear, 627, 635, 647, 653, 655, 657, 659, 661, 665
East 151st Street	925	925, 933, 935, 937 Some missing house numbers on East 151st Street in book 925
East 151st Street	920	448, 458, 460, 466, 468, 472, 476, 478
East 151st Street	919	508, 512, 514, 518, 520, 528, 530, 532, 536, 538, 542, 546, 562, 564, 568, 570, 580, 582
East 151st Street	918	608, 610, 626, 632, 646, 652, 654, 656, 658
East 151st Street	925	924, 926, 928, 974, 976, 980, 982, 984 Some missing house numbers on East 151st Street in book 925
East 152nd Street	920	469, 479, 481, 483
East 152nd Street	921	509, 515, 521, 527, 529, 541, 543, 553, 555, 557, 567, 569, 577, 579, 623, 627, 629, 631, 635, 639, 643, 645, 647, 649
East 152nd Street	923	651, 655, 659, 661, 663, 669, 671, 675, 677, 683, 687
East 152nd Street	925	No house numbers on East 152nd Street in book 925
East 152nd Street	920	458, 464, 468, 470, 474, 476, 480
East 152nd Street	919	516, 522, 526, 528, 530, 532, 542, 550, 560, 562, 564, 566, 568, 570, 578, 594
East 152nd Street	918	608, 612, 620, 622, 626, 626 rear, 628, 628 rear, 632, 644, 646, 648, 652, 656, 658, 662, 670, 672, 674, 676, 678
East 152nd Street	921	640, 642
East 153rd Street	920	475 ?, 479 Some missing house numbers on East 153rd Street in book 920

Street Name	Book	House Numbers
East 153rd Street	921	483, 509, 511, 515, 519, 521, 523, 525, 529, 535, 537, 539, 551, 553, 555, 557, 569, 575, 577, 607, 609, 611, 613, 617, 619, 627, 629, 631, 635, 639, 641, 645, <u>669</u>
East 153rd Street	923	651, 653, 655, 659, 663, 667, <u>669</u>, 671, 673, 675, 677, 679, 681, 685
East 153rd Street	920	476 ? Some missing house numbers on East 153rd Street in book 920
East 153rd Street	921	520, 524, 526, 528, 532, 534, 538, 540, 542, 544, 546, 548, 568, 574, 576, 578, 610 ?, 616, 618, 626, 630, 632, 636, 640, 642, 644, 646
East 153rd Street	923	652, 656, 660, 662, 664, 666, 670, 674, 676, 680, 682
East 154th Street	921	511, 517, 519, 533, 535, 535½, 537, 541, 543, 547, 549, 551, 555, 561, 563, 565, 567, 569, 571, 573, 577, 579, 581, 609, 611, 613, 615, 621, 627, 629, 631, 633, 641, 645, 649
East 154th Street	923	651, 653, 655, 659, 661, 665, 667, 671, 673, 675, 677, 681, 685, 687
East 154th Street	920	No house numbers on East 154th Street in book 920
East 154th Street	925	No house numbers on East 154th Street in book 925
East 154th Street	921	520, 522, 526, 528, 532, 546, 552, 576, 580, 608, 614, 618, 624, 626, 632, 636, 638, 648
East 154th Street	923	650, 652, 654, 658, 660, 662, 664, 670, 674, 678, 680, 682, 684, 686, 690
East 155th Street	922	537, 539, 549, 551, 553, 555, 559, 561, 563, 579, 583, 585, 609, 615, 621, 625, 629, 631, 633, 637, 639, 641, 643
East 155th Street	923	657, 659, 663, 665, 667, 669, 673, 675, 679, 683, 685
East 155th Street	921	526, 528, 530, 532, 540, 548, 552, 556, 562, 568, 570, 578, 582, 610, 612, 614, 616, 620, 626, 628, <u>630</u>, 632, 634, 636, 652
East 155th Street	922	<u>630</u>
East 155th Street	923	654, 658, 672, 674, 682, 688
East 156th Street	922	529, 537, 539, 549, 565, 567, 569, 571, 573, 579, 583, 605, 609, 611, 613, 617, 621, 623, 625, 627, 631, 635, 637, 641, 643
East 156th Street	923	661, 663, 667, 673, 675, 677, 683, 689
East 156th Street	925	No house numbers on East 156th Street in book 925
East 156th Street	922	520, 524, 532, 538, 540, 550, 552, 554, 556, 562, 566, 570, 572, 578, 584, 600, 612, 616, 620, 626, 632, 634, 638, 642, 644
East 156th Street	923	650, 664, 666, 670, 672, 674, 678, 684, 686
East 157th Street	922	549, 565, 567, 571, 579, 613, 617, 619, 623,, 625, 627, 629, 631, 633, 635
East 157th Street	927	651, 657, 659, 661, 667, 669, 677, 679, 689
East 157th Street	922	538, 540, 554, 556, 560, 566, 568, 572, 580, 604, 624, 626, 630, 634, 640, 642, 644, 648

Aid to Finding Addresses in 1890 NYC Police Census

Street Name	Book	House Numbers
East 157th Street	923	650, 652, 654, 664, 668, 674, 678
East 158th Street	927	553, 555, 557, 559, 561, 569, 575, 577, 579, 585, 585 rear, 605, 609, 611, 617, 619, 621, 623, 627, 635, 641, 645, 647, 651, 653, 657, 659, 663, 665, 669, 671, 673, 677, 685
East 158th Street	932	745, 759 [both should be East 168th Street]
East 158th Street	926	945, 947
East 158th Street	920	No house numbers on East 158th Street in book 920
East 158th Street	922	548, 558, 560, 566, 572, 582, 606, 612, 614, 616, 620, 628, 630, 634, 636, 648
East 158th Street	927	580, 586, 600, 650, 652, 658, 662, 664, 676, 682, 686, 688, 702, 706
East 158th Street	926	902
East 159th Street	927	581, 583, 613, 617, 621, 623, 627, 631, 633, 635, 637, 641, 643, 649, 653, 655, 657, 659, 667, 681, 683, 689, 691, 693, 715, 717, 719, 721, 723
East 159th Street	927	574, 576, 600, 606, 612, 616, 618, 622, 628, 632, 634, 636, 640, 648, 652, 658, 660, 676, 682, 686, 690, 718, 724
East 160th Street	928	569, 573, 607, 609, 613, 645, 653, 657, 659, 663, 673, 679, 681, 683, 685, 721, 723
East 160th Street	927	606, 612, 618, 620, 622, 624, 630, 636, 646, 650, 652, 662, 664, 666, 670, 676, 682, 684, 688, 720, 724, 730 Some missing house numbers on East 160th Street in book 927
East 160th Street	929	960, 962, 964, 966
East 161st Street	928	515, 519, 521, 523, 529, 547, 555, 613, 615, 621, 631, 633, 647, 649, 657, 661, 665, 667, 669, 671, 673, 675, 677, 877 Some missing house numbers on East 161st Street in book 928
East 161st Street	926	847, 849, 851, 853, 883, 885, 887, 897, 899, 901, 903, 939, 943, 945, 947, 953, 957, 963, 965, 969, 971, 973, 975, 977, 979, 981, 983, 985, 987
East 161st Street	927	502, 510, 524, 528, 544, 546, 548, 550 Some missing house numbers on East 161st Street in book 927
East 161st Street	928	604, 606, 612, 618, 620, 626, 628, 634, 636, 644, 652, 658, 670, 674, 676, 684, 702, 774 Some missing house numbers on East 161st Street in book 928
East 161st Street	926	798, 824, 826, 828, 832, 848, 850, 852, 856, 858, 872, 876, 880, 884, 890, 896, 898, 900, 902, 942, 944, 948, 950, 952, 954, 956, 962, 964, 966, 968
East 162nd Street	928	511, 597, 653, 655, 657, 659, 663, 665, 667, 669, 671, 675, 679, 681, 685, 687, 693, 701, 703, 711, 761, 765, 781, 783 Some missing house numbers on East 162nd Street in book 928
East 162nd Street	929	No house numbers on East 162nd Street in book 929

Street Name	Book	House Numbers
East 162nd Street	928	524, 528, 564, 596, 618, 620, 624, 626, 628, 630, 632, 634, 642, 644, 650, 652, 654, 658, 662, 664, 666, 692 Some missing house numbers on East 162nd Street in book 928
East 163rd Street	928	625, 637, 639, 641, 643, 647, 649, 651, 671, 723, 725, 759, 771, 773, 775, 783 Some missing house numbers on East 163rd Street in book 928
East 163rd Street	929	837, 841, 843, 845, 847, 851, 853, 963, 965, 967, 969, 971, 973, 975, 977, 979, 981, 983, 985, 987 Some missing house numbers on East 163rd Street in book 929
East 163rd Street	928	522, 524, 526, 530, 532, 536, 538, 540, 542, 544, 546, 548, 550, 552, 554, 556, 558, 560, 562, 564, 648, 666, 668, 672, 676, 678, 684, 688, 690, 748, 750, 754, 764, 774 Some missing house numbers on East 163rd Street in book 928
East 163rd Street	926	832, 834, 836, 838, 840, 844, 848, 962, 964, 966, 968, 970, 972, 974, 976
East 163rd Street	929	934, 936, 940, 942, 944 Some missing house numbers on East 163rd Street in book 929
East 164th Street	931	749, 751, 753, 755, 759, 769, 785
East 164th Street	929	827, 829, 841, 843, 845, 849, 851 Some missing house numbers on East 164th Street in book 929
East 164th Street	928	684, 686, 688, 690, 694, 696, 700, 704, 706, 710, 712, 716, 718, 720, 722, 768 Some missing house numbers on East 164th Street in book 928
East 164th Street	929	834, 842, 846, 848, 850 Some missing house numbers on East 164th Street in book 929
East 165th Street	931	749, 763, 777
East 165th Street	929	841, 845, 847, 849, 851, 855, 875, 877, 879, 881, 883, 887, 889, 893, 945, 965 Some missing house numbers on East 165th Street in book 929
East 165th Street	928	No house numbers on East 165th Street in book 928
East 165th Street	931	748, 752, 754, 756, 768
East 165th Street	929	840, 842, 844, 846, 848, 850, 852, 854, 860, 864, 888, 890, 892, 894, 896, 898, 900, 902, 904, 906, 908, 910, 912, 944, 946, 948 Some missing house numbers on East 165th Street in book 929
East 166th Street	931	753, 761
East 166th Street	930	No house numbers on East 166th Street in book 930
East 166th Street	931	756, 758, 760, 764, 766, 768
East 166th Street	929	972 Some missing house numbers on East 166th Street in book 929
East 167th Street	958	759, 761, 825

Aid to Finding Addresses in 1890 NYC Police Census

Street Name	Book	House Numbers
East 167th Street	931	833, 839
East 167th Street	930	1053, 1055, 1059 Some missing house numbers on East 167th Street in book 930
East 167th Street	929	No house numbers on East 167th Street in book 929
East 167th Street	931	738, 744, 746, 748, 750, 750½, 758, 762, 768, 840
East 168th Street	932	745 [some marked East 158th Street], 747, 749, 759 [marked East 158th Street], 837 [marked East 169th Street], 839
East 168th Street	930	943, 947, 949, 953, 955 Some missing house numbers on East 168th Street in book 930
East 168th Street	931	No house numbers on East 168th Street in book 931
East 168th Street	932	750, 836, 838, 840 [all marked East 169th Street]
East 168th Street	930	924, 926, 934, 936, 938, 940, 946, 948, 950, 952, 954, 956, 958, 976 Some missing house numbers on East 168th Street in book 930
East 169th Street	932	749, 781, 781 rear, 785, 789, 799, 801, 803, 805, 805 rear, 833, 835, 837, 849, 853
East 169th Street	930	981, 985, 993, 995 Some missing house numbers on East 169th Street in book 930
East 169th Street	932	750, 804, 830, 832, 834, 836, 838, 840, 840 rear, 842, 842 rear, 844, 850
East 169th Street	931	882, 884, 890
East 169th Street	930	972, 974, 976, 988, 990, 992, 994 Some missing house numbers on East 169th Street in book 930
East 170th Street	932	803, 825, 827, 829, 831, 833, 837, 837 rear
East 170th Street	930	No house numbers on East 170th Street in book 930
East 170th Street	936	No house numbers on East 170th Street in book 936
East 170th Street	932	746, 748, 750, 752, 754, 756, 832, 834, 840, 842, 846, 848, 850, 852, 854
East 171st Street	936	709, 713, 719
East 171st Street	937	No house numbers on East 171st Street in book 937
East 172nd Street	936	718 Some missing house numbers on East 172nd Street in book 936
East 172nd Street	937	746, 748, 750, 752
East 173rd Street	936	523, 711, 713, 719 Some missing house numbers on East 173rd Street in book 936
East 173rd Street	938	759, 765, 779 Some missing house numbers on East 173rd Street in book 938
East 173rd Street	935	No house numbers on East 173rd Street in book 935

Street Name	Book	House Numbers
East 173rd Street	937	No house numbers on East 173rd Street in book 937
East 173rd Street	936	518, 526, 716, 718, 722 Some missing house numbers on East 173rd Street in book 936
East 174th Street	936	715
East 174th Street	938	749, 751
East 174th Street	936	722
East 174th Street	938	756
East 175th Street	936	677, 683, 721 Some missing house numbers on East 175th Street in book 936
East 175th Street	938	747, 751, 757, 759, 767
East 175th Street	937	1035, 1055, 1071, 1079, 1089, 1105 Some missing house numbers on East 175th Street in book 937
East 175th Street	935	No house numbers on East 175th Street in book 935
East 175th Street	936	680, 702, 704, 706, 708, 724 Some missing house numbers on East 175th Street in book 936
East 175th Street	938	736, 744, 746, 748, 750, 752, 756, 758, 768, 774
East 175th Street	937	1024, 1032, 1066, 1084, 1110, 1112 Some missing house numbers on East 175th Street in book 937
East 176th Street	935	487, 491, 493, 507 Some missing house numbers on East 176th Street in book 935
East 176th Street	938	747, 749
East 176th Street	935	474, 476, 490, 492, 494, 508, 512 Some missing house numbers on East 176th Street in book 935
East 176th Street	936	598, 600, 672, 676, 678, 682, 690, 692, 698, 714, 716, 724, 726 Some missing house numbers on East 176th Street in book 936
East 176th Street	938	750
East 177th Street	942	No house numbers on East 177th Street in book 942
East 177th Street	935	350, 352, 360, 370, 374, 376, 378, 450, 460, 464, 468, 472, 476, 480, 484 Some missing house numbers on East 177th Street in book 935
East 177th Street	936	516, 518, 520, 522, 536, 540, 606 Some missing house numbers on East 177th Street in book 936
East 178th Street	941	655, 661, 663, 715 Some missing house numbers on East 178th Street in book 941
East 178th Street	939	No house numbers on East 178th Street in book 939
East 178th Street	940	No house numbers on East 178th Street in book 940 [could be 187th Street]

Aid to Finding Addresses in 1890 NYC Police Census 247

Street Name	Book	House Numbers
East 178th Street	941	688 Some missing house numbers on East 178th Street in book 941
East 179th Street	939	769, 771, 775 Some missing house numbers on East 179th Street in book 939
East 179th Street	941	No house numbers on East 179th Street in book 941
East 180th Street	941	721 Some missing house numbers on East 180th Street in book 941
East 180th Street	939	No house numbers on East 180th Street in book 939
East 180th Street	940	No house numbers on East 180th Street in book 940
East 181st Street	941	No house numbers on East 181st Street in book 941
East 181st Street	942	No house numbers on East 181st Street in book 942
East 182nd Street	941	799 Some missing house numbers on East 182nd Street in book 941
East 183rd Street	941	No house numbers on East 183rd Street in book 941
East 183rd Street	942	No house numbers on East 183rd Street in book 942
East 184th Street	941	No house numbers on East 184th Street in book 941
East 184th Street	942	No house numbers on East 184th Street in book 942
East 185th Street	941	No house numbers on East 185th Street in book 941
East 186th Street	941	761, 763 Some missing house numbers on East 186th Street in book 941
East 187th Street	940	No house numbers on East 187th Street in book 940 [some marked 178th Street]
East 187th Street	941	No house numbers on East 187th Street in book 941
East 188th Street	941	No house numbers on East 188th Street in book 941
East 189th Street	941	No house numbers on East 189th Street in book 941
East 190th Street	941	No house numbers on East 190th Street in book 941
East Morris Avenue	921	655
East Morris Avenue	921	650, 674, 676
East Saint James Street	943	No house numbers on East Saint James Street in book 943
Eastburn Street	935	No house numbers on Eastburn Street in book 935
Eclipse Street	944	No house numbers on Eclipse Street in book 944
Eden Avenue	935	No house numbers on Eden Avenue in book 935

Street Name	Book	House Numbers
Edenwood Avenue	943	No house numbers on Edenwood Avenue in book 943
Elizabeth Street	941	No house numbers on Elizabeth Street in book 941
Elm Avenue	940	No house numbers on Elm Avenue in book 940
Elsmere Place	937	No house numbers on Elsmere Place in book 937
Elton Avenue	923	647, 649, 651, 653, 655, 657, 669, 671, 675, 679, 683, 699, 701, 703, 705, 727, 729, 731, 739, 751, 753, 757, 759, 761
Elton Avenue	927	777, 779, 783, 783 rear, 797, 801, 809, 811, 815, 825, 827, 829, 841
Elton Avenue	928	893, 895, 901
Elton Avenue	923	688, 694, 730, 736, 748, 756, 772
Elton Avenue	927	774, 776, 778, 788, 804, 824, 826, 838, 840
Elton Avenue	928	886
Emanuel Street	944	No house numbers on Emanuel Street in book 944
Ernest Cliff Place	944	No house numbers on Ernest Cliff Place in book 944
Evelyn Place	942	No house numbers on Evelyn Place in book 942
Ewer Avenue	927	No house numbers on Ewer Avenue in book 927
Fairmount Avenue	938	933, 941, 963, 969, 973, 991, 1011
Fairmount Avenue	938	924, 938, 958, 964, 986, 1006, 1014, 1414 [should be 1014]
Feather Bed Lane	935	No house numbers on Feather Bed Lane in book 935
Fleetwood Avenue	928	895, 897, 899, 901, 903, 939, 941, 943, 945, 947, 949, 961, 963, 965, 967, 969, 971, 975, 977, 981 Some missing house numbers on Fleetwood Avenue in book 928
Fleetwood Avenue	935	No house numbers on Fleetwood Avenue in book 935
Fleetwood Avenue	942	No house numbers on Fleetwood Avenue in book 942
Fordham Avenue	938	1677, 1685, 1691, 1705, 1707, 1731, 1735, 1777, 1785, 1809, 1847, 1849, 1881, 1883, 1889, 1895, 1897, 1903, 1905, 1907, 1913
Fordham Heights	943	No house numbers on Fordham Heights in book 943
Fordham Landing Road	942	No house numbers on Fordham Landing Road in book 942
Fordham Landing Road	943	No house numbers on Fordham Landing Road in book 943
Fordham Square	944	No house numbers on Fordham Square in book 944
Forest Avenue	926	759, 761, 763, 765, 785, 787, 789, 791, 793, 829, 839, 841, 849, 853, 859, 865, 869, 871, 873, 875, 877, 879, 881, 883, 885, 899, 901, 905, 923, 925, 929, 931

Aid to Finding Addresses in 1890 NYC Police Census

Street Name	Book	House Numbers
Forest Avenue	929	951, 953, 955, 957, 959, 965, 977, 979, 981, 987, 989, 991, 993, 995, 997, 999, 1001, 1003, 1039, 1049 Some missing house numbers on Forest Avenue in book 929
Forest Avenue	926	774, 776, 778, 780, 782, 784, 786, 788, 790, 812, 814, 816, 818, 820, 822, 842, 862, 864, 868, 870, 872, 874, 876, 880, 882, 884, 886, 888, 890, 892
Forest Avenue	929	952, 954, 956, 960, 962, 964, 968, 982, 984, 992, 1024, 1030, 1038, 1046, 1062, 1066, 1084 Some missing house numbers on Forest Avenue in book 929
Forest Avenue	930	1098, 1100, 1102, 1110, 1118, 1120, 1150
Forrest Road	947	No house numbers on Forrest Road in book 947
Fox Street	929	No house numbers on Fox Street in book 929
Fox Street	930	1770 Some missing house numbers on Fox Street in book 930
Foxes Corners	930	No house numbers on Foxes Corners in book 930
Franklin Avenue	931	1075, 1093
Franklin Avenue	932	1185, 1189, 1193, 1199, 1203, 1205, 1207, 1209, 1211, 1215, 1217, 1225, 1227, 1229, 1251, 1263, 1273, 1275, 1277, 1279, 1281, 1285, 1293, 1307, 1315, 1323, 1331, 1345, 1355, 1369, 1371, 1387, 1389, 1393, 1395, 1397, 1413, 1419, 1423, 1431
Franklin Avenue	938	1817, 1889, 1893, 1895, 1899, 1919 Some missing house numbers on Franklin Avenue in book 938
Franklin Avenue	931	1046, 1054, 1062, 1090, 1092, 1106, 1134, 1168, 1176, 1188, 1204, 1224, 1230, 1232, 1234, 1240, 1244, 1248, 1254, 1256, 1266, 1274, 1280, 1288
Franklin Avenue	932	1304, 1306, 1310, 1312, 1318, 1324, 1330, 1348, 1350, 1352, 1364, 1366, 1370, 1372, 1412, 1414, 1416, 1418, 1420, 1422, 1424, 1426, 1430, 1432
Franklin Avenue	938	1830, 1834, 1836, 1840, 1842, 1862, 1878, 1884, 1934 Some missing house numbers on Franklin Avenue in book 938
Franklyn Avenue	939	No house numbers on Franklyn Avenue in book 939
Frederick Street	944	No house numbers on Frederick Street in book 944
Freeman Street	930	1099 Some missing house numbers on Freeman Street in book 930
Fulton Avenue	931	1131, 1133, 1147
Fulton Avenue	932	1155, 1155 rear, 1163, 1171, 1175, 1193, 1199, 1205, 1215, 1233, 1235, 1239, 1261, 1263, 1285, 1291, 1307, 1313, 1343, 1349, 1349 rear, 1351, 1359, 1361, 1363, 1367, 1369, 1373, 1375, 1385, 1393, 1397, 1399
Fulton Avenue	938	1911

Street Name	Book	House Numbers
Fulton Avenue	940	No house numbers on Fulton Avenue in book 940
Fulton Avenue	932	1184, 1196, 1198, 1200, 1202, 1204, 1206, 1208, 1210, 1212, 1236, 1238, 1240, 1242, 1244, 1246, 1248, 1252, 1276, 1278, 1280, 1282, 1284, 1294, 1300, 1304, 1306, 1316, 1326, 1330, 1332, 1338, 1340, 1342, 1344, 1346, 1348, 1350, 1354, 1356, 1358, 1360, 1384, 1392, 1398
Fulton Avenue	938	1822, 1840, 1912, 1918, 1926
Garden Avenue	940	No house numbers on Garden Avenue in book 940
Gerard Avenue	920	No house numbers on Gerard Avenue in book 920
Gerard Avenue	927	No house numbers on Gerard Avenue in book 927
Gerard Avenue	928	No house numbers on Gerard Avenue in book 928
German Place	924	616, 622, 624, 626, 628, 636, 640, 642, 644, 646, 648, 654 Some missing house numbers on German Place in book 924
Granada Place	944	No house numbers on Granada Place in book 944
Grand Avenue	942	No house numbers on Grand Avenue in book 942
Grand Avenue	944	No house numbers on Grand Avenue in book 944
Grand Avenue	947	No house numbers on Grand Avenue in book 947
Grant Avenue	928	No house numbers on Grant Avenue in book 928
Grant Avenue	939	No house numbers on Grant Avenue in book 939
Gray Street	936	No house numbers on Gray Street in book 936
Grove Street	924	717, 719, 721, 723, 725
Gun Hill Road	944	No house numbers on Gun Hill Road in book 944
Gun Hill Road	945	No house numbers on Gun Hill Road in book 945
Gun Hill Road	947	No house numbers on Gun Hill Road in book 947
Hall Place	929	15 Some missing house numbers on Hall Place in book 929
Hall Place	929	18 Some missing house numbers on Hall Place in book 929
Hawkstone Street	935	No house numbers on Hawkstone Street in book 935
High Bridge Road	943	531, 587 Some missing house numbers on High Bridge Road in book 943
High Bridge Road	941	No house numbers on High Bridge Road in book 941
High Bridge Road	942	No house numbers on High Bridge Road in book 942

Aid to Finding Addresses in 1890 NYC Police Census

Street Name	Book	House Numbers
High Bridge Street	935	No house numbers on High Bridge Street in book 935
Hoffman Street	940	2357, 2363, 2377, 2381, 2385, 2387, 2395 Some missing house numbers on Hoffman Street in book 940
Hoffman Street	944	No house numbers on Hoffman Street in book 944
Hoffman Street	940	2356, 2360, 2376, 2380, 2386, 2394, 2400, 2404, 2406, 2408, 2422, 2454, 2460, 2464, 2466 Some missing house numbers on Hoffman Street in book 940
Home Street	930	923, 935, 937, 939, 941, 943, 951, 955, 957, 959 Some missing house numbers on Home Street in book 930
Home Street	930	1040, 1050, 1062, 1064 Some missing house numbers on Home Street in book 930
Honeywell Avenue	939	1462, 1466, 1468, 2068, 2074, 2082, 2086 Some missing house numbers on Honeywell Avenue in book 939
Hull Avenue/Street	944	No house numbers on Hull Avenue/Street in book 944
Hunt's Point Road	925	No house numbers on Hunt's Point Road in book 925
Hunywell Avenue	940	No house numbers on Hunywell Avenue in book 940
Independence Avenue	946	No house numbers on Independence Avenue in book 946
Intervale Avenue	930	1161, 1165 Some missing house numbers on Intervale Avenue in book 930
Isaac Street	943	No house numbers on Isaac Street in book 943
Jackson Avenue	926	881, 887, 889, 891, 893
Jackson Avenue	929	985, 987, 989, 991, 993, 995, 997, 999
Jackson Avenue	940	2349, 2355, 2357 Some missing house numbers on Jackson Avenue in book 940
Jackson Avenue	926	880, 882, 884, 886, 888, 892
Jackson Avenue	929	986, 988, 990, 992, 994, 996, 998, 1000, 1002
Jackson Avenue	940	2350, 2356 Some missing house numbers on Jackson Avenue in book 940
Jacob Street	943	No house numbers on Jacob Street in book 943
Jefferson Avenue	939	No house numbers on Jefferson Avenue in book 939
Jefferson Avenue	940	2250, 2252, 2254 Some missing house numbers on Jefferson Avenue in book 940
Jefferson Street	932	865, 885, 889, 891, 895
Jefferson Street	932	884

Street Name	Book	House Numbers
Jefferson Street	930	918, 920, 922, 926, 928, 932
Jennings Street	930	1063 Some missing house numbers on Jennings Street in book 930
Jerome Avenue	935	No house numbers on Jerome Avenue in book 935
Jerome Avenue	942	No house numbers on Jerome Avenue in book 942
Jerome Avenue	943	No house numbers on Jerome Avenue in book 943
Jerome Avenue	944	No house numbers on Jerome Avenue in book 944
Jerome Avenue	947	No house numbers on Jerome Avenue in book 947
John's Street	940	No house numbers on John's Street in book 940
Johnson Avenue	946	No house numbers on Johnson Avenue in book 946
Jones Street	944	No house numbers on Jones Street in book 944
Kelly Street	929	No house numbers on Kelly Street in book 929
Kelly Street	930	No house numbers on Kelly Street in book 930
Kingsbridge Road	943	599, 605, 631 Some missing house numbers on Kingsbridge Road in book 943
Kingsbridge Road	941	847, 851, 853, 863, 895, 901 Some missing house numbers on Kingsbridge Road in book 941
Kingsbridge Road	940	941, 943, 945 Some missing house numbers on Kingsbridge Road in book 940
Kingsbridge Road	943	592, 600, 602 Some missing house numbers on Kingsbridge Road in book 943
Kingsbridge Road	941	678, 682, 684, 686, 692, 694, 768, 776, 890 Some missing house numbers on Kingsbridge Road in book 941
Kingsbridge Road	940	940 Some missing house numbers on Kingsbridge Road in book 940
Kirk Place	942	No house numbers on Kirk Place in book 942
La Fontain Avenue	939	1880, 1966, 1980, 2016, 2022, 2026, 2028, 2030, 2040
Lilian Place	937	1883, 1897, 1899, 1901, 1905 Some missing house numbers on Lilian Place in book 937
Lilian Place	937	1894 Some missing house numbers on Lilian Place in book 937
Lincoln Avenue	907	133, 143, 145, 147, 149, 151, 153, 155, 159, 163, 165
Lincoln Avenue	907	122½, 140, 144, 146, 148, 154, 164, 166, 168, 178
Locust Avenue	909	283, 301, 303, 305, 307, 313 Some missing house numbers on Locust Avenue in book 909

Aid to Finding Addresses in 1890 NYC Police Census

Street Name	Book	House Numbers
Locust Avenue	909	274, 280, 308 Some missing house numbers on Locust Avenue in book 909
Lorillard Street	940	35, 41, 49 Some missing house numbers on Lorillard Street in book 940
Lorillard Street	941	2375, 2381, 2393 Some missing house numbers on Lorillard Street in book 941
Lorillard Street	944	No house numbers on Lorillard Street in book 944
Lorillard Street	941	36, 38, 42, 48, 50, 2360 Some missing house numbers on Lorillard Street in book 941
Lorillard Street	940	2504 Some missing house numbers on Lorillard Street in book 940
Lowmede Avenue/Street	944	No house numbers on Lowmede Avenue/Street in book 944
Lyman Place	930	No house numbers on Lyman Place in book 930
Lyons Street	930	No house numbers on Lyons Street in book 930
Madison Avenue	940	2304, 2306 Some missing house numbers on Madison Avenue in book 940
Main Street	930	1531 Some missing house numbers on Main Street in book 930
Main Street	937	1577, 1581, 1589, 1597, 1599, 1601, 1621, 1629, 1635, 1641, 1647, 1649, 1651, 1653, 1661, 1667, 1671, 1727, 1731, 1735, 1749, 1757, 1759, 1777, 1783, 1789, 1795, 1815, 1817, 1819, 1821, 1825, 1829, 1833, 1845, 1847, 1851, 1901, 1905, 1921, 1923, 1949, 1959, 1961, 1979
Main Street	939	1997, 2001, 2003, 2005, 2013, 2021, 2025, 2027, 2029, 2031, 2041, 2045, 2047, 2051, 2057, 2061, 2071, 2077, 2087 Some missing house numbers on Main Street in book 939
Main Street	940	2135 Some missing house numbers on Main Street in book 940
Main Street	940	No house numbers on rear houses on Main Street in book 940
Main Street	937	1568, 1596, 1662, 1728, 1730, 1732, 1734, 1736, 1746, 1752, 1754, 1832, 1844, 1848, 1892, 1904, 1924, 1926, 1948, 1988, 1990, 1996
Main Street	939	2020, 2022, 2024, 2028, 2032, 2040, 2064, 2078, 2084, 2088, 2094, 2096, 2100, 2102, 2104, 2110 Some missing house numbers on Main Street in book 939
Main Street	940	2112 Some missing house numbers on Main Street in book 940
Mapes Avenue	939	No house numbers on Mapes Avenue in book 939
Mapes Avenue	940	No house numbers on Mapes Avenue in book 940

Street Name	Book	House Numbers
Marion Avenue	943	2557, 2603, 2609, 2613, 2625, 2641, 2653, 2657, 2681, 2685, 2685½, 2687, 2689, 2691, 2775 Some missing house numbers on Marion Avenue in book 943
Marion Avenue	941	No house numbers on Marion Avenue in book 941
Marion Avenue	944	No house numbers on Marion Avenue in book 944
Marion Avenue	943	2606, 2632, 2638, 2642, 2672, 2674, 2676, 2700, 2704, 2706, 2706 rear, 2708, 2724, 2724 rear, 2732, 2736, 2776, 2778 Some missing house numbers on Marion Avenue in book 943
McComb Street	945	No house numbers on McComb Street in book 945
McComb's Dam Road	935	No house numbers on McComb's Dam Road in book 935
McComb's Dam Road	942	No house numbers on McComb's Dam Road in book 942
Mechanic Street	939	1269, 1271, 1279, 1281, 1285, 1285 rear, 1289
Mechanic Street	939	1264, 1270, 1272, 1276, 1278, 1280, 1282, 1290, 1294, 1296
Meyers Row	937	No house numbers on Meyers Row in book 937
Morris Avenue	912	283
Morris Avenue	913	375 Some missing house numbers on Morris Avenue in book 913
Morris Avenue	920	449, 519, 523, 529, 549, 551, 553, 555, 557, 559, 589, 591, 599, 603, 615, 619, 621, 623, 625, 631, 633, 645, 647, 659, 675, 681, 685, 587, 695, 697 Some missing house numbers on Morris Avenue in book 920
Morris Avenue	928	907, 993, 995, 999, 1001 Some missing house numbers on Morris Avenue in book 928
Morris Avenue	935	No house numbers on Morris Avenue in book 935
Morris Avenue	942	No house numbers on Morris Avenue in book 942
Morris Avenue	912	340, 342
Morris Avenue	919	512, 530, 536, 538, 540, 542, 550, 552, 554, 556, 558, 564, 588, 590, 594, 596, 598, 600, 602, 614, 618, 624, 626, 628, 630, 632, 634, 636, 638, 640
Morris Avenue	922	718
Morris Avenue	927	840, 846, 848, 850, 852 Some missing house numbers on Morris Avenue in book 927
Morris Avenue	928	900 Some missing house numbers on Morris Avenue in book 928
Morris Avenue	936	1686, 1688, 1690, 1692, 1694, 1696, 1748, 1772, 1774, 1818, 1820 Some missing house numbers on Morris Avenue in book 936
Morris Lane	935	No house numbers on Morris Lane in book 935

Aid to Finding Addresses in 1890 NYC Police Census

Street Name	Book	House Numbers
Morris Lane	942	No house numbers on Morris Lane in book 942
Morrison Lane	946	No house numbers on Morrison Lane in book 946
Mosholu Avenue	947	No house numbers on Mosholu Avenue in book 947
Mott Avenue	912	215, 341, 361, 371, 395
Mott Avenue	913	427 Some missing house numbers on Mott Avenue in book 913
Mott Avenue	920	551, 553, 555, 557, 559, 561, 563, 565, 569, 571, 599, 611 Some missing house numbers on Mott Avenue in book 920
Mott Avenue	927	No house numbers on Mott Avenue in book 927
Mott Avenue	928	No house numbers on Mott Avenue in book 928
Mott Avenue	912	252, 310, 314, 318, 324, 336, 348 350, 352, 356, 364, 368, 372, 380, 384
Mott Avenue	913	418, 420, 466, 472, 474, 478, 480, 482, 490 Some missing house numbers on Mott Avenue in book 913
Mott Avenue	920	156 ?, 548, 550, 552, 554, 556, 558, 562, 564, 568, 572, 574, 576, 580, 582, 586, 588, 590, 592, 594, 596, 598, 600, 604, 606, 608, 610 Some missing house numbers on Mott Avenue in book 920
Mount Hope Place	935	43, 45, 71, 75, 81, 85, 87, 89 Some missing house numbers on Mount Hope Place in book 935
Mount Hope Place	936	No house numbers on Mount Hope Place in book 936
Mount Hope Place	935	26, 40, 44, 48, 50, 70, 82, 86, 88, 90, 92 Some missing house numbers on Mount Hope Place in book 935
Mt. Vernon Avenue	944	No house numbers on Mt. Vernon Avenue in book 944
Munroe Avenue	940	2301, 2305 Some missing house numbers on Munroe Avenue in book 940
North 3rd Avenue	937	See 3rd Avenue
Northern Terrace	947	No house numbers on Northern Terrace in book 947
Oak Point Lane	925	No house numbers on Oak Point Lane in book 925
Olin Avenue	944	No house numbers on Olin Avenue in book 944
Oliver Avenue	943	No house numbers on Oliver Avenue in book 943
Oliver Street	943	No house numbers on Oliver Street in book 943
Oliver Street	944	No house numbers on Oliver Street in book 944
Opdyke Avenue	944	No house numbers on Opdyke Avenue in book 944
Orchard Avenue	943	No house numbers on Orchard Avenue in book 943

Street Name	Book	House Numbers
Palisade Avenue	947	No house numbers on Palisade Avenue in book 947
Pelham Avenue	941	No house numbers on Pelham Avenue in book 941
Pelham Avenue	944	No house numbers on Pelham Avenue in book 944
Pelham Avenue	940	814, 818, 820, 850, 852, 858 Some missing house numbers on Pelham Avenue in book 940
Pellem Avenue	940	See Pelham Avenue
Perry Avenue	944	No house numbers on Perry Avenue in book 944
Pierce Street	946	No house numbers on Pierce Street in book 946
Pine Street	944	No house numbers on Pine Street in book 944
Poe Place	943	No house numbers on Poe Place in book 943
Poles Lane	943	No house numbers on Poles Lane in book 943
Pond Place	943	2793, 2805 Some missing house numbers on Pond Place in book 943
Pond Place	943	2766, 2780, 2780½, 2790, 2796 Some missing house numbers on Pond Place in book 943
Ponus Street	940	See Anne Street
Potter Place	944	No house numbers on Potter Place in book 944
Powell Place	942	No house numbers on Powell Place in book 942
Prospect Avenue	929	901, 935, 955, 963, 971, 985, 1033, 1047, 1049 Some missing house numbers on Prospect Avenue in book 929
Prospect Avenue	938	1879, 1883, 1891, 1905, 1909, 1913, 1919, 1925, 1931, 1937
Prospect Avenue	930	No house numbers on Prospect Avenue in book 930
Prospect Avenue	940	No house numbers on Prospect Avenue in book 940
Prospect Avenue	929	872, 900, 902, 916, 938, 966, 982, 1020, 1028, 1050, 1064, 1070 Some missing house numbers on Prospect Avenue in book 929
Prospect Avenue	937	1820, 1892, 1896, 1920, 1934, 1940
Prospect Avenue	939	2038, 2062, 2064, 2066 Some missing house numbers on Prospect Avenue in book 939
Pugsley Lane	937	No house numbers on Pugsley Lane in book 937
Railroad Avenue	920	151 or 187, 475 Some missing house numbers on Railroad Avenue in book 920
Railroad Avenue	922	839
Railroad Avenue	912	210, 214, 216, 218, 220 Some missing house numbers on Railroad Avenue in book 912

Aid to Finding Addresses in 1890 NYC Police Census

Street Name	Book	House Numbers
Railroad Avenue	920	446, 476, 676, 678 Some missing house numbers on Railroad Avenue in book 920
Railroad Avenue East	927	806, 810, 816, 820, 834, 836, 838, 840, 848
Railroad Avenue	928	878
Railroad Avenue West	927	No house numbers on Railroad Avenue West in book 927
Randolph's Lane	947	No house numbers on Randolph's Lane in book 947
Rider Avenue	912	219, 235, 245, 373, 375, 379, 383 Some missing house numbers on Rider Avenue in book 912
Rider Avenue	912	366, 368, 370, 374, 382, 384 Some missing house numbers on Rider Avenue in book 912
Ridge Place	912	1, 3, 5, 7
Ridge Place	912	2, 4, 6, 8
Ridge Road/Street	943	No house numbers on Ridge Road/Street in book 943
Ritter Place	930	990, 992 Some missing house numbers on Ritter Place in book 930
River Avenue	920	No house numbers on River Avenue in book 920
River Avenue	947	No house numbers on River Avenue in book 947
River View Terrace	935	No house numbers on River View Terrace in book 935
River View Terrace	942	No house numbers on River View Terrace in book 942
Riverdale Avenue	943	No house numbers on Riverdale Avenue in book 943
Riverdale Avenue	945	No house numbers on Riverdale Avenue in book 945
Riverdale Avenue	946	No house numbers on Riverdale Avenue in book 946
Riverdale Avenue	947	No house numbers on Riverdale Avenue in book 947
Riverdale Lane	947	No house numbers on Riverdale Lane in book 947
Robbins Avenue	909	439, 441, 445, 447, 451, 455, 459, 461, 463, 465, 467, 469, 471, 473, 475, 479, 481, 489 Some missing house numbers on Robbins Avenue in book 909
Robbins Avenue	925	509, 511, 519, 523, 531, 533, 537, 539, 579, 581, 583, 591, 593, 597, 599, 603, 613, 619, 651 Some missing house numbers on Robbins Avenue in book 925
Robbins Avenue	909	320, 324, 326, 328, 330, 334, 336, 338, 446, 448, 452, 456, 462, 466, 468, 470, 474, 480, 482, 484, 488 Some missing house numbers on Robbins Avenue in book 909
Robbins Avenue	925	494, 496, 498, 500, 524, 528, 532, 566, 568, 572, 576, 578, 584, 586, 592, 594, 596, 604, 606, 610, 612, 636, 638, 646, 650, 652, 654 Some missing house numbers on Robbins Avenue in book 925

Street Name	Book	House Numbers
Rock Street	947	No house numbers on Rock Street in book 947
Rockfield Street	944	No house numbers on Rockfield Street in book 944
Rockford Street	944	No house numbers on Rockford Street in book 944
Rockwood Street	935	No house numbers on Rockwood Street in book 935
Rodman Place/Street	937	1291, 1293, 1295, 1299
Rustic Avenue	940	No house numbers on Rustic Avenue in book 940
Ryer Avenue	942	No house numbers on Ryer Avenue in book 942
Saint Ann's Avenue	910	221 Some missing house numbers on Saint Ann's Avenue in book 910
Saint Ann's Avenue	917	355, 357, 471, 473, 477, 525, 527, 529
Saint Ann's Avenue	924	553, 555, 557, 589, 633, 669, 725, 727, 729, 731, 733, 735
Saint Ann's Avenue	909	841
Saint Ann's Avenue	924	616, <u>622</u>
Saint Ann's Avenue	925	548, 550, 552, 560, 580, 604, 606, 608, 610, 620, <u>622</u>, 624, 626, 630, 632, 634, 646, 648, 650, 652, 654, 656, 660, 662, 664, 666, 672
Saint Ann's Avenue	926	742, 804, 806, 808, 810, 842
Saint George Crescent	944	No house numbers on Saint George Crescent in book 944
Saint James Street	943	No house numbers on Saint James Street in book 943
Samuel Street	940	1229, 1267, 1269, 1271, 1281, 1291 Some missing house numbers on Samuel Street in book 940
Samuel Street	939	1012, 1216, 1228, 1460 Some missing house numbers on Samuel Street in book 939
Sedgwick Avenue	935	No house numbers on Sedgwick Avenue in book 935
Sedgwick Avenue	942	No house numbers on Sedgwick Avenue in book 942
Sedgwick Avenue	943	No house numbers on Sedgwick Avenue in book 943
Sedgwick Avenue	945	No house numbers on Sedgwick Avenue in book 945
Sheridan Avenue	927	No house numbers on Sheridan Avenue in book 927
Sheridan Avenue	928	No house numbers on Sheridan Avenue in book 928
Sherman Avenue	928	No house numbers on Sherman Avenue in book 928
Sherman Avenue	935	No house numbers on Sherman Avenue in book 935
Sidney Street	946	No house numbers on Sidney Street in book 946

Aid to Finding Addresses in 1890 NYC Police Census

Street Name	Book	House Numbers
Simpson Street	930	No house numbers on Simpson Street in book 930
South Street	947	No house numbers on South Street in book 947
Southern Boulevard	909	No house numbers on Southern Boulevard in book 909
Southern Boulevard	925	No house numbers on Southern Boulevard in book 925
Southern Boulevard	930	No house numbers on Southern Boulevard in book 930
Southern Boulevard	937	No house numbers on Southern Boulevard in book 937
Southern Boulevard	939	No house numbers on Southern Boulevard in book 939
Southern Boulevard	943	No house numbers on Southern Boulevard in book 943
Southern Boulevard	944	No house numbers on Southern Boulevard in book 944
Southern Boulevard	907	508
Southern Boulevard	940	2132 Some missing house numbers on Southern Boulevard in book 940
Spaulding's Lane	947	No house numbers on Spaulding's Lane in book 947
Spofford Avenue	925	No house numbers on Spofford Avenue in book 925
Spring Place	931	No house numbers on Spring Place in book 931
Spring-Hurst	925	No house numbers on Spring-Hurst in book 925
Spuyten Duyvil Hill Road	946	No house numbers on Spuyten Duyvil Hill Road in book 946
Spuyten Duyvil Road	946	No house numbers on Spuyten Duyvil Road in book 946
Station Place	944	No house numbers on Station Place in book 944
Station Street	945	No house numbers on Station Street in book 945
Stebbins Avenue	929	11 Some missing house numbers on Stebbins Avenue in book 929
Stebbins Avenue	930	1145, 1147, 1149, 1151, 1321, 1323 Some missing house numbers on Stebbins Avenue in book 930
Stebbins Avenue	929	12, 1090, 1094 Some missing house numbers on Stebbins Avenue in book 929
Stebbins Avenue	930	1146, 1150, 1158, 1166, 1168, 1170, 1320, 1348, 1372, 1388, 1390 Some missing house numbers on Stebbins Avenue in book 930
Stewart's Lane	947	No house numbers on Stewart's Lane in book 947
Suburban Street	944	No house numbers on Suburban Street in book 944
Summit Avenue/Street	944	No house numbers on Summit Avenue/Street in book 944

Street Name	Book	House Numbers
Taylor Avenue	940	1405, 1407 Some missing house numbers on Taylor Avenue in book 940
Taylor Avenue	940	1406 Some missing house numbers on Taylor Avenue in book 940
Teasdale Place	929	833, 835, 837, 839
Teasdale Place	929	828, 830, 836, 838, 850, 852
Terrace Place	925	No house numbers on Terrace Place in book 925
Tiebout Avenue	942	No house numbers on Tiebout Avenue in book 942
Tiebout Avenue	941	2040, 2044, 2444, 2450, 2492, 2494, 2498, 2500 Some missing house numbers on Tiebout Avenue in book 941
Tiffany Street	930	No house numbers on Tiffany Street in book 930
Tiffany Street	929	1046, 1052, 1054 Some missing house numbers on Tiffany Street in book 929
Tillar Place	928	1
Tillar Place	928	2
Tinton Avenue	909	413, 423, 429, 463 Some missing house numbers on Tinton Avenue in book 909
Tinton Avenue	925	515, 525, 551, 563, 633 Some missing house numbers on Tinton Avenue in book 925
Tinton Avenue	926	775, 777, 779, 813, 815, 817, 819, 821, 823, 875, 877, 879, 889, 899
Tinton Avenue	929	953, 955 Some missing house numbers on Tinton Avenue in book 929
Tinton Avenue	930	1163, 1167, 1169, 1171, 1173, 1175, 1177, 1179 Some missing house numbers on Tinton Avenue in book 930
Tinton Avenue	909	430 Some missing house numbers on Tinton Avenue in book 909
Tinton Avenue	925	516, 518, 526, 528, 530, 554, 592, 594, 596, 600, 602, 612, 614 Some missing house numbers on Tinton Avenue in book 925
Tinton Avenue	926	770, 772, 774, 814, 816, 818, 822, 824, 840, 850, 852, 860, 884, 886, 888, 892, 914, 916, 918, 920, 922
Tinton Avenue	929	942, 944, 946, 1064, 1066, 1068, 1070, 1072, 1074 Some missing house numbers on Tinton Avenue in book 929
Tinton Avenue	930	1170, 1178, 1180, 1182, 1184 Some missing house numbers on Tinton Avenue in book 930
Tompkins Street	944	No house numbers on Tompkins Street in book 944
Topping Street	936	1643, 1749, 1751, 1773, 1779 Some missing house numbers on Topping Street in book 936

Aid to Finding Addresses in 1890 NYC Police Census

Street Name	Book	House Numbers
Topping Street	936	1780 Some missing house numbers on Topping Street in book 936
Travers Street	943	No house numbers on Travers Street in book 943
Tremont Avenue	941	701, 705, 707, 713, 721, 729, 735, 737, 739, 747, 749 Some missing house numbers on Tremont Avenue in book 941
Tremont Avenue	939	761, 775, 1035, 1185, 1195, 1199, 1203, 1219, 1279, 1281, 1289, 1321, 1323, 1327, 1329, 1331, 1337, 1339, 1345, 1347 Some missing house numbers on Tremont Avenue in book 939
Tremont Avenue	936	704, 712, 714, 718, 724
Tremont Avenue	938	758, 764, 766, 928, 932, 940, 962, 968, 972, 982, 998, 1008, 1018
Tremont Avenue	937	1190, 1194, 1196, 1198, 1268, 1316, 1320, 1326, 1328 Some missing house numbers on Tremont Avenue in book 937
Trinity Avenue	917	521, 525, 527, 529, 531
Trinity Avenue	929	949, 991
Trinity Avenue	909	No house numbers on Trinity Avenue in book 909
Trinity Avenue	929	934, 952, 966, 978, 980, 982, 984, 990, 998, 1004, 1006, 1008, 1010, 1014
Troy Street	946	No house numbers on Troy Street in book 946
Union Avenue	925	533, 535, 537, 539 Some missing house numbers on Union Avenue in book 925
Union Avenue	926	813, 817, 821, 833, 841, 843, 845, 847, 849, 851, 853, 857, 883, 885, 887, 893, 895, 897, 911, 915, 917, 919, 921
Union Avenue	929	943, 945, 967, 989, 1037, 1045, 1051, 1083 Some missing house numbers on Union Avenue in book 929
Union Avenue	930	1101, 1113, 1117, 1125, 1137, 1139, 1141, 1145, 1159, 1161, 1163, 1165, 1169, 1171, 1173, 1213, 1219 Some missing house numbers on Union Avenue in book 930
Union Avenue	929	824, 828, 844, 846, 848, 850, 864, 866, 902, 960, 970, 984, 1020, 1032, 1046, 1054, 1058, 1070, 1126, 1152 Some missing house numbers on Union Avenue in book 929
Union Avenue	930	1268, 1278, 1282, 1288, 1292, 1296, 1300, 1306, 1308, 1310, 1312, 1314 Some missing house numbers on Union Avenue in book 930
Valentine Avenue	941	No house numbers on Valentine Avenue in book 941
Valentine Avenue	942	No house numbers on Valentine Avenue in book 942
Valentine Avenue	943	No house numbers on Valentine Avenue in book 943
Valentine Avenue	944	No house numbers on Valentine Avenue in book 944
Van Courtland Avenue	944	No house numbers on Van Courtland Avenue in book 944

Aid to Finding Addresses in 1890 NYC Police Census

Street Name	Book	House Numbers
Van Courtland Avenue	947	No house numbers on Van Courtland Avenue in book 947
Vanderbilt Avenue	936	1683, 1765, 1821, 1825, 1833, 1839, 1845 Some missing house numbers on Vanderbilt Avenue in book 936
Vanderbilt Avenue	941	1919, 1923, 1925, 1929, 1931, 1933, 1935, 1951, 1953, 1955, 1957, 1959, 1961, 1975 Some missing house numbers on Vanderbilt Avenue in book 941
Vanderbilt Avenue	936	1434, 1490, 1506, 1522, 1524, 1528, 1532, 1580, 1584, 1598, 1602, 1606, 1608, 1618, 1620, 1622, 1624, 1626, 1630, 1636, 1640, 1642, 1650, 1678, 1680, 1732, 1758, 1760, 1762, 1764, 1778, 1794, 1798, 1800, 1810, 1822, 1834, 1864, 1866, 1886, 1888, 1892 Some missing house numbers on Vanderbilt Avenue in book 936
Vanderbilt Avenue	941	1916, 1918, 1938, 1942, 1976, 1978, 1982, 2026, 2028, 2030, 2040, 2044, 2054, 2056, 2060, 2080, 2126, 2128, 2130, 2166, 2172 Some missing house numbers on Vanderbilt Avenue in book 941
Vinyard Place	937	No house numbers on Vinyard Place in book 937
Vyse Avenue	937	1883, 1887, 1893, 1901, 1903, 1905, 1931, 1935, 1939, 1983 Some missing house numbers on Vyse Avenue in book 937
Vyse Avenue	939	1975, 2007, 2011, 2013, 2017 Some missing house numbers on Vyse Avenue in book 939
Vyse Avenue	937	1904, 1908, 1932, 1940, 1942 Some missing house numbers on Vyse Avenue in book 937
Vyse Avenue	939	2004, 2012, 2014, 2016, 2020, 2048 Some missing house numbers on Vyse Avenue in book 939
Walker Street	939	No house numbers on Walker Street in book 939
Walnut Avenue	909	316 Some missing house numbers on Walnut Avenue in book 909
Walter Street	939	1991, 1999, 2001, 2003, 2007, 2019
Walter Street	939	1980, 1986, 2002, 2004, 2010
Walton Avenue	912	371 Some missing house numbers on Walton Avenue in book 912
Walton Avenue	920	561, 563, 565, 569, 579, 581, 589, 591, 593, 595, 597, 599, 603, 605, 607, 609, 611, 613, 615, 617, 621, 623, 625, 627, 629, 631, 633, 635, 637, 639 refused, 641, 643 Some missing house numbers on Walton Avenue in book 920
Walton Avenue	913	No house numbers on Walton Avenue in book 913
Walton Avenue	927	No house numbers on Walton Avenue in book 927
Walton Avenue	928	No house numbers on Walton Avenue in book 928
Walton Avenue	920	566, 568, 570, 600, 622, 624 Some missing house numbers on Walton Avenue in book 920

Aid to Finding Addresses in 1890 NYC Police Census

Street Name	Book	House Numbers
Warren Street	946	No house numbers on Warren Street in book 946
Washington Avenue	927	831, 833, 839
Washington Avenue	928	865, 867, 873, 875, 883, 939, 941, 943, 947, 949, 951, 961, 967, 973, 975, 977, 979, 981, 983, 985
Washington Avenue	936	1443, 1451, 1471, 1479, 1495, 1507, 1513, 1535, 1547, 1551, 1565, 1573, 1581, 1585, 1587, 1591, 1661, 1665, 1667, 1687, 1695, 1707, 1715, 1719, 1729, 1731, 1741, 1759, 1761, 1769, 1773, 1775, 1787, 1789, 1793, 1799, 1803, 1809, 1831, 1833, 1835, 1837, 1849, 1851, 1859, 1873, 1877, 1883, 1887, 1893, 1901, 1903, 1905
Washington Avenue	937	1639 Some missing house numbers on Washington Avenue in book 937
Washington Avenue	941	1921, 1927, 1931, 1933, 1939, 1957, 1963, 1965, 1967, 1979, 1989, 2025, 2033, 2037, 2039, 2041, 2067, 2077, 2079, 2081, 2083, 2113, 2127, 2131 Some missing house numbers on Washington Avenue in book 941
Washington Avenue	928	868, 880, 920, 922, 924, 930, 938, 940, 942, 944, 962, 964, 966, 972, 978
Washington Avenue	931	986, 988, 990, 994, 996, 998, 1000, 1004, 1008, 1016, 1046, 1048, 1050, 1054, 1056, 1062, 1064, 1070, 1074, 1088, 1092, 1094, 1096, 1098, 1108, 1110, 1114, 1118, 1120, 1132, 1138, 1146, 1148
Washington Avenue	932	1168, 1186, 1188, 1190, 1192, 1194 [vacant], 1204, 1216, 1224, 1226, 1234, 1236, 1238, 1242, 1254, 1266, 1274, 1284, 1292, 1294, 1296, 1302, 1302 rear, 1304, 1308, 1346, 1360, 1364, 1378, 1388, 1390, 1392, 1394, 1404, 1414, 1416, 1424, 1432, <u>1446</u>
Washington Avenue	958	1270
Washington Avenue	937	<u>1446</u>, 1452, 1454, 1458, 1576, 1578, 1586, 1588, 1638, 1652, 1662 Some missing house numbers on Washington Avenue in book 937
Washington Avenue	938	1678, 1684, 1690, 1700, 1706, 1712, 1720, 1734, 1760, 1766, 1770, 1774, 1780, 1786, 1792, 1810, 1824, 1830, 1836, 1846, 1848, 1852, 1856, 1872, 1874, 1880, 1882, 1900, 1902, 1904
Washington Avenue	941	1922, 1948, 2000, 2080, 2086, 2088, 2090, 2094, 2096, 2104, 2122, 2128, 2130, 2146 Some missing house numbers on Washington Avenue in book 941
Water Street	945	No house numbers on Water Street in book 945
Waterloo Place	937	No house numbers on Waterloo Place in book 937
Waverly Place	938	975
Waverly Place	938	976, 978, 990, 1002, 1004, 1008, 1010
Webster Avenue	941	1975, 1983, 1985, 1989, 1991, 1993, 1995, 2515 Some missing house numbers on Webster Avenue in book 941
Webster Avenue	943	2627, 2713, 2725, 2731, 2735, 2751, 2753 Some missing house numbers on Webster Avenue in book 943

Street Name	Book	House Numbers
Webster Avenue	936	No house numbers on Webster Avenue in book 936
Webster Avenue	944	No house numbers on Webster Avenue in book 944
Webster Avenue	941	1986, 1992, 2442, 2502, 2506, 2512 Some missing house numbers on Webster Avenue in book 941
Weeks Street	935	No house numbers on Weeks Street in book 935
Welch Street	941	No house numbers on Welch Street in book 941
West Farms Road	930	1534, 1540, 1542, 1544 Some missing house numbers on West Farms Road in book 930
West Street	940	No house numbers on West Street in book 940
West Street	947	No house numbers on West Street in book 947
Westchester Avenue	924	709, 711, 713, 715, 717, 725, 785, 787, 789, 795 Some missing house numbers on Westchester Avenue in book 924
Westchester Avenue	925	801, 803 Some missing house numbers on Westchester Avenue in book 925
Westchester Avenue	930	No house numbers on Westchester Avenue in book 930
Westchester Avenue	924	680, 696, 700, 710, 716, 722, 724, 726, 730, 732, 788 Some missing house numbers on Westchester Avenue in book 924
Westchester Avenue	926	812
Westchester Avenue	925	800, 824, 826, 886, 904, 906, 908, 1086 Some missing house numbers on Westchester Avenue in book 925
Westchester Avenue	929	2000 Some missing house numbers on Westchester Avenue in book 929
Whetlock Avenue	925	No house numbers on Whetlock Avenue in book 925
William's Street	943	No house numbers on William's Street in book 943
Williams Bridge Road	943	No house numbers on Williams Bridge Road in book 943
Williard Avenue	944	No house numbers on Williard Avenue in book 944
Willis Avenue	911	213, 215, 217, 223, 225, 227, 229, 231, 233, 285, 287, 289, 291, 295, 297, 301
Willis Avenue	914	311, 313, 317, 319, 323, 325, 327, 329, 331, 333, 335, 337, 339, 341, 343, 345, 357, 363, 365, 367, 369, 371, 373, 375, 377
Willis Avenue	916	397, 401, 403, 405, 407, 413, 415, 417, 419, 421, 443, 445, 457, 459, 461
Willis Avenue	917	475, 477, 483, 487
Willis Avenue	910	166, 168, 170, 172, 174, 176, 178, 180, 182, 184, 214, 216, 218, 250, 252, 254, 256, 258, 260, 262, 264, 266, 268, 270, 284, 286, 288, 290, 292, 294, 296, 298, 338, 344, 348, 350, 352, 366

Aid to Finding Addresses in 1890 NYC Police Census

Street Name	Book	House Numbers
Willis Avenue	915	362, 364, 366, 368, 372, 376, 378, 380, 382, 384, 386, 388
Willis Avenue	916	412, 414, 416, 418, 420, 422, 424, 440, 444, 446, 450, 458, 460
Willis Avenue	917	474, 478, 480, 482, 486, 510, 512, 518, 528, 530, 532, 534
Woodlawn Avenue	944	No house numbers on Woodlawn Avenue in book 944
Woodruff Avenue	938	923, 949, 955, 975, 985
Woodruff Avenue	937	1037, 1055, 1059, 1103, 1113, 1175, 1177, 1199, 1201, 1203, 1205, 1209, 1211, 1215, 1263, 1289, 1295 Some missing house numbers on Woodruff Avenue in book 937
Woodruff Avenue	938	936, 946, 954, 1006, 1010
Woodruff Avenue	937	1026, 1034, 1062, 1068, 1084, 1108, 1240, 1244, 1246, 1248, 1274 Some missing house numbers on Woodruff Avenue in book 937
Woods Lane	944	No house numbers on Woods Lane in book 944

Aid to Finding Addresses in 1890 NYC Police Census

Book #	FHL Film #	Item #	AD #	ED #	Book #	FHL Film #	Item #	AD #	ED #
2	1,304,777	2	1	2	40	1,304,780	3	2	16
5	1,304,777	3	1	5	41	1,304,780	4	2	17
6	1,304,777	4	1	6	42	1,304,780	5	2	18
7	1,304,777	5	1	7	43	1,304,780	6	2	19
8	1,304,778	1	1	8	44	1,304,780	7	2	20
9	1,304,778	2	1	9	45	1,304,780	8	2	21
10	1,304,778	3	1	10	46	1,304,780	9	2	22
11	1,304,778	4	1	11	47	1,304,780	10	2	23
12	1,304,778	5	1	12	48	1,304,780	11	2	24
13	1,304,778	6	1	13	49	1,304,780	12	2	25
14	1,304,778	7	1	14	50	1,304,780	13	2	26
15	1,304,778	8	1	15	51	1,304,780	14	2	27
16	1,304,779	1	1	16	52	1,304,780	15	2	28
17	1,304,779	2	1	17	53	1,304,780	16	3	1
18	1,304,779	3	1	18	54	1,304,780	17	3	2
19	1,304,779	4	1	19	55	1,304,780	18	3	3
20	1,304,779	5	1	20	56	1,304,780	19	3	4
21	1,304,779	6	1	21	58	1,304,781	1	3	6
22	1,304,779	7	1	22	59	1,304,781	2	3	7
23	1,304,779	8	1	23	60	1,304,781	3	3	8
24	1,304,779	9	1	24	61	1,304,781	4	3	9
25	1,304,779	10	2	1	62	1,304,781	5	3	10
26	1,304,779	11	2	2	63	1,304,781	6	3	11
27	1,304,779	12	2	3	64	1,304,781	7	3	12
28	1,304,779	13	2	4	65	1,304,781	8	3	13
29	1,304,779	14	2	5	66	1,304,781	9	3	14
30	1,304,779	15	2	6	67	1,304,781	10	3	15
31	1,304,779	16	2	7	68	1,304,781	11	3	16
32	1,304,779	17	2	8	69	1,304,781	12	3	17
33	1,304,779	18	2	9	70	1,304,781	13	3	18
34	1,304,779	19	2	10	71	1,304,781	14	3	19
35	1,304,779	20	2	11	72	1,304,781	15	3	20
36	1,304,779	21	2	12	73	1,304,781	16	3	21
37	1,304,779	22	2	13	74	1,304,781	17	3	22
38	1,304,780	1	2	14	75	1,304,781	18	3	23
39	1,304,780	2	2	15	76	1,304,781	19	3	24

Aid to Finding Addresses in 1890 NYC Police Census

Book #	FHL Film #	Item #	AD #	ED #	Book #	FHL Film #	Item #	AD #	ED #
77	1,304,782	1	3	25	114	1,304,783	16	4	36
78	1,304,782	2	3	26	115	1,304,783	17	4	37
79	1,304,782	3	4	1	117	1,304,784	2	5	2
80	1,304,782	4	4	2	118	1,304,784	3	5	3
81	1,304,782	5	4	3	119	1,304,784	4	5	4
82	1,304,782	6	4	4	120	1,304,784	5	5	5
83	1,304,782	7	4	5	121	1,304,784	6	5	6
84	1,304,782	8	4	6	123	1,304,784	7	5	8
85	1,304,782	9	4	7	124	1,304,784	8	5	9
86	1,304,782	10	4	8	125	1,304,784	9	5	10
87	1,304,782	11	4	9	126	1,304,784	10	5	11
88	1,304,782	12	4	10	127	1,304,784	11	5	12
89	1,304,782	13	4	11	128	1,304,784	12	5	13
90	1,304,782	14	4	12	130	1,304,784	13	5	15
91	1,304,782	15	4	13	131	1,304,784	14	5	16
92	1,304,782	16	4	14	132	1,304,784	15	5	17
93	1,304,782	17	4	15	133	1,304,784	16	5	18
94	1,304,782	18	4	16	135	1,304,784	17	5	20
95	1,304,782	19	4	17	136	1,304,785	1	5	21
96	1,304,782	20	4	18	137	1,304,785	2	5	22
97	1,304,782	21	4	19	138	1,304,785	3	5	23
98	1,304,783	1	4	20	139	1,304,785	4	5	24
99	1,304,783	2	4	21	140	1,304,785	5	5	25
100	1,304,783	3	4	22	141	1,304,785	6	5	26
101	1,304,783	4	4	23	142	1,304,785	7	5	27
102	1,304,783	5	4	24	143	1,304,785	8	6	1
103	1,304,783	6	4	25	144	1,304,785	9	6	2
104	1,304,783	7	4	26	145	1,304,785	10	6	3
105	1,304,783	8	4	27	146	1,304,785	11	6	4
106	1,304,783	9	4	28	147	1,304,785	12	6	5
107	1,304,783	10	4	29	148	1,304,785	13	6	6
108	1,304,783	11	4	30	149	1,304,785	14	6	7
109	1,304,783	12	4	31	150	1,304,785	15	6	8
110	1,304,783	13	4	32	151	1,304,785	16	6	9
112	1,304,783	14	4	34	152	1,304,785	17	6	10
113	1,304,783	15	4	35	153	1,304,785	18	6	11

Aid to Finding Addresses in 1890 NYC Police Census 269

Book #	FHL Film #	Item #	AD #	ED #	Book #	FHL Film #	Item #	AD #	ED #
154	1,304,785	19	6	12	194	1,304,788	1	7	16
155	1,304,785	20	6	13	196	1,304,788	2	7	18
156	1,304,785	21	6	14	197	1,304,788	3	7	19
158	1,304,786	1	6	16	198	1,304,789	1	7	20
159	1,304,786	2	6	17	199	1,304,789	2	7	21
160	1,304,786	3	6	18	200	1,304,789	3	7	22
161	1,304,786	4	6	19	201	1,304,789	4	7	23
162	1,304,786	5	6	20	202	1,304,789	5	7	24
163	1,304,786	6	6	21	204	1,304,789	6	7	26
164	1,304,786	7	6	22	205	1,304,789	7	7	27
165	1,304,786	8	6	23	207	1,304,789	8	7	29
166	1,304,786	9	6	24	209	1,304,789	9	8	1
167	1,304,786	10	6	25	211	1,304,790	1	8	3
168	1,304,786	11	6	26	212	1,304,790	2	8	4
169	1,304,786	12	6	27	213	1,304,790	3	8	5
170	1,304,786	13	6	28	214	1,304,790	4	8	6
171	1,304,786	14	6	29	215	1,304,790	5	8	7
172	1,304,787	1	6	30	216	1,304,790	6	8	8
173	1,304,787	2	6	31	217	1,304,790	7	8	9
174	1,304,787	3	6	32	218	1,304,790	8	8	10
175	1,304,787	4	6	33	219	1,304,790	9	8	11
176	1,304,787	5	6	34	220	1,304,790	10	8	12
177	1,304,787	6	6	35	221	1,304,790	11	8	13
178	1,304,787	7	6	36	222	1,304,790	12	8	14
179	1,304,787	8	7	1	223	1,304,790	13	8	15
180	1,304,787	9	7	2	224	1,304,790	14	8	16
183	1,304,787	10	7	5	225	1,304,791	1	8	17
184	1,304,787	11	7	6	226	1,304,791	2	8	18
185	1,304,787	12	7	7	227	1,304,791	3	8	19
186	1,304,787	13	7	8	228	1,304,791	4	8	20
187	1,304,787	14	7	9	229	1,304,791	5	8	21
188	1,304,787	15	7	10	230	1,304,791	6	8	22
189	1,304,787	16	7	11	231	1,304,791	7	8	23
190	1,304,787	17	7	12	232	1,304,791	8	8	24
192	1,304,787	18	7	14	233	1,304,791	9	8	25
193	1,304,787	19	7	15	234	1,304,791	10	8	26

Book #	FHL Film #	Item #	AD #	ED #	Book #	FHL Film #	Item #	AD #	ED #
235	1,304,791	11	8	27	272	1,304,793	15	9	33
236	1,304,791	12	8	28	273	1,304,793	16	9	34
237	1,304,791	13	8	29	274	1,304,793	17	9	35
238	1,304,792	1	8	30	275	1,304,793	18	9	36
239	1,304,792	2	8	31	276	1,304,793	19	9	37
240	1,304,792	3	9	1	277	1,304,793	20	10	1
241	1,304,792	4	9	2	278	1,304,793	21	10	2
242	1,304,792	5	9	3	280	1,304,793	22	10	4
243	1,304,792	6	9	4	281	1,304,794	1	10	5
244	1,304,792	7	9	5	282	1,304,794	2	10	6
245	1,304,792	8	9	6	283	1,304,794	3	10	7
246	1,304,792	9	9	7	284	1,304,794	4	10	8
247	1,304,792	10	9	8	285	1,304,794	5	10	9
248	1,304,792	11	9	9	286	1,304,794	6	10	10
249	1,304,792	12	9	10	287	1,304,794	7	10	11
250	1,304,792	13	9	11	288	1,304,794	8	10	12
251	1,304,792	14	9	12	289	1,304,794	9	10	13
252	1,304,792	15	9	13	290	1,304,794	10	10	14
253	1,304,792	16	9	14	291	1,304,794	11	10	15
254	1,304,792	17	9	15	292	1,304,794	12	10	16
255	1,304,792	18	9	16	293	1,304,794	13	10	17
256	1,304,792	19	9	17	294	1,304,794	14	10	18
257	1,304,793	1	9	18	295	1,304,794	15	10	19
258	1,304,793	2	9	19	296	1,304,794	16	10	20
259	1,304,793	3	9	20	297	1,304,794	17	10	21
260	1,304,793	4	9	21	298	1,304,794	18	10	22
261	1,304,793	5	9	22	299	1,304,794	19	10	23
262	1,304,793	6	9	23	300	1,304,794	20	10	24
264	1,304,793	7	9	25	301	1,304,794	21	10	25
265	1,304,793	8	9	26	302	1,304,794	22	10	26
266	1,304,793	9	9	27	303	1,304,795	1	10	27
267	1,304,793	10	9	28	304	1,304,795	2	10	28
268	1,304,793	11	9	29	305	1,304,795	3	10	29
269	1,304,793	12	9	30	306	1,304,795	4	10	30
270	1,304,793	13	9	31	307	1,304,795	5	10	31
271	1,304,793	14	9	32	308	1,304,795	6	10	32

Aid to Finding Addresses in 1890 NYC Police Census

Book #	FHL Film #	Item #	AD #	ED #	Book #	FHL Film #	Item #	AD #	ED #
309	1,304,795	7	10	33	349	1,304,797	1	12	6
310	1,304,795	8	10	34	350	1,304,797	2	12	7
311	1,304,795	9	10	35	351	1,304,797	3	12	8
312	1,304,795	10	10	36	352	1,304,797	4	12	9
313	1,304,795	11	10	37	353	1,304,797	5	12	10
314	1,304,795	12	10	38	354	1,304,797	6	12	11
315	1,304,795	13	10	39	355	1,304,797	7	12	12
316	1,304,795	14	10	40	356	1,304,797	8	12	13
317	1,304,795	15	10	41	357	1,304,797	9	12	14
318	1,304,795	16	10	42	358	1,304,797	10	12	15
319	1,304,795	17	10	43	359	1,304,797	11	12	16
320	1,304,795	18	10	44	360	1,304,797	12	12	17
321	1,304,795	19	10	45	361	1,304,797	13	12	18
322	1,304,795	20	11	1	362	1,304,797	14	12	19
323	1,304,795	21	11	2	363	1,304,797	15	12	20
324	1,304,795	22	11	3	365	1,304,797	16	12	22
325	1,304,795	23	11	4	366	1,304,797	17	12	23
326	1,304,796	1	11	5	367	1,304,797	18	12	24
327	1,304,796	2	11	6	369	1,304,797	19	12	26
328	1,304,796	3	11	7	370	1,304,798	1	12	27
329	1,304,796	4	11	8	371	1,304,798	2	12	28
330	1,304,796	5	11	9	372	1,304,798	3	12	29
332	1,304,796	6	11	11	373	1,304,798	4	12	30
333	1,304,796	7	11	12	374	1,304,798	5	12	31
334	1,304,796	8	11	13	375	1,304,798	6	12	32
335	1,304,796	9	11	14	376	1,304,798	7	12	33
337	1,304,796	10	11	16	377	1,304,798	8	12	34
338	1,304,796	11	11	17	378	1,304,798	9	12	35
339	1,304,796	12	11	18	379	1,304,798	10	13	1
340	1,304,796	13	11	19	380	1,304,798	11	13	2
342	1,304,796	14	11	21	382	1,304,798	12	13	4
344	1,304,796	15	12	1	383	1,304,798	13	13	5
345	1,304,796	16	12	2	385	1,304,798	14	13	7
346	1,304,796	17	12	3	386	1,304,798	15	13	8
347	1,304,796	18	12	4	387	1,304,798	16	13	9
348	1,304,796	19	12	5	388	1,304,798	17	13	10

Aid to Finding Addresses in 1890 NYC Police Census

Book #	FHL Film #	Item #	AD #	ED #	Book #	FHL Film #	Item #	AD #	ED #
389	1,304,798	18	13	11	433	1,305,556	14	14	19
390	1,304,798	19	13	12	434	1,305,556	15	14	20
391	1,304,798	20	13	13	435	1,305,556	16	14	21
392	1,304,798	21	13	14	436	1,305,556	17	14	22
393	1,304,799	1	13	15	437	1,305,556	18	14	23
394	1,304,799	2	13	16	438	1,305,556	19	14	24
395	1,304,799	3	13	17	439	1,305,556	20	14	25
396	1,304,799	4	13	18	441	1,305,556	21	14	27
397	1,304,799	5	13	19	442	1,305,557	1	14	28
399	1,304,799	6	13	21	443	1,305,557	2	15	1
400	1,304,799	7	13	22	447	1,305,557	3	15	5
401	1,304,799	8	13	23	448	1,305,557	4	15	6
403	1,304,799	9	13	25	449	1,305,557	5	15	7
405	1,304,799	10	13	27	450	1,305,557	6	15	8
406	1,304,799	11	13	28	451	1,305,557	7	15	9
410	1,304,799	12	13	32	452	1,305,557	8	15	10
411	1,304,799	13	13	33	453	1,305,557	9	15	11
414	1,304,799	14	13	36	454	1,305,557	10	15	12
415	1,304,799	15	14	1	455	1,305,557	11	15	13
416	1,304,799	16	14	2	456	1,305,557	12	15	14
417	1,304,799	17	14	3	457	1,305,557	13	15	15
418	1,304,799	18	14	4	458	1,305,557	14	15	16
419	1,304,799	19	14	5	459	1,305,557	15	15	17
420	1,305,556	1	14	6	460	1,305,557	16	15	18
421	1,305,556	2	14	7	461	1,305,557	17	15	19
422	1,305,556	3	14	8	462	1,305,557	18	15	20
423	1,305,556	4	14	9	463	1,305,557	19	15	21
424	1,305,556	5	14	10	464	1,305,557	20	15	22
425	1,305,556	6	14	11	465	1,305,557	21	15	23
426	1,305,556	7	14	12	466	1,305,558	1	15	24
427	1,305,556	8	14	13	467	1,305,558	2	15	25
428	1,305,556	9	14	14	468	1,305,558	3	15	26
429	1,305,556	10	14	15	469	1,305,558	4	15	27
430	1,305,556	11	14	16	470	1,305,558	5	15	28
431	1,305,556	12	14	17	472	1,305,558	6	15	30
432	1,305,556	13	14	18	473	1,305,558	7	15	31

Aid to Finding Addresses in 1890 NYC Police Census

Book #	FHL Film #	Item #	AD #	ED #	Book #	FHL Film #	Item #	AD #	ED #
474	1,305,558	8	15	32	518	1,305,561	8	16	31
475	1,305,558	9	15	33	519	1,305,561	9	16	32
476	1,305,558	10	15	34	520	1,305,561	10	16	33
477	1,305,558	11	15	35	521	1,305,561	11	16	34
478	1,305,558	12	15	36	522	1,305,561	12	16	35
479	1,305,558	13	15	37	523	1,305,561	13	16	36
482	1,305,558	14	15	40	524	1,305,561	14	17	1
483	1,305,558	15	15	41	525	1,305,561	15	17	2
487	1,305,558	16	15	45	526	1,305,561	16	17	3
488	1,305,558	17	16	1	527	1,305,561	17	17	4
489	1,305,558	18	16	2	530	1,305,561	18	17	7
490	1,305,558	19	16	3	531	1,305,561	19	17	8
492	1,305,558	20	16	5	532	1,305,561	20	17	9
493	1,305,559	1	16	6	533	1,305,562	1	17	10
494	1,305,559	2	16	7	534	1,305,562	2	17	11
495	1,305,559	3	16	8	535	1,305,562	3	17	12
496	1,305,559	4	16	9	536	1,305,562	4	17	13
497	1,305,559	5	16	10	537	1,305,562	5	17	14
498	1,305,559	6	16	11	538	1,305,562	6	17	15
499	1,305,560	1	16	12	539	1,305,562	7	17	16
500	1,305,560	2	16	13	540	1,305,562	8	17	17
501	1,305,560	3	16	14	542	1,305,562	9	17	19
502	1,305,560	4	16	15	543	1,305,562	10	17	20
503	1,305,560	5	16	16	544	1,305,562	11	17	21
505	1,305,560	6	16	18	546	1,305,562	12	17	23
506	1,305,560	7	16	19	547	1,305,562	13	17	24
507	1,305,560	8	16	20	548	1,305,562	14	17	25
508	1,305,560	9	16	21	549	1,305,562	15	17	26
509a	1,305,560	10	16	22	551	1,305,562	16	17	28
509b	1,305,561	1	16	22	553	1,305,562	17	17	30
510	1,305,561	2	16	23	554	1,305,562	18	17	31
511	1,305,561	3	16	24	556	1,305,562	19	17	33
513	1,305,561	4	16	26	557	1,305,562	20	17	34
515	1,305,561	5	16	28	558	1,305,563	1	17	35
516	1,305,561	6	16	29	559	1,305,563	2	17	36
517	1,305,561	7	16	30	562	1,305,563	3	17	39

Aid to Finding Addresses in 1890 NYC Police Census

Book #	FHL Film #	Item #	AD #	ED #	Book #	FHL Film #	Item #	AD #	ED #
563	1,305,563	4	17	40	607	1,305,564	19	18	33
565	1,305,563	5	17	42	608	1,305,564	20	18	34
566	1,305,563	6	17	43	609	1,305,564	21	18	35
567	1,305,563	7	17	44	613	1,305,564	22	18	39
568	1,305,563	8	17	45	614	1,305,565	1	18	40
570	1,305,563	9	17	47	615	1,305,565	2	18	41
571	1,305,563	10	17	48	616	1,305,565	3	18	42
572	1,305,563	11	17	49	617	1,305,565	4	19	1
573	1,305,563	12	17	50	619	1,305,565	5	19	3
574	1,305,563	13	17	51	620	1,305,565	6	19	4
575	1,305,563	14	18	1	621	1,305,565	7	19	5
576	1,305,563	15	18	2	623	1,305,565	8	19	7
577	1,305,563	16	18	3	624	1,305,565	9	19	8
578	1,305,563	17	18	4	625	1,305,565	10	19	9
579	1,305,563	18	18	5	626	1,305,565	11	19	10
581	1,305,563	19	18	7	627	1,305,565	12	19	11
583	1,305,563	20	18	9	628	1,305,565	13	19	12
584	1,305,563	21	18	10	629	1,305,565	14	19	13
585	1,305,564	1	18	11	631	1,305,565	15	19	15
587	1,305,564	2	18	13	633	1,305,565	16	19	17
588	1,305,564	3	18	14	634	1,305,565	17	19	18
590	1,305,564	4	18	16	635	1,305,565	18	19	19
591	1,305,564	5	18	17	636	1,305,566	1	19	20
592	1,305,564	6	18	18	637	1,305,566	2	19	21
593	1,305,564	7	18	19	638	1,305,566	3	19	22
594	1,305,564	8	18	20	639	1,305,566	4	19	23
595	1,305,564	9	18	21	640	1,305,566	5	19	24
597	1,305,564	10	18	23	641	1,305,566	6	19	25
599	1,305,564	11	18	25	642	1,305,566	7	19	26
600	1,305,564	12	18	26	643	1,305,566	8	19	27
601	1,305,564	13	18	27	644	1,305,566	9	19	28
602	1,305,564	14	18	28	645	1,305,566	10	19	29
603	1,305,564	15	18	29	646	1,305,566	11	19	30
604	1,305,564	16	18	30	647	1,305,566	12	19	31
605	1,305,564	17	18	31	648	1,305,566	13	19	32
606	1,305,564	18	18	32	649	1,305,566	14	19	33

Aid to Finding Addresses in 1890 NYC Police Census

Book #	FHL Film #	Item #	AD #	ED #	Book #	FHL Film #	Item #	AD #	ED #
650	1,305,566	15	19	34	692	1,309,853	9	20	7
651	1,305,567	1	19	35	693	1,309,853	10	20	8
652	1,312,130	1	19	36	694	1,309,853	11	20	9
653	1,312,130	2	19	37	695	1,309,853	12	20	10
654	1,312,130	3	19	38	696	1,309,853	13	20	11
655	1,305,963	1	19	39	697	1,309,853	14	20	12
656	1,305,963	2	19	40	698	1,309,853	15	20	13
657	1,305,963	3	19	41	699	1,309,854	1	20	14
658	1,305,963	4	19	42	700	1,309,854	2	20	15
659	1,305,963	5	19	43	701	1,309,854	3	20	16
660	1,305,963	6	19	44	702	1,309,854	4	20	17
662	1,305,963	7	19	46	703	1,309,854	5	20	18
663	1,309,851	1	19	47	704	1,309,854	6	20	19
664	1,309,851	2	19	48	706	1,309,854	7	20	21
665	1,309,851	3	19	49	707	1,309,854	8	20	22
667	1,309,851	4	19	51	708	1,309,854	9	20	23
668	1,309,851	5	19	52	710	1,309,854	10	20	25
669	1,309,851	6	19	53	711	1,309,854	11	20	26
670	1,309,851	7	19	54	712	1,309,854	12	20	27
671	1,309,851	8	19	55	713	1,309,854	13	20	28
672	1,309,852	1	19	56	714	1,309,854	14	20	29
673	1,309,852	2	19	57	715	1,309,854	15	20	30
674	1,309,852	3	19	58	716	1,309,855	1	20	31
675	1,309,852	4	19	59	717	1,309,855	2	20	32
677	1,309,852	5	19	61	719	1,309,855	3	20	34
678	1,309,852	6	19	62	720	1,309,855	4	20	35
680	1,309,852	7	19	64	721	1,309,855	5	20	36
681	1,309,852	8	19	65	722	1,309,855	6	20	37
682	1,309,853	1	19	66	723	1,309,855	7	20	38
684	1,309,853	2	19	68	724	1,309,855	8	21	1
685	1,309,853	3	19	69	725	1,309,855	9	21	2
686	1,309,853	4	20	1	727	1,309,855	10	21	4
687	1,309,853	5	20	2	730	1,309,855	11	21	7
688	1,309,853	6	20	3	731	1,309,855	12	21	8
689	1,309,853	7	20	4	732	1,309,855	13	21	9
691	1,309,853	8	20	6	733	1,309,855	14	21	10

Aid to Finding Addresses in 1890 NYC Police Census

Book #	FHL Film #	Item #	AD #	ED #	Book #	FHL Film #	Item #	AD #	ED #
734	1,309,856	1	21	11	776	1,309,858	10	22	26
735	1,309,856	2	21	12	777	1,309,858	11	22	27
736	1,309,856	3	21	13	778	1,309,858	12	22	28
737	1,309,856	4	21	14	779	1,309,858	13	22	29
739	1,309,856	5	21	16	780	1,309,858	14	22	30
740	1,309,856	6	21	17	781	1,309,886	1	22	31
741	1,309,856	7	21	18	782	1,309,886	2	22	32
742	1,309,856	8	21	19	783	1,309,886	3	22	33
743	1,309,856	9	21	20	784	1,309,886	4	22	34
744	1,309,856	10	21	21	785	1,309,886	5	22	35
745	1,309,856	11	21	22	786	1,309,886	6	22	36
746	1,309,856	12	21	23	787	1,309,886	7	22	37
747	1,309,856	13	21	24	788	1,309,886	8	22	38
748	1,309,857	1	21	25	789	1,309,886	9	22	39
749	1,309,857	2	21	26	790	1,309,886	10	22	40
752	1,309,857	3	22	2	791	1,309,886	11	22	41
753	1,309,857	4	22	3	792	1,309,886	12	22	42
754	1,309,857	5	22	4	793	1,309,886	13	22	43
755	1,309,857	6	22	5	794	1,309,886	14	22	44
756	1,309,857	7	22	6	795	1,309,887	1	22	45
758	1,309,857	8	22	8	796	1,309,887	2	22	46
760	1,309,857	9	22	10	797	1,309,887	3	22	47
761	1,309,857	10	22	11	798	1,309,887	4	22	48
762	1,309,857	11	22	12	799	1,309,887	5	22	49
763	1,309,857	12	22	13	800	1,309,887	6	22	50
764	1,309,857	13	22	14	801	1,309,887	7	22	51
765	1,309,857	14	22	15	802	1,309,887	8	22	52
766	1,309,858	1	22	16	803	1,309,887	9	22	53
767	1,309,858	2	22	17	804	1,309,887	10	22	54
768	1,309,858	3	22	18	805	1,309,887	11	22	55
769	1,309,858	4	22	19	806	1,309,887	12	22	56
770	1,309,858	5	22	20	807	1,309,887	13	22	57
772	1,309,858	6	22	22	808	1,309,887	14	22	58
773	1,309,858	7	22	23	809	1,309,888	1	22	59
774	1,309,858	8	22	24	810	1,309,888	2	22	60
775	1,309,858	9	22	25	811	1,309,888	3	22	61

Aid to Finding Addresses in 1890 NYC Police Census

Book #	FHL Film #	Item #	AD #	ED #	Book #	FHL Film #	Item #	AD #	ED #
812	1,309,888	4	22	62	853	1,309,891	3	23	28
813	1,309,888	5	22	63	854	1,309,891	4	23	29
814	1,309,888	6	22	64	855	1,309,891	5	23	30
815	1,309,888	7	22	65	856	1,309,891	6	23	31
816	1,309,888	8	22	66	857	1,309,891	7	23	32
817	1,309,888	9	22	67	858	1,309,891	8	23	33
818	1,309,888	10	22	68	859	1,309,891	9	23	34
819	1,309,888	11	22	69	860	1,309,891	10	23	35
820	1,309,888	12	22	70	861	1,309,891	11	23	36
821	1,309,888	13	22	71	862	1,309,891	12	23	37
822	1,309,889	1	22	72	863	1,309,891	13	23	38
823	1,309,889	2	22	73	864	1,309,892	1	23	39
825	1,309,889	3	22	75	865	1,309,892	2	23	40
826	1,309,889	4	23	1	866	1,309,892	3	23	41
827	1,309,889	5	23	2	867	1,309,892	4	23	42
828	1,309,889	6	23	3	868	1,309,892	5	23	43
829	1,309,889	7	23	4	869	1,309,892	6	23	44
830	1,309,889	8	23	5	870	1,309,892	7	23	45
831	1,309,889	9	23	6	871	1,309,892	8	23	46
832	1,309,889	10	23	7	872	1,309,892	9	23	47
833	1,309,889	11	23	8	873	1,309,965	1	23	48
835	1,309,889	12	23	10	874	1,309,965	2	23	49
836	1,309,890	1	23	11	875	1,309,965	3	23	50
837	1,309,890	2	23	12	876	1,309,965	4	23	51
839	1,309,890	3	23	14	877	1,309,965	5	23	52
840	1,309,890	4	23	15	878	1,309,965	6	23	53
841	1,309,890	5	23	16	879	1,309,965	7	23	54
842	1,309,890	6	23	17	880	1,309,965	8	23	55
843	1,309,890	7	23	18	881	1,309,965	9	23	56
844	1,309,890	8	23	19	882	1,309,965	10	23	57
846	1,309,890	9	23	21	883	1,309,965	11	23	58
847	1,309,890	10	23	22	884	1,309,965	12	23	59
848	1,309,890	11	23	23	885	1,309,965	13	23	60
849	1,309,890	12	23	24	886	1,309,965	14	23	61
850	1,309,891	1	23	25	887	1,309,965	15	23	62
852	1,309,891	2	23	27	888	1,309,965	16	23	63

Aid to Finding Addresses in 1890 NYC Police Census

Book #	FHL Film #	Item #	AD #	ED #	Book #	FHL Film #	Item #	AD #	ED #
889	1,309,966	1	23	64	926	1,309,968	7	24	20
890	1,309,966	2	23	65	927	1,309,968	8	24	21
891	1,309,966	3	23	66	928	1,309,968	9	24	22
892	1,309,966	4	23	67	929	1,309,968	10	24	23
893	1,309,966	5	23	68	930	1,309,968	11	24	24
894	1,309,966	6	23	69	931	1,309,968	12	24	25
895	1,309,966	7	23	70	932	1,309,968	13	24	26
896	1,309,966	8	23	71	935	1,309,968	14	24	29
897	1,309,966	9	23	72	936	1,309,969	1	24	30
898	1,309,966	10	23	73	937	1,309,969	2	24	31
899	1,309,966	11	23	74	938	1,309,969	3	24	32
900	1,309,966	12	23	75	939	1,309,969	4	24	33
901	1,309,966	13	23	76	940	1,309,969	5	24	34
903	1,309,966	14	23	78	941	1,309,969	6	24	35
904	1,309,966	15	23	79	942	1,309,969	7	24	36
905	1,309,966	16	23	80	943	1,309,969	8	24	37
906	1,309,967	1	23	81	944	1,309,969	9	24	38
907	1,309,967	2	24	1	945	1,309,969	10	24	39
909	1,309,967	3	24	3	946	1,309,969	11	24	40
910	1,309,967	4	24	4	947	1,309,969	12	24	41
911	1,309,967	5	24	5	948	1,309,969	13	23	24
912	1,309,967	6	24	6	949	1,309,969	14	20	19
913	1,309,967	7	24	7	950	1,309,969	15	20	19
914	1,309,967	8	24	8	951	1,309,969	16	20	19
915	1,309,967	9	24	9	952	1,309,969	17	8	19
916	1,309,967	10	24	10	953	1,309,970	1	8	6
917	1,309,967	11	24	11	954	1,309,970	2	8	9
918	1,309,967	12	24	12	955	1,309,970	3	8	8
919	1,309,967	13	24	13	956	1,309,970	4	8	7
920	1,309,968	1	24	14	957	1,309,970	5	8	5
921	1,309,968	2	24	15	958	1,309,970	6	24	26
922	1,309,968	3	24	16	959	1,309,970	7	24	13
923	1,309,968	4	24	17	960	1,309,970	8	6	21
924	1,309,968	5	24	18	961	1,309,970	9	6	28
925	1,309,968	6	24	19	962	1,309,970	10	6	22

Aid to Finding Addresses in 1890 NYC Police Census

Book #	FHL Film #	Item #	AD #	ED #	Book #	FHL Film #	Item #	AD #	ED #
963	1,309,970	11	6	27	990	1,309,970	28	22	2
964	1,309,970	12	22	19	991	1,309,970	29	22	35
965	1,309,970	13	23	25	992	1,309,970	30	19	24
966	1,309,970	14	23	47	993	1,309,970	31	19	39
969	1,309,970	15	2	25	994	1,309,971	1	21	25
971	1,309,970	16	12	13	995	1,309,971	2	23	34
972	1,309,970	17	23	3	996	1,309,971	3	22	59
974	1,309,970	18	6	26	997	1,309,971	4	8	4
977	1,309,970	19	19	43	998	1,309,971	5	8	11
978	1,309,970	20	4	21	999	1,309,971	6	8	22
979	1,309,970	21	19	23	1000	1,309,971	7	8	23
980	1,309,970	22	6	29	1003	1,309,971	8	22	60
982	1,309,970	23	23	6	1005	1,309,971	9	22	29
983	1,309,970	24	23	23	1006	1,309,971	10	19	34
984	1,309,970	25	23	12	1007	1,309,971	11	22	53
988	1,309,970	26	22	70	1008	1,309,971	12	19	56
989	1,309,970	27	23	4					

Aid to Finding Addresses in 1890 NYC Police Census

Surnames

These are a very few surnames found in the census, but are those that I felt would be difficult to locate by an address.

Surname	Book	Surname	Book	Surname	Book
?andel	854	Clarke	884	Haggisty	207
?olscher	854	Coleman	839	Hallbrook	884
Aldrich	850	Collins	15	Handel	854
Amann	645	Collins	864	Hartman	791
Austin	912	Collins	881	Healy	803
Babcock	769	Combes	204	Heavy	850
Baker	314	Conway	745	Henry	468
Barry	814	Cook	854	Henry	850
Barry	850	Cosgrove	889	Herbert	865
Baumann	854	Cowdan	881	Herline	920
Beck	859	Crawford	892	Hia?y	850
Bectfor ?	779	Csokqua	864	Higginns	925
Beherns	742	Daley	657	Hoey	271
Berger	658	Daly	881	Holland	492
Birming	1003	Davey	854	Holler	932
Bitoneo	791	Deal	862	Holscher	854
Blood	879	Dewal	866	Hooley	752
Bockmeg	854	Doran	843	Hublitz	922
Boetter	830	Du???	850	Hunt	989
Bohen	866	Early	735	Jansen	588
Borst	853	Eitel	853	Jerolaman	769
Bostwick	919	Eschler	837	Jones	766
Boswick	919	Faass	931	Josband	996
Boyle	840	Fagan	831	Joyce	909
Brentano	521	Faulhaber	854	Kelly	1003
Bruce	650	Flood	645	King	881
Brugemann	854	Foabberson ?	778	Kissam	935
Bruno	870	Fogarty	881	Klose	854
Bullock	658	French	881	Koethe	932
Burke	889	Fuhr	795	Koral	996
Butler	832	Galliger	840	Kraus	853
Byrne	849	Garvey	253	Lappe	770
C?ffiello	812	George	675	Lehman	795
Callahan	741	Gillo	791	Lewis	880
Callayhan	907	Ginivan	881	Liebmann	314
Campbell	275	Gooss	859	Lowinson	859
Campbell	778	Grace	1003	Lucas	881
Cappoulla	56	Gray	881	Marks	864
Carver	881	Gromley	909	Martino	938
Castello	854	Gross	859	Mathews	756
Chrenberg	689	Hagger	816	Matthews	1003

Aid to Finding Addresses in 1890 NYC Police Census

Surname	Book	Surname	Book	Surname	Book
McCaffery	56	O'Rourke	918	Smith	688
McGown	884	Ogden	935	Smith	872
McGrath	917	Olsen	884	Sowinson	859
McGuire	778	Otto	791	Strobel	881
McIntyre	854	Peacock	919	Strope	645
McKinley	710	Pearson	881	Studdard	881
McLaughlin	881	Perrillo	988	Sykes	1007
McManniss	984	Peters	645	Talman	938
McQuade	814	Polster	938	Talmann	938
Meaney	917	Powers	898	Taylor	833
Menzer	653	Qunlen	35	Thompson	918
Mill	984	Reilly	791	Titus	763
Miller	938	Revers	880	Trent	737
Mocklid	543	Reynolds	936	Trimpe	854
Monahan	831	Ring	766	Tuttee	938
Moore	271	Rissing	641	Vester	854
Mulhare	657	Rivinins	931	Vichemca	864
Muller	938	Robert	854	Wah	936
Muller	938	Roberts	832	Ward	884
Murphy	741	Rode	689	Waters	1003
Murphy	889	Rosenstraus	853	Weber	932
Murry	791	Sagel	766	Weher	770
Murry	989	Schmidt	895	Wehman	938
Neumann	803	Schuster	853	Weitzel	932
O'Connor	482	Schweizer	853	Werner	853
O'Connor	658	Shandley	882	Westmoreland	75
O'Hagan	675	Shepherd	858	Wheaton	769
O'Hill	752	Skinner	919	Williams	897
O'Mera ?	831				

www.ingramcontent.com/pod-product-compliance
Lightning Source LLC
Chambersburg PA
CBHW060311240426
43661CB00059B/2723